语义认知与智能计算

——周建设学术论文集

周建设 著

人 民 出 版 社

责任编辑:宫　共
封面设计:源　源

图书在版编目(CIP)数据

语义认知与智能计算:周建设学术论文集/周建设 著. —北京:人民出版社,
　2022.4
ISBN 978-7-01-024598-0

Ⅰ.①语…　Ⅱ.①周…　Ⅲ.①语义学-文集　Ⅳ.①H030-53

中国版本图书馆 CIP 数据核字(2022)第 038053 号

语义认知与智能计算
YUYI RENZHI YU ZHINENG JISUAN
——周建设学术论文集

周建设　著

人民出版社 出版发行
(100706　北京市东城区隆福寺街 99 号)

北京盛通印刷股份有限公司印刷　新华书店经销

2022 年 4 月第 1 版　2022 年 4 月北京第 1 次印刷
开本:710 毫米×1000 毫米 1/16　印张:34.75　字数:480 千字

ISBN 978-7-01-024598-0　定价:95.00 元

邮购地址 100706　北京市东城区隆福寺街 99 号
人民东方图书销售中心　电话 (010)65250042　65289539

目　录

语　言　学

逻　辑　语　义

语 言 哲 学

语 言 智 能

序

"夜半夹书签，眼疲力乏心勃然。精研圣典韬文武，奥玄。空悔平日总好闲。梅雪共鲜妍，斗转星移又一年。安得时光全属我，无眠。读尽人间圣哲言。"这是我1996年完成《中国逻辑语义论》和《西方逻辑语义研究》两部专著时写的一首自度曲。恍然间，25年过去了。因年轻时候与语言结缘，试图用毕生精力去探索其奥秘，但一直觉得时间不够用。

大学时期，在我国许多知名专家学者参与的"语言与思维的关系"讨论中，我的拙作《思维活动元素剖析》得到了认可，并被中国人民大学报刊资料中心《心理学》（1984年第6期）全文转载，这对年轻时代学术方向迷惘的我来说，无疑是莫大的鼓舞与向导。

攻读硕士学位阶段，跟随恩师湖南师范大学罗剑辉先生、吴启主先生学习语言与逻辑，慢慢地对逻辑语义生发了兴趣。依导师指教，尝试钻研哲学、语言、逻辑、认知等相关理论，翻译了句法学、语义学、语用学、逻辑哲学、逻辑史方面英文著述，因国家社科基金课题"中国语言哲学研究"驱动，也比较系统地学习了一些古典文献。

岳麓山下，湘江河畔，时常思索中西方逻辑语义问题。1996年，我完成了《中国逻辑语义论》和《西方逻辑语义研究》两部专著。2000年8月至2001年9月，作为访问学者相继在美国堪萨斯大学和得克萨斯大学奥斯汀分校研究形式语言、认知科学和计算语义学，得到转换生成学派著名学者 Rosen 教授和世界著名语言哲学家 Roy Allison Vaughan 百年教授 A.P.Martinich 的悉心指导，使我认识到："现代科技，尤其是人工智能科学的兴起，使义学成为当今世界语言研究的前沿学科。如何让计算机理解和识别语言，找出可操作的语义规律，这是信息化、智能化时代对语义学研究提出的迫切任务。"(《人民日报》(留学人员风采录) 2001 年 11 月 19 日)

攻读博士学位期间，东湖之滨，珞珈山上，我的恩师武汉大学桂起权先生从科学认识人的思维本质角度给了我深刻启迪，使我对人文基因智能计算萌发了浓厚兴趣。我的博士论文《先秦语言哲学研究》，与其说是哲学研究，不如说就是语义认知研究。

20 世纪 80 年代至今，40 年的学术生涯中，我始终围绕语言、认知、逻辑、语义、语言哲学和语言智能等核心概念，思考语言的形式化处理及其计算问题。先后提出了思维运算的"意象""词项"双元素说(1984)，构建了面向计算的"词项生成模型""言语生成模型"(1988)，探索了语义的结构化处理理论（1996），连续发表了《面向语言处理的计算与认知取向》(《中国社会科学》，2012)《基于大数据的汉语表达智能模型及其理论基础》(《新华文摘》2015 年第 1 期) 等论文，在此基础上初步形成了人文基因智能计算理论体系，并构建了人文基因智能计算关键技术模型。

2013 年，我率先提出人工智能范畴的"语言智能"概念，经北京市语委批准成立了北京语言智能协同研究院，以此为基础，2016 年教育部国家语委批准成立了中国语言智能研究中心，同年获教育部批准开辟国内首个语言智能博士培养方向。

语言智能是人工智能皇冠上的明珠。语言智能是研究人类语言与机器语言之间同构关系的科学。同构关系是指结构关系的一致性。人类语言与机器语言之间同构关系表现在两个方面：一是意识层级的同构关系，二是符号层级的同构关系。意识属心智范畴，符号属物质范畴。这样，语言智能研究必然涉及脑语智能和计算智能两个领域。脑语智能研究基于人脑言语生理属性、言语认知路径、语义生成规律，依据仿生原理，构建面向计算的自然语言模型。计算智能研究基于语言大数据，利用人工智能技术，聚焦自然语言模型转化为机器类人语言，设计算法，研发技术，最终实现机器写作、翻译、测评以及人机语言交互。

语言智能核心技术是人文基因的智能计算。人类进化史表明，人是生物主体和精神主体结合的高级生命体。借用生物学"基因"术语，相应地，可以说，人同时具有生命基因和人文基因。生命基因是人的本性（生物性），人文基因是人的习性（文化性）。生命基因和人文基因的序列调节影响人的生命形态和意识形态。人工智能既服务于物质文明，又服务于精神文明。服务于物质文明，主要目标是设计制造类似人一样具有强行动能力的物体，辅助或代替人动手。服务于精神文明，主要目标是设计研发像人一样具有强交互能力的系统，辅助或代替人动脑。前者属于物质范畴，是智能物；后者属于精神范畴，是智能脑。无论是智能物还是智能脑，共同特征是智能，是算法。语言文字，有如生命基因载体核苷酸的遗传功能一样，是文化基因载体，具有传承民族文化功能。智能时代，语言智能应当深入研究人文基因习性，掌握其形成规律，充分认识作为文化基因载体的语言文字特性，开发人文基因智能计算核心技术，探索培育中华民族共同体意识的有效途径，在铸牢中华民族共同体意识过程中促进优秀文化基因传承与共生。人工智能领域，如果语言智能实现突破，跟它同属认知智能的知识和推理就会得到长足的发展，就能推动整个人工智能体系有更多的场景落地。

本人天资一般尚能勤奋。20世纪50年代出生在湖南偏僻贫困的农村，国家的发展，有幸不断获得学习机会。回想起来，自己40年的研究路径大致是：从关注语言认知开始到逻辑语义，语言哲学，语言智能及至智能产品的研发落地。我想，理论研究、技术开发固然重要，最好还能让人们分享到可以实际应用的科学研究成果。我主导开发的人文基因智能计算核心技术，现在可以广泛服务于我国各级各类智能教育、全民语言能力提升、中华民族共同体意识铸造以及国际文化传播等领域。《大学写作与智能训练》课程，以人机交互训练的独特优势，2021 年获省部级大学精品课程，图书馆智能写作中心业已成为智能时代的常态设置，逐渐服务全国。中文作文教学与测评智能系统，2020 年由教育部推荐为 7 省 36 县脱贫攻坚提供智能教育服务；抗击新冠疫情期间，用于线上教育被《光明日报》誉为"中国经验"。2019 年荣获中国智能科技最高奖——吴文俊人工智能科技进步一等奖。这些应该是理论与实践相结合的见证，也是我学术人生的情怀。

自己的学习探索，一路走来，离不开指导关心帮助我的恩师挚友专家学者同仁同事以及学生，得到了中国语言智能研究中心、国家社科基金重大项目"语言大数据挖掘与文化价值发现"（14@ZH036）、国家重大科技项目（2020AAA0109700）等多方面支持。值此论集付梓之际，谨向诸位，向教育部国家语委，向首都师范大学和人民出版社致以诚挚感谢！

周建设

2021 年 12 月 26 日于北京

语　言　学

汉字的表意特性与文化功能

当热心人呼吁恢复繁体字时①，原本似乎不是问题的问题便被引起众多再思考。说"不是问题"，是因为对繁体字与简体字的选择，权不在个人，而在于政府法规。普通个体公民并不实际具有汉字类型的抉择权，只有对国家规定范围内通用汉字的使用权。② 说"再思考"，是因为既然有人对国家规范简体字为通用文字持有异议，汉字规范政策制定部门有责任对汉字类型的确定提供更多理据。本文拟简单考察文字产生的背景、汉字表意性质以及反映文化的功能，虽非直接论断繁体字与简体字的选择，却希望能对该选择提供一点参考。

一、文字应语言而生

语言是表达观念的系统。③ 在这个系统中，观念是储存于人脑的被

---

① 2009 年，全国政协委员提案呼吁恢复繁体字，引起社会广泛热议，学术界部分学者积极参加讨论，国家文字工作委员会高度关注。

② 《中华人民共和国国家通用语言文字法》第三条：国家推广普通话，推行规范汉字。第四条：公民有学习和使用国家通用语言文字的权利。2000 年 10 月颁布的语言文字法所指规范汉字主要是《简化字总表》和《现代汉语通用字表》中的文字。同时，语言文字法对繁体字没有废止，只是限定了使用范围。

③ 瑞士费尔迪南·德·索绪尔：《普通语言学教程》，高名凯译，商务印书馆 1996 年版。

表达的对象，观念对象的表达需要借助符号进行。表达观念的符号并不是人们本能生成的，而要由人们自觉创造。正如爱德华·萨丕尔所说，"语言是纯粹人为的，非本能的，凭借自觉地制造出来的符号系统来传达观念、情绪和欲望的方法。这些符号首先是听觉的符号，是由所谓'说话器官'产生的。不管本能表现和自然环境能给某些语言成分的发展多大刺激，不管本能的趋势（运动的和其他的）在多大程度上规定了语言表达的范围和方式，人类语言本身并没有可以觉察到的本能基础"[1]。

语言系统中的符号具有二合性质。所谓二合性，就当代语言实际而言，包含两个方面的含义。首先，语言符号的二合性是声音符号和文字符号的结合。当我们如此解读语言符号系统性质时，能够很自然地将人类和动物进行本质区分。因为不少人往往广义地说，动物也有语言，并且列举很多动物通过语言交流刺激动物行为反应的例证。但当人们无法确定动物语言究竟如何界定之时，我们说，人类语言是语音符号和文字符号的合成系统，动物的"语言"就望尘莫及了，因为无论如何动物都不能创造和使用文字。这样，人便从广义的动物中升华出来了。因此，尽管我们不能断定文字产生之前人和动物如何精确区分，但我们可以说，文字产生之后，文字符号系统及其使用，实际上构成了人的一种本质属性，赖此则可以区分人类和狭义的动物。其次，语言符号的二合性还表现为符号与所承载内容的结合。"我们提到'语言'，是指语言符号的听觉系统，是嘴里说出的一串串的词。语言的最简单的成分是单个的音。然而，确切地说，单音根本不是语言成分，因为语言是一种达意的功能，而单音本身并没有意义。"[2] 就是说，语言是词有机结合成的词串。这些词与语音的关系不是一对一的关系。因此，他强调语言的真正

---

[1] 爱德华·萨丕尔：《语言论》，商务印书馆 1985 年版。

[2] 爱德华·萨丕尔：《语言论》，商务印书馆 1985 年版。

有意义的成分一般都是由一串音组成的词，或是词的有意义的一部分，或是词组。这些成分的特点是：它们之中的每一个都是一个特定观念的外表标记。这种观念可以是一个概念、一个印象或彼此有一定联系而成为一个整体的几个概念和几个印象。在某种意义上，它们代表着从基本概念发生出来的复合概念。①

作为语言系统的符号，除了声音符号之外，记录声音符号的符号——文字——是语言的视觉形象载体，透过文字理解语言是人类交际的一种重要途径。

那么，文字究竟如何界定，B.A.伊斯特林说："对文字可以下这样的定义：它是有声言语的补充性交际手段，这种手段在语言的基础上产生，主要用来把言语传到远处，长久保持，并且借助图形符号或形象来表现；通常这些符号或形象表达某种言语要素——一个个最简单的信息、单词、词素、音节或音素。"②定义当然应当揭示文字的本质属性，本质属性是赖以区分别的事物的属性。按照伊斯特林的定义，可以这样认为，文字之为文字，它必须具备四个要素，即它具有符号性和表意功能，是传播言语和保存言语的有声言语的补充手段。

比较通行的看法是，文字是人类用语言符号或代号进行视觉交际的系统，与语言单位的意义或声音有约定俗成的联系，可记载于纸、石、泥板或本子上。③这种观点强调了文字符号的可视特征，与声音、意义的关联特征以及可书写性。也就是说，文字反映意声联系，可记、可视、可传、可存。

一般认为，成形的文字产生之前是以图画式的手段去表现含义的。文字与图画的区别在于图画反映的意象观念信息量大，可以表达人和物，可以反映事件事态。随着图画手段的简化，线性抽象程度增强，书

---

① 爱德华·萨丕尔：《语言论》，商务印书馆1985年版。

② B.A.伊斯特林：《文字的产生和发展》，北京大学出版社1987年版。

③ 《不列颠百科全书》（国际中文版）第18卷，中国大百科全书出版社2002年版。

写符号与口语中同样的人或事物之间建立了对应关系，逐渐用书写符号记录言语，完成了图画向文字的过渡。用图画表达事件的手段逐渐被文字串构成的语句所代替。

文字发展过程基于用图画表示事件、惯例、事物间的彼此联系，进而演变用抽象符号表达事物，表达句意。

文字对于人类社会的价值受到充分肯定，文字被认为是人类文明社会的标志。科学家研究发现，有声语言不是人类的专利，动物也有广义的语言（声音信息交流）。既然如此，那人类社会真正的文明历史似乎可以说是从有了文字才开始的。① 1877 年，美国著名人类学家摩尔根就在《古代社会》一书中，把"文字的使用"作为野蛮社会与文明社会的界碑，指出："文字的使用是文明伊始的一个最准确的标志"，"没有文字记载就没有历史，也就没有文明"。后来，许多人类学家和考古学家，例如英国的丹尼尔在《最初的文明》中，又进一步提出以文字的使用、人口数量在 5000 以上的城市的出现和复杂的礼仪中心的形成作为文明社会的三大标志。现代文化人类学家已经公认：文字的产生和使用，是古代文化发生发展过程中的界碑，是区分野蛮社会与文明社会的一个重要标志。②

二、文字类型丰富多样

文字具有丰富多样的表现形式。传统意义上，一般将文字分为图画文字、表意文字和表音文字三大类型。表音文字有时还分为"音节文字"和"字母—音素文字"或"字母文字"。图画文字是由拉丁语词

---

① 董琨：《中国汉字源流》，商务印书馆 1998 年版。
② 邢福义主编：《文化语言学》，湖北教育出版社 1990 年版。

"图画的"和希腊语词"写"而来,是历史上最原始最古老的文字类型(如美洲印第安人的图画文字)。表意文字由希腊语词"观念""概念"和"写"而来,直译就是"概念书写",在历史上是图画文字之后的一种文字类型(如古汉字和古苏美尔文字)。①

B.A.伊斯特林认为:"'图画文字'、'表意文字'、'表音文字'的分类法,已经大大过时了。""表音文字这一术语是最差劲的,因为它通常包括两种类型的文字:音节文字和字母—音素文字。音节文字和字母—音素文字是反映言语语音的文字,而'图画'文字和'表意'文字似乎只表达言语的内容,然而'表音文字'这个术语名称却以前者同后者的完全错误的对立为基础。但是许多被称为'表意符号'的符号(如'表音汉字'),不是同词的语义而是同词的语音直接联系。"②

将文字划分为图画文字、表意文字和表音文字,严格说来,其划分标准并不同一。表音文字,其标准是字形与读音的关系,字形具有表音功能的即为表音文字,字形不具有表音功能的就是非表音文字。表意文字,其划分标准是字形与意义的关系,字形表示意义的是表意文字,字形不表示意义的称为非表意文字。表音文字、非表音文字与表意文字、非表意文字之间存在交叉关系,表音文字可以同时是表意的,表意文字也可以同时表音。图画文字,如果非得算做一个文字类型,它应当是与非图画文字对应,而不宜与表音文字和表意文字并列。就是说,首先将文字分为图画文字和非图画文字两类。非图画文字中再分为表音文字、表意文字。但是,理论上说,凡文字均表意,表意是文字的本质属性之一。将非图画文字划分为表音文字和表意文字,似乎意味着有不表意的文字,这不符合文字的表意本质。

有人认为文字可以分为句意字、词意字、词素字、音节字、音素

---

① B.A.伊斯特林:《文字的产生和发展》,北京大学出版社1987年版。
② B.A.伊斯特林:《文字的产生和发展》,北京大学出版社1987年版。

字五种类型。B.A.伊斯特林不满意将文字分为图画文字、表意文字和表音文字，提出：方法正确的文字分类法应该从符号的意义出发。既然文字用来表达言语，所以书写符号和图形就应该根据它们表达言语的何种要素来分成各种类型。文字类型的名称也应该据此而来。根据这些理论以及文字史的实际材料，书写符号和图形可以分为如下五种主要类别：句意字，这种书写符号或图形（包括象征符号，甚至约定符号）表达整个信息，但字形上几乎不分解为单个的词。表词字，是表达单个词的书写符号（包括图画符号）。词素字，是表达词的最小表义部分即词素的书写符号。音节字，是表达词的语音部分即音节的书写符号。语音字（音素字），或者另叫字母—音素符号，是表达言语最小的语音要素即单个的音或音素的符号。

然而，我们应当看到，伊斯特林的所谓句意字以及包括图画符号的表词字，已经将语句问题和图画问题掺杂进入文字范畴，这使得文字与非文字的界限变得更加含混。

有学者从文字形式在语用过程的语法表现角度，将文字划分为形态文字和非形态文字，认为非形态性是汉字所记录的单音词和语素所带来的特性，并引用高本汉的话凸现汉字的这种特性："现在单音缀的与无语尾变化的中国语，久已脱离了原始未发展的境地，而为一种最先进的与极省略的语言的代表，其单纯与平衡的现象，较之英语尤为先进。"[1] 这种分类，对于反映文字与语言的关系具有重要意义。由此可以比较清晰地证明，文字本身的意义是在语用中借助语法表现的，脱离言语活动，文字的意义便是"僵尸"。这不是对文字承载意义功能的否定，而是对认识文字和文化之关系的深刻启示。

作为文字家族中的重要成员的汉字，其类型众说纷纭。大多认为，汉字是表意文字。但其他说法同样存在。"汉字既表音又表意（所以周

---

[1]　李如龙：《论汉语和汉字的关系及相关的研究》，《语言教学与研究》2009 年第 4 期。

有光称为'意音文字'），不过重在表意，表音则不精确。从语音方面说，拼音文字标的是音素，汉字记的是音节（所以有人称为'音节文字'）。从词语方面说，拼音文字只有组成多音节才能表词，而汉字大多数是表词（单音词）的，而后起的多音词是表语素的（所以赵元任称为'语素文字'）。总起来说，拼音文字是分析型的、直线型的文字，它和语言的关系是多层次、浅层次的；字母表音素，音素组成音节，音节组成词；汉字是综合型的、立体型的文字，和语言的关系是单层次、深层次的；字集形音义于一体，既是音节又是有明确意义的词或语素。"① 李如龙先生除了肯定周有光先生和赵元任先生的说法，并从多个角度划分汉字的类型，认为汉字是意音文字、音节文字、音素文字、语素文字，同时指出汉字不是分析型的、直线型的文字，而是综合型文字、立体型文字。

学者们之所以对文字的类型会形成不同看法，是因为观察点不一样。文字自身包含诸多要素，包括语音、语义、符号样式，因此便有表音文字、表意文字、图画文字之说；文字也涉及多种关系，包括内部要素关系、符号与描写对象的关系、语用句法的关系等，于是，便划分出音节文字、分析型文字、音素文字、形态文字等。但不论怎样观察文字类型，总不能离开文字表意的本质特征。

三、汉字的表意特性

汉字的表意性质一直存在争议。启功先生曾讨论过汉字的表意问题："我见到一位专家著作的一本小册子，册中大意是说一个字不算一个'词'，只能算是'字'（指词义不全），两个字和两字以上的才可算

---

① 李如龙：《论汉语和汉字的关系及相关的研究》，《语言教学与研究》2009 年第 4 期。

是"词"（因为文体中有"词"这一种，为免得相混，以下都用'词汇'二字）。当时有人谈起：《辞（词）源》、《辞（词）海》中，每一个大词条，都以一个字领头，先注解了这个字，然后再列出由这一个字联系起来的若干二字和二字以上的词条。那么《辞源》、《辞海》岂不应称'字、词源'、'字、辞海'了吗？其实'单字词'不但具有'词汇'的资格，而且还有非常广泛的作用和极其巨大的功能。先谈一字成词的例子：不待说旧体诗和文言文中极多的'一字词'，即在今日日常所说的口语中也经常出现，甚至每天不知要说多少遍。如小孩常说'爸'、'妈'，绝大地区的人所说的'你'、'我'、'他'。"[1] 显然，启功先生认为汉字是表意的文字。

汉字与意义关系可以从符号结构关系上进一步认识。汉字系统是部分地使用词符，部分使用音符的系统。一个汉字的读音可以表示几个同音词或仅靠语境就可提供出该词属于那个特定例子的线索。[2]

将汉字分出词符汉字，指的是表意符号部分，通常所说的形符部分，形符本于事物形象，形象是其记录的内容，内容是词义学概念，故将表示事物形意的文字符号或构件称为词符，含词符的汉字归为词符汉字。不以形符创制为焦点，而是重点将言语中的声音用符号记录下来，记录声音的符号与声音构成对应关系，称为音符。音符记音，汉语音节有限，于是便带来了声符加别的什么符号成分才最能体现文字功能的问题。文字创制的目的首先是表意，而汉人"方便他人"的创制汉字的社会服务思想，就是期望让人一看就知道这字大概指称什么。如此，声符基础便有形符的"参与合作"。表事物类别的形符也成了构字因子。所以，汉字音符更多的是记录内容，次加上的形符表示该内容所属的事物类别。于是，形符合字实际上存在两种情况：一是形旁记录内容，音符

① 启功：《汉语现象论丛》，中华书局1997年版。

② 参见《不列颠百科全书》（国际中文版）第18卷，中国大百科全书出版社2002年版，第321—322页。

并不主表意，属于"以形类意"的汉字。二是声符记录内容，以形表示该内容的类属，这种文字属于"以声表意"的汉字。

但是，汉字具有表意特性并不意味着汉字就是文化的化身。[①] 这一点可以从语言与文字产生的先后得到充分说明。"书契未兴，语言已先之，远古先民唯借语音以达意。"[②] 语言有一种不依赖于文字的口耳相传的传统，这种传统是很稳固的。[③] 从时间上看，人类语言的起源，距今至少有百万年之久，而人类文字的历史，最多距今也不过 7000 年左右。[④] 所以，B.A.伊斯特林说：文字的产生比有声语言要晚得多。由于社会的发展，有声语言不再能满足人们交际中已增长了的和复杂化的需要，这时文字才应运而生。[⑤] 陆志韦也说：先有语言然后有文字。一个民族的文化跟所谓思想方式全是手跟发音器官联同创造出来的。人要是不能说话，就不会有合群的工作，也不能把劳动的方法传授给别人。他甚至对只见文字不见语言的偏见表示过遗憾，说："自从语言跟文字分了家，语言的地位让象形文字占了去。"[⑥] 索绪尔针对过分强调文字地位的现象提出过警示，指出：语言和文字是两种不同的符号系统，后者唯一的存在理由在于表现前者。语言学的对象不是书写的词和口说的词的结合，而是由后者单独构成的。但是书写（发音相似，意思各异）中的任何一个，以增减笔画的词常跟它所表现的口说的词紧密地混在一起，结果篡夺了主要的作用；人们终于把声音符号的代表看得和这符号本身一样重要或比它更加重要。这好像人们相信，要认识一个人，与其看他的面貌，不如看他的照片。没有文字，决不会损害语言的保存的。[⑦]

① 热心人呼吁恢复繁体字的一个重要理由就是认为汉字的繁体字反映中国传统文化。

② 殷寄明：《汉语语源义初探》，学林出版社 1998 年版。

③ 瑞士费尔迪南·德·索绪尔：《普通语言学教程》，高名凯译，商务印书馆 1996 年版。

④ 武占坤、马国凡主编：《汉字·汉字改革史》，湖南人民出版社 1987 年版。

⑤ B.A.伊斯特林：《文字的产生和发展》，北京大学出版社 1987 年版。

⑥ 罗常培：《语言与文化》，北京出版社 2004 年版。

⑦ 瑞士费尔迪南·德·索绪尔：《普通语言学教程》，高名凯译，商务印书馆 1996 年版。

综述全文，我们认为，文字之为文字，是因为它具有符号性和表意功能，是传播和保存有声言语的物质形式。从不同角度可以看到文字的不同特征，也可以将文字区分为不同类型。文字产生的根本目标是记录言语。就单个文字而言，其符号与记录的内容具有语源意义上的对应关系。但这种对应关系往往局限于世界元素，而文字记录的元素并不是与语句意义对等的，语句意义不是文字记录的元素意义的加合。文字具有表意的本质属性，但不能由此推断文字就是文化的化身。因为尽管世界某些元素是人类文化的元素，但真正意义上的文化，是立体的、精神的，是由语言链条来表达而不是靠单个文字体现的。

（《社会科学辑刊》2009 年第 6 期）

句法主语的主题表现力研究

在篇章理解中，句法主语被视为无标记的话题（石毓智，2001），主语也可以在一定条件下话题化（袁毓林，1996）。虽然有学者指出汉语也有非话题性的主语的存在（刘丹青，2016），但在类型学上汉语仍然被视为一种"话题优先（主语）性语言"（Li C. & Thompson，1976、1981；徐烈炯、刘丹青，1998、2003）。相关研究集中在以复句和句群为主要单位的回指、零形句、流水句等领域（方梅，2008；沈家煊，2012）；曹逢甫（1990）、许余龙（2004）、宋柔（2013）、孙坤（2014、2015）等则部分或完整实现了以篇章为单位的研究，成果集中在回指的主题标示、话题链，以及受话题链启发而建立的广义话题结构的流水模型等。本文认为，想要贯彻篇章分析和理解，从已经取得了更加系统而丰富研究成果的句法成分角度入手，是一个值得开辟的新思路。

在句子层面，主语是被陈述的对象，是已知信息；在篇章层面，主语作为观察视角的原点，由所指称的对象作为载体，引导新信息的展开；当叙述的兴趣点转移了，主语必然随之切换，从而引起后续陈述内容的一系列反应。篇章词汇量大，结构复杂多变，由此产生庞杂的信息极大干扰了对篇章主题的理解和把握。如果能把篇章中各小句的主语作为一个集中观察的视窗，将提纲挈领了解篇章中被陈述对象的变化转移过程，从而达到较为迅速把握篇章主题的目的。

周建设（2012）指出，面向自然语言处理的人工分析，语言学家的核心工作之一是建设"语法语义网络"。他随后又提出了以主题聚合度为核心概念的主题、主题表现力等系列概念。主题聚合度理论是直接指导作用于语言智能的测评技术的核心理论，其目标是实现机器自动识别篇章主题，促进汉语篇章的阅读理解、汉语作文的自动评阅等任务。本文以句法主语为切入点，设计分析原则和操作步骤，研究篇章主题的表现力，并通过小规模样本验证，为大规模机器自动判定主题表现力提供理论参考。

一、主题表现力相关概念

（一）主题

本文所指的主题，是篇章指称的对象。对象分为具体对象和抽象对象。具体对象又分为个体对象和类。当一篇文章仅仅谈一个对象时，这个对象就是文章所要陈述的主题；当文章谈一类对象时，这个类的论域（Domain），即其上位概念，就是文章的主题。比如《我的爸爸》陈述的是一个个体对象，"爸爸"就是主题；如果一篇文章中写了我的爸爸、妈妈、哥哥、姐姐，那这篇文章的主题就是这些词的论域——家人。抽象对象的处理也是相同的，比如写愤怒，主题就是愤怒；如果喜怒哀乐都写了，其主题就是情感。主题是篇章内容的天然组成部分。

主题是篇章的外延或论域，即篇章想要反映客观世界中的事物、事实、事态、性质、关系等客观存在的对象，因此可以通过描述客观世界中的这些对象，用计算机大数据技术建立篇章主题的语义网络知识库。

（二）主题聚合度

主题聚合度是指篇章中的语言形式所展示出主题的外延之间的紧密程度。主题聚合度是篇章主题评价的综合指标，通过计算多种主题表现力来共同完成。主题聚合度评价的维度分为篇章级、段落级、句群级、复句级和词语级等等级。主题聚合度的提出，从人工智能角度说，旨在借助机器的技术手段减轻人的言语负担；从人类认知角度说，旨在更多了解脑的神经机制运作方式解决人的语言认知困惑（周建设，2012）。主题聚合度计算的设计目标，在于用语言智能的手段实现篇章理解和评判的自动化；主题聚合度的计算价值，在于为作文提供科学、准确、快速、规范的评价核心指标，为提高人类语言的能力服务。

（三）主题表现力

主题表现力是实现主题聚合度评价的重要形式化指标之一，是指语言符号载体与主题表现之间的语义关系。主题表现力可以实现为千变万化的语义关系，想要快速准确地识别出篇章的主题表现力效果，必须细化篇章的类型，从较为同质的篇章材料中总结该类篇章的主题表现力的规律，并从不同的篇章类型中不断获得（可能）不同的这类规律。

句法主语主题表现力是主题表现力形式化指标中的一项。主语主题表现力的效果，可以用其语义聚类的集中程度和丰富程度来体现。

二、句法主语的语义聚类理论及其设计思路

根据维特根斯坦关于世界、事情、事态、对象的相关理论，可以把作文的主题看作一个由逻辑空间诸事实构成的世界。这个世界中的事情非常多，每项事情可以发生或不发生。就一篇具体的作文来说，要说明一个特定主题必须选取其中一些发生的事情，即事实，同时需要配置

相应的对象来构成事态（2.0272），在事态中对象之间以一定的方式相互关联（2.031）（维特根斯坦）。这种像"链条"环节一样的关联方式是原子构成世界的逻辑链。对象间的语义关系无疑是其中重要的一种关联方式，这种语义关系是不变的，只有实现或不实现的区别。本文引入《哈工大信息检索研究室同义词词林扩展版》作为建构对象（句法主语）间的语义网络关系的具体分类参照。

《同义词词林》是梅家驹等人于 1983 年编纂的一部汉语词语语义分类词典，后经哈尔滨工业大学信息检索研究室扩展为《哈工大信息检索研究室同义词词林扩展版》（以下简称《词林（扩）》），因其与 Wordnet 有相似编制格式和设计思路，常被作为语义词典用于汉语自然语言处理中。《词林（扩）》词表包含 77492 条词语，共分为 12 个大类，94 个中类，1428 个小类，小类下再以同义原则划分词群，最细的级别为原子词群。每一条词语都由一个 8 位数的编码构成，这 8 位编码共分为 5 级，分别对应该词语所属的类别关系。[①] 比如有具体三组词分别表示为：

Ad03A03@ 家里人

Bp27D02# 货架　书架　报架　支架　脚手架

Da15B02＝一差二错　阴差阳错　阴错阳差　误会　言差语错

其代号和层级如表 1 所示。

表 1　《哈工大信息检索研究室同义词词林扩展版》编码说明

编码位	1	2	3	4	5	6	7	8
符号举例	A	d	0	3	A	0	3	@
	B	p	2	7	D	0	2	#
	D	a	1	5	B	0	2	＝

---

① 《〈哈工大信息检索研究室同义词词林扩展版〉说明》，https：//www.ltp-cloud.com。

续表

符号性质	大类	中类	小类	词群	原子词群	
级别	第1级	第2级	第3级	第4级	第5级	

每个词语的编码位是按照从左到右的顺序排列。最后一栏（第8位）符号则标记词语性质，"＝"代表"相等""同义"，"#"代表"不等""同类"，"@"代表"自我封闭""独立"。

这种层级性编码能有效支持本文实现主语聚类数据的建设和收集。具体实现的设计思路如图1所示：

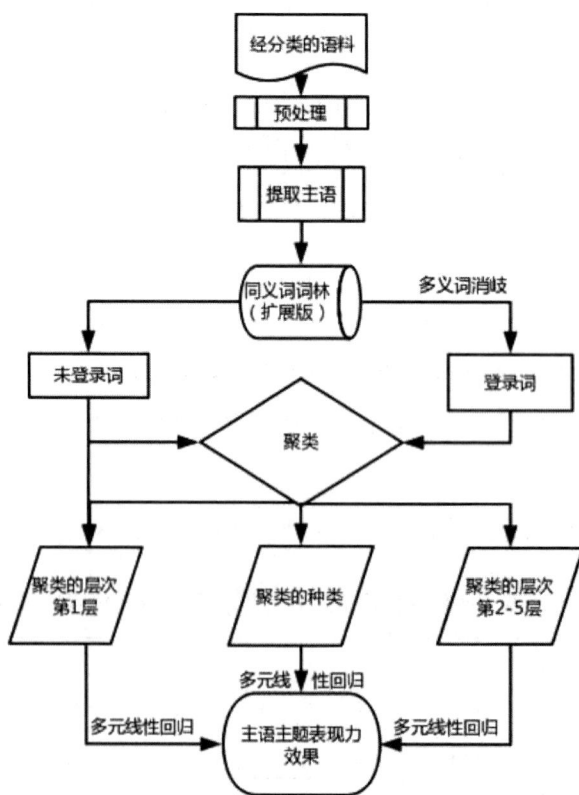

图1　主语主题表现力效果设计思路

需要说明的是，主语语义聚类是主语词语概念的聚类，而不是主语词语形式的聚类。"概念的聚类"具体又分为两个意思：其一是聚类时，必须要忽视该概念在具体上下文中使用而产生的语义差异，而要把握该概念的核心语义。比如"老师"一词在一篇作文中既指"张老师"这个人，也用于泛指这个职业群体的总称。但这两个"老师"，都与"教师、师、导师、师长"等词具有同样的相似性，因此视为一个概念加以聚类。鉴于此，为了尽可能降低上下文语境形成对概念判断的干扰，我们采取的两种措施分别是提取主语结构的中心语和合并重复概念词。其二是聚类时，要注意区分同一个语言形式所对应的不同概念的问题，即多义词的问题。比如"书"在"购书"中表示的概念是"书籍"，"鸿雁传书"中则是"信"。这两个"书"就分别是两个概念，分别占据语义网络中的不同位置，与其他概念发生的不同关系。由于《词林（扩）》中就有多义词8860个，本文的研究无法回避多义词消歧的问题。但是多义词消歧是自然语言处理理解的重点和难题之一（冯志伟，2004；史兆鹏，2017），本文为了降低运算量，集中研究重心，在此环节暂时采用人工消歧的方式，即对主语词语登录词典检索后出现多个义项时，进行人工选择确定。

第二个要说明的是本文不进行代词指代消歧。指代消歧是篇章分析中常用的步骤，把代词还原为所指代的具体对象词，目的是降低篇章理解难度，明确语义。但基于本文的研究，主语位置上的代词有其不可替代的作用，不能也不需要替换为其他词。

三、句法主语语义聚类检测主题
表现力效果的初步验证

为了说明主语语义聚类理论对主题表现力的设计思路方向的合理性和可行性，本文选用一批中学作文进行初步的验证。

（一）文本指标的设计

作文自动评分系统中评价的指标总体可以分为非文本性指标和文本性指标两类。其中非文本性指标指不反映作文内容和意义的指标。

文本性指标是指能对作文内容有所反映的指标。本文针对作文内容设置 5 项文本性指标，如表 2 所示。

表 2　主语语义聚类文本性指标说明

指标名称	指标含义	指标来源方式	在验证中的地位
指标 1	参与聚类的主语个数	人工统计	次核心指标
指标 2	实现的聚类种类数	自动统计	核心指标
指标 3	聚类内部的层次性情况	自动统计	核心指标
指标 4	专家评分	人工评分	次核心指标
指标 5	主语主题表现力效果	多元线性回归方程	核心指标

1. 指标 1：参与聚类的主语数

本指标是指参与语义聚类的主语的数量集合。这个数据由 2 部分构成：主体部分是句法主语中最小单位的词语种数（即不计重复数，每种词语数只有 1 个）构成；以及无法跟他词形成聚类但自体有重复的词语数（即该情况下每种词语在本指标中数量为 2 个，以便形成自体聚类）。本文指标设计的假设是：指标 1 与作文评分（指标 4）有相关性。

2. 指标 2：实现的聚类种类数

本指标反映的是聚类内部词的纵向集合的层次性，体现主题表现力的集中程度。

只要词的编码第 1 层（第 1 位）相同，不同词就属于同一个聚类。1 个聚类实现的最小集合是 2 个词。当 1 个词语无法与其他词形成一个聚类而其自身至少重复 2 次时，也视为一个聚类。自体聚类是一种特殊的聚类形式。

本指标设计的假设是：聚类主语的数量增多，聚类得到的种类也相应增多；在参与聚类的主语数量相对比较稳定的情况下，聚类的种类数越多，作文质量越好。

3. 指标 3：聚类类内的层次性情况

本指标反映聚类内部的词的横向集合的层次性，反映的是主题表现力的丰富程度。指根据从左至右对应编码吻合的长度不同，整个指标 1 中的词分别位于各层的词数。该项指标可以具体细化为 5 个小指标，即根据词语编码的设计层次分为 5 层：

第 1 层：无法聚类的词的集合。由 2 部分数据构成：即第 1 位编码与其他任何词都不相同的词的种类数，以及出现频率为 1 次的未登录词语。①

第 2 层：即只有左侧第 1 位编码且只有左侧第 1 位编码相同的所有词的集合数。

第 3 层：即所有左侧 2 位编码且只有左侧 2 位编码相同的词的集合数。

第 4 层：即所有左侧 4 位编码且只有左侧 4 位编码均相同的词的集合数。

第 5 层：即所有左侧 5 位编码且只有 5 位编码均相同的词的集合。

对本指标设计所基于的假设是：指标在 5 层内聚类的分布情况。暂时假设高层词越多（即相同的编码越长），作文水平越好。

4. 指标 4：专家评分

即作文分数。该指标由作文指导教师给出。样本作文满分为 40 分。

5. 指标 5：主语主题的表现力效果

本项指标由指标 2 和指标 3（包含 5 个小指标）建立多元回归模型。通过计算得到预测值。该值可以视为本文的主语主题表现力效果值。

本指标设计的假设是：指标 2 和指标 3 的综合值应该能较好反映作

---

① 未登录词指无法在《词林（扩）》检索到的词语，登录词即能在该词典中找到的词语。

文的质量，与作文评分呈现正相关关系。

（二）样本数据的处理

某中学给本文提供了初一同题记叙文 38 篇（电子版），题目为《我为他（们）点赞》。同时作文已经由该中学专职语文教师评定了成绩（指标4）。作文依次编号为 1#～38#。对作文的预处理工作主要有：自编软件对作文进行分词处理，并进行基础性的非文本数据的整理和统计。预处理过程中发现作文编号为 11#、15#、25#、28#、30# 的作文数据异常，做了剔除处理，剩下 33 篇作文参与后续处理。其基础数据说明如表 3 所示。

表 3　句法主语主题表现力检测作文基础数据说明（33 篇）

单位（个）	字数（计重复）	字种数（不计重复）	词数（计重复）	词种数（不计重复）	总主语数（计重复）
平均值	524.6	208.7	416.9	187.6	32.8
极小值	313 (29#)	131 (29#)	251 (29#)	116 (36#)	17 (9#)
极大值	739 (5#)	312 (3#)	579 (2#)	263 (5#)	54 (4#)

1. 主语的提取

本文暂以人工方式提取主语[①]。基于储泽祥（2004）沈家煊（2012）等人的研究，本文以小句为提取主语成分的基本单位，即除了顿号以外，以句中或句间所有停顿标点为标记划出的单位。提取主语的基本步骤为：首先观察小句；如果该小句第一层直接成分为主谓关系的，提取

[①] 本文曾尝试使用哈工大社会计算与信息检索研究中心研发的"语言技术平台（LTP）"的依存句法分析进行样本中句法主语的自动提取，但最终因数据误差太大而放弃该方法。推测误差出现的原因可能为：因只提取主语，数据量小，少量分词错误或提取主语的错误就可能会引起数据的较大波动；初中作文口语化表述较为明显、断句和标点使用不规范干扰了依存句法分析准确性；该项技术自身尚存在一定分析误差。

出主语结构；进一步提炼出该主语结构的核心成分至供分析的最小粒度为止。

　　具体能进入指标 1 的主语有：光杆体词、谓词，句首的时间名词（朱德熙，1982），偏正短语的中心词（语），"的"字短语，量词短语，联合短语的各个实词分别记为 1 个主语，同位短语的各个词分别记为 1 个主语；名词非谓句只有在其后紧接一个谓词性开头的小句，并且两句呈现为主谓关系时才处理为主语提取。处于小句结构其他层次的主语（如定语、谓语中的主谓结构的主语）不提取。

　　2. 主语的语义聚类后的主题表现力效果

　　主语的语义聚类的执行步骤为：首先把指标 1 的主语，分别代入《同义词词林》取得登录词对应编码值；第二步由人工对其中多义词的对应编码进行选择消歧；第三步合并重复词；第四步依据编码位数自动聚类分层，获得指标 2 和指标 3 的相关数据。

　　经试验证明，完成上述步骤后得到的主语语义聚类图，能较为直观地展示出作文的主题表现力水平。

　　图 2、图 3 所展示的是本次样本作文中质量最好的 2# 作文与质量最差的 9# 作文主语聚类的结果。

　　从 2# 和 9# 作文聚类图对比显示，当作文水平的差别明显时，可以非常直观地从图中看出其主语语义聚类在数量和质量上的不同。参与聚类的主语词的数量，与作文的分数有很为密切的关系。其中 2# 作文主语词汇丰富，指标 1 达 24 个词语，并且这些词语在语义聚类的横向（指标 2）和纵向（指标 3）上都能形成整齐匀称的聚类组群，聚类种类间疏密得当。不仅仅是在 A 类"人"中形成聚类群，并且在 B 类"物"、C 类"时间和空间"、D 类"抽象事物"、H 类"活动"都形成了聚类群，展示出了作文在表现作文主题外延时用词覆盖面和对这些不同种类词的较好的驾驭能力。

　　相对而言，9# 作文指标 1 仅有 11 个词，因此整个聚类的矩阵数据

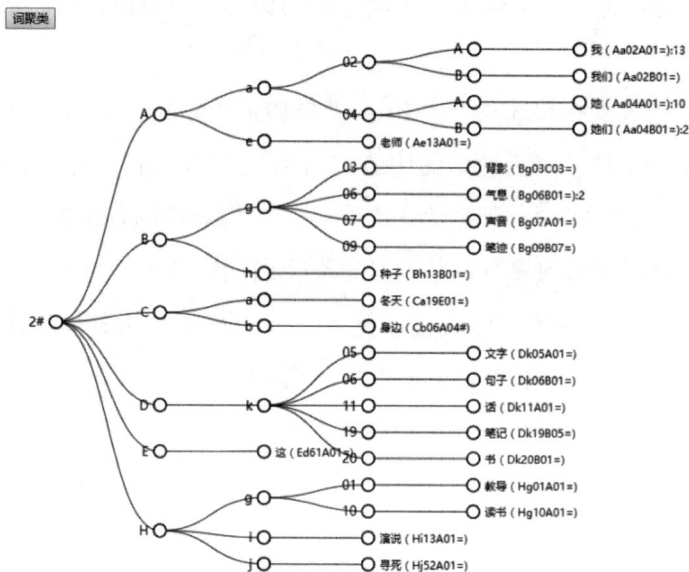

图2　2#作文主语语义聚类图（评分 38 分，有 24 个聚类主语）

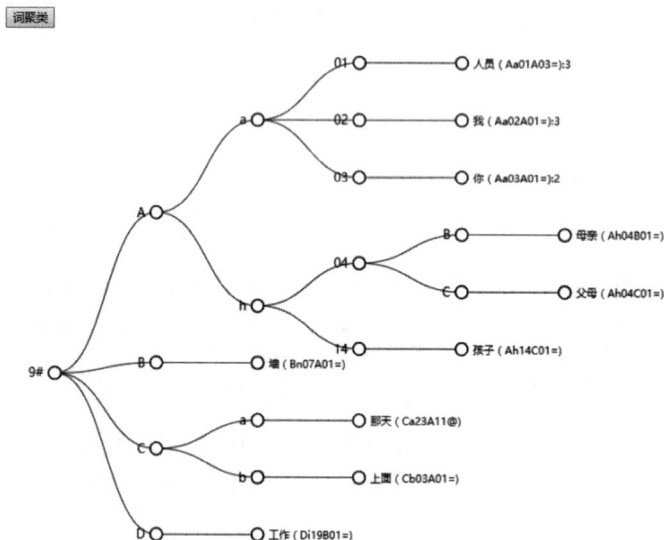

9# 未登录词语：让人意想不到的①

图3　9#作文主语语义聚类图（评分 20 分，有 11 个聚类主语）

---

①　未登录词数量为 1 个的，不再专门标出；未登录词之间用顿号隔开。后同。

显得稀疏，仅形成 2 个聚类，只在 A 类"人"中形成了一个有效的聚类关系，虽然类中有词达到了最深的第 5 层（"母亲""父母"），但是因为在 C 类中仅有达到第二层的 2 个词，聚类显得很不均衡。

3. 主语语义聚类的主题表现力的效果验证

（1）对指标 1 与指标 4 的相关性计算

在统计学中，皮尔逊积矩相关系数常用于度量两个变量是否线性相关。

皮尔逊相关系数计算公式：

$$r = \frac{\sum(x-\bar{x})(y-\bar{y})}{\sqrt{\sum(x-\bar{x})^2 \cdot \sum(y-\bar{y})^2}}$$

r 的取值在 -1 与 $+1$ 之间，若 r＞0，表明两个变量是正相关，即一个变量的值越大，另一个变量的值也会越大；若 r＜0，表明两个变量是负相关，即一个变量的值越大另一个变量的值反而会越小。我们设指标 1 为 x，指标 4 为 y，根据上述公式，计算得到二者的相关系数为 0.75，说明两项指标具有一定的正相关性。基本符合该指标设计的假设。

（2）对指标 5 主语主题的表现力效果的验证

根据前文对指标 5 的设计，我们将指标 2、指标 3 与指标 4 进行多元线性回归分析，设指标 5 变量为 z，其中指标 2 实现的聚类种类数表示为变量 z_1，指标 3 聚类内的层次性中的第 1 层至第 5 层依次分别表示为变量 z_2、变量 z_3、变量 z_4、变量 z_5、变量 z_6。具体结果如表 4 所示。

由此建立多元线性回归模型：

$f(z) = 0.2 \times z_1 + 0.5 \times z_2 + 0.6 \times z_3 + 1.1 \times z_4 + 0.1 \times z_5 + 0.7 \times z_6 + 15$，其中 15 为常数。经计算得到相关性系数 0.8229，说明基于指标 2、3 基础上经多元回归生成的指标 5 能具有一定的主题表现力，与作文分数呈现出较好的正相关性。

表4 指标5回归统计结果

回归统计	
Multiple R	0.8229
R Square	0.6772
Adjusted R Square	0.6272
标准误差	2.9668
观测值	33

方差分析：

	df	SS	MS	F	Significance F
回归分析	6	513.7907	85.63179	9.418402	1.59E-05
残差	26	236.3911	9.091965		
总计	32	750.1818			

	Coefficients	标准误差	t Stat	P-value	Lower 95%	Upper 95%	下限 95.0%	上限 95.0%
Intercept	15.01008	1.858867	9.75815	3.52E-10	14.31815	21.96006	14.31815	21.96006
Z Variable 1	0.201691	0.658724	0.457993	0.650258	−1.0436	1.646985	−1.0436	1.646985
Z Variable 2	0.499633	0.230514	1.951999	0.061787	−0.02387	0.923792	−0.02387	0.923792
Z Variable 3	0.597224	0.269161	1.960623	0.060719	−0.02554	1.08099	−0.02554	1.08099
Z Variable 4	1.099756	0.234016	4.520767	0.000119	0.576904	1.538956	0.576904	1.538956
Z Variable 5	0.103558	0.298869	−0.17276	0.864175	−0.66597	0.562701	−0.66597	0.562701
Z Variable 6	0.703945	0.339304	2.252773	0.032938	0.066926	1.461822	0.066926	1.461822

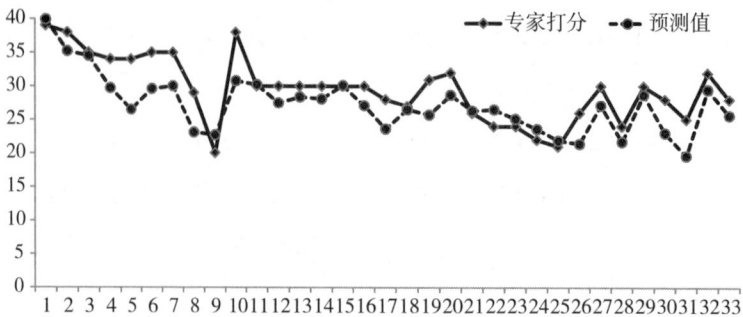

图4 指标5与指标4的相关性

从建立的多元线性回归模型可以较为清晰地看到指标 2、3 的各个变量被赋予的权重。其中变量 z_1 显示出聚类的种类数与作文分数呈正比，而变量 z_2 至 z_6 中，以第 3 层所占权重最高，达到 1.1；第 5 层次之，为 0.7；倒是第 4 层的占比反而最低；而之前第 1 层词即无法形成聚类的词设想时认为应该越少越好，但在回归模型中其占比反而不是预计的最低。可见当把作文质量以形式化指标处理以后，不一定还能与人对作文的主观评价感受一一对应。该回归模型中的权重设计是否能适用于更大的数据还有待进一步的验证。不过就目前样本来说，指标 5 验证基本符合对指标 2 和指标 3 的各层的设计假设。

上述回归分析的标准误差为 2.9668，F 检验结果为 1.59×10^{-5}，远远小于显著性水平 0.05，表示该回归方程的回归效果显著。由此线形回归模型得到指标 5 主语主题表现力效果（作文的预测得分值）与指标 4 作文的专家评分的差距在正负 5 分之内的有 27 篇[①]，占 81%，可见指标 5 的设计和计算是有一定合理性的。图 4 反映的是指标 4 和指标 5 之间的关系。

四、结　语

本文对主语主题表现力理论做了讨论和初步检验，为实现主题聚合度计算积累了有益的经验。本项研究的不足在于语料样本量少，语料类型不丰富，人工干预过多。实验的初步结果也提示，句法主语只能作为篇章主题表现力的部分支撑数据，主语需要联合其他句法成分聚类，才能得到完整的篇章主题表现力。

---

① 指标 5 对分数的预测值只是为了验证我们相关理论的可行性和合理性，并不是给作文评分。作文自动评分需要复杂的综合指标的计算，不是本文要解决的问题。

参考文献

[1] 储泽祥：《小句是汉语语法基本的动态单位》，《汉语学报》2004 年第 2 期。

[2] 方梅：《由背景化触发的两种句法结构主语零形反指和描写性关系从句》，《中国语文》2008 年第 4 期。

[3] 冯志伟：《词义排歧方法研究》，《术语标准化与信息技术》2004 年第 1 期。

[4] 刘丹青：《汉语中的非话题主语》，《中国语文》2016 年第 3 期。

[5] 沈家煊：《"零句"和"流水句"——为赵元任先生诞辰 120 周年而作》，《中国语文》2012 年第 5 期。

[6] 孙坤：《汉语话题链范畴、结构与篇章功能》，《语言教学与研究》2015 年第 5 期。

[7] 孙坤：《汉语话题链的特点与本质——兼论话题链与零回指的差异》，《汉语学习》2014 年第 6 期。

[8] 宋柔：《汉语篇章广义话题结构的流水模型》，《中国语文》2013 年第 6 期。

[9] 石毓智：《汉语的主语与话题之辨》，《语言研究》2001 年第 2 期。

[10] 史兆鹏、邹徐熹、向润昭：《基于依存句法分析的多特征词义消歧》，《计算机工程》2017 年第 9 期。

[11] 王明文：《基于词项共现关系图模型的中文观点句识别研究》，《中文信息学报》2015 年第 29 期。

[12] 许余龙：《从回指确认的角度看汉语叙述体篇章中的主题标示》，《当代语言学》2005 年第 2 期。

[13] 袁毓林：《话题化及相关的语法过程》，《中国语文》1996 年第 4 期。

[14] 朱德熙：《语法讲义》，商务印书馆 1982 年版。

[15] 周建设：《面向语言处理的计算与认知取向》，《中国社会科学》2012 年第 9 期。

[16] [德] 路德维希·维特根斯坦：《逻辑哲学论》，贺邵甲译，商务印书馆 1996 年版。

（周建设、罗茵：《语言文字应用》2018 年第 1 期）

句法谓词的主题表现力研究

从机器评测的形式化角度看，主题是篇章陈述的主要对象。其中，对象分为具体对象和抽象对象。文章可以陈述某个对象，也可以陈述一类对象。按照外延原则，陈述某个对象的文章篇章主题就是该对象，陈述一类对象的文章篇章主题则是该类对象的上位概念。主题即是文章的外延，客观存在于世界中，表现为事物、事态、性质、关系等。主题聚合度是指行文表现形式和主要对象的关系紧密程度。主题表现力则是行文的表现载体和主题之间的语义表现关系。句法谓词的主题表现力具体指的是句法谓词与篇章主题之间的语义表现关系。

从国内外的研究现状来看，鲜有学者从计算语言学的角度来看待句法谓词的主题表现力问题，从表现主题聚合度的角度来分析句法谓词，更是无人问津。一篇文章的主题表现有多种形式，如句法主语的主题表现、句法宾语的主题表现、句法谓词的主题表现等等，可以从不同的角度进行分析。作者拟采取句法谓词的角度，以句法谓词的主题聚合度为切入点，以主题聚合理论为基础，对小学语文223篇记叙文中的句法谓词做分析。通过提取句法谓词，分析语义聚类，给出语义关系图谱等步骤，最终提取出该类文本中句法谓词的语义聚合特点，总结出关于句法谓词对主题的表现规律，为进一步的语义计算做铺垫。

一、理论基础

（一）句法谓词

1.定义

句法谓词，顾名思义，指的是担任句法成分的谓词，往往由动词和形容词充当（刘钦荣，2007）。句法谓词指的是现代汉语中的谓语中心语。语义计算可以通过语义确定外延，再对外延做相关计算。[①] 句法谓词也不例外。

句法谓词主要有主语依存性、宾语依存性、语义上下位聚合和多种语义类别等四大语义特征。和其他句法成分相比，句法谓词是表达事件或状态的重要句法成分。人们对同一事件或状态可以有多种不同的关注视角，例如事件的发展阶段、事件或状态的意义、影响等等，都会在句法谓词中有所体现。

2.分类

不同的分析视角对应不同种类的句法谓词类型。结合本文限定的语料范围，这里给出小学语文记叙文中常见的句法谓词语义种类及标准。

实动谓词：指称实际动作的谓词，如"走""吃""推"等。

表达谓词：表达观点或意见的谓词，如"说""想""认为"等。

强调谓词：强调宾语成分，没有实际动作含义的谓词，如"是""有""在"等。

性质谓词：表示主语某种性质的谓词，多为形容词，如"大""长""远"等。

---

① 外延计算的常用角度主要包括数量、关系、类别等。

从语义聚合角度看，一篇文章中往往会有和主题语义联系较疏远甚至没有联系的谓词，这样的谓词本文称之为离散谓词，后面会给出具体解释。

（二）主题聚合理论

1. 主题的界定

关于主题，学界主要有几种不同观点。一种观点认为主题是具有语义特征的句法概念，是句法结构中的基本成分（梅德明，2011）；另一种观点认为主题是和主位这一语法范畴相对应的语义范畴（彭宣维，2005），是显性语言层面的标示；第三种观点认为主题是篇章陈述的主要对象，客观存在于世界中，应该属于概念实体范畴。

本文主张第三种观点，主题是篇章陈述的主要对象，但主题并不是必须显现在文本中。从功能角度讲，语言最重要的功能是传递信息。无论主题是显性语言层面的标示，还是客观世界中的存在，主题都被视作信息的聚焦点。主题需要别的信息片段（如词、词组、短语）来帮助做详述、增强或扩展等方面的语义解释。如果说主题通常由句法主语来表现的话，这些用来帮助解释的信息片段则通常由句法谓词、宾语、独立语等其他句法成分承担。

2. 主题聚合理论

（1）主题表现具有语篇性

主题的语篇性特点最直接的体现是主题的语法载体在语篇中的空间布局和出现频次。一篇理想的文章应该在结构上和层次上都紧扣主题展开，并且在题目、文章开篇、结尾等各处都有主题的表现载体出现。

① 主题应该有合适的物理空间布局

前文提到，一篇理想的文章应该在题目、文章开篇、结尾等处有主题的表现载体出现。如果没有开篇点题、结尾扣题等空间布局特点，该文章很难归结为一篇主题鲜明的文章。

② 主题应该有良好的层次结构延伸

文章的主题作为篇章阐述的主要对象，决定了文章中各句子的主题和篇章主题之间应该是以语篇主题为上位的层次明晰的语义聚合关系。篇章主题在文章中的语义延伸应该有良好的层次结构。

③ 主题的数量唯一

一篇文章只能有一个主要阐述对象。主题作为篇章阐述的主要对象，数量必须唯一。

（2）主题表现具有信息性

主题一般说可以是信息结构中的旧信息。① 主题除自身附带某些信息之外还需要其他句子成分提供新信息。例如宾语就是重要的信息提供成分。

① 主题是文章所有信息的汇聚点

文章中的其他主要信息都应该是主题信息相关的，并且以主题信息为核心向外延伸。

② 主题反映文章作者的认知视角

主题体现的是说话人以听话人的既有知识为前提而圈定的一个"注意／兴趣"中心（彭宣维，2005）。其他非主题信息的选取都从侧面反映出作者对主题的认知视角。

（3）主题表现具有一致性

主题和句法谓词之间具有句法、语义一致性。一致性不仅仅指的是主题和句法谓词之间数的一致关系，还包括论元角色和句法谓词之间的语义搭配一致关系。或者说，论元角色和句法谓词之间的一致性也不仅仅是语法一致性，而是语法、语义的双重一致性。

（4）主题表现具有衔接性

主题间存在丰富的衔接关系。各个层级的可独立表达的语言单位

---

① 信息结构层是从命题结构层分离出来的一个概念结构中的层次。

中，如句、段、篇，都有主题的存在。主题间存在不同层级的主题衔接关系，如句子内部的衔接关系，跨句子的衔接关系等。主题之间的衔接关系包括不同层级视角下的丰富关系类型。例如主题自身的重复出现关系，词汇语义学认定的词汇语义关系以及分段式篇章语义学认定的句子之间的修辞关系等。

二、分析步骤

句法谓词的主题表现力分析，目前还没有成熟的方法可以借鉴。与之相关的谓词语义分析领域主要采用两种基本方法：一种是基于语法限定的谓词领域内部的词汇语义研究；一种是基于句子视角的宽泛视域的谓词语义研究。

本文将综合使用上述两种方法，除去分析谓词涉及的词汇语义之外，也将典型的宽泛视域的谓词语义研究方法——事件语义学（Reichenbach，1947）的理论思想增加到谓词语义分析范围内。[①] 综合两种方法的优势有两点：一是延续形式的方法分析句法谓词，便于下一步开展自然语言机器处理工作；二是延续从句子的角度理解谓词的观点，将事件增添进句法谓词的语义分析中，有助于更清晰展示句法谓词本身的语义特性以及句法谓词和主题之间的语义关联。

针对句法谓词的主要特征，确定分析步骤如下：确定文章主题层次，确定句法谓词的语义聚类，确定句法谓词种类、数量及布局，确定句法谓词对主题的描述角度，确定句法谓词对主题衔接的作用，从句法谓词计算篇章主题表现力。

---

① 事件语义学是一种以句子为视角的宽泛视域的语义研究，从事件的角度分析句法谓词的语义功能和主题表现能力，用句法谓词表示事件的属性，对事件进行描述。

（一）确定篇章主题

不论采用哪种视角分析篇章主题，首先要确定的还是篇章主题。主题自身的语义层次和结构分布直接影响句法谓词对篇章主题的表现。

（二）确定句法谓词的语义聚类

作为句子的核心成分，句法谓词的语义聚类能够展现出文章大部分的谋篇布局。本文中的句法谓词语义聚合方法包括上下位聚合、整体—部分聚合、同义聚合、反义聚合、近义聚合等传统方式。

（三）确定句法谓词种类、数量及布局

不同文体在选择句法谓词类型方面有着各自的偏好。在确定句法谓词种类的前提下，统计各类句法谓词在文中的出现次数，以文章中的句法谓词总数为基础，计算出各类句法谓词的出现比例，统计出各类句法谓词的出现情况，均有助于概括出不同文体对句法谓词类型的使用规律。

一些特定类型的句法谓词在篇章中的分布往往决定了文章总体的结构，如总分结构、总分总结构等。本文中句法谓词布局的种类分为开头、中间、结尾三种。

（四）确定句法谓词对主题的描述角度

不同文体的文章描写角度各有侧重。不同语义类型的句法谓词恰好也体现出对主题的不同写作视角。确定文章中出现的具体句法谓词种类，不仅有助于阅读者了解文章的描写角度，也对写作视角有较为全面的把握。常见的句法谓词对主题的描述角度包括动作、状态、性质、关系等。

（五）确定句法谓词对主题衔接的作用

词汇层面的语义关系并不能涵盖所有主题之间的衔接关系，例如句子之间的修辞关系就无法由词汇语义描述。按照事件语义学的理论，每个句法谓词都对应一个事件／状态；句子间的修辞关系可以看作事件／状态间的聚合关系。从这个角度讲，句法谓词能够揭示句子间的部分修辞关系，也就是说句法谓词能够揭示句子层面的部分主题衔接关系。常见的修辞关系包括详述、叙述、解释、因果、并列、转折、同时发生等。

（六）从句法谓词计算篇章主题表现力

综合上述分析结果，就可以计算出句法谓词对篇章主题的表现程度，具体包括句法谓词对主题的阐释角度种类及数量，特定句法谓词通达篇章主题的路径长度等，如图1所示。

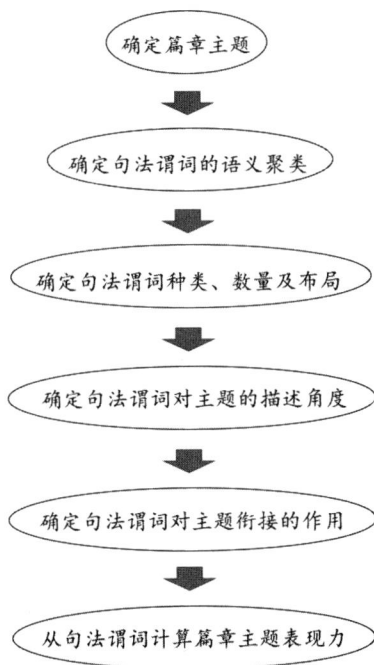

图1 句法谓词主题表现力研究步骤图

三、句法谓词的主题表现力分析

小学《语文》作为学校采用的教科书，语言使用规范，普及范围广，主题表达明确，是优质的篇章分析语料。本文以人教版小学语文223篇记叙文作为分析对象，通过分析句法谓词对篇章主题的表现力，最终得出相关结论。

（一）例文分析

以课文《詹天佑》为例①，该文作为一篇写人记叙文，文章陈述的主要对象是人物詹天佑，按照前文定义，可以确定文章的主题即为"詹天佑"。

1. 篇章主题语义聚类

根据语义场理论，在全文所有句子主题（除代词外）的基础上生成主题语义聚类图，如图2所示。其中"詹天佑"作为篇章主题，出现频次也最高。以语义场规定的聚合关系为基础，确定文中主题语义聚类有如下8个。

2. 句法谓词的语义聚类

和主语、宾语等成分相比，句法谓词之间的语义关系有很大不同。除去按照语义场理论形成的语义聚类之外，还有句法谓词间特有的发生先后关系、同时进行关系等。这些句法谓词间特有的关系后面会详细展开。这里暂时只考虑根据语义场理论形成的句法谓词聚类情况，共有15个聚类，展示如下。

---

① 人教版语文六年级上册，第18页。

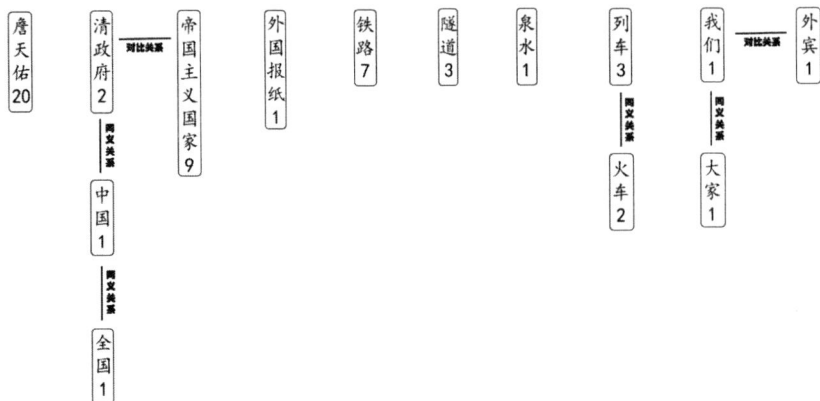

图 2　主题语义聚类图

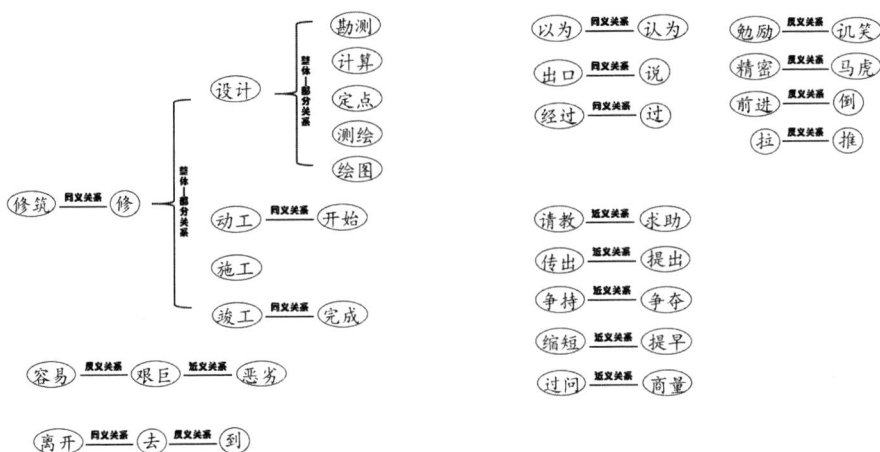

图 3　句法谓词语义聚类图

3.句法谓词种类、数量、布局

文中表达谓词、强调谓词、实动谓词和性质谓词各自的数量和占比情况如表 1 所示。

表 1　句法谓词数量表

	表达谓词	强调谓词	实动谓词	性质谓词	总计
数量	9	12	62	11	94

	表达谓词	强调谓词	实动谓词	性质谓词	总计
占比（%）	9	13	66	12	100
布局	中间	开头、结尾	中间、结尾	中间	

4. 句法谓词对主题的描述角度

在前文的语义分析基础上，从句法谓词和主题之间的搭配角度出发，可以得出主题、谓词衔接情况图，如图 4 所示。

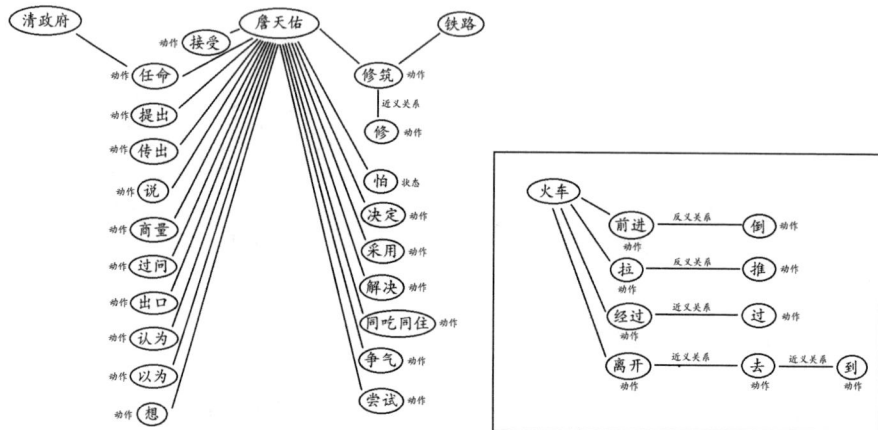

图 4　主题—谓词关系图

其中，黑体字表示名词，圆圈内的楷体字表示句法谓词，如果是主谓关系，箭头所指的方向为句法谓词；如果是动宾关系，箭头所指方向为宾语。数字表示该动词出现的次数。

5. 句法谓词对主题的衔接作用

句法谓词不只通过对主题描述来表现主题，根据事件语义学的观点，句法谓词还可以展示句子之间的修辞关系，如图 5 所示。

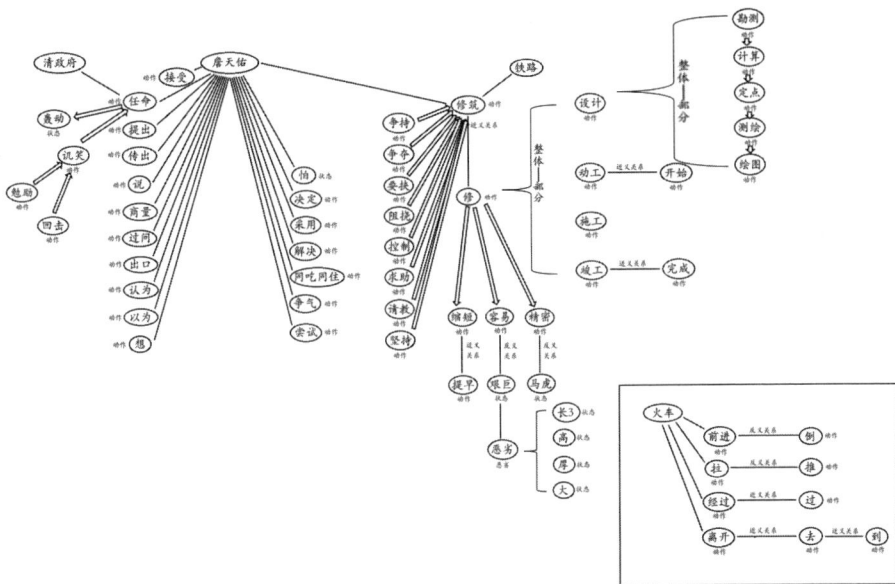

图5 修辞关系图

按照情境语义学①的理论，图5中"火车"和"铁路"之间还存在着不同于修辞关系的语境上的语义衔接（简称语境衔接）。鉴于语境衔接太过复杂，本文不予考虑。

6. 从句法谓词计算篇章主题表现力

图5综合展示了谓词和主题之间所有种类的语义关联。在图5的基础上可以计算出句法谓词到篇章主题的距离，即路径长度。

以句法谓词、主语、宾语为节点，从特定节点通达到篇章主题所经过的语义通道称之为路径。除起点外，路径中包含的节点个数就是路径的长度。例如一个句法谓词到自身的路径为0，句法谓词"修筑"到篇章主题"詹天佑"的路径长度为1，"回击"到篇章主题"詹天佑"的路径长度为4。

---

① 情境语义学认为同样的表达式在不同的情境下可以有不同的境况意义（Barwise，1991）。

退一步讲，即使增加了句子之间的修辞关系，也不能保证文中所有的谓词都和篇章主题有语义链接，还有一些谓词即使和篇章主题之间有语义链接，但路径太长。这些和篇章主题没有语义链接的谓词以及无法在限定的步数内通达到篇章主题的句法谓词统称为离散谓词（离散谓词的判定标准如下：如果在4步路径之内不能将该句法谓词和已有句法谓词联系起来，则判定该句法谓词为离散谓词）。

课文《詹天佑》中句法谓词通达篇章主题的路径长度统计如表2所示：

表2　谓词路径统计表

路径长度（步）	数量明细				
	1	2	3	4	>4
谓词数量（个）	20	22	8	6	38
占比	21%	23%	8%	6%	40%

（二）其他数据

除去上述例文外，其他记叙文的句法谓词类型路径长度统计如表3所示：

表3　句法谓词通达主题路径统计表

年级	记叙文数量	表达谓词比例范围（%）	强调谓词比例范围（%）	实动谓词比例范围（%）	性质谓词比例范围（%）	强调谓词布局范围（%）
一	34	0~11	4~15	35~67	3~13	开头43 中间41 结尾39
二	35	0~13	0~14	33~63	0~31	开头36 中间40 结尾22
三	42	0~15	3~12	41~82	0~28	开头44 中间53 结尾30

续表

年级	记叙文数量	表达谓词比例范围（%）	强调谓词比例范围（%）	实动谓词比例范围（%）	性质谓词比例范围（%）	强调谓词布局范围（%）
四	39	0～21	2～11	42～79	0～25	开头 46 中间 41 结尾 29
五	38	0～24	3～14	45～73	0～26	开头 38 中间 51 结尾 22
六	35	0～19	4～13	41～80	0～21	开头 36 中间 40 结尾 17

四、结 论

综合上述数据及分析可知，句法谓词对篇章主题的表现角度主要体现在信息性、一致性和衔接性三方面，语篇性也有一定体现。通过和篇章主题聚合理论的对比可以发现，句法谓词主要从下列角度表现篇章主题。

（一）语篇性

虽然强调谓词在某些程度上也反映了篇章主题的布局，但决定主题布局更重要的成分还是主题自身。强调谓词只是从语义搭配的角度间接表现了主题的部分空间布局。

（二）信息性

1.强调谓词的出现频率和篇章的主题表现程度正相关

文章主题句或者表达作者观点的句子多采用强调谓词作句法谓词。

可以说，表达主题或观点的句子越多，则强调谓词出现的可能性越大。但从文章修辞角度来讲，谓词种类过少会直接导致语句形式单一，词汇表现不够丰富。

2.实动谓词和性质谓词可以补充新信息

实动谓词和性质谓词是体现作者"注意/兴趣"的重要成分，同时承担了部分补充主题新信息的功能。

3.语义聚类的数量和聚类内部谓词的数量共同影响篇章主题的表现

篇章中谓词聚类的数量越少，且聚类内部谓词的数量越多，往往意味着篇章主题表现力越强。篇章中谓词聚类的数量越多，聚类内部谓词数量越少，往往意味着篇章主题表现力越弱。

（三）一致性

如主题—谓词关系图所示，谓词需要在主语、宾语等其他句法成分的配合下才能实现对主题的完整表现。

（四）衔接性

1.篇章中的离散谓词占比越多，主题表现力越薄弱

单个离散谓词可以看作内部谓词数量最小的聚类，离散谓词的数量越多，则等同于最小的聚类数量越多，因此篇章的主题表现力越弱。从事件数量来看，离散谓词越多则意味着篇章中出现的事件数量越多，篇章的主题表现力越弱。

2.句法谓词通达主题的路径越长，篇章主题表现力越低

路径越长，篇章结构布局越复杂。如果突出显示某个谓词通达主题的路径过长，则偏离主题越远，跑题的可能性越大。

总之，句法谓词对篇章主题的表现力体现视角丰富、语义阐释具体，是表现篇章主题的重要句法成分。但句法谓词并不能完整体现篇章

主题。句法谓词未能涉及到的篇章主题聚合理论部分需要其它句法成分（如主语、宾语）来补充。只有各个句法成分的相互配合，才能最大限度地表现文章主题。

参考文献

[1] 方立：《逻辑语义学》，北京语言大学出版社 2000 年版。

[2] 梅德明、韩巍峰：《主题—主语之辩》，《外国语文》2011 年第 3 期。

[3] 李福印：《认知语言学概论》，北京大学出版社 2008 年版。

[4] 刘钦荣：《现代汉语谓词的语意句法功能及谓词分类系统（上）》，《周口师范学院学报》2007 年第 1 期。

[5] 陆俭明：《汉语词类的特点到底是什么》，《汉语学报》2015 年第 7 期。

[6] 黄伯荣、廖旭东：《现代汉语》，中国社会科学出版社 2010 年版。

[7] 彭宣维：《语篇主题链系统》，《外语研究》2005 年第 4 期。

[8] 王红旗：《"是"字句的话语功能》，《语文研究》2010 年第 8 期。

[9] 王路：《弗雷格思想研究》，商务印书馆 2008 年版。

[10] 邢福义：《语言学概论》，华中师范大学出版社 2002 年版。

[11] 张连文：《句子主题的所指依存和信息结构层》，《四川外国语学院学报》2006 年第 4 期。

[12] 张文彦：《情境语义学能否替代可能世界语义学》，《长江大学学报（社科版）》2015 年第 1 期。

[13] 周建设：《西方逻辑语义研究》，武汉大学出版社 1996 年版。

[14] 周建设：《面向语言处理的计算与认知取向》，《中国社会科学》2012 年第 9 期。

[15] Barwise，Jon & Jean Mark Gawron：Et al. *Situation Theory and Its Applications*（*Vol. 2*）. Palo Alto：CSLI Publication. 1991.

[16] Chomsky.N：Lectures on Gevement and Binding. Stanford：MIT Press，1983.

[17] Davidson Donald：*The Logical Form of Action Sentences. Readings in the*

Philosophy of Language，Massachusetts Instit Technology Press，Cambridge，1997.

[18] D. M. Gabbay & F. Guenthner：*Handbook of Philosophical Logic*，MIT Press，Cambridge，2002.

[19] Hans Reichenbach：*The Tenses of Verbs' section 51 of Elements of Symbolic Logic*. The Macmillan Company，New York，1947.

[20] Parsons T：*Events in the Semantics of English：A Study in Subatomic Semantics*. MIT Press，Cambridge，1990.

（周建设、张文彦：《语言文字应用》2018 年第 1 期）

句法宾语的主题表现力研究

篇章主题信息提取是自然语言处理中的一项重要任务。篇章主题聚合度理论强调通过分析篇章、段落、句群、复句、句子、词语六个层面的语义关联，将其与主题语义网络或者知识库进行分析比对，从外延角度即以数量方式计算文章对主题的表现力度。本文根据主题聚合度理论分析句法宾语的主题表现力。

一、句法宾语的识别与提取

（一）句法宾语的识别

宾语作为语法领域一项基础性概念，表示动词的一种连带成分，一般位于动词后，表示动作支配的对象，用来回答"谁"或"什么"。宾语主要由名词、代词、数词、名词性短语充当，也可由动词、形容词及谓词性短语充当。体词性成分作为宾语的无标记成分，会被计算机优先识别为宾语；对于出现在动词后并位于句末的谓词性成分，由于其出现在宾语成分的位置上，因此也带有体词性意义并具有体词性功能。黄昌宁（2009）认为，当孤立的动、名词兼类词出现在非述语位置时，统一标注为名词。当"a＋v"结构充当宾语时，应当视为名词词组。因此，位于宾语位置的谓词性成分也会作为带有指称意义的体词性成分被计算机提取。由于常用介词可以穷尽列举，如"在""到""向""从"等，因此通过建立介词规则库可以使介词被计算机识别，并提取介词后的介词宾语。

语言学领域主要从三方面界定句法宾语。第一，通过意义界定宾语。从语义方面对宾语进行定义，宾语表示动作的承受者，动作的受事。通过意义确定宾语的方法不考虑宾语的位置，因此，不在动词后的受事也可以是宾语。第二，通过形式界定宾语。从句法形式方面对宾语进行定义，主语位于句首，宾语位于句末。主要通过句法位置来确定宾语。第三，意义和形式并重。通过意义和形式双重标准对宾语进行定义，除了具有受事意义的成分可作为宾语，有些位于动词后位置的非受事成分，也可做宾语成分。除受事外，宾语还可以由施事、致事、系事、处所、工具、数量等成分充当。

（二）句法宾语的提取

计算机对宾语的确认和提取，需要经过四层步骤：第一，将句法宾语的确认和提取进行形式化处理，使其以数学形式严密、规整地表示出来；第二，将此种严密、规整的形式转化为计算机算法，使宾语的确认和提取能够在计算机操作上形式化；第三，根据算法写入计算机编程，使宾语的确认和提取能够真正在计算机上实现；第四，对已建立的宾语提取系统进行测评，并不断改进系统的质量和性能。

根据第一小节对宾语的识别和界定，本文将参考第三种方法，综合考虑形式和意义两方面因素来确定并提取宾语。通过计算机对篇章中词语进行切分，一方面锁定句末位置分析指称性成分，从形式上对宾语进行提取；另一方面，引用美国语言学家 Charles J.Fillmore 在 1966 年提出的格语法理论（case grammar），通过深层结构中动词及其相关名词之间的格框架，确定名词成分的语义格，定位具有宾语格特征的成分，自深层格推出表层句法结构，从意义上对宾语进行提取。介词后指称性成分常用来传递时间、地点、工具等重要信息，因此，也将介词后指称性成分作为分析对象并提取介词宾语。综上所述，为提高识别宾语的全面性和准确性，将通过句末位置、格框架、介词锁定三种策略共同提取宾语，从位置和意义两方面对宾语进行形式定位和意义匹配，三种方法相互补充、相互验证，最终提取出的宾语包括句末宾语、动词宾语和介词宾语。

二、句法宾语与主题的关系

（一）宾语与主题的象似表现

认知语言学中象似性理论认为，认知层面是客观层面的映射，语言层面是认知层面的映射，因此，认知层面的交际意图必然会在语言层面有所体现。从篇章主题方面来讲，象似性具体表现为篇章主题的凝聚性和主题词集的高频性。文章是作者表达意图的载体，是作者认知的投射，表现了作者意想阐述的问题，这个问题，就是篇章的主题。篇章组织主要围绕对主题的阐述展开叙述，围绕主题进行语义网络扩展，对篇章中句子切词后，大部分词语的语义特征[①] 与主题相关。也就是说，篇章中出现频次较多的词语集，就是与主题相关的词语集。排除语法功能词，余下的实词多与篇章主题高度相关。宾语作为篇章中主要的新信息词集，与主题的象似性最大，对宾语语义特征的分析有助于篇章主题的语义提取。

① 语义特征是义素分析法中的概念，由丹麦语言学家 L.Hjelmslev 在 20 世纪 40 年代提出。义素是词汇意义的基本要素，语义特征是词汇理性意义的区别特征。

（二）语义网络理论与篇章主题聚合度理论

根据上节内容可知，句法宾语与篇章主题之间存在象似关联。那么，怎样具体呈现句法宾语与篇章主题的关联？美国心理学家M.R.Quilian 在 1968 年提出语义网络理论，R.F.Simmons 和 J.Slocum 在1972 年将其用于自然语言处理领域，该理论由结点及结点间的有向弧组成，旨在表达不同概念之间的语义关系，厘清复杂事物之间的关系。周建设（2012）认为，语法语义网络系统有两个部分，词项——语句语义网络系统和语句——语篇语义网络系统。关于宾语表现主题这一具体问题，本文依据语句——语篇语义网络系统构建宾语语义网络：通过分析句末位置、利用格语法搭建格框架、建立介词规则库等方式提取句法宾语，将篇章中所有的句法宾语进行语义网络构建，宾语在语义网络中的相对位置，通过语义聚合度计算相似度数值来确定。

（三）宾语表现主题的适用范围

从词性角度分析，主题可分为体词性主题和谓词性主题，如人教版高中语文课文《故都的秋》①为体词性主题"秋"，人教版高中语文课文《再别康桥》为谓词性主题"离别"。由于宾语具有体词性指称意义，所以，在主题为体词性成分的篇章中，宾语对主题具有强表现力；而当主题为谓词性成分时，宾语对谓词性主题的表现力弱于体词性主题，但宾语必然会涉及到谓词性成分的论元角色，涉及到动作的施事、受事、工具、时间、地点等重要成分。因此，当主题为谓词性成分时，宾语对主题的表现力虽然弱于对体词性主题的表现力，但宾语仍然可以表现与谓词性主题相关的体词性内容，依然对谓词性主题具有重要的作用。也就是说，通过宾语来表现主题这一方法，主要适用于体词性主题篇章，

---

① 文章标题与篇章主题不同，有些标题与主题相同，如《故都的秋》，有些标题与主题相关但不相同，如阿累的《一面》，主题为鲁迅先生，而标题为《一面》。

虽然也可表现谓词性主题，但存在出现偏差的可能性。

三、句法宾语在记叙文中的主题表现力

在统计记叙文、议论文和说明文等主要文体语料后，发现记叙文的篇章主题多为体词性成分，并且宾语的语义聚合度较高，语义聚类较为紧密、清晰，能够为宾语表现主题提供低噪音语境，几种文体相比之下，记叙文更适合使用宾语来表现主题，因此，本文将记叙文作为样文。中小学语文课文作为学生教科书，语言使用规范，主题表达明确，可作为优质的篇章主题分析语料。下文以中小学语文课文中的记叙文为研究对象，依次分析两篇记叙文：《记金华的双龙洞》[①] 和《黄果树瀑布》[②]，由于各文章自身呈现主题的程度不同，所以句法宾语表现篇章主题的力度也各有不同。

（一）《记金华的双龙洞》篇章主题分析

1.《记金华的双龙洞》的句法宾语提取

选取《记金华的双龙洞》作为分析宾语在记叙文中主题表现力的样文。在词库中标注词语的语义格信息，对课文中各词语进行切词，将课文词汇在词库中进行底层格语义信息匹配。以主要动词为参照点，找出与动词相关的名词成分的语义信息，然后分析句末位置名词性成分、动词与介词及其相关名词之间的语义关系，综合考虑形式和意义两方面因素，提取出句末宾语、动词宾语和介词宾语。

[①] 课程教材研究所：《语文》（四年级下册），人民教育出版社 2004 年版，第 9—11 页。

[②] 江苏中小学教材编写服务中心：《语文》（五年级上册），江苏教育出版社 2007 年版，第94—97 页。

表1 《记金华的双龙洞》篇章中句法宾语分析表①

动词与宾语及宾语语义格				动词与宾语及宾语语义格			
序号	动词	宾语	语义格	序号	动词	宾语	语义格
1	游	双龙洞	受事格	40	到	内洞（2）	处所格
2	出	金华城	途径格	41	提	汽油灯	受事格
3	到	罗店	处所格	42	照见	地方	受事格
4	过	罗店	途径格	43	是	昏暗	系事格
5	入	山	处所格	44	举起	汽油灯（2）	受事格
6	开满	映山红	施事格	45	指点	景物	受事格
7	比	杜鹃	受事格	46	蜿蜒	双龙	施事格
8	加上	新绿	受事格	47	是	石钟乳和石笋	系事格
9	迎着	溪流	受事格	48	是	什么	系事格
10	随着	山势	受事格	49	是	什么（2）	系事格
11	变换	调子	受事格	50	依据	形状	受事格
12	入	山（2）	处所格	51	想象	神仙、动物以及宫室、器用	感事格
13	来到	双龙洞口	处所格	52	有	四十多	数量格
14	有	气势	系事格	53	不比做	什么（3）	受事格
15	像	桥洞	受事格	54	值得	观赏	感事格
16	到	大会堂	处所格	55	比	外洞（4）	受事格
17	是	石壁	系事格	56	有	十来间房	系事格
18	是	石顶	系事格	57	靠着	右边（2）	方位格
19	聚集	人	施事格	58	出	洞	途径格
20	开	会	结果格	59	在	浙江金华	处所格
21	不觉得	拥挤	感事格	60	在	别处	处所格
22	靠着	右边	方位格	61	从	洞里	源点格
23	是	外洞	系事格	62	在	洞口	处所格

---

① 下文表1、表2中宾语后小括号内的数字表示该宾语在文中出现超过1次以上的次数，若宾语只出现1次，不另行备注。

续表

动词与宾语及宾语语义格				动词与宾语及宾语语义格			
序号	动词	宾语	语义格	序号	动词	宾语	语义格
24	找	来路	目的格	63	在	那里	处所格
25	是	孔隙（2）	系事格	64	在	外洞（2）	处所格
26	容得下	小船	结果格	65	从	孔隙	源点格
27	容	第三个人	受事格	66	在	里面	处所格
28	是	小船	系事格	67	在	外洞（3）	处所格
29	系	绳子	受事格	68	在	小船（2）	处所格
30	进	内洞	处所格	69	从	后脑	源点格
31	拉	绳子（2）	受事格	70	到	肩背	处所格
32	拉	绳子（3）	受事格	71	到	臀部	处所格
33	怀着	心情	受事格	72	到	脚跟	处所格
34	贴着	船底	受事格	73	朝	我	方位格
35	说	"行了"	结果格	74	把	头	受事格
36	感觉	山石	感事格	75	在	洞顶	处所格
37	磕破	额角	受事格	76	在	洞里（2）	处所格
38	擦伤	鼻子	受事格	77	在	石洞	处所格
39	行	水程	方式格	78	在	小船（3）	处所格

2.《记金华的双龙洞》篇章主题的语义网络构建

根据表1中提取的句法宾语，将所有宾语进行语义聚合度计算，得出下文图1。图1根据语义聚合度的相似值排列组合，将语义相似度较近的宾语排成一个序列。语义聚类中词语之间的相似度并非相同，相似度是一个程度问题，有些相似度较高，有些相似度较低。一篇文章的语义聚类通常可以再分为若干较小的二级、三级语义聚类，篇章主题存在于相似度较高的语义聚类中。

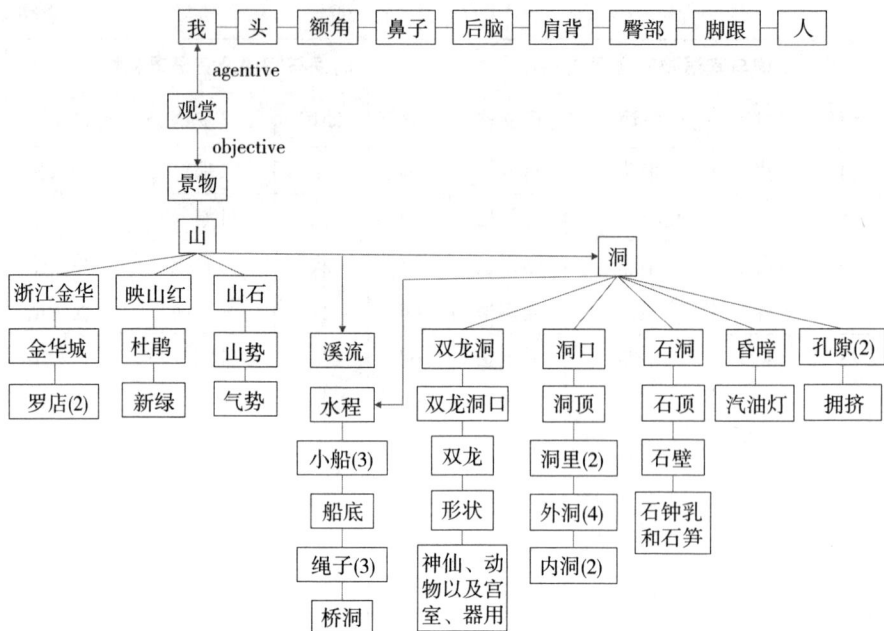

图1 《记金华的双龙洞》篇章主题语义网络图①

课文《记金华的双龙洞》共有宾语78个，其中有效宾语62个，离散宾语16个。离散宾语是语义聚类中语义聚合度较低的词语，《记金华的双龙洞》中离散宾语为：别处、调子、大会堂、会、那里、右边、来路、里面、心情、行了、地方、什么（3）、四十多、十来间房。

根据图1可以得出，该语义聚类以"我""观赏"（此处为感事宾语）和"景物"为脉络主线。句末宾语"观赏"作为谓宾动词"值得"的宾语，此处借用其动词性质，连接施事"我"和受事"景物"。图1一级聚类中包含两个二级语义聚类，分别为"我""山"。课文中多次出现描

① 由于纸张大小限制，将主要语义关系用箭头表示，并标出具体语义关系，其他比较明显的语义关系或结点比较密集不方便使用有向箭头表示的信息，用直线连接，并在下文进行相关说明。语义聚类图中，不仅有线连接的词语间有语义关系，在语义较密集的词集中，没有连接的横向词语间也存在语义关联关系，语义词集中不论是纵向排列还是横向排列的词语，词语之间都存在着家族相似的语义特征。

写人物身体部位的宾语，但根据语义特征分析，发现聚类"我"与聚类"山"关联甚小，并且根据位置扫描分析，聚类"我"中大部分宾语只出现在《记金华的双龙洞》课文第5段的一句话中，分布范围小而集中，未能囊括全文范围，因此，不将聚类"我"计入主题参考范围。在语义聚类"山"中，又包含语义聚类"洞"。从分布的密集程度和分布范围来看，聚类"洞"中的宾语语义相似度最高，语义最为凝聚，并且在课文中分布范围最广，因此，通过对课文《记金华的双龙洞》句法宾语的分析，得出该课文的主题是"洞。"

3. 句法宾语表现主题的局限

（1）离散宾语

有些宾语与主题存在关联，却由于缺乏语境而不能被计算机识别其与主题的关联性。语义聚类内部词语的相似值是一个相似程度的问题。语义相似度越高，两个词语的语义越相近，聚集出的词类越紧密；语义相似度越低，词语间的语义关联越小。语义相似度越高，越是靠近主题，反之，语义相似度较低的词语，与主题距离越远，最后与主题的相关度低于关联值，则无法找到与主题的关联，游离在宾语表现主题的语义聚类词集外，成为离散宾语。离散宾语并非与主题毫无关系，而是计算机在对宾语进行主题聚类时，根据词库提供的词语语义信息分析篇章宾语，而并非根据篇章语境分析具体宾语，因此，脱离了具体语境的宾语只能通过词语间相似度计算语义相关度，完全没有语境作为参考。也就是说，在宾语表现主题过程中析出的离散宾语，并非与篇章主题无关，只是在没有具体语境参照的情况下找不到与主题的关系。

处在语境环境下关系比较紧密的宾语，如"孔隙"和"小船"，当计算机进行聚合度计算时，由于缺乏语境而找不到词语间的关联，此时，应对篇章分析在具体分布上设定规则增加权重：若两个宾语在篇章中距离较近，如前句和后句，或在同一个段落中，应考虑这两个宾语的语义之间存在相关性。根据象似性原则，两个词语的距离越是相近，则二者之间的关系就可能越近。可以段落为分析标准，若两个词语出现在同一段落，可判定二者相关性较大，也可以词语间距为依据，两个词语出现的篇章距离越近，其相关性越大。这条规则具有不可逆性，并非两个词语距离越远，二者之间关联性就越小。

（2）无效宾语

有些宾语与主题关联甚小，却由于数量较多可以形成聚类而增加了宾语对主题判定的误差。通过对《记金华的双龙洞》句法宾语进行语义聚合度计算得出的语义聚类，出现了聚类"我"，其中含有较多身体部位宾语，但"我"与课文主题关联较小，说明二级聚类中宾语的个数会影响宾语对主题的表现方向。宾语表现主题的方式包括某聚类的宾语数量在篇章全部宾语数量中比重较大，则该聚类将被判定与主题关联较大。因此，通过宾语数量表现主题这一角度存在不足之处，应与篇章分布方法互为补充共同操作。

（3）修辞宾语

使用比喻、拟人等修辞手法是文章创作的常用方法，课文中经常出现修辞句，有些使用了修辞标记，如"洞口像桥洞似的"；有些并没有使用修辞标记，如"溪声也常常变换调子"，计算机不能辨别未使用修辞标记的句子是否为修辞句。为简化计算机的程序操作，本文在处理修辞句时不追踪修辞标记，而是通过语义聚合度计算统一处理所有宾语，若喻体宾语与多数宾语的语义相近、语义聚合度高，也会被归入有效宾语范围，但大部分喻体宾语并不会与多数宾语有较高的关联性，如喻体宾语"大会堂"，与语义特征为［景物］的宾语语义聚合度过小，因而不被纳入篇章主题语义网络中。

（4）其他主要句法成分

由于只考察句法宾语对主题的表现力，未将句法主语、句法谓语作为分析成分考虑入内，很多词语间的重要关联会被切断，如"小船"和"孔隙"，二者虽然实际上与主题"洞"高度相关，却因缺乏句法主语、句法谓语的语义辅助而处在宾语语义聚类的外缘，无法与主题语义网络构成相应关联。

（二）《黄果树瀑布》篇章主题分析

1.《黄果树瀑布》的句法宾语提取

下文为《黄果树瀑布》篇章中句法宾语分析表，其中包括课文中出现的全部句法宾语及与其搭配的动词和介词以及具有宾语特征的深层语义格，如表2所示。

表2 《黄果树瀑布》篇章中句法宾语分析表

动词与宾语及宾语语义格				动词与宾语及宾语语义格			
序号	动词	宾语	语义格	序号	动词	宾语	语义格
1	到	黄果树风景区	终点格	22	灌满	活力	受事格
2	闻	"哗哗"之声	受事格	23	回荡	音响	受事格
3	拂过	树梢	受事格	24	离开	潭边	受事格
4	盖过	人喧马啸	受事格	25	循着	石径	受事格
5	存下	水声	受事格	26	登上	平台	受事格
6	透过	树隙	受事格	27	有	徐霞客雕像	系事格
7	折为	三叠	结果格	28	遥对	瀑布	受事格
8	似	白娟	受事格	29	自	远处	源点格
9	合成	大合奏	结果格	30	在	岩壁	处所格
10	遇上	枯水季节	受事格	31	从	机杼	源点格
11	不如	徐霞客	受事格	32	在	游记	对象格
12	据	当地人	受事格	33	于	黄果树小镇	处所格
13	达	数百米	数量格	34	在	谷地	处所格
14	造成	奇景	致事格	35	自	西面	源点格
15	睹	壮观	受事格	36	在	山谷	处所格
16	留下	遗憾	受事格	37	至	谷底	处所格
17	顺着	石阶	受事格	38	在	岩石	处所格

续表

动词与宾语及宾语语义格				动词与宾语及宾语语义格			
序号	动词	宾语	语义格	序号	动词	宾语	语义格
18	似	提琴	受事格	39	到	脸	处所格
19	隔着	绿潭	受事格	40	于	圆形乐池	处所格
20	跃入	涧底	终点格	41	于	声浪	处所格
21	不如	庐山瀑布	受事格				

2.《黄果树瀑布》篇章主题的语义网络构建

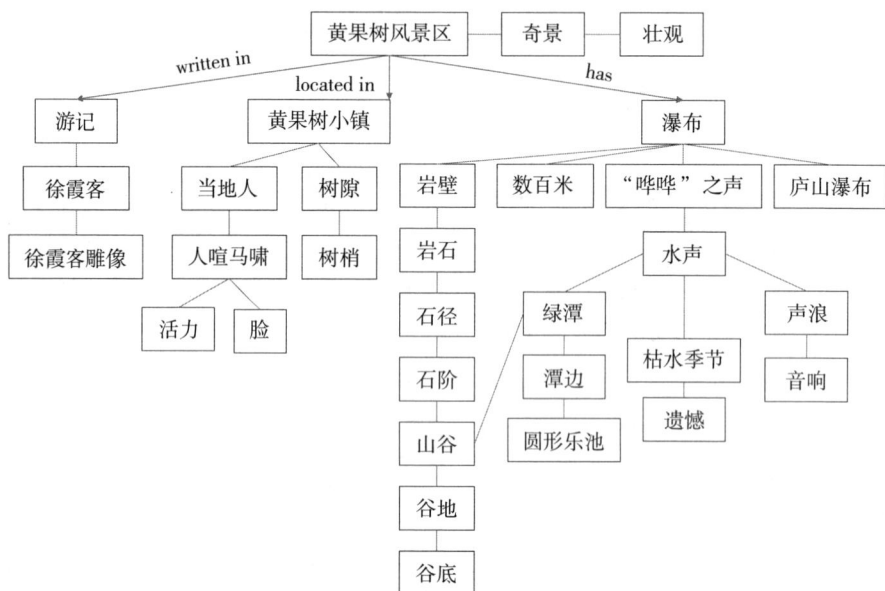

图 2 《黄果树瀑布》篇章主题语义网络图

《黄果树瀑布》篇章中共有 41 个宾语，能够进入主题语义网络的有效宾语 32 个，与主题关联较弱的离散宾语 9 个。离散宾语为：远处、三叠、白娟、机杼、大合奏、西面、提琴、事物、平台。

根据图 2 得出的语义聚类可知，课文《黄果树瀑布》主要对"黄果树风景区"进行叙述，描写黄果树风景区内各种景观，并且运用大篇幅着重描写景区的瀑布。在"黄果树风景区"聚类下包含"游记""黄果树小镇"和"瀑布"三个二级聚类。需要特别说明的是,"徐霞客"是否定动词"不如"的宾语,由于其在课文中出现频率为 2 次,并且语义特征包括 [旅行家],与风景高度相关,因此保留"不如"的宾语"徐霞客"。"声浪""音响""圆形乐池"虽然为喻体宾语,但由于它们与"水声"等包含语义特征 [水] 的宾语高度相关,因此被纳入主题语义聚类中。图 2 以"瀑布"聚类中的宾语数量最多、语义聚合度最高、语义关联最为紧密,在文中分布范围最广,因此得出,《黄果树瀑布》的主题为"瀑布"。

四、结　语

本文提出宾语能够表现主题的可能性,并以记叙文为分析语料具体验证宾语对主题的表现力。具体操作步骤为提取宾语、计算宾语之间的语义聚合度,构建由篇章中句法宾语组成的语义网络图,篇章主题存在于聚合度最高的语义聚类中。在宾语表现主题过程中,相同宾语出现的次数和分布范围、具有家族相似关系的宾语出现的总数和分布范围,语义网络图中各二级、三级聚类的聚合程度、语义紧密程度,都会对宾语表现主题的全面性和准确性产生影响。不能够进入语义网络的离散宾语并非与主题无关,而是计算机在提取宾语时未考虑语境因素,使得有些宾语脱离语境后指向关联不明,导致不能被纳入篇章主题语义网络。若与宾语搭配的动词为否定词、对比词、修辞标记词等,也会对句法宾语表现主题的准确性造成影响。由于本文只证明句法宾语表现主题的可行性,考察句法宾语之间的语义关系,未考虑到句法主语、句法谓语对主题的表现作用,因此会由于数据缺乏而造成主题分析的误差。

参考文献

[1] 常鹏、马辉：《高效的短文本主题词抽取方法》，《计算机工程与应用》2011 年第 20 期。

[2] 陈振宇：《汉语的小句与句子》，复旦大学出版社 2016 年版，第 19—21 页。

[3] 董秀芳：《宾语提前的话题结构的语义限制》，《汉语学报》2006 年第 1 期。

[4] 冯志伟、孙乐：《自然语言处理综论》，电子工业出版社 2005 年版，第 7—12 页。

[5] 韩礼德：《篇章、语篇、信息——系统功能语言学视角》，《北京大学学报》2011 年第 1 期。

[6] 何元建：《论元、焦点与句法结构》，《现代外语》2000 年第 2 期。

[7] 黄昌宁、姜自霞，李玉梅：《形容词直接修饰动词的"a＋v"结构歧义》，《中国语文》2009 年第 1 期。

[8] 姜望琪：《篇章与回指》，《外语学刊》2006 年第 4 期。

[9] 李临定：《动词的宾语和结构的宾语》，《语言教学与研究》1984 年第 3 期。

[10] 刘鑫民：《焦点、焦点的分布和焦点化》，《宁夏大学学报》1995 年年第 1 期。

[11] 刘颖：《计算语言学》，清华大学出版社 2002 年版。

[12] 陆丙甫：《基于宾语指称性强弱的及物动词分类》，《外国语》2009 年第 6 期。

[13] 陆俭明：《动词后趋向补语和宾语的位置问题》，《世界汉语教学》2002 年第 1 期。

[14] 石晶、李万龙：《基于 LDA 模型的主题词抽取方法》，《计算机工程》2010 年第 19 期。

[15] 王凤英：《语义场理论和篇章研究》，《外语与外语教学》2007 年第 9 期。

[16] 王义娜：《从可及性到主观性：语篇指称模式比较》，《外语与外语教学》2006 年第 7 期。

[17] 周建设：《自然语言中词项的基本语义探索》，《湘潭师范学院学报》1992

年第 2 期。

[18] 周建设：《汉语研究的四大走势》，《中国语文》2000 年第 1 期。

[19] 周建设：《语言理论研究的拓展与语言应用的强化》，《语言文字应用》2012 年第 2 期。

[20] 周建设：《面向语言处理的计算与认知取向》，《中国社会科学》2012 年第 9 期。

[21] Charles J. Fillmore：The Case for Case ［A］.In Bach and Harms（Ed.）：*Universals in Linguistic Theory.* New York：Holt，Rinehart，and Winston.1968.

[22] Haiman，John：*Natural Syntax.* Cambridge：Cambridge University Press. 1985.

（周建设、佟悦：《语言文字应用》2018 年第 1 期）

北京话 AABB 形容词的语用研究

——以清末民初京味小说《春阿氏》为例

2010 年以来，"北京话的历史与现状研究"课题组搜集整理了冷佛、损公、剑胆等著名京味小说家的一批作品，发现其中有数以千计的词语既未被《北京话词语》等方言辞书收录，也未被《汉语大词典》等汉语辞书收录。我们称这些词为"未收录词"。系统解释数以千计的"未收录词"很有意义，但难度不小。

本文从京籍旗人著名作家冷佛最具代表性的京味小说《春阿氏》（爱国白话报馆，1912）中选择 22 个 AABB 式性状类形容词作为考察对象①，尝试着借鉴语用分析方式（而不是纯粹采用传统的词典编撰方式）对其做些分析，期望能够对解读京味文学作品和编撰"未收录词"词典提供参考。

---

① 选择该类词的主要原因在于试图挑战"未收录词"的解释难度。相对来说，该类词语分析难度较大，因为其基本语义往往早由 AB 确定，进一步分析其重叠形式 AABB 的功能，似乎无话可说，因此更需要有新视角、新方法，紧密结合语境细致分析。若该类分析能够获得成功，或者能够引起学界的广泛研究，对于未来系统编撰"未收录词"词典将具有铺垫作用。

一、性质类 AABB 形容词的语用分析

《春阿氏》中"未收录"的性质类 AABB 形容词共 8 个。

1. 悖悖谬谬

"悖"表示相反、违背道理，"谬"表示错误、差错。"悖谬"表示荒谬，不合理。重叠形式"悖悖谬谬"，语义上表示不合情理。在具体使用中，"悖悖谬谬"的功能与"悖谬"不完全相同。例如："若说老太太，也不是不糊涂，成日际闲话到晚，把我们那一位，所给闹急了。横竖她悖悖谬谬的，闹了几句，把老太太惹翻了。"这里，若仅仅用"悖谬"双音节词语，则语气偏"刚性"，让人觉着"悖谬"是真的。用"悖悖谬谬"这样的 AABB 形式，语气则显得平和一些，因为前文铺垫说"老太太""不是不糊涂"，老说一些不招人待见的闲话，于是，作品中的人物"她""以子之矛，攻子之盾"，也给老太太来个"糊涂闲话"，并非表示真的"差错"。

2. 好好端端

"好好端端"表示境况良好或形状完好无损。①充当谓语。例如："幸亏这孩子老实，若换一个旁人，因为你这一张嘴，就得窝心死，好好端端，这是图什么呢?"其中的"好好端端"作谓语，揭示某种境况、事态（句中省略）的性质。②作定语。例如："我女儿受屈也罢，受罪也罢，甚么话我也不说，好好端端花棺采木，叫他小婆婆儿出来，顶丧架灵，咱们万事全俱，否则没什么话说的，连普大普二，一齐都给滚出来，咱们是一场官司。"其中的"好好端端"作定语，揭示中心语"花棺采木"的性质。汉语辞书收录有"好端端"。"好好端端"意思与"好端端"基本相同，但在韵律节奏上存在细微差别，前者语气舒缓，后者语气较前者短促。

3. 坷坷坎坎

汉语辞书收录有"坷坎"一词，指坑洼、高低不平，常用来表示事情不顺利或不称心，没有收录"坷坷坎坎"。《春阿氏》里用了"坷坷坎坎"："连升接了一看，果见报纸上，本京新闻栏内，有一条谋害亲人的新闻，正是小菊儿胡同文光家内的事情。润喜、钰福二人也抢着要看，连升道：'咳，别抢。我念给你们听罢。'说着，把报上话语坷坷坎坎的，念了一遍。"我们把重叠前可以单独使用的词称为"基词"。这里，用 AABB 重叠式将基词"坷坎"用活了，惟妙惟肖地表现出读报人的言语神态。

4. 离离奇奇

"离奇"指木根盘曲的样子；表示奇特、不寻常。《汉书·邹阳传》有"蟠木根柢，轮囷离奇"。《春阿氏》如此用"离离奇奇"："乌公皱眉道：'这案子实在难办。这些个离离奇奇，闪闪的的的地方，使人在五里雾中，摸不清其中头脑。'"这里用"离离奇奇"，基本语义并没有改变，但表达效果上则比"离奇"更为细腻。为了突出案件存疑颇多，神秘难测，光说"离奇"，语气略轻，用"离离奇奇"强化"离奇"的程度，有利于突出案件线索时隐时现的复杂性。

5. 琐琐碎碎

"琐碎"是形容词，重叠为"琐琐碎碎"，词性不变，以此表示事物的细小散乱之属性。有的表示性质的形容词也经常用来指称具有该性质的事物，其词性也就兼具名词性了。例如："托氏因儿子被害，儿媳投缸时，自己并未在场，未免也有些生疑，因此家庭骨肉之间，在默默无形中，皆不和睦。那一些琐琐碎碎，闹话流言，不屑细说。"词性决定着该词的句法身份。例句中的"琐琐碎碎"有两种句法角色：①充当形容词，修饰"闹话流言"，作定语，即"琐琐碎碎"的"闹话流言"。②充当名词，指称事物，作主语，即"琐琐碎碎""不屑细说"。该词在句中的特殊作用较为明显，既将事物的细小散乱性清晰地表现出来，又在语音节奏上与另一个四字格词语形成并列，产生节奏美。

6. 坦坦然然

"坦然"表示心里平静，没有顾虑的样子。《东周列国志》曰："原来赵孟为箕郑父见为上军元帅，恐其鼓众同乱，假意召之。郑父不知是计，坦然入朝。"其中的"坦然"就是这种意思。重叠形式"坦坦然然"，加强语气，凸显"心境平静而没有顾虑"。"德氏亦怒道：'我在家里说话，怎么都行。我那孩子决不是那样人。凭她那小小年纪，砍死爷们，还坦坦然然放在床底下，这是断没有的事。'"这里，"坦坦然然"用作状语，修饰"放"，表示"放"的状态，从语义关系看，指向主语，表示小小年纪的"她"心里"坦坦然然"。

7. 坦坦实实

"坦坦实实"，表示安稳。例如："酒要少吃，事要别急。好在已经是定案了，你就坦坦实实的养静，管保什么事也没有。"其中"坦坦实实"作状语，修饰"静养"，实际语义指向主语"你"，表示"你"心里"坦坦实实"。再如："口中叨念道：'这是个什么，为个臭老婆，你们娘儿俩，也值得拌嘴。这可是无事生非，放着心静不心静，人家出分子，坦坦实实的。我们在家里吵闹，您说有多么冤枉!'"其中"坦坦实实"作谓语，陈述主语的属性。例句表明，"坦坦实实"既指心里踏实，心情安静，也指为人踏实，行事踏实。从读音语感上说，"坦坦实实"比"踏踏实实"似乎略显平和，因为舌面低中元音再到前鼻音结尾的"坦"比舌面前低元音结尾的"踏"成音轻松。

8. 消消停停

"消停"，本来是描述事物运动状态的词语，指运动的事物消失或者停止运动，因而具有"停止、停歇"之义，进而表达"安静、安稳"之义。如果以"安静、安稳"来描述心情和行为，则表示"心理从容""动作舒缓"。"既然大官人不肯落草，且在山寨消停几日，打听得没事了时，再下山来不迟。"（《水浒传》）其中"消停"指安静。"唤官身当祗应，几曾得片时间心上消停，不付能有一日刚宁静。"（《香囊怨》）其中"消停"指心理平静。将"消停"重叠为"消消停停"，其表达效果略有不同。如："随在慧甫身后，拍了一掌，慧甫亦忙的止步，闪在一边，见那一群小儿，一个个欢欢喜喜，呼唤姐姐，阿氏低着粉颈，头也不抬，消消停停地走过，那一种惨淡形容，真令人观不忍睹。"（《春阿氏》）这里，"消消停停"作状语，表示阿氏神态平静稳健，不慌不忙。再如："转身又进来道：'姐姐的心高，如今这个年月，哪能比先前。像你我做姑娘时候，要同现在比较，岂不是枉然吗。是了也就是了，停个一年半载，姑娘出了阁，少爷娶了亲，我看你消消停停，倒是造化。'"（《春阿氏》）其中"消消停停"作"你"的谓语，表示日子过得平平安安，不受冲击。依小说语境看，"消消停停"比"消停"节奏活泼，语气舒缓，更凸显心情安静、行为稳健。

二、状态类 AABB 形容词的语用分析

《春阿氏》中汉语辞书"未收录"的状态类 AABB 形容词共 14 个。

1. 咕咕咙咙

"咕咕咙咙"，汉语辞书未收录，但收录了"鼓鼓囊囊"。《春阿氏》："揭起脏被一看，雪白两弯玉臂，俱是疥癣。所枕的半头轨以下，咕咕咙咙，成团论码的俱是虮子臭虫。"其中的"咕咕咙咙"，语义上同"鼓鼓囊囊"，表示软外皮中塞得圆鼓鼓的，或者藏物凸起的样子。"咕咕咙咙"与"鼓鼓囊囊"读音相同、意义相同，但文字写法不同，当是 AABB 的异体表达式。

2. 恍恍摇摇

汉语辞书未收录"恍恍摇摇"，收录了"摇摇晃晃"。此二词基本语义一致，指摇摆的样子。《春阿氏》中不说"摇摇晃晃"，而说"恍恍

摇摇",例如:"文光连连答应,恍恍摇摇地去了。"推敲起来,不难发现,其韵律存在细微差别。京味儿语言"晃晃"二音收尾,声音相对洪亮,语义上表现摇摆幅度大,而"摇摇"作为后两字收尾音,声音明显弱一些,实际读音近似"悠悠",是阳平声35度的变体,轻读接近22度。这样,能够显出所描述的摇摆动作更放松和舒缓。这种表达,有利于细腻地表现小说人物搭话时唯唯诺诺("连连答应")、走路时摇摆不定的逼真神态。

3. 乱乱腾腾

乱,指没有秩序,不安静。腾,本义为马奔腾,用在动词后面表示动作的反复连续。腾腾,比喻旺盛,还表示蒙眬、迷糊状态。"乱乱腾腾"表示没有秩序的事态。例如:

①乱腾腾,闹了两天两夜,直到接三之日,犹自忙忙碌碌,一起一起的接待亲友。

②左翼翼尉乌珍,副翼尉鹤春,委翼尉普泰,并内城巡警厅所派委员,本区警察长官,还有各家侦探,一院里乱乱腾腾,好不热闹。

4. 忙忙慌慌

汉语辞书未收录"忙忙慌慌",收录了"慌慌忙忙"。"慌慌忙忙"指手忙脚乱、焦急不安或精神慌乱。《春阿氏》中不用"慌慌忙忙",而用"忙忙慌慌",例如:"乌公与市隐说道:'到底是淡然见识,与平常人不同,开口先问水缸,这就是要紧地方。我那日忙忙慌慌的,也没顾得细看。今被淡然提起,我才恍然大悟。'"从读音语感上分析,二者存在细微差别。从四字格词语首尾调值的起势和收势看,"忙忙慌慌"比"慌慌忙忙"更能表现语气的舒缓平和。

5. 迷迷离离

"迷离"在《木兰诗》中指兔的雌雄难辨，后来人们常用"扑朔""迷离"和"扑朔迷离"形容事情错综复杂，难以辨别。"迷离"重叠为"迷迷离离"后语义基本不变，但节奏感不同。例如："正疑念间，忽想起昨日高僧点悟的几句话，不觉于人世红尘，顿为灰冷。转身便出了胡同，迷迷离离，走出安定站外。"其中，"迷迷离离"作谓语，表现脑子复杂混乱，思维不清晰，通过"转身"出胡同，"走出"安定门的行为，叙述下意识的行走与脑子似乎没有紧密联系，从而突显人物的"糊涂"程度。从韵律上看，若将句中的"迷迷离离"换为"迷离"，则节奏感明显弱一些。

6. 凄凄惨惨

"凄惨"意思是凄凉悲惨。凄凉悲惨是心理感受，人们对事态所产生的特定心理感受，其外部表现往往是可以觉察的，因此，"凄惨"兼具状态形容词身份。重叠形式"凄凄惨惨"有其独特的语用特性。例如：

> ①阿氏凄凄惨惨，扯住德氏的手，仿佛有千般委曲，一时说不出来的光景。
> ②大家凄凄惨惨，送至长安街，看着把车马焚了，然后散去。
> ③额氏、玉吉并德氏母女及梁妈、蕙儿等，复又大哭一场。大家凄凄惨惨的，商量事后办法。

就句法而言，例①～③均作谓语。例①指个体阿氏"凄凄惨惨"，通过描写"扯住德氏的手""千般委曲说不出来"来表现阿氏的"凄凄惨惨"。例②指群体"大家""凄凄惨惨"，通过描写"送至长街，看着把车马焚了"来衬托。例③写群体"凄凄惨惨"，是通过前面的铺垫来实现的：额氏、玉吉并德氏母女及梁妈、蕙儿等"复又大哭一场"。就是说，因为哭而使大家产生了"凄凄惨惨"的感受。

再看作状语的"凄凄惨惨"。例如：

④此日又提出阿氏到堂审讯，阿氏出了监口，带着大铁锁，手带脚镣，凄凄惨惨的跪倒堂前。

⑤说罢，喝令官人，带下暂押。普二也不敢再言，凄凄惨惨地退了下去。

⑥说的阿氏眼泪簌簌地掉下来，凄凄惨惨地答道："手巾是我的，大人也不用问了。"

例④～⑥中的"凄凄惨惨"作状语，修饰行为与言语，包括"凄凄惨惨的跪""凄凄惨惨的退""凄凄惨惨的答"。例④写"凄凄惨惨的跪"，借助了阿氏"带着大铁锁，手带脚镣"的形态。这里的"凄凄惨惨"在动词"跪"前，句法上充当状语，从语义关系上说，则指向主语"阿氏"，表示阿氏其人"凄凄惨惨"。例⑤由"喝令官人，带下暂押"事态作铺垫，以此表明"普二"才"不敢再言"，才"凄凄惨惨的退"下去。例⑥"凄凄惨惨的答"，其可视情景是"阿氏眼泪簌簌地掉下来"。

7. 凄凄切切

《春阿氏》中有这样的句子："单言三蝶儿屋里，自闻额氏一死，犹如钢刀刺骨，万箭攒心的一般。只可怜当时天气，正在中元节后，斜月照窗，屋里孤灯一盏，半明半灭，独自躺在炕上，冷冷清清，凄凄切切，哭得死去活来，无人过问。"这里的"惨惨切切"，除了表达凄惨悲凉的性质外，在状态上还具有摹写作用，即表达"哭泣"的声音意象。这一点与"凄凄惨惨"不一样，推敲读音，不难发现，"凄凄惨惨"在表现"哭泣"的声音意象上不及"凄凄切切"贴切。

8. 惨惨切切

"惨惨切切"表示悲凉凄惨。例如："蕙儿擦着眼泪，过来相扶，一面仍惨惨切切地问道：'你把实话告诉我，你惹下祸，打算远走高飞，也要告明了所去的地方，然后再走。你别的不顾，难道同胞骨肉，你连一句实话都不肯说吗?'"例中"惨惨切切"作状语，修饰谓语中心语"问"，表示蕙儿"问"的方式，同时，语义上指向主语蕙儿，表示蕙儿悲凉凄惨的心境以及表现该心境的外部状态。

9. 凄凄恻恻

"凄凄恻恻"表示凄凉悲切。例如："三蝶儿吓了一跳，不知何故，转身便跪在地下，凄凄恻恻地道：'奶奶别生气，有什么不是，请当时责罚我。大热的天气，奶奶要气坏了，谁来疼我们呀。'"这里，通过受到惊吓、跪地求饶等细节，借助核心词语"吓"和"跪"，勾画出一幅悲切凄凉的"事态图像"。

10. 凄凄楚楚

"凄凄"表示悲伤的状态，"楚楚"表现茂盛的状态。将"凄凄楚楚"连用，表示悲凉程度较深。例如：①德氏凄凄楚楚，不忍离别。(《春阿氏》)②阿氏跪在地下，泪流如洗，先听了掌嘴二字，早吓得魂不附体了。今听堂上问官，又来追问。遂凄凄楚楚地回道："我丈夫的死，我实在不知道。"例①"凄凄楚楚"作谓语，描述主语的悲凉状态。该状态的语境前提是：阿氏在迷惘中，并不知道。德氏忙的过来，抹了眼泪，取出袖中手帕，替她擦抹。例②"凄凄楚楚"用作状语，表明说话时的神情，其语境前提是：阿氏跪在地下，泪流如洗，先听了掌嘴二字，早吓得魂不附体了。

11. 闪闪的的

"闪闪的的"表示若隐若现。例如：

①乌公向公鹤道："这案里头，一定有毛病，我看他闪闪的的，

咬定是他儿媳妇，这话里就有了缘故了。"

②暗想春英之死，是不是范氏所害，连他丈夫文光，也不知底细么？因问道："阿氏的奸夫，现在哪里？你若指出名姓来，必予深究。若如此闪闪的的，似实而虚，实在是不能断拟。"

③这些个离离奇奇，闪闪的的地方，使人在五里雾中，摸不清其中头脑。

例①"闪闪的的"用来说明案情中涉嫌人员言行举止，躲躲闪闪，含含糊糊，不光明磊落。例②"闪闪的的"说明人物在交代事情的过程中闪烁其词。为了突出描述事情本身的隐约，紧接着还用了"似实而虚，实在是不能断拟"加以强调。例③则用"闪闪的的"表明事情在某些方面的复杂性。

12. 盛盛武武

"盛盛武武"用来表示耀武扬威，含贬义。例如："文光等坐车在后。定在刑部对面羊肉馆门外会齐，只见那官兵枪队，盛盛武武的，喝道驱人。""官兵枪队，盛盛武武的"，描述官兵枪队仗势欺人的架势和"喝道驱人"的不可一世的神态。该词现已罕用。

13. 幽幽静静

"幽幽静静"是幽静的意思。这里重叠使用，其作用主要在于使语气舒缓，增加"幽静"的语义程度。例如："如果他领出尸去，不与合葬，须在他坟地附近，幽幽静静找个地方，阿德氏就没话了。"例中反映了一种特殊的句法现象，句中谓语中心词是"找"，找的对象是"地方"。"幽幽静静"，句法上用在"找"前面，充当状语，但在语义上则指向处所，表示地方"幽幽静静"。

14. 庄庄重重

"庄重"，意思是严肃稳重、不随便，主要用于描述人的言行举止。重叠形式"庄庄重重"表示比"庄重"程度深。例如：

①这一句话，说的乌公、鹤公并普公、福寿等都嗤嗤地笑了，德树堂扭过头去亦笑个不住，连升虽知说错，然而话已出口，驷不及舌，只得庄庄重重的接着回道："文光家里，普云常去。若按报上说，阿氏是屈在已极，若不是阿氏害夫，必是范氏所为，毫无疑义了。"

②钰福又回道："范氏的外号儿，实在叫盖九城，自嫁文光之后，虽说的好穿好戴，嘴极能说，而庄庄重重，很透正派。连升所说的普津，原是个穷佐领。那佐领图记，还在外头署着呢。他兄弟普云，虽不是正派一路人，而确是文光的小使。"

例①表明，说话者知道自己已经说错话，引起众人发笑，却无法修正，为了挽回尴尬局面，就必须使气氛严肃起来。怎么办？有效的办法就是说话者自己"庄严"起来，于是小说家便用"庄庄重重"来强化其接下来说话神态的严肃程度。这样，大家就会止住笑声，肃静地听他说话。例②的"庄庄重重"描述严肃稳重不轻浮，巧妙地运用了状态对比方法，先说盖九城"好穿好戴，嘴极能说"，给人以"不守妇道"的印象，紧接着用"而"转折，说她"庄庄重重"，进而说"很透正派"。

三、结　语

理论基础借鉴与分析方法尝试。我国辞书关于 AABB 式词语的解释有成熟的范式。本文分析辞书"未收录词"AABB 形容词22个，没有完全依据传统的词典编撰法，而是尝试着采用语用分析法对其进行解释。国外对词语作语用分析，往往基于语言哲学、语义学、语用学等理论，比方"语言图像论""意义用法论"以及"语言与民族精神融合"

思想等，但在中国，对汉语词语作语用分析，尚缺少明确的支撑理论和成熟经验，尚无固有模式可资借鉴。本文对汉语词语作语用分析，不生搬硬套国外理论，但对个体词语解释，借鉴了西方维特根斯坦的"意义用法论"，对词语语用功能的整体观察，参考了洪堡特关于语言与民族精神关系的思想。

使用效果与语言风格。本文分析发现，"未收录"的 22 个 AABB 形容词在作品中表现出各自的语用功能，综合起来看，这类词语较好地表现出四个方面的语用效果：一是强化语义程度，比方"离离奇奇""坦坦实实""乱乱腾腾"等；二是贴切描摹状态，比方"坷坷坎坎""恍恍摇摇""盛盛武武"等；三是协调节奏韵律，几乎所有 AABB 四字格在韵律节奏上都发挥着特有的美感作用，若将其换为 AB 二字格，效果则会差一些；四是舒缓表达语气，比方"好好端端""消消停停""迷迷离离"等。这些语用效果，又在一定程度上反映了京味语言风格。认识京味语言特性，对解读京味文学作品、了解京味语言的文化意味以及准确使用词语，具有启示作用。

使用频率统计与消长状况评估。《春阿氏》发表于 100 年前，作品中的 22 个 AABB 形容词辞书"未收录"，是否意味着在当今自然语言中也不使用？课题组做了小范围调研①，访问了 92 位成年人，文化程度均在本科以上，其中北京人 16 位，京外地区 76 位。结果表明，这 22 个"未收录词"在当今有不同程度的使用（参见"AABB 形容词使用情况统计表"）。

---

① 大数据时代，考察词语的使用频率和消长情况，有效途径之一是网络调查，比方搜索"人民网""新华网""中国网"等，若正式启动"未收录词"的词典编撰，该项工作将随之进行。

AABB 形容词使用情况统计表

序号	词语	京内外统计采访总人数：92				北京地区统计情况采访总人数：16				京外地区统计情况采访人数：76	
		普通话中使用情况		家乡话中使用情况		普通话中使用情况		家乡话中使用情况		普通话使用比	家乡话使用比
		人数	百分比	人数	百分比	人数	百分比	人数	百分比	百分比	百分比
1	悖悖谬谬	1	1.1	1	1.1	0	0	0	0	1.4	1.4
2	好好端端	11	11.9	9	9.7	3	18.7	3	18.7	10.9	7.8
3	坷坷坎坎	33	35.8	29	31.5	6	37.5	8	50	32.9	27.6
4	离离奇奇	10	10.8	6	6.5	0	0	0	0	13.2	7.8
5	琐琐碎碎	53	57.6	32	34.7	12	75	12	75	52.8	26.3
6	坦坦然然	21	22.8	13	14.1	5	31.2	5	31.2	20.9	10.5
7	坦坦实实	7	7.6	9	9.7	0	0	0	0	9.2	11.8
8	消消停停	22	23.9	25	27.1	5	31.2	7	43.7	21.9	23.6
9	咕咕咙咙	22	23.9	23	25	6	37.5	6	37.5	21.9	22.3
10	恍恍摇摇	13	14.1	15	16.3	4	25	4	25	11.8	14.4
11	乱乱腾腾	20	21.7	20	21.7	5	31.2	5	31.2	19.7	19.7
12	忙忙慌慌	35	38	31	33.6	8	50	8	50	34.9	30.2
13	迷迷离离	26	41.9	9	9.7	5	31.2	4	25	27.6	6.5
14	凄凄惨惨	71	77.1	29	31.5	12	75	11	68.7	70.8	23.6
15	凄凄切切	29	31.5	8	8.1	5	31.2	3	18.7	28.9	6.5
16	惨惨切切	5	5.4	1	1.1	1	6.2	1	6.2	5	0
17	凄凄恻恻	8	8.6	1	1.1	1	6.2	0	0	9.2	1.4
18	凄凄楚楚	28	30.4	9	9.7	6	37.5	3	18.7	28.9	7.8
19	闪闪的的	1	1.1	0	0	0	0	0	0	1.4	0
20	盛盛武武	2	2.2	1	1.1	2	12.5	1	6.2	0	0
21	幽幽静静	16	25.8	22	23.9	5	31.2	7	43.7	15.9	19.7
22	庄庄重重	6	6.5	4	3.2	3	18.7	4	25	3.9	0

第一，北京地区使用情况（"＞"表示"使用频率高于"）：

凄凄惨惨、琐琐碎碎＞忙忙慌慌＞坷坷坎坎、凄凄楚楚、咕咕咙咙＞凄凄切切、迷迷离离、消消停停、坦坦然然、乱乱腾腾、幽幽静静＞恍恍摇摇＞好好端端、庄庄重重＞盛盛武武＞凄凄恻恻、惨惨切切＞坦坦实实、离离奇奇、悖悖谬谬、闪闪的的。

第二，京外地区使用情况：

凄凄惨惨＞琐琐碎碎＞忙忙慌慌＞坷坷坎坎＞凄凄楚楚、凄凄切切＞迷迷离离＞咕咕咙咙、消消停停＞坦坦然然＞乱乱腾腾＞幽幽静静＞离离奇奇＞恍恍摇摇＞好好端端＞凄凄恻恻＞坦坦实实＞惨惨切切＞庄庄重重＞悖悖谬谬、闪闪的的＞盛盛武武。

第三，京内外地区总体使用情况：

凄凄惨惨＞琐琐碎碎＞忙忙慌慌＞坷坷坎坎＞凄凄切切＞凄凄楚楚＞迷迷离离＞咕咕咙咙、消消停停＞坦坦然然＞乱乱腾腾＞幽幽静静＞恍恍摇摇＞好好端端＞离离奇奇＞凄凄恻恻＞坦坦实实＞庄庄重重＞惨惨切切＞盛盛武武＞悖悖谬谬、闪闪的的。

其消长状况大致如下：第一，消亡。AABB 形容词"坦坦实实、离离奇奇、悖悖谬谬、闪闪的的"，所采访的 16 位北京人，无论在普通话中还是北京方言中都不使用。而京外地区所采访的 76 人中，普通话语境下有 1.4%～13.2%的人使用，但家乡话语境下"闪闪的的"一词没有人说，其余词有 1.4%～11.8%的人员使用。可以说，这些词语处于消亡状态。第二，活跃。AABB 形容词中有 56.5%个词，31%以上被采访的北京人在普通话背景下使用，而其中 21.7%的 AABB 形容词，31%以上被采访的京外地区的人在普通话背景下使用。其中，21.7%的 AABB 形容词，北京地区、京外地区均有 31%以上的被采访人使用（详见上页统计表）。可以预测，这些词语最有可能成为普通话的规范（通用）词语。第三，不确定。中间地带的词语，既没有表现出明显的消亡趋势，也不表现出明显的被扩大使用的趋势。这一类词语，还得听其自然，或者随着使用率的降低，自行消亡；或者随着使用率的提高，进入普通话规范（通用）词语行列。

这些词语的使用现状，对人们使用"未收录词"、编撰"未收录词"词典等，具有一定的参考价值。

参考文献

[1] 崔金生：《北京话与京味小说》，《新闻与写作》2001 年第 12 期。

[2] 辞海编辑委员会：《辞海》，上海辞书出版社 1979 年版。

[3] 戴钦祥：《中华成语辞海》，人民日报出版社 2002 年版。

[4] 高艾军、傅民：《北京话词语》，北京大学出版社 2001 年版。

[5] 徐中舒：《汉语大字典》，湖北辞书出版社 1995 年版。

[6] 罗竹风：《汉语大词典》，汉语大词典出版社 1997 年版。

[7] 胡明扬：《北京话初探》，商务印书馆 1987 年版。

[8] 胡双宝：《北京话语汇研究略论》，《世界汉语教学》1992 年第 3 期。

[9] 金受申：《北京话词汇》，商务印书馆 1961 年版。

[10] 李永康、高彦：《北京孔庙国子监史话》，燕山出版社 2010 年版。

[11] 赵元任：《汉语口语语法》，商务印书馆 1979 年版。

[12] 郑树民、张显传：《北京乡土史话》，兵器工业出版社 1990 年版。

[13] 中国社会科学院语言研究所词典编辑室：《现代汉语词典》，商务印书馆 2013 年版。

[14] 周建设：《语义、逻辑与语言哲学》，学苑出版社 2006 年版。

[15] 周建设：《现代汉语教程》，人民教育出版社 2013 年版。

（周建设、薛嗣媛：《语言文字应用》2014 年第 3 期）

语言理论研究的拓展与语言应用的强化

　　语言理论及其应用研究，改革开放以来取得了巨大成就，但仍然不能完全满足现代社会发展的需要，尚待拓展与强化。

　　语言理论研究应当向哲学追问和形式证明领域拓展。我国语言研究历来重视对语言现象的描写，摸索了一系列描写性研究方法，培养了相应的语言研究思维习惯，产生了大量的研究成果。通过描写语言现象，深刻认识自然语言符号表征，这是语言文字应用的基础性研究。基础研究越全面充分，语言应用便越有理论指导，越有规律可循。然而，鉴于描写往往偏重于语言本体现象的观察与解释，理论构建上通常难以显现其根基之厚重与立论之必然。因此，为了深化语言理论建设，有必要拓展语言的哲学思考和形式证明。

　　语言的哲学研究是关于语言本质的研究，可以深入分析语言现象与客体之间、语言符号与语义之间的关系，为语言文字应用提供哲学基础。哲学家最早关注世界本原问题，探讨世界由什么构成。哲学家在回答本原问题的同时生发了另一个问题，即人们是怎么知道世界建构的，这就导致了认识论的产生。对认识论问题的思考导向了语言结构的分析，只有凭借语言的结构才能透视认识的结构，只有借助认识的结构才能认知世界的结构。因为认识反映世界结构，语言表达世界结构。认识语言的结构就是认识世界的结构。语言是世界的镜子。基于此，有哲学家认为语言就是哲学的本质。洪堡特关于语言的哲学思考，成就了世界著名的语言哲学教科书《论人类语言结构的差异及其对人类精神发展的影响》。语言的形式证明关注的是语言形式的能行性推导。自然语言符号之间的关联，其语表形式具有灵活性。句子平面内部词项的关联，一个语句向另一个语句的关联是否具有语义必然性，凭直观或直觉很难判断。莱布尼兹曾经设想构造一种普遍语言，将表达灵活的自然语言进行抽象的形式化处理，然后进行数学运算，确定其内部关联是否有效。将语言完全形式化，追求推导的必然性，便是形式逻辑了；部分形式化，追求形式关联的有序性和信息交流的有效性，这便是语言证明了。弗雷格在这方面所做的研究，比方关于"等于"关系的解释，以及乔姆斯基关于形式转换规则的研究，堪称语言形式证明的典范。①

语言本身的奥秘依靠任何单一学科都无法被清楚地揭示出来，还需要借助哲学、心理学、逻辑学、计算语言学、神经科学等多个学科综合研究，从而为语言应用提供全面的理论指导。语言的综合研究，借鉴国外的语言理论和研究方法非常必要，西方自古希腊以来对语言的多元研究成果十分丰富。② 我国外语研究界在西方语言理论研究方面做了大量工作，相对说来，汉语研究界对国外语言理论的关注略显不足。将西方语言理论与汉语语言理论研究紧密结合起来，关注汉语与西方语言理论的融通，有利于深刻揭示人类语言应用的共性。

为了适应国家文化软实力发展的需要，语言应用的一些重要领域需要强化。语言应用涉及的领域很广，而且每一个领域的成功探索对社会都有积极意义。一般意义上的应用语言学，包括语言教学、第二语言教学、双语教学、聋哑盲教学、语言标准体系创制、辞书编撰、翻译等。技术层面的应用语言学，其研究领域涉及机器应用语言学、实验语音学、机器翻译、情报检索、汉字信息处理、自然语言理解、言语统计、少数民族语文的信息处理等。我们认为，当前的语言应用有六个主

---

① 参见周建设《语义、逻辑与语言哲学》，学苑出版社 2006 年版。

② 参见周建设《西方逻辑语义研究》，武汉大学出版社 1996 年版。

要领域需要进一步做实做好做强。一是语言规范。语言规范是为语言的有效沟通传播而进行的语言自身标准化建设工作。我国的语言规范工作历经半个多世纪，在政府主导下依靠专家队伍推动，全局性目标已经完成。需要关注的只是一些局部问题，比方语音方面，如何既保持北京语音的纯正优美又减轻方言区普通话学习者的读音负担，仍然有少量字音的审定需要进一步规范；北方词汇承载的传统文化如何在普通话推广过程中合理传承，需要集中一定的力量深入研究。否则，汉语深厚的文化语义越来越被模糊、淡化甚至曲解。我们不难发现，汉语中有些词语表示的文化意蕴并不能被年轻人或其他方言区的人准确解读。① 当然，还有术语标准化、人名地名规范化等需要动态规范。二是语言认知研究。语言认知研究动力来自两个方面。动力之一是探索言语学习规律。语言学习越来越成为当今社会不可回避的问题，越是年轻人，甚至幼儿童年，语言学习的压力越大，因为世界变得越来越小，人际交往越来越频繁，消除语言交际障碍势在必行。而母语之外的语言习得往往需要花费很多精力，这对于任何一个人无疑都是负担。减轻二语学习负担，突破口之一就是发现轻松学习的认知规律，包括匹配辅助学习的信息技术手段。二语学习问题，家长、学校、政府、专家都十分关注，各种尝试性教育方式层出不穷，却似乎一筹莫展。有的地方明令禁止幼儿园学习汉语拼音、学习汉字等，让幼儿回归欢乐。这种探索，看似很人性化，但是否能达到人文关怀的终极目标尚待验证，因为它毕竟与生理学、心理学以及后续学龄阶段的学习目标紧密相关。探索语言学习认知规律符合当今世界学习理论研究趋势。不同的是，我国尚处于经验性尝试阶段，而欧美，尤其是英国，则进入了以能力培养为目标的神经认知研究和借助信息手段催化学习的实质性阶段。另一个动力就是了解学习的人脑神经运行机制。兰姆倡导神经认知语言学的研究，认识语言结构与脑神经

---

① 笔者在从事国家社科重点课题"三百年来北京话的历史演变与现状研究"研究中收集到大量实例足以证明这一点。

结构的匹配原理，不仅对于语言习得具有指导意义，而且对于自然语言的信息处理同样具有重要价值。这些都是我国语言文字应用研究必须强化研究的。三是语言信息处理。研究语言信息的技术处理是一种顺应信息社会不得不加强的工作，以利于更好地将语言规律转化为可以让机器读懂并进行操作的信息处理规则。研究者将探索到的语言学习的神经机制扩展到让电脑模拟人脑的神经活动来操作机器，其中语言研究者可以为语言信息处理工程专家提供知识库之类基础性工作。四是语言资源保护。语言资源保护是一项宏大工程，经过学者们的艰辛努力，取得了很大成就，但还需要足够的研究团队和多方支持才能实现可持续发展。五是语言的"工具性"传播。加大力度营造汉语国际传播大环境，让世界更多国家学习和掌握汉语的使用。孔子学院近些年的迅速发展顺应了这种需要。六是语言的"文化性"传播。建设世界强国，强化中国文化的世界影响力，使更多的中华文化成为促进世界和谐、促进世界文明的重要力量，最基础性的工作就是要将中华文化瑰宝翻译成多种语言读本。在汉语走向国际的同时，传播中华民族文化精华，为人类文化服务，理论上说，这种趋势应该早早到来，因为语言传播蕴涵着文化传播。然而，迄今为止，该项工作进展略显缓慢，用于国际交流的文化选本无论从数量上还是质量上都很有限，西方用英文解读的中国文化，比方对老子、孔子内容的解读显得过于单薄。这既涉及认识，也涉及投入，其中最为困难的是人力投入。中国文化经典的遴选和翻译，需要翻译者精深的外语水平，更要有深厚的文化学养。遗憾的是，这种语言专业人才极其缺少，需要加强培养。

语言理论研究向哲学分析、形式证明以及综合方向拓展，有利于增加我国语言理论厚度，为语言应用提供坚实的理论支持；语言应用，对内强化规范、认知、计算和资源保护，对外强化汉语的国际传播，有利于彰显汉语在人类优秀文化传承中的重要价值。

（《语言文字应用》2012 年第 2 期）

语言能力修养的主体内容与实现途径

　　当前高校大学生语言文化修养状况调研的主体内容包括四个模块，即语言的文化素养、语言规范与教育、礼貌语言与称谓语、校园新词新语。第一个模块，旨在了解语言的文化功能体现，因为人的素养最为重要的是文化素养，而文化素养的媒介是语言，语言修养本质上就是潜移默化的文化修养。第二个模块，是考察基于文化有效传播需要的语言规范问题，包括交际意义上的语言符号承载内容的社会规范性和工具意义上的语言符号组织结构的表达规范性，后者包括语音规范、词汇规范和语法规范。语言规范的实现，既需要语言学科层面上，即专家系统上的规范，又需要政府行为主导下的社会规范。语言学意义上的规范内容的实现需要借助各种教育手段，社会规范需要政府制定符合社会公众普遍认同的、能促进语言社会生活健康发展的政策进行规范引导。第三个模块，是从语用学意义上设计的。关于高校语言运用情况，需要考察的问题很多，课题组认为，当前最为重要的是要考察人际交往过程中大学生彼此用语的礼貌状态，因为礼貌程度是交往得以进行的关键要素。礼貌语言中，见面招呼、彼此称谓又是人际交往的首要信号，因此，将称谓语列入礼貌语言的重要考察内容。第四个模块，考察大学生的语言自主能力，也就是从发展的观点、动态的视角看看大学生的语言生活实态，因此将校园新词新语列入重要考察对象。本文拟就调研涉及的主要问题谈点看法，并就语言修养内涵做些讨论。

一、现状管窥

调研课题组选择首都师范大学、中国地质大学（北京）和北京城市学院等三所高校部分在校学生为调查对象，从文化层面、规范层面、运用层面以及创新发展层面进行考察，力求对北京高校用语情况有一个较为明晰的了解，以便整体认识首都高校大学生的语言面貌，从而针对存在的问题提出应对策略。共回收有效问卷 409 份。[①] 调查对象中，本科生是主体，占被调查总人数的 83.7%，研究生占 16.3%；文科专业占61.8%，理工科占 38.2%。经过调研，获得了一些基本数据，调研成员分别就其中某个主要方面的问题进行分析研究，提出解决问题的初步意见。根据调查数据，我们有四点意见。

第一，高校学生对语言修养的地位是普遍肯定的。高校是人才培养的重要场所，其语言修养在人才培养中究竟占有怎样的地位很少量化认识。本调研结果表明，83.4% 的被调查者认为"高校作为国家语言文化建设的重要阵地，在用语规范方面应该起到一定的示范作用"。在英语学习被强调到相当程度之时，大学生们如何看待母语与外语的关系，是否因为英语考级而淡化母语学习？调研结果显示，尽管大学英语考级十分普遍而且一直被强调，85.8% 的学生仍然认为，与英语学习相比，汉语应该更受到重视。显然，大学生在语言生活中已经认识到汉语的社会作用，掌握汉语对于本职工作具有重要意义。这种答案是源于大学生体验还是源于推断，应当是兼而有之。就是说，大学生包括部分研究生

---

① 本调查对调查对象采用分层抽样的方式进行，虽然样本量不大，但涵盖了不同类型的高校，具有一定代表性。

人生经历中已经体验到语言的作用，同时也有对于未来工作需要语言功夫的自我判断。无论如何，汉语学习的重要地位在大学生中是受到肯定的。这应当是汉语传承的人类文化基础和语言文化发展动力。

第二，语言修养是文化修养的重要途径。语言修养本质上是文化修养，语言学习本质上就是文化学习。语言修养越深入，文化底蕴则越深厚。75.6%的被调查者认为，语言修养蕴涵着哲学、伦理、道德、文学、艺术等方面的文化修养，63.5%的被调查者认为，日常用语、专有名词、成语典故、民间谚语等语言载体蕴涵着文化知识，丰富的语体形式就是多样的文化载体。调研结果显示，大学生文化素养有多种途径，被调查者认为源于学校教育占76.8%，家庭背景影响占67.9%，自身学习占80%，30.1%的学生认为"政府倡导"也具有作用。而学校教育中，文学作品的学习是重要途径。73.8%的被调查者认为古典文学作品言辞优美，对于语言能力的提升具有一定的作用。那么，大学生究竟在多大程度上借助文学作品提升了语言能力？这种调研尚不深入。但是，有几个参数表明，古典文学实际所起的作用并不很理想。比如，被调查者中能够背诵50~100首中国古典诗词的占44.4%，能背诵100首以上的占16.8%。经验证明，背诵经典诗文对于语言文化修养具有实质性作用，背诵量少，语言理解能力、运用能力自然有局限。背诵之外，认为通过其他途径有意识进行语言文化修养的占42.1%。经常关注国学讲座或其他国学宣传形式的占17.6%，偶尔关注者占69.1%。67.1%的大学生比较熟悉中国文学作品，46.5%的学生阅读过四大文学名著（《红楼梦》《水浒传》《三国演义》《西游记》）中的一两部，9.4%的学生表示多次读过。58.5%的学生阅读的是原著。

西方文化是语言文化修养的重要方面。关于西方文化的修养途径，62.7%的学生认为主要源于课堂教育，55.9%的学生认为主要源于互联网，50.6%的学生认为主要源于课外阅读。调研表明，阅读经典中外文学作品、听名家的讲座、欣赏中外电影、收看广播电视以及到各地去游览观光考察，对于了解文化、提升文化素养具有积极作用。

第三，礼貌语言在意识上受到大学生的普遍重视，但在使用中却与认识有差距。82.5%的学生认为使用礼貌语言体现人与人之间的互相尊重，43.1%的学生认为能够"推动话语沟通"。在语言交际实践中，大学生对对方的礼貌语言十分在意。礼貌语言体现对人的尊重，尊重人的基本条件是对人真诚。调查发现，63.7%的学生在人际交往时最在意对方语言的真诚，20.9%的学生最在意对方礼貌用语，9.5%的学生最在意对方语言的幽默，5.8%的学生最在意对方语言的智慧。就内容而言，74.8%的学生认为敬语更能体现语言的礼貌色彩，38.5%的学生认为是赞誉之词，26.8%的学生认为是客套话，22.5%的学生认为甜美的声音也显示出语言的礼貌。尽管被调查者对礼貌语言的价值认同非常明显，但是，礼貌语言的实际使用状况与被调查者的认识并不一致。大学生的实际语言生活中自身究竟如何使用礼貌语言，使用的"适时性"（即在使用礼貌语言时是否及时使用了），使用的"适度性"（即恰到好处地使用了礼貌语言），实际上并不令人满意。大学校园的礼貌语言使用状况不大令人满意，可以从另一项调查中得到间接证明。比如，调查是否说脏话，63.4%的学生表示偶尔说脏话，19.7%的表示经常说。这就是说，至少83.1%的大学生偶尔说脏话。经常说脏话的学生中，父母教育程度为初中以下（含初中）的比例为29.7%，为高中的比例为35.9%，为大专或本科的比例为28.1%，能否由此推断语言修养与家长、家庭教育有关系，值得思考和进一步研究。课题组成员程丽丽在文中提到，武汉理工大学华夏学院宿舍管理员张国华老师贴了很多温馨提示，如"我们都来学说话"，"请人帮忙多关照，求人解答说请教，提醒让路请借光，看望别人说拜访……"由此可以间接反映，大学生礼貌语言的实际使用情况并不很理想。

第四，短信语言有活跃交际的积极作用，但也有负面影响。不良短信严重影响大学生的文化修养。不良短信主要是指一些垃圾短信、黄

色短信、反动言论短信、恐怖短信和诈骗短信。据统计，2008 年 6 月
止，"12321 举报受理中心"共收到举报信息 482098 起，其中有关垃
圾短信的举报 438668 起，占举报总量的 91%。经分析，举报的垃圾短
信内容中：欺诈类占 39.2%，商业广告宣传占 36.3%，违法出售票据证
件和出售违禁品分别占 11.5% 和 8.4%。69.8% 的学生每天都要上网，
26.5% 的学生基本每隔几天上一次网，网上的不良信息对语言修养无疑
有密切关系。

二、雅言期待

如何提高大学生的语言素养，途径很多。这里拟就语言修养的内
涵做些探讨，为高校语言文化建设提供参考。

日常社会生活中，除了物质需要，社会交往的重要介质之一就是
语言。语言几乎像生活中的空气，谁也离不开它，但人们往往不大注意
它的存在，因而也较少考虑如何很好地发挥它的作用。一个社会群体
中，语言是文明的标志，正如诺贝尔文学奖获得者托马斯·曼恩所说：
"语言本身就是一种文明。"① 高质量的言语必须言之成理。言之成理必
须具备立得住脚的内容。立得住脚的内容首先必须合乎实际，这就是真
实，同时内容内部必须相互协调，这就是逻辑。言语之理，最基本的要
求就是要具备真实性和逻辑性。真实性是言之成理的基础。语言反映事
物真实性历来受到学者高度重视。我国先秦时代对名实关系的讨论热烈
而深入，本质上就是讨论语言的真实性问题。为清楚认识名，准确使用
名，公孙龙分析了"物""实""位""正"四个重要概念。他说："天地

---

① 转引自海姆·G.吉诺特：《孩子，把你的手给我》，张雪兰译，华夏出版社 2010 年版，
第 180 页。

与其所产者，物也；物以物其所物而不过焉，实也；实以实其所实而不旷焉，位也；出其所位，非位，位其所位焉，正也。"（《公孙龙子·名实论》）语言反映真实性，有摹写性、说明性和推演性等表现形式。摹写性是借助言语对事物进行刻画，正如画家对事物描摹一样。说明性是借助言语对事情进行陈述。推演性则根据事物之间的联系提出新的问题或作出新的判断。摹写性重在对可观察或可感觉的事物对象进行表现。言之成理的逻辑性，与对真实表达对象的全面认识关系密切。即使是真实对象，如果不清楚对象内部或对象之间存在的各种联系，表达起来就容易导致混乱，混乱就是缺乏逻辑性。

维特根斯坦的"图像论"是语言反映世界真实性的最有代表性的理论，他认为语言就是世界图像的摹写。当然，他所指的图像，不仅仅是对世界实体的反映，还包括虚拟的事态的摹写。图像的真，就是摹写了实在的真，即正确地或者说对应地摹写了存在着的事态，因此，语句也就为真。图像的假，摹写了虚假的事态，即与实在不一致，显然语句的真值也为假。可见，维特根斯坦的图像论实际上已经将表达的真实性与逻辑性融为一体了。

语言表达不只是一种技术，更是一种艺术。我们不排除语言表达的技术性质，因为它是基于物理符号的排列组合，这种组合是可以通过技术手段实现的。但是，如果语言应用是单单靠技术手段能够解决的问题，那么，语言的魅力就不会如此强大，语言的神秘色彩也不会如此强烈。由此可见，语言表达更是一种艺术。

艺术意义上的语言表达自古受到哲人关注。邓析有明确主张："夫言之术，与智者言依于博，与博者言依于辩，与辩者言依于安，与贵者言依于势，与富者言依于豪，与贫者言依于利，与勇者言依于敢，与愚者言依于说，此言之术也。"（《邓析子·转辞篇》）当然，我们不能说邓析提出的每一种说话技巧都很合理，但其基本思想是值得肯定的，那就是说话必须注意策略。智者通常深谋远虑，如果试图以深刻打动对方，未必可行，不如以"博"言之，既可拓其视野，亦可益其深入，此所谓"与智者言依于博"。"愚者"常常缺乏思想，因此说服开导十分重要，故曰"与愚者言依于说"。尽管邓析这种说法未必很有道理，但是在先秦时代人们就关注这样的说话艺术问题，不能不说我国古代先哲对语言交际的高度重视。

语言应用的艺术莫大于心灵的沟通。这方面，人们强调最多的是善言、良言，反对恶言。正所谓"良言一句三春暖，恶语伤人六月寒"。子曰："君子之道，或出或处，或默或语。二人同心，其利断金。同心之言，其臭如兰。"（《易经》）这是肯定语言交流要志趣相投。

言语艺术还有适度问题。时机要适度，"人不安勿话扰"。神态要适度，言语者说话神态也被认为是语言交际心理反应的重要内容。"亲有过，谏使更，怡吾色，柔吾声，谏不入，悦复谏"，讲的是即使是对父母说话，言语神态和语气也得讲究，何况其他人呢。数量适度，"话说多，不如少。惟其是，勿佞巧。""知者不言。言者不知。""善者不辩。辩者不善。"（《道德经》）程度适中，"言满天下无口过，行满天下无怨恶。"（《孝经》）庄子说："夫大道不称，大辩不言。"

我国历来有着崇尚美辞雅言的意识。孔子说："言而无文，行而不远。"这是从辞令方面讲"文采"的重要性。辞令是表达情志的重要工具，要是辞令没有文采，就不能完成它的任务，一个言而无文的外交官周游列国也是难以完成外交任务的。说话要有文采，才能感染、引导别人。文采包括两个方面，一是善言之文采。主要是以"信""善"为语言的最核心的内容，使言语充满内在的神韵。善言信言是至美之言。即所谓善言大采在于神，信言不美，美言不信，大辩若讷。（《道德经》）二是文辞之美，即"善辞大采于形"。这也是语言应用中应当注意的。《滕王阁·序》几乎通篇文采熠熠。说到物产，谓之"物华天宝，龙光射牛斗之墟"；说到人物，谓之"人杰地灵，徐儒下陈蕃之榻"。"落霞与孤鹜齐飞，秋水共长天一色"，是千古绝唱，"渔舟唱晚""雁阵惊寒"

是脍炙人口的经典。

语言本身是民族精神体现，是民族文明的化身。威廉·冯·洪堡特通过研究语言达到研究人的目标。他将语言研究分为三部分：一般的研究，探索语言的本质和功用，考察语言与人及世界的关系；特殊的研究，搜集现实语言材料进行分类、整理；历史的研究，就是将前两者的研究成果结合起来，进行历史考察。其《论人类语言结构的差异及其对人类精神发展的影响》被誉为"第一部关于普通语言学的巨著"，"语言哲学的教科书"。书中一个核心思想就是阐明"民族的语言即民族的精神，民族的精神即民族的语言"。我们可以校训为例说明不同的民族精神必然有不同的语言反映。美国校训多反映的是追求真理崇尚科学，牛津大学校训为："The lord is my illumination"（"主照亮我"或"上帝乃知识之神"）。剑桥大学："From here we receive light and sacred draughts"（"求知学习的理想之地"或"此地乃启蒙之所、智慧之源"）。哈佛大学："Let Plato be your friend and Aristotle but more let your friend be truth"（"以柏拉图为友，以亚里士多德为友，更要以真理为友"）。普林斯顿大学："In the Nation's Service, In the Service of All Nations"（"为国家服务，为世界服务"）。麻省理工学院："Mind and Hand"（"既 学会用脑，也学会用手"）。耶鲁大学："Truth and Light"（"真理与光明"）。中国大学校训大多出自古代经典典籍，根植于深厚的传统历史文化。如清华大学校训："自强不息、厚德载物"，取自《周易》中"乾""坤"两卦的卦辞"天行健，君子以自强不息"，"地势坤，君子以厚德载物"。中国人民大学校训"实事求是"出自《汉书·河间献王传》"修古好学，实事求是"。北京邮电大学校训"厚德、博学、敬业、乐群"，"敬业乐群"典出《礼记·学记》。北京大学"爱国、进步、科学、民主"。北京师范大学校训为"学为人师，行为世范"。据统计，我国56所北京高校校训中，有30所高校校训出现"厚德、博学、宁静致远、博识、雅行、敬德修业、格物、至诚、慎思"等字眼。这些词内涵丰富、雅致公正、端庄大方，读来浑厚有力、意味深远，增添了校训深厚博雅的艺术魅力和温柔敦厚的人文精神，呈现出含蓄蕴藉的艺术特点。校训从传统中吸取精华，字义词义都非常精确到位，内涵丰富，文白相间，雅俗共赏。这是语言的不同，更是民族精神的不同。

综上所述，经过调研北京高校部分大学生的语言文化现状，我们发现高校学生对语言修养的价值普遍肯定；认为语言修养是文化修养的重要途径；礼貌语言，在思想认识上受到大学生的普遍重视，但在实际使用中却与认识有较大差距；信息科技时代，新的语言形式（比方短信语言）对促进文化交流具有积极作用，但也有负面影响。课题组认为，加强大学生的语言修养，其主体内容主要有三个方面：第一，言之成理，体现语言的真实性和逻辑性。真实性，就是强调语言内容的客观实在性，逻辑性是客观实在性在思维领域的反映，是语言符号网络构建的组织依据。第二，不但要懂得语言表达的"技术"，更要懂得语言表达的"艺术"。语言艺术包括：通心——注重心灵沟通，适度——把握言语表达的"度量"，优美——言辞优美。此三者有机结合，被认为是具有语言表达的艺术。当然，有一点值得注意，当今信息社会，人们在思想情感交流过程中，淡化言辞符号，代之以多种媒体符号手段，即借用图画或行为表情来传达语言符号难以表达的内容。这种现象，或许会给语言交际的传统定义带来冲击。第三，语言的整体面貌要体现民族精神。这是对语言内容的文化意蕴及其影响力的基本要求，也是保证语言交际的社会功能得以有效发挥的重要要求。

高校应当关注自然语言交流的质量，重视人们的言语能力修养。当一个国家的国际地位越来越高时，作为文化符号的语言交流，对国家形象有直接的影响，重视大学生语言能力养成当成为高校文化建设的重要内容。如何实现大学生的语言修养，本课题组其他成员的论文从不同角度有所涉及，这里从略。

参考文献

[1] [德] 威廉·冯·洪堡特：《论人类语言结构的差异及其对人类精神发展的影响》，姚小平译，商务印书馆 1999 年版。

[2] 陈汝东：《论语言文明》，《语文建设》1996 年第 11 期。

[3] 邢福义：《文化语言学》，湖北教育出版社 1990 年版。

[4] 杨芳：《谈大学生的语言修养和素质教育》，《江苏高教》2001 年第 4 期。

[5] 周建设：《先秦名辩之学的语言哲学蕴涵》，《首都师范大学学报》2011 年第 6 期。

（周建设、陈炳哲：《语言文字应用》2013 年第 3 期）

汉语研究的四大走势

　　语言研究在不同时期有不同的重点取向。传统语言学侧重于语言要素的研究，相应地形成了语音（音韵）学、文字学、词汇（训诂）学、语法（句法）学等。现代语言学侧重于语言符号关系的探索，相应地形成了语形学、语义学和语用学等。

　　在当代，从研究方法的取向上看，语言研究实际存在 4 种主要走势：描写的、分析的、形式的和技术的。描写的研究，侧重于对语言事实进行客观刻画，主要任务在于说明某种语言现象"是什么"。分析的研究，侧重于对语言现象进行哲学解释，目的在于揭示"为什么"。形式的研究，侧重于对语言结构进行形式演算，宗旨在于论证语言转换与推导的能行性。技术的研究，重点在于将语言规律转化为可以让机器读懂并进行操作的人工智能规则。一般说来，描写总结的理论，往往基于经验与文化，因而具有广泛的可接受性。这种可接受性的科学程度究竟有多大，这并不是描写本身的任务，于是引起了人们对语言的哲学思考。然而，经验描述、哲学解释往往局限于定性分析，难免有不严密的一面，于是，便出现了对语言的形式化研究，即撇开具体内容对语言形式进行数学的和逻辑的论证。经验描写—哲学思辨—形式证明，无疑是使语言理论走向精确的必然。语言的技术研究，则可以综合地检验前面三个阶段的理论。

比较而言，我国的语言研究在充分占有材料的基础上描写刻画，取得了巨大的成就，在分析的（哲学的）、形式的（逻辑的）甚至技术的（计算的）研究方面，相对滞后。许嘉璐先生说："千百年来，中国的语言研究，缺乏理性的思维和理论的建设。""大约从乾嘉时代起，语言学家们几乎忘了哲学，重实证而轻思辨，重感性而轻理性，不善于把实际已经使用的科学方法上升到理论的高度，用认识论去阐释和论证这些方法。……直到今天，语言学界，特别是训诂学界，偏重考据忽视理论的倾向犹在，懂得哲学，能够沟通哲学与语言学的人很少。这恐怕是我们的语言学难以产生新思想新方法的一个重要原因。""似乎可以说，我们的哲学家们对语言的关心太少了，而我们的语言学家对哲学的了解就更为可怜。"（1998）最近，江蓝生、董现、林连通、杨成凯、陆俭明等对加强语言的理论建设与学科沟通发表过重要意见。陆俭明、孙茂松、陈群秀等对计算语言学的研究的紧迫性提出了呼吁。

世纪之交，一些热心中国语言研究的学者，期盼中国语言研究在21世纪有长足的发展，在着手研究之前，明确方向并且深刻认识其研究价值，极为重要。

（《中国语文》2000年第1期）

逻辑语义

思维活动元素剖析

思维是一种活动过程。任何活动都必定有其相应的活动载体。思维的活动载体是什么思维呢？换句话说，思维是凭什么进行活动的呢？其说不一，迄今尚无定论。本文拟对这一问题，抒一孔之见。在行文中，我们采用"思维元素"（或思维信息）一词来替代"思维载体"的概念。因为我们要探讨的是在思维结果表达之前是由哪些元素构成这种结果的。这种尚不知名的思维材料，我们叫它思维元素（或思维信息）。

——

　　例一：甲：老 x，咱可老没见面了。

　　乙：可不，一晃儿有六七年了。

　　甲：几年不见您可胖多了。

　　乙：是嘛。（相声《从现在做起》）

从这段话中，我们可以发现构成这种思维结果的有两种成分：语词和意象。

　　语词是思维活动的元素。思维是大脑内部进行的一种精神活动，看不见也摸不着，然而我们能够检验一个人的思维内容。因为经过思维活动，它通常以一定的形式表达自身的活动结果。形式就是检验的根据。这种形式最常见的是语言形式，这种语言形式就是贮存在大脑中的语词在思维过程中经过有规律的组合表达出来的物质形式。例一中"一晃儿有六七年了"就是由储存在大脑中的"一晃儿""六七年""有"三个语词组合构成的一个思维结果——判断。储存在大脑里作为思维活动元素的语词，我们称之为语词元素。

"语词元素"有别于"语言"。"语言是句子的无限集合。"① 句子又是若干词或词组的序列。可见语词仅仅是句子的组成要素。思维与语言发生关系，并不是关于语言体系的分解与组合，而是将储存在大脑中的语词选择比较组合成新的判断。

意象指意念和表象，是思维活动的另一种元素。例一中"几年不见您可胖多了"反映的是日常生活中人们常产生过的思维现象。是什么材料加工出这种结果的呢？是不是单纯的几个语词的比较结合呢？不是。它首先是对呈现在大脑中的不同形象的比较，由此产生一种新的意念，再由语词将这种意念描写下来传讯出去。只要我们稍稍体会一下自己生活中类似的思维活动与语言交际情形便会显而易见。当自己直接感觉到对方胖了的时候，同时脑子里也隐约呈现了对方以前消瘦的形象，要是六七年不见的对方体型变化较大时，对比就更加明显。这些储存在大脑中并在思维时拿来比较的表象就属于意象元素。

意象元素除了表象因素之外，还包括意念因素。尚未掌握语言的幼儿不可能有"张叔叔最喜欢唬人"的语句来表达相应的判断，但他却有相应的意念。看到张叔叔后，这种意念也会随即出现。由于意念作用，小孩或乖乖地躲在父母背后，或天真地把门关上不让"客人"进屋，或者一见就哭起来。成年人常常说"我自己也弄不清到底为什么他

---

① 《乔姆斯基语言理论介绍》，黑龙江大学外语学刊编辑部 1982 年版，第 12 页。

见了我就想避开，就要哭。"这种"连自己也弄不清"的东西就是关于"他"这个表象之外的意念因素。

虽然，语词元素负载着一定的意象，但是意象元素远远超出了语词所能表达的范围，因而它是独立存在的思维单位。

语词元素和意象元素，是任何正常人的大脑中都有的，在思维过程中都得运用的两种思维材料。

例二：洁白、娇弱、轻如鸿毛的雪花仍然在静静地飘落着。它默默地降落在大地母亲的怀抱里，又在大地母亲的怀抱默默地融化了。上帝把它短促的生命交给了残酷的严冬，而它却把自己的心灵和肉体化成了甘泉，浇灌了绿色的春天。（王梓夫《昨夜西风》）

例三：党的金光在我眼前闪耀。（杨沫《站在八十年代的地球上》）

这是经过作家加工过的思维结果。例二中雪的白色是在与背景颜色的不白形象比较而言的，有关于雪花轻盈飘舞的形态的思考才诱发出对于鸿毛的联想。无论作家是在盛夏的武汉还是广州，构思这段话时，脑子里必然会显现雪的景象，而这种雪景又必然是先前见过或从作品中体会思考过的雪景在人脑中储存下来的意象元素。例三看上去特殊一点，谁也不能说知道作者想到"党的金光"是什么色素，亮度如何，但可以断定作者思考这句话时有一种感情化了的东西存在着，这种感情化了的东西就是意象。

盲人无法通过视觉直接接收意象信息，可是他们能够根据室内的脚步声和说话的声音断定房屋的大小以及室内是否陈设家具，还能按喉音甚至脚步声准确辨认出人来。有的盲人可以按树叶的声响断定树木的种类，是白杨还是橄榄树。① 盲人的判断是经过了思考的，这种思考是建立在意象信息基础上的思考。之所以能肯定白杨树的声响，是因为这种声响与别的声响不同。当通过听觉接收到当前新的声响信息后，迅速与其他类似声响作比较，排除与白杨树叶不同声响的意象，作出"这是白杨树声响"的结论。盲人的意象元素与正常人的有别，而且主要是通过视觉以外的听觉、触觉等感官获得，因此也就不可能像正常人的意象信息那样全面准确清晰。同样知道有白杨树，盲人关于白杨树的意象不会像视觉健全的人所获白杨树意象信息那样色形具全。

聋哑人没有语词，固然无语词元素可谈，但他们却有意象元素。他们看到曾经痛打过自己的人，会表现出异常愤怒的神色，甚至采取一定的报复行为。因为"凶手"痛打他们的情景已经作为意象信息储存了下来。

即使是既聋又哑且盲的人，也同样不能否认其意象元素的存在。他们能通过嗅觉意象来辨认事物。根据不同气味，能认出已进屋的人，而且能断定不久前是否有他们熟悉的人到过这屋子里。顺着熟悉的街道行走时，他们能按气味断定现在正从什么房屋边走过。② 这些高超的辨别能力，不是初次接触事物就有的，必须是经过多次的接触将嗅觉信息稳定储藏在大脑以后才可能有的。

由此可见，如果说语词元素的存在是毋庸置疑的，那么意象元素的存在也是无法否认的。人类社会的进化史能够充分证明后一点。据考证，人类社会有 1400 万年的历史，远在距今 100 万年的时候就开始了制造工具（曙石器），而语言只有几万年的历史。在语言产生以前，人类同样与自然界发生关系，人脑也必然反映自然。被反映到人脑中的自然"印象"和由这些"印象"产生的欲望需求等意念就是意象元素。一

① 参看乔甫洛夫《心理学》，何万福、赫葆源译，商务印书馆 1951 年版。
② 参看乔甫洛夫《心理学》，何万福、赫葆源译，商务印书馆 1951 年版。

个人与猛兽搏斗而丧生，这种情形，一经留存在其他人的脑子里就成为意象元素。以后再遇到猛兽，他们就会从这种元素出发产生或畏惧逃避或"协同搏斗"的新意念，由这个新意念出发又可诱发"召集众人，持石操棍"等等一系列意象元素。没有意象元素的存在，人类就没有了解自然、征服自然的可能。

人类发展进入语言阶段以后，语词表达思想的局限性决定了意象元素永远作为思维成分存在的必然性。善于想象的又会由于语词不能很好地传讯思维结果而心烦意恼，就是一般人也常有"词不达意"情况发生。为什么人们常说"只可以意会，不可以言传"呢？这是由于人们在思维时除了运用语词外，还调用了意象，思维结果是语词和意象的混合体。一旦要将这种结果表述为语言，部分意象元素因为一时没有恰当的语词来代替而转瞬即逝。

神经生物学研究结果为语词元素和意象元素的存在理论提供了证据。研究者在给病人做大脑手术时证明，用微弱电流对大脑的某些部位进行刺激会引起思维元素复现，病人会听到钢琴声，人们的说话声，有时病人还会用笑声回答再现的玩笑。有一个患者在受到颞叶某区的刺激后，马上移开电极，他说："那里有一架钢琴，有人在弹琴。你知道，我能听到这个歌声。这支歌我以前唱过，但可记不清它叫什么歌名。那就是你停止刺激时，我想试试做的事情。"这里被刺激再现的钢琴、琴声和行动等就是独立于语词之外的意象元素。又一次刺激后，他又说"……这个节目叫'罗基的生活'。"被再现的"罗基的生活"就是语词元素。[1]

综上所述，构成思维结果的有两种元素——意象和语词。意象元素是任何具有健全大脑的人都具备的思维成分，它可以先于语词脱离语词而存在，是必不可少的思维"细胞"。语词元素是人类进入语言阶段

---

[1] 浙江温州市科技报编辑部：《记忆和思维》，1981年版，第30—31、162页。

才有的，它并不为任何具有健全的信息贮存装置（大脑）的人所具有。

二

高等动物的神经系统包括两个方面：周围神经系统和中枢神经系统。周围神经系统具有两大职能：一是由感受器接受外界的和内部的刺激，并将刺激信号传向中枢神经系统输入大脑，目的是由大脑对这些信息进行编码储存加工改造。二是由效应器执行由传出神经输出的大脑指挥信号，采取相应的行动。中枢神经系统构成成分很多，最高部分是大脑两个半球，大脑半球的主要职能之一就是储存信息。周围神经系统的传入神经受到刺激源信号的刺激达到感受阈限就立即引起神经兴奋，产生生物电流，这种电流又沿着其他神经细胞扩散直到大脑皮层，并在大脑皮层留下或深或浅的"烙印"，这种烙印的形成就是思维信息的储存。"烙印"是个比喻说法。据现代科学家推测，储存思维信息的是核糖核酸（RNA）分子。果真如此的话，"烙印"则是一种生物化学过程。

神经系统的生理机制使思维信息储存成为可能，并不等于说生理机制能够自然生成思维元素。思维元素的储存有它的特殊途径。

1. 直接形成

客观世界的实在之物无所不在，在时不有，无奇不有。自然，作为具有正常生理反应机制的高等动物必然无时无刻不受到外界刺激影响，直接获得思维元素。婴儿呱呱坠地，刺激他们感觉器官的就有父母姨叔、弹跳说唱、青山绿水、高楼大厦。这些客观事物经无数次反复刺激传导，大脑的暂时神经联系就建立巩固起来了，传入的信息也就作为思维元素贮存下来了。根据已有元素，小孩不但能够识别事物，而且还能在此基础上想出新办法、新花样来。

思维元素的直接形成阶段大体包括有意和无意两种情况。无意直接形成阶段接收的思维元素印迹浅薄，在思维过程中不大容易被重新激发、"调遣"，即使是被新的刺激诱发联想，这种联想出来的元素很可能是模糊的。当一个陌生人从你身边路过以后，人家突然问起那个人的外貌特征，十有八九是说不准确的。有意直接形成是带着预定目的接受思维元素，它所获得的思维元素是深刻的真实可靠的。

好奇心或情感因素能使无意直接形成的元素稳定下来。无意看到汽车从压在活生生的人肚子上的预制板面驶过，你会留下深深的印象，这个视觉元素几年甚至几十年后仍然不会遗忘，这是出于好奇心。无意看到电影中某人的悲惨遭遇，会引起一些人伤心落泪，永志不忘，这是同情心。乍看起来，这些仅仅是属于无意直接形成的思维元素，其实，里面包含了有意成分。由于好奇和同情，当时很自然地会有意识地加强对这种信息的记忆，甚至还会通过追究其中原委来巩固这种信息。

思维元素的直接形成是扩大元素储存量的重要途径。它能在不费太多时间不花过多精力的条件下轻易获得，它是人类思维产生发展的基础。

但是，直接形成存在着一定的局限性。直接形成途径只能是对当前事物的反映与接收。它接受信息的有效范围取决于感受器作功时所能涉及的有限范围。要直接得到关于温泉沐浴的信息，就得由主体直接肤觉；要鉴定录音机的音响效果就得直接动用你的听觉；要想知道梨子的滋味，就得变革梨子，亲口吃一吃。从生物学的角度说，直接形成只有在刺激信号达到了一定的刺激强度引起了有机体反应才能完成。因此，视觉最好的人不凭借其他手段就不能直接形成细菌的意象元素，先天性盲人不可能直接形成颜色的意象元素。至于那些非当前事物就更没有这种直接形成途径可言了。

限于由当前事物得来的思维信息之贫乏，所以还得有接收形成思维元素的其他途径。

2. 间接形成

间接形成就是通过掌握语词来了解当前事物情况以外的或当前存在却无法直觉的事物，从而形成思维元素的过程。

语词自身的语音要素决定着语词被大脑接收的可能性。语词元素的最初形式只是紧紧相随着语义的语音形式。语音是语义的直接代表，二者是不可分割的整体。而语音又是刺激感受器引起神经冲动的物质条件，它的存在就决定了主体与语音建立信息传递的必然性，也即决定了语词元素储存的可能性。

语词元素来源于两条不同的渠道：一是在自然语境中学习，二是向导性接收。自然语境是接收语词元素的最先步骤。一个人生下来不久就从父母有趣的逗笑中开始受到自然语言的陶冶，由简单的"啊""哦"到初步的称呼然后开始复杂的表述。随着年龄的增长、语言交际面的扩大，久而久之，很多语词被潜移默化了。与此同时，不但接收储存了不少语词元素，而且还训练了驾驭这些语词的能力。自然语境是人类掌握语言的社会场所，脱离了它就没有语言的学习与语词信息的接收，关于狼孩的语言能力考察就是例证。1920 年，印度人辛格发现了约 8 岁的狼孩后，企图启动她的思维机器，培养语言思维能力，但效果很差。经过苦心教育，4 年只学会了 6 个单词，7 年也并未超过 45 个单词。[1] 又如，从前有个国王将两个小孩藏在地窖里，结果 10 余岁根本不知道言语[2]，这同样证明，脱离自然语境就没有获得构成思维的语词元素的可能。

向导性接收就是以字形作向导学习人家不以口述的知识。通过语音得到语词元素是在日常交际中可以做到的，通过字形得到语词元素则必须经过有意识的专门学习。字是语词的书写符号，了解它所代表的意义就能不受听觉的局限，逾越自然语境的界限，广泛阅读古今中外的文

---

[1] 伍棠棣等主编：《心理学》，人民教育出版社 1980 年版，第 24 页。

[2] 参见《马克思主义哲学原理》，福建人民出版社 1981 年版。

章，读得越多就懂得越多，积累的语词元素也就越多。所以，西德学者H.T蒂希特指出：一个人"从书籍和杂志的原文中读到信息时，他学习得最快，感知最佳。"① 高尔基也说："书本具有一种能力，它能向我们指示出在人当中我们没有见过和不知道的事物。"② 在这个意义上说，向导性接收是获得大量思维元素的无限通道。历史上不少专家名人在这条通道里攫取了无数思维元素武装自己的头脑，结出了可喜的智慧之果。李白"五岁诵六甲，十岁观百家"，杜甫"读书破万卷"，才有使他们成为伟大诗人的可能。约翰·斯图尔特·穆勒一岁半开始学英语，3岁开始学希腊语，6岁左右读完了很多大部头历史著作，7岁时读完了当时一些文学巨著，如《堂吉诃德》，8岁开始学拉丁语，12岁时又看完了希腊的文学名著，13岁又开始钻研科学著作。③ 正是因为有多种语词作向导才使他在哲学、经济学、政治学、逻辑学、伦理学等方面有很高造诣的可能，而成为世界有名的学者。

3. 再生形成

再生形成就是指意象元素和语词元素互相结合产生出新元素的过程。这种新元素就是再生元素。再生元素不是思维元素的独立成分，它是思维螺旋式活动过程中的产物。由于再生是对源于客观的思维元素的加工再造，不是对客观事物的直接反映，因此难免带上主观色彩和片面因素，它需要反复接受实践检验才能愈益完善。

三

意象元素的特点主要表现在如下三个方面：

---

① 浙江温州市科技报编辑部：《记忆和思维》，1981年版，第30—31、162页。
② 高尔基：《我怎样学习写作》，三联书店1951年版，第39页。
③ 中耀：《浪费时间太可惜》，《父母必读》1983年第2期。

1. 真实稳定性

所谓真实，就是指思维元素与客观对象的必然一致。意象元素的真实性主要是由表象因素体现出来的。表象因素是主体与客体直接作用获得的一种最原始的思维元素。"直接作用"说明没有掺杂间接手段；"最原始"说明它是最先形成的尚未有主观成分搅和的元素。在这种意义上说，表象因素基本上是主体对客体的复制。张三被李四看见后，可以说李四通过生理机制复制了张三的形象，即贮存了张三的意象元素。这种"复制品"的真，来源于客观对象的真实存在。真实的表象因素储存下来以后，并不是瞬息万变的，它具有相对稳定性。康德在谈及表象因素的稳定性时明确说过，朱砂是红的，决不会顷刻变化为黑色，并一会儿轻一会儿重；有了"花桌满山"的表象也不会瞬间变成冰天雪地的山头或其他什么表象。①

2. 自我可感性

可感性是指人脑对于所获的意象元素能够回忆体验出来。无论是表象因素还是意念因素都具有这种特性。然而，这种可感性只能是思维元素储存者自身能够实现的，并非他人之感。表象因素源于客观对象，但是对于同一个客观对象，由于主体的考察角度不同或生理原因差异可以产生千差万别的表象。同样是一座武汉长江大桥，甲在龟山上得到的大桥表象与乙在汉阳码头看到的就不一样。即使是同一个人在不同的时间不同的天气看它也不一样。"瞎子摸象"，是个笑话，但它却能很好地说明不同的角度得到的表象因素是不同的。这种不同的表象因素只能是自己体会得最清楚。俗话说"百闻不如一见"，实际上就揭示了意象元素自我可感的基本规律。既然表象因素如此，那么从表象信息出发产生的意念因素就更不能完全为他人所惑了。某人由一种事物表象能产生无

---

① ［德］康德：《纯粹理性批判》，载《西方哲学原著选读》（下卷），商务印书馆 1982 年版，第 293 页。

限同情的意念，但是他却可能在口头上说是如何如何的切齿痛恨。别人虽然可以通过不同媒介分析推测出他意象因素的大概，但无论如何也不能有自我感受的真切。

3. 分解组合性

从思维活动功能上看，意象元素还具有分解和组合的特性，这一特性主要由表象因素体现出来。建筑师可以在自己设计好的房屋表象（再生意象元素）上分解下两个前墙凉台的表象安排在后墙上。表象因素的分解组合性在创作思维活动中表现尤为突出。神话中描写的人面狮身的女妖斯芬克斯，就是从"人"的表象中分解出面部表象，再析取狮子的身躯表象，然后组合成的新形象。美杜萨长着蛇头发，斯库拉有 6 个头 12 只脚都是根据表象因素的分析组合性创造的。我国寺庙中至今还保存的"千手佛"塑像之类，同样是经分析组合表象因素构思成的新形象。这些新形象又往往作为一个整体思维单位在思维活动中使用。

语词元素是在意象元素基础上产生却又不同于意象元素的可以独立存在和运用的思维单位，因而具有与意象元素不同的特点。这些特点是：

（1）意象指称性

传统观念告诉我们，任何语词都是在概括，所以人们把"概括性"作为语词最显著的特征。如果撇开具体的思维过程，单纯地考察语词指称事物的功能，这样归纳无疑是正确的。比方，"树"一词可以概括生物界任何一种树，还可以指虚构出来的富有传奇色彩的"摇钱树""美女变成的树"，等等。然而，语词一旦作为思维元素，即使它容量很大也自然会由抽象的概括性转换为具体事物的表现形式。"人"是个容量极大的语词，尽管可以概括地指称古今中外的一切人，但是，我们在进行关于"人"的思考时，"人"这个语词必然是伴随着具体可感的单个人出现的。古希腊亚里士多德说，医师不给人治病，只给苏格拉底治病，就是这个道理。"父母姐妹"这是人们最熟悉的语词，它们可以概括地指天下任何人的父母姐妹，当我们用作语词思维元素时，它们就不再有这种概括性，而是作为"我的父母""他的姐妹"的表象的指称符号出现的。所以，语词元素在实际思维中只能是具体表象的指称。有时在迅疾的语言思维过程中似乎语词脱离了表象，其实也只能说明这时被指称的表象元素没有及时复现，稍放慢思考速度就不难发现，这种表象同样是紧紧相随着的。

（2）结合描写性

语词以一个个最小单位逐渐被大脑接收，一旦出现新的表象元素，这些语词元素便可以进行有规则的结合对它描写。简单的心理实验表明，幼儿在不同时间学会了几个语词，就可以在同一时间对新的事物现象进行描写。比方，在玩小铃铛时学会了"坏了"一词，又在喂饭时学会了"桌子"一词，当桌子坏了时，幼儿则会说："桌桌坏了。"这就是语词元素结合描写性的体现。"蔚蓝的天空""奔驰的骏马""咆哮的大海"，都是结合描写的结果。

（3）直接传递性

能够将头脑里的思想结果大致地直接传讯出去为别人所理解，这是语词元素的重要特性。已经有了关于老虎本性的意象元素的人，如果他没有这方面的语词，在山上遇到猛虎是能够决定自己的行为的——或者打死它，或者避开它。这些都是意象元素单向作功可以完成的思维过程。如果要将这种见闻诉之于众以防虎祸，那么仅有意象元素是无法恰当传讯的。就是费九牛二虎之力作手势、画图或做其他动作，别人都难理解。然而，语词能起到简单迅速清楚的思想传递作用——山上有虎、谨防虎害。这些表现为他人可感的语音或字形就是储存在头脑中的语词元素的直接输出。

语词元素和意象元素的自身特点决定着彼此间的区别与独立，但在实际思维中，二者是相辅相成的。一般说来，语词元素本身常常伴随着意象元素，语词元素的活动仅仅是对意象元素的描写与表现。凡需要将结果用语言表达出来的思维都不会脱离语词元素而单向活动。只有直接思维（具体思维）和不必要传讯结果以及没有掌握语言的人的思维，才主要是以意象元素活动。

（《心理学》1984 年第 6 期）

论宏观思维的系统特征与潜逻辑模型

> 必须了解，应当思考些什么，如果不是这样的话，那么连续不断的错误是无法避免的。

——柏拉图

一

人类在经历了以纺织技术和蒸汽机技术、冶金技术为突破口的工业革命及以电力、化学和内燃机技术为突破口的工业进步之后，现在依靠全新的技术、开发全新的材料的新技术革命时代已经到来。这个时代将以电子计算机、遗传工程、光导纤维、激光、海洋开发等新技术的广泛利用为特征彻底冲击着旧的生产方式和社会传统。

新技术革命与知识革命形影相随。英国科学家詹姆斯·马丁推测，人类的科学知识在 19 世纪是每 50 年增加一倍，20 世纪中叶每 10 年增加一倍，70 年代每 5 年增加一倍。有的专家估计目前是每 3 年增加一倍。现有的物理学、化学、工程学和生物学等科学方面的知识中，90% 是 1950 年以来产生的。[①] 据此，人们称这个时代为信息时代或"知识爆炸"时代。

---

① 刘文华：《耗散结构理论及其哲学意义》，《国内哲学动态》1986 年第 2 期。

信息时代是充分发挥人的思维潜能的时代。尽管电脑工业等高级技术将成为第三次浪潮的主要动力，但它仍然是人的智力的产物，是人脑的延长。人的智慧促成第三次浪潮的兴起和信息社会的出现，反过来信息社会本身又向人们提出了更高的要求，即人们的思维不仅必须适应工业革命突飞猛进的发展，而且要为新技术革命的发展不断提供智力支持。这就是新的技术革命对人类思维领域提出的严峻挑战。

充分发挥思维潜能必须全面认识思维特性，切实把握思维自身运动规律。思维是人的天性，但它似乎又神秘莫测。自古以来，思维的奥秘引起了人们极大的兴趣。古希腊亚里士多德可以说是研究探索思维奥秘并从中抽象总结出普遍规律的第一位大师，他创立的逻辑学开了思维研究的先河。逻辑科学经麦加拉—斯多葛学派的拓广以及历代逻辑家的补充更新，形成了一门完整的思维科学体系。然而该体系仍有其明显的局限。长期以来，亚氏逻辑热衷于抽象思维的微观研究，在概念判断推理这些简单的局部的思维形式内循环往复地考察分析修正补充，虽然在保证思维在微观领域内的确定性明确性和一贯性方面有积极的规范作用，但它并不能在现有体系基础上逾越微观眼界从宏观角度考察思维进程，探索思维规律。因此，要迎接思维领域面临的新挑战，从宏观方面把握思维运动的系统特征，更广泛地最大限度地发挥人的主观能动性，促进新技术革命的深入发展是十分必要的。

二

宏观思维具有两个鲜明的本质特征：一是明确的目标性；二是潜在的逻辑性。

思维目标是思维运动所要解决的基本问题。一项工程建设、一场战斗部署、一部著作的编写、一个难题的科研都可以作为思维系统目标。

思维目标是思维系统形成的内核。思维是一个自组织过程。"自组织"概念在耗散结构理论中并不难理解，因为耗散结构理论就是自组织理论。该理论是比利时布鲁塞尔学派领导人、自由大学教授普利高津在《结构、耗散和生命》论文中提出的。他认为，一个开放系统当和外界进行物质、能量交换所产生的负熵流使系统内部的熵减少到一定程度，从而使系统的某个控制参量达到一定阈值时，系统离开线性非平衡区，越过分支点，失去稳定性进入远离平衡态，内部各元素之间发生非线性相互作用，这种相互作用所具有的相干性使系统的变量偏离平均值，导致系统离开原来的状态或轨道，形成几个分支，通过涨落发生突变，系统由增长最快的涨落可能跃迁到一个稳定有序的分支上，使原来的混沌无序结构转变为一种时间、空间或功能有序的新结构，新结构保持稳定性需要不断与外界交换物质与能量。这种在远离平衡的非线性区新形成的有序结构就是耗散结构，这种系统自行产生的组织性和相干性称为自组织现象。[①] 广义地说，一切物质系统，包括思维系统的一切结构与功能都是自组织的产物。[②] 可以说，自组织系统就是不依赖外部指令，系统内部诸子系统或要素都是按一定的方式协同活动表现出系统的时空结构和功能的。[③] 在思维自组织运动中，思维目标是协同思维运动的核心，它规定着思维运动的宏观方向。无论持续的思维活动还是间断的思维活动，无论是完整的思维载体还是零散的思维载体都必须最终向它趋近。没有思维目标就没有思维核心，没有思维核心就没有思维的明确方向，没有明确方向的思维不成其为思维，因而思维系统就不复存在。

思维系统目标是客观存在在思维领域中的反映，准确明晰的思维目标的获得需要思维主体全面深入研究客观情况。20 世纪 60 年代，国

①　湛垦华等：《自组织与系统演化》，《中国社会科学》1985 年第 6 期。
②　参见 H. 哈肯《协同学导论》，西北大学科研处 1981 年。
③　转引自曾广容等编《系统论、控制论、信息论概要》，中南工大出版社 1986 年版，第 3 页。

际开发署分析了南朝鲜时局以后，按照最大限度增长经济的要求，确定了四个突破性目标——狠抓扩大出口，动员国内资本，有效地利用人力和技术，继续稳定经济。由于目标明确，编写了第二个五年计划在南朝鲜享有很高的信誉。马克思主义特别强调辩证唯物地观察问题分析问题和解决问题。确定思维系统目标，马克思主义科学世界观与方法论有着极其重要的指导作用。我国确定在搞好物质文明建设的同时搞好精神文明建设就是运用了马克思主义基本原理结合中国革命具体实践确定思维系统目标的具体体现。思维发展史证明：社会是人的社会，人们必须依靠自己的思想根据社会运动内部规律和客观条件确定明确的奋斗目标，为社会实践提供向导。

随着新技术革命的兴起，宏观思维系统目标性越来越显示出必要性和巨大力量。20 世纪以来，科学技术在高度分化的基础上出现了大规模的综合，科学技术理论发展日趋整体化。因此，用贝塔朗菲的话说，"我们被迫在一切知识领域中运用'整体'或'系统'思想来处理复杂问题。"① 用系统思想处理复杂问题就是着眼于系统目标，从整体出发，研究系统与系统、系统与元素以及系统与环境之间的普遍联系。通过揭示系统的整体规律来解决现代科学技术，社会和经济等方面的复杂问题。忽视思想的系统性，无视思维目标性都要受到实践的惩罚。有的人可能偶然被委任负责一些工程建设，但由于缺乏必要的思维训练，行动没有统一的思维目标支配，一切凭想当然或依赖于左右侍从的即兴建议，优柔寡断，听天由命，以致当指挥棒质变为丧钟锤时仍然浑浑噩噩。当然，我们不能苛求人们不犯错误，西方著名社会哲学家波普说过，科学家企图避免错误是一种可怜的愿望。但是必须看到波普思想的闪光之处是强调"从错误中学习"，要求科学家通过观察和实验的严格检验中清除错误并筛选出逼真度最高的新思想新理论，而不是毫无思想准备任其

---

① 　参见夏基松《波普哲学述评》，黑龙江人民出版社 1982 年版。

出错、一错再错。① 允许任何人犯错误，这种错误必须是向着明确的目标运行中部分环节上的失误，没有确定的思维系统目标放任自流的盲从和失败只能导致建设事业、行动部署的混乱，成为社会发展的羁绊。

潜在的逻辑性是指思维系统运动的内在程序和步骤。如果说思维目标是规定思维系统形成和运动方向的第一个本质特征，那么保证每个思维阶段和思维要素有组织地不偏不倚地趋近思维目标的内在控制力即思维系统内部潜在的逻辑性就是宏观思维系统的第二个本质特征。自组织的本质特性之一就是不依靠外部指令完全依赖系统内部的一定程序规则即内在协和力来形成系统结构产生系统功能。思维目标为思维系统的形成提供了支柱并为其自组织过程确定了运动方向，但是目标自身并不保证整个思维系统的宏观运动不偏离这个目标。因此要实现思维系统不背离整体目标的全部过程的思维运动就必须有渗透于思维全过程的内在协和力，思维系统只有依靠内在协和力才能形成规范的宏观思维运动。高恩把人类活动分为两大类，一是偏重知识的活动，如数学；二是偏重行为的活动，如耕作以及把知识转化为行动的活动，教育与工程学之类。② 无论把人类活动分为多少类，也无论哪类活动，只要是需要动脑筋的都离不开思维的逻辑规范即不能没有思维运动自身的逻辑程序、逻辑路线。数学家陈景润研究哥德巴赫猜想，之所以能数年思索而始终不偏离他的思维总目标，就是因为有一种潜在的逻辑力量规范制约着思维运动的宏观路线。

宏观思维系统的目标性与潜在的逻辑性是辩证统一的。思维目标确定思维运动的宏观趋势，其潜在的逻辑性则规定各个思维环节，各种思维微观组态有组织地循序渐进地向着思维目标逼近的具体的路线与程序。没有逻辑路线思维就达不到目标，没有思维目标思维路线就是盲目

① 参见 S. 高恩著《信息学·跨科学的探讨》，施以平译，知识出版社 1986 年版。

② 菲利普·弗兰克：《科学的哲学·科学和哲学之间的纽带》，上海人民出版社 1985 年版，第 30、61 页。

的甚至是冒险的。只有二者有机结合才能显示思维系统无限的认识力与创造功能。

三

宏观思维能力的高低取决于对思维目标性与潜在逻辑性自觉认识与把掌的程度。一般说来，思维目标的确定容易实现，人们在生活工作学习中常常遇到一系列值得思考的问题，每个问题都可以被确定为思维目标。潜逻辑特性的掌握比较复杂。思维目标不同，达到思维目标的逻辑程序则存在较大差异，充分认识宏观思维的逻辑性是提高宏观思维能力的关键。

潜逻辑程序模型化是认识宏观思维潜逻辑特性的有力手段。思维是人脑"黑箱"内的活动，看不见也摸不着。然而只有当"看得见"时才能更直接地认清其本来面目。古代哲学和中世纪哲学，通过精神和眼睛视力的类比相信有"精神洞察力"，认为用眼睛能看见形状和颜色，用精神则能看见观念和普遍规律。柏拉图的理念论就是在此基础上建立的。按照赖兴巴赫的说法，传统哲学作过这样的论证：既然物理事物是存在的，它们就可以被看见；既然观念是存在的，它们就能由精神的眼睛来看到。[①] 显然，用事物类比观念揭示了二者均可被"看见"的共性，但用精神"看"精神未免都很省力。菲利普·弗兰克说过："科学家的工作就在于寻求简单公式。"[②] 并说："如果原理的数目不是很少的，如果没有简单性，那就不会有科学。"[③] 因我们认为在考察宏观思维特性时

---

① 菲利普·弗兰克：《科学的哲学·科学和哲学之间的纽带》，上海人民出版社1985年版，第30、61页。

② 菲利普·弗兰克：《科学的哲学·科学和哲学之间的纽带》，上海人民出版社1985年版，第30、61页。

③ 菲利普·弗兰克：《科学的哲学·科学和哲学之间的纽带》，上海人民出版社1985年版，第30、61页。

应当把传统哲学的类比转化为模拟，采用现代科学技术广泛运用的模型化手法将潜逻辑程序抽象为"看得见"的逻辑模型。罗伯特·吉·瑟罗夫在谈到运筹设计中模型的作用时指出：建立模型的一个重要优点是提供了一个考虑问题的参考轮廓，即模型指出了不能直接看出的缺口。根据检验模型时失败的特征可以给出模型不足之处的思路。他还说："一个复杂的问题可以用数学模型表示，这使公司不必真的实现计划就可以改变其参数。……利用模型可以在相对短的时间内获得结果（有利的或不利的），而用不着为了完成计划和真正的一天天运行而等待一个较长的时间。"[①] 同理，宏观思维的潜逻辑模型就是思维系统运动程序自身的反光镜，潜逻辑模型的建立更便于直觉、检验、把掌和规范思维进程，大大提高思维效能。

潜逻辑程序的复杂性决定了潜逻辑模型的多样性，因为思维模型是思维实际的代表和抽象。思维运动的最基本的逻辑程序有"排队""总分"和"条件"三种，相应地我们就可以建立排队模型、总分模型和条件模型。

（一）思维排队模型

思维排队模型是排队思维的模型化。它是围绕思维目标根据时间先后或空间位置依次安排工作（思考）项目建立起来的一种潜逻辑模型。排队思维是思维运动系统运用最广泛的思维程序。一个训练有素的领导每天的工作部署都自觉地受排队思维支配；一个称职能干的医师每次手术过程都受严格的排队思想指使；一个出色的演说家每场演讲内容都由排队程序组合。从农民的农事安排到职工的工程建设，从教师的课堂教学到专家的著书立说都无不潜存着排队思维。如果用"A"代表思维目标，"a"标志工作项目（情景、问题、课题），"1、2……"表示

---

① 罗伯特·吉·瑟罗夫：《运筹学入门》，清华大学出版社1985年版，第9页。

时空顺序，那么排队思维就可以用如下模型刻划：

$a_1 \rightarrow a_2 \rightarrow a_3 \rightarrow \cdots \cdots \rightarrow A$

思维排队模型有简单与复杂之分。简单排队模型表现为单一直线排列，如：兴建一车间（a_1）→兴建二车间（a_2）→……工厂（A）。复杂排队模型在按时空顺序排列工作程序的同时，在部分环节上再并列安排别的复杂项目，如：兴建一车间→兴建二车间建成／一车间投产→……工厂建成。简单排队模型与复杂排队模型各有特色。前者简单、干脆，适应于项目较少的工作范围，容易设计；后者容量大，适应于对项目较多的工作情景的思考，利于充分发挥单位时间的工作效率。相同的内容虽然既可以建立简单排队模型也可以构造复杂排队模型，但由于一些非本质差异的存在，其可行性程度和实际效果往往不大一样。

思维排队模型的本质特征在于它的有序性。有序性是工作条理化、程序化和正规化的重要标志，是提高工作效率的重要手段。日常生活中，人们厌恶东忙西乱，赞赏有板有眼；现代化建设更渴望有计划有部署的稳步发展，这都反映了客观世界对思维有序性的强烈需要。思维排队模型是思维有序度的客观判断，因此切实把握思维有序运动规律，不断提高建构思维排队模型的能力同样是客观世界对人类思维的必然要求。

思维排队模型并非等同于运筹学中的排队模型。排队论起源于1909年爱尔朗的工作。他对电话拥挤问题进行了试验。在繁忙时期，由于接线员不可能及时接线，拨号者就要等待。原始的 Erlang 问题是计算仅有一个接线员情况下的等待延迟，1917年扩充到几个接线员。同年，爱尔朗发表了"自动电话交换中的概率理论的几个问题的解决"的著作。沿着爱尔朗开创的道路，排队论或等待理论在电话交换领域内有较长时间的发展，莫利纳和福瑞均出版了较有影响的论著。直到二次世界大战末期，这些早期的工作才扩展到其他一般的排队和等待问题。排队或等待理论描述的问题是选择顾客，进行服务，比方描述一个单服务台、随机到达和随机服务时间等情况的形成，建立的模型有顾客到达模型（普阿松分布）、服务时间模型（指数分布）。① 可见运筹学中的排队模型基本着眼点在于解决服务操作过程中的排列次序问题。而思维排队模型研究的是为实现思维目标怎样将系统诸要素作最优化的有序排列的关于思维运动的普遍规律问题。它是操作与非操作领域排队程序的抽象。运筹排队模型是思维排队模型在 Operational 领域的具体体现，但思维排队模型还包括一切关于非操作性质有序问题思考的领域，如思维自身领域。

（二）思维总分模型

在思维过程中，往往会发现很多思维目标的实现并不能仅仅依赖思维排队模型，它需要把总体任务分解成多个局部目标再通过"各个击破"局部目标最终完成总体任务。与这种实践相适应的思维称为总分思维，将总分思维加以抽象与描述，则可得到思维总分模型：

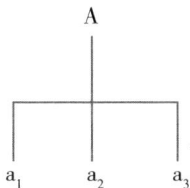

$$
\begin{array}{c}
A \\
\mid \\
\overline{\quad\mid\quad\mid\quad} \\
a_1 \quad a_2 \quad a_3
\end{array}
$$

其中"A"表示思维目标，"a_1，a_2……"代表局部目标。思维总分模型要求 A 与 a 之间具有必然联系。"A—a 联系"表现在两个方面。第一，内容联系。就是说 a 必须是实现 A 的必要条件。即模型中确定的局部目标 a 必定是达到思维目标 A 所不可缺少的，缺少 a，A 就无法实现。第二，结构联系。如果把思维总分模型比作金字塔，A 为塔身，a 为构成塔身的材料，那么 a_1 与 a_2 必须是各自独立的但又共处于整体结构 A 之中的"块板"。结构上的独立与统一既能避免局部目标之间的重合或

---

① 罗伯特·吉·瑟罗夫：《运筹学入门》，清华大学出版社 1985 年版，第 9 页。

相交，又能保证实现总体目标的集体凝聚力，防止局部目标越轨。

要认清"A—a"之间的密切关系必须认真考察思维总体目标特性。总分思维实质上就是对思维系统总目标的再认识。一个目标确定之后，如果目标是由诸多复杂要素构成，就必须撕开其面纱解剖其机体，在弄清整体与部分之间的结构关系和条件联系的基础上建立思维总分模型。如果洞察不到思维目标复杂的结构关系，就理不出局部目标的层次，总体目标就无法实现。著作家如果光有著作主题，没有局部目标即有总无分，那么就无法着手写作。

总分模型中局部目标层次排列具有较大的灵活性。围绕思维目标 A 可以仅仅列出第一层次的不同的局部目标，还可以在第一层次的局部目标 a 基础上进一步列出新的作为第二层次的局部目标，依此类推。著作的编章节就属这种多层次总分模型。

思维总分模型具有不可逆性。就是说必须从思维总体目标出发逐步深入认识局部目标，先分后总不符合总分思维的逻辑进程，因为没有总体目标就不存在分析分解局部目标的对象。

思维总分模型具有广泛的实践指导意义。设计一个灌溉系统，必须考虑到贮存、分配、抽取地下水等多元因素，这就不得不涉及总分模型的指导规范问题，否则工程建设将杂乱无章。著作编写、房屋设计、工厂建造莫不如是。

（三）思维条件模型

为实现思维系统目标而寻找条件建立的思维模型称为思维条件模型。

$$B (1, 2 \cdots\cdots n) \rightarrow A$$

"A"表示思维目标，"B"是实现 A 必备的条件集。它可以是单元条件集，也可以是多元条件集，但不能是空集。即 B 的元素可以是唯一的，也可以是一个以上，但不能没有任何元素。建立思维条件模型必须准确认识条件 B 的性质，B 的条件性质是多种多样的：它可以是 A 的唯一条件，即 B 是唯一条件元素 t 组成的集合，有 B_t 条件，目标 A 必决能实现，没有 B_1，A 就不可能实现；也可以是复合条件，即 B 是由 b_1，b_2……b_n 组成的条件复合体，如果缺少 B 中的任一个分子，目标 A 就不可能实现；还可以是选择条件，即 B 是由具有选择关系的多个 b 元素构成的集合，只要有了条件 B 中的任一分子 b_1 或 b_2 或 b_n，目标 A 就必然实现。

把握了条件性质的特殊性才能建立富有个性的条件思维模型。当确定了 B 是唯一条件时，思维条件模型可以简化到最低限度，表示为：

$$B_t \to A$$

（唯一条件思维模型）

模型表明，人们必须全力以赴促成那个唯一条件 B_t 的实现，因为除了 B_t 之外，其余任何条件都无法实现 A。当认识了 B 是复合条件时，思维条件模型则转化为：

$$B\,(b_1 \wedge b_2 \wedge b_3)\ \to A$$

（复合条件思维模型）

它告诉人们，只有当 b_1 b_2 和 b_3 条件全部实现时，A 目标才能达到，预示着不可忽视任何一个 B 的分子。处于新技术革命时代的任何一个国家要跨进世界先进行列，就要具备复合条件来共同实现总体目标。许多国家的决策就是在这种意义上作出的。例如加拿大提出的复合条件是发展能源 b_1、电讯 b_2 和运输 b_3。法国则提出电子信息 b_1、生物工程 b_2、能源 b_3、自动化 b_4、空间海洋 b_5、环境保护 b_6，和改善劳动条件 b_7 一齐抓。这些都是复合条件思维模型在现实决策中的具体体现。当了解到 B 是选择条件时，思维条件模型又可表示为：

$$B\,(b_1 v_1 b_2 v b_3)\ \to A$$

（选择条件思维模型）

模型表明，B 具备则 A 目标一定实现，如果 b_1 条件难以创造时，选择

其他条件 b_1 或 b_2 或 b_3 中任意一个都能导致 A 目标实现，可见它最具有灵活性。比方，一个新建单位需要房产设施 A。自己建造是一个可选择的条件 b_1，另辟蹊径直接买进成套房屋同样是一个可选择条件 b_2。最终选择哪一种，靠进一步比较 b_1 与 b_2 择优确定。

建立思维条件模型切不可混淆条件联系。如果看不清条件性质，误将甲条件当乙条件就不可能建造科学的思维模型。思维模型是行为的指导和规范准绳，模型错误，轻则损精费神，重则浪费人力物质，阻碍甚至破坏思维总目标的实现。例如，文明建设必须受复合条件模型支配，坚持物质文明和精神文明一齐抓。不明确这种条件联系，以唯一条件模型或选择条件模型指使建设部署，最终必然导致社会发展的不平衡。同时，还要避免误将非条件因素当作条件因素。广义地说万事万物都存在千丝万缕的联系，但对于实现特定的思维目标来说，这种联系并不都能成为必备的条件。将非条件因素纳入条件模型必然致使人们作无谓的努力或牺牲。

思维排队模型、总分模型和条件模型关系密切，根据思维实践的需要，它们往往被构建得纵横交错。一般情况下，思维能按单一的逻辑路线趋向系统目标，但复杂场合还需要通过不同逻辑路线以不同方式逼近总体目标，因而相应地就有纷繁复杂的思维模型有机结合。企业筹建情形就是如此。首先需要建立思维总分模型：根据总体规模将企业分解为多个部分作为奋斗的局部目标。其次要建构条件模型：针对不同的局部目标，依据客观规律和实践需要详细考察实现该目标的多种条件。再次要构建排队模型：即将多个局部目标按地位高低、作用大小以及条件成熟程度排列建设项目的先后次序。在浑然一体的复杂思维模型中，每个单一模型均保持其特有个性和职能。总分模型担当着结构分析的重任，条件模型则从因果联系上揭示目标实现的必备条件，排队模型揭示出各局部目标之间的时空有序度，因而它们都有不可忽视的作用。

（《湘潭师范学院学报》1987 年第 4 期）

从先秦名学看逻辑研究的起点

　　逻辑研究的起点是什么？具体地说，逻辑是从概念的研究开始还是从词项的研究开始进而建立其庞大的理论体系的？一直没有专文论述。本文拟着眼先秦名学，对此作些探讨。

一

　　逻辑研究的起点问题是一个十分重要的理论问题。这个问题不解决好，就不可避免地导致一系列逻辑理论的混乱、矛盾，严重影响逻辑科学的纵深发展。

　　我国现行的逻辑教本都明确承认或于具体阐述中充分体现这样一种倾向，逻辑是从概念开始进行研究进而构造全部完整的逻辑体系的。一些较有影响的逻辑著作认为，逻辑是研究思维形式及其规律的科学，思维形式包括概念、判断、推理，推理由判断构成，判断由概念构成，所以逻辑研究应从概念入手。

　　我们认为，把概念作为逻辑研究的起点，混淆了认识论和逻辑学的界限。概念是什么？"概念是反映事物的特有属性（固有属性或本质属性）的思维形式"，"概念是反映对象本质属性的思维形式"，等等。

虽然这些在国内逻辑界颇有影响的概念定义存在着表述上或认识程度上的差别，但是它们共同揭示的都是认识论内容。具体地说，是按照唯物主义认识论即反映论的基本观点对作为认识阶段中的一个表现形式（或思维形态）的概念作了具体的界说。唯物主义认识论的根本前提就是承认在意识之外独立存在着物质世界，它是人们认识的对象和源泉。认识，就是人们的头脑对于客观物质世界的反映。它有以感觉、知觉、表象这些生动的直观为特征的感性认识和以概念、判断、推理等抽象思维形式为特征的理性认识。唯物主义认识论就是关于人类认识来源以及认识发展过程的理论。逻辑学关于概念的定义执行的正是认识论的任务。把认识论内容作为逻辑学内容，必然要导致逻辑学与认识论的混淆。

那么究竟什么能充当逻辑研究的起点呢？先秦名学给了我们启示。

二

要从先秦名学入手考察逻辑研究的起点，首先必须弄清先秦名学的学科性质，即它是逻辑学、哲学还是兼而有之。是逻辑或兼而有之，才有逻辑研究的起点可言，是哲学则并非如此。

名学起于先秦。温公颐先生认为："春秋末期是我国奴隶制开始崩溃，封建制兴起的剧变时代。礼坏乐崩的结果，引起'名实相怨'的问题。"[1]

起于先秦的名学是哲学还是逻辑学，长期以来没有取得一致的看法。不少人认为名学属于哲学，不承认中国古代有逻辑。哲学界从胡适开始，"竟直用经验主义对待逻辑"，把先秦名学看作中国哲学的基本内容。逻辑界，有人根据现代逻辑的观点认为，在中国古代有可能称得上

---

[1] 温公颐：《先秦逻辑史》，上海人民出版社 1983 年版，第 4 页。

"讲逻辑的"只有先秦名学，但它"不是逻辑学"，因为它们都没有系统地研究命题的一般结构和有效推论形式。

尽管有人否认名学为逻辑，但更多的人还是承认它是逻辑学不是哲学。国内情形自不必说，国外不少学者也如此。日本学者加地伸行认为，中国在春秋战国时代就产生了中国人自己的思考方式，为后来的各个时代所重复运用，正如希腊哲学之成为后来西方哲学的萌芽一样。他通过分析《尹文子》中的故事以及《吕氏春秋·顺似》等文献，认为这类资料都属于广义的逻辑学。他这里所谓广义的逻辑学相当于狭义的符号学（Semiotics），即关于 Symbols of communication 的学问。

我们认为上述两说各执一端都欠妥当。其实应该说，先秦名学既有明显的哲学思想，又有丰富的逻辑内容，肯定哲学否定逻辑，或肯定逻辑否定哲学都会走向片面。

历史地看，承认名学有丰富的逻辑内容是客观的、公允的。任何一门科学的形式与发展往往与生产力水平、科学认识程度、思想意识需要相伴而行，因此科学理论就是社会进化的镜子。科学史家加·米诺（G.Milhallaud）在《论希腊科学的渊源》一书中指出，毕达哥拉斯数形观念的认识与中国《周易》的演绎推论形式上有关联。[1] 这就证明中西方科学发展的联系性、同步性。逻辑科学的发生发展同样如此。几乎在同一时代，亚里士多德发现了三段论，古印度发现了因明五支[2]，中国《墨辩》则发现了"辞以故生、以理长、以类行"的"三物必具"之说和墨子提出了"有本之者，有原之者，有用之者"的"言有三表"说。这一切都是"人类经验认识的逻辑思想形式"。当然，我国古代并没有"逻辑"之名，只有"形名"或"辩"之称，但是必须看到，"'形名'或'辩'所讲的内容是和西方所讲的'逻辑'一致的"[3]。而"形名"与

---

[1] 　汪奠基：《中国逻辑思想史》，上海人民出版社 1979 年版，第 2 页。

[2] 　汪奠基：《中国逻辑思想史》，上海人民出版社 1979 年版，第 2 页。

[3] 　温公颐：《先秦逻辑史》，上海人民出版社 1983 年版，第 1 页。

"辩"又通常表现为同"名"密切相关、难舍难分，故统称名学①，因此也就可以说，先秦名学，尤其是其"三物"之说是可以与西方的演绎逻辑和印度的因明相媲美的逻辑。

三

作为逻辑的先秦名学，其研究起点是词项而不是概念，所谓词项，就是构成命题的基本成分。先秦逻辑研究的词项主要是"名"。我国现代不少逻辑家把"名"等同于"概念"，认为先秦逻辑研究名就是相当于研究概念。有学者指出："《墨经》和《正名》篇都明确提出了名……大体上相当于西方传统逻辑的概念"，这是一种误解。

《墨辩》中研究的"名"是词项而不是概念。中国古代，名、儒、墨三家创始人邓析、孔子、墨子是先秦逻辑的启蒙者。自邓、孔、墨之后，名、儒、墨、法等家都对中国古代逻辑的创立做出了贡献，墨家分前后期，后期墨家总结了前人的全部思维成果，写出了中国历史上第一部逻辑著作——《墨辩》。《墨辩·小取》曰："以名举实"。《经上》曰："举，拟实也"。《经说上》曰："举：告以之名，举彼实也"。伍非百先生解释说："之，此也。举者，以此名举彼实也。譬如口言石之石，意乃指石之实。"由此可以断言，先秦名学中的"名"，就相当于西方传统逻辑中的词项。虽然西方传统逻辑创始人亚里士多德并没有独立地（只是结合命题）给出词项的全面定义，但词项仅仅是指称事物的名称这一思想，他是表露得十分清楚的，在《范畴篇》，他"对于词项所指称的事物进行分类"，而不把词项当作概念就是证明。中世纪逻辑家威廉·奥卡姆说："范畴词具有确定的意谓，例如，'人'这个名词意谓所

---

① 涅尔：《逻辑学的发展》，商务印书馆 1986 年版，第 319 页。

有人；'动物'这个名词意谓所有动物；'白'（'Whiteness'）意谓所有白"。[1] 据伍非百先生考证，这种思想《墨经》中早已有之，这就表明"名"与词项不谋而合。

从《墨经》有关名实关系的阐述中同样可以看出作为逻辑研究起点的"名"是词项不是概念的思想。《经说上》在阐释"同"之时说道："同，二名一实，重同也"。这里"二名一实"显然是指两个词项指称同一个"实"，无论如何也不能说成是两个概念指称同一个"实"。《经上》曰："且，言然也"。《经说上》曰："且，自前曰且，自后曰且，方然曰且"。这里从另一方面揭示了名实关系——名多实，只不过表示状态之"实"较之于表示实体（马、牛之类）的"实"抽象一些罢了。其中"名"是词项，任何用"概念"顶替"名"的诠释都会显得十分别扭。

从逻辑结构功能上看，作为逻辑研究起点的"名"也是词项不是概念。《小取》曰："以名举实，以辞抒意，以说出故"，沈有鼎先生注曰："'辞'，即命题、语句。'辞'所表达的'意'即判断"。作为命题、语句的辞，无疑是"辩"的不可缺少的一种逻辑形式，那么"名"在这形式中担任什么角色呢？沈先生说："名是语言的构成要素"。沈老这里的"语言"无疑是包含了他给"辞"作注中所说的"命题""语句"的，这就是说，"名"也是命题的构成要素。既如是，那就无可辩驳地表明"名"是典型的亚里士多德逻辑中的词项而不是概念，因为，在专门研究词项的《范畴篇》中，亚里士多德就是把词项当成命题构成要素来考察的。正如著名逻辑史家肖尔兹所说："《范畴篇》讲的是在一个'S 是 P'形式的命题中，可以在 S 位置或者在 P 位置出现的东西的类别"。

墨辩逻辑之外，孔、孟的正名逻辑，特别是稷下唯物派的逻辑理论，对战国后期逻辑思想的发展起了关键性的作用。先秦杰出的逻辑思想家荀况，"在认识论和逻辑学方面也受了稷下唯物派和墨家的影响，

---

① 涅尔：《逻辑学的发展》，商务印书馆 1986 年版，第 35 页。

把孔、孟的先验论改造为唯物论的反映论；孔孟的以名正实的唯心的名实观，已改为依实定名的唯物的名实观"。[①] 由此看来，对荀子的逻辑理论略作考察，对于进一步明确先秦名学之研究起点不无裨益。

《正名》是荀子的逻辑专著，其中的"名"同样应理解为词项。荀子曰："名也者，所以期累实也。辞也者，兼异实之名以论一意也"。有的学者指出："荀子这里所说的名，相当于概念"。其实，只要联系前后文，不难看出"名"是词项不是概念。前文说："名闻而实喻，名之用也。累而成文，名之丽也"。累，积累之意，累而成文是指积累名词以成文辞（即命题、语句），显然"名"即是词项意义下之名，正如没有词项无所谓命题一样，没有"名"则无以成文辞。结合"辞"来理解、认识"名"，最容易显示"名"的逻辑结构功能，是"名即词项"观点的最好说明。

四

先秦名学以词项意义下的名为逻辑起点进行研究，很有特色。首先，它把"名"当作思想交际符号来研究。这一点似乎简单得不足言说，然而其重要性却并非尽人皆知。我们认为，不夸张地说，就其旗帜鲜明地从符号的角度看待并研究词项这一特征而言，足以使被称为西方逻辑之父的亚里士多德黯然失色。研究者认为，亚氏的《范畴篇》是关于词项研究的逻辑论文。在该文中，亚氏却以较为随意的态度对待词项的符号特征。虽然他经常直接用到"词项"这一术语，但并没有指出词项本身就是语符与"范畴"的融合体，而是不自觉地将词项与范畴混同。先秦名学则不然，它不像亚里士多德那样含混，而是一针见血地指

---

① 温公颐：《先秦逻辑史》，上海人民出版社 1983 年版，第 287 页。

出名具有符号性，名是符号与内容的统一体，公孙龙曰："夫名，实谓也。知此之非此也，知此之不在此也，则不谓也；知彼之非彼也，知彼之不在彼也，则不谓也。"《墨经》曰"以名举实"等等，都明显体现出这一点。

其次，先秦名学研究名并没有忽视名的语义研究。现代逻辑认为，语形、语义、语用是逻辑研究的三大领域。名的语义问题，先秦名学十分重视。

公孙龙在《指物论》一文中对"物"与"指"的考察就是如此。他说："天下无指而物不可谓指者，非有非指也。非有非指者，物莫非指也。物莫非指者，而指非指也"。何谓指？何谓物？"指也者，天下之所无也；物也者，天下之所有也。以天下之所有为天下之所无，未可。"公孙龙还说："天下无物，谁径谓指"。由是观之，在公孙龙看来，"指"不是客观存在的，而"物"则是客观存在的；"物"是"有"，"指"是"无"，"有"不等于"无"，凡"物"皆可指，除非天下没有物的存在，才没有"指"的称谓。按现代词项语义学的话说，公孙龙显然认为，"指"必定有指称的内容，并且内容可以指谓。

再次，或许这是决定先秦名学的逻辑特性的根本依据，那就是它始终不忘"名"的结构意义。在先秦名学中，往往不是纯粹孤立地考察名，而是像亚里士多德逻辑一样把名（词项）作为命题的基本成分来认识的。正因为如此，所以它强调"以辞抒意""兼异实之名以论一意"。

五

研究逻辑史是为了借鉴历史成果以丰富现代逻辑理论，粗略地从先秦名学中分析发现，其逻辑研究起点是词项。从"夫名，实谓也"，"物莫非指也"到"辞也者，兼异实之名以论一意"的精辟陈述，不仅为我们认识"名"的真正面目提供了直接证据，使我们有理由说，先秦名学之"名"就是辞（即命题）的构成要素，从而揭示它与亚里士多德逻辑中"词项"的一致性，而且还预示了先秦逻辑研究"名"的基本逻辑倾向和主要方式——即符号学倾向和结构分析的方式。把"名"看成是符号与内容的统一体而不视其为纯内在的心理因素，并详细分析其语义特征，从而进一步把握将名"累而成文"的结构联系以及"以类取，以类行"的逻辑规律，这一切都充分表明先秦名学之把"名"当作词项不是对认识论内容的偶然超脱，而是逻辑"回避"心理，"偏爱"形式，"偏爱"结构，偏爱为人类思维寻找正确的形式规范的性质决定的。

基于上述情况，我们认为现今逻辑应借鉴先秦名学，把词项作为研究起点，并领会其词项研究的基本特色、主要倾向和方式，从词项的符号特性、语义特性等入手，总结其建构命题和推导命题的逻辑规律，从而建立起完整的尽可能排除心理直观性和认识论内容的较为科学的逻辑体系。

（《逻辑》1988 年第 6 期）

论逻辑对象与逻辑科学

形式逻辑研究对象是命题形式，逻辑学就是总结概括命题形式特性所形成的理论体系。

一

思维活动目的自身要求有一种研究命题形式的科学。思维是一种理性活动。理性活动的进行依赖于多方面的条件。如思维载体、经验材料、间接知识、思维方法等等，无论思维活动过程多么复杂，其目的只有一个，那就是形成一种关于事物的确定的思想。任何一种确定的思想，其形成途径不外乎两个方面：一是在直接经验材料的基础上形成，如：太阳红，火烫手；二是在间接知识基础上形成，如："凡人皆有死，苏格拉底是人"都是间接知识，由此可以得到新的思想——"苏格拉底有死"。在直接经验材料基础上形成的思想要采用怎样的命题形式才能确切地表现出来，这就得了解命题形式的断定能力；在间接知识基础上如何能获得新思想，这又得认识命题形式的"生产"功能。可见，要顺利达到思维目的，就必须有相应的专门研究命题形式、总结概括命题形式特性的科学为之提供理论指导。

逻辑学的学科目的规定了逻辑学必须担负起研究命题形式的重任。泛泛说来，逻辑学是研究思维的科学，然而这并没有充分反映逻辑学科的特性，心理学、哲学等其他科学同样研究思维。怎样体现逻辑学与其他学科的区别呢？其决定因素主要在于这门学科创立的目的与其他学科有别。逻辑学的目的在于为人类思维提供正确的规范。思维规范既包括对表达思想（作出命题）的规范又包括对导出思想（导出命题）的规范，而思想的表达与导出始终必须凭借命题形式才得以实现，自然地命题形式的规范就成了思维规范的重要途径。因此，逻辑学要达到自身目的就必须着眼于命题形式的研究。

二

逻辑之研究命题形式就是要总结概括命题形式特性。命题形式有两大特性：

第一，断定性：

①一切科学理论研究都是为实践服务的。

②广东在长江以南。

③如果地球会飞，那么地球存在。

④人们或者赞成改革，或者反对改革。

以上命题或断定性质或断定关系，或断定条件，或断定可能性，内容不同，形式各异，却体现了一个共同的特点，即断定性。命题的断定性与人类思维联系极为密切，它直接表现着人们的断定目的。命题形式不同表现的断定目的也不同，要反映事物的性质，就要选择直言命题形式，要断定事物之间的关系就要采用关系命题形式，要揭示事物情况的条件联系，就要运用假言命题形式。

对命题形式的断定性认识不清，势必影响思维的正确性。即使人们在实践中认识了"金属"和"固体"在外延上具有交叉关系，但如果采用"SAP"命题形式予以断定却是错误的。"◇P"具有反映人们对事物可能性的认识之断定性，拿它断定"患肺炎"与"发烧"的联系就不妥了。

第二，生成性：

由一个或多个命题，经过合理的转换或组合，可以从中导出新命题，这种特性就是命题的生成性。命题的生成性表现在两个方面：

1. 自身生成性。自身生成性就是由单一命题本身，经过主谓项交换或支命题的变化或量的增减等导出新命题的特性。例如：

①有些党员是科学家。经主谓交换得：有些科学家是党员。

②有烟则有火。经支变化得：无火则无烟。

③所有文学家都是有知识的。经量减少得：有些文学家是有知识的。

考察命题生成规律的目的在于挖掘原命题的隐含意义。什么样的命题蕴涵什么意义以及多少种意义，完全依赖命题形式的生成性显露出来。

2. 结合生成性。结合生成性是指由一系列命题形式，经过类与类或命题与命题有规律的组合生成新命题的特性。假如有如下命题系列：

①没有小学生喜欢华尔兹。没有演员不喜欢华尔兹。A校学生都是小学生。

②如果甲队获胜则乙队或丙队得第二名，若乙队获得第二名则甲队不会获胜。要是丁队得第二名则丙队不会获胜。

从上述命题出发只要经过合理的形式组合就能得到新命题。命题系列①，经过命题内部类与类的组合得到新命题：A 校学生都不喜欢华尔兹。命题系列②，经过命题与命题之间的组合得到新命题：如果甲队获胜则丙队不会获得第二名。

像命题形式的断定性一样，无论命题形式的自身生成性还是结合生成性都制约着思维的正确性。不认清断定性就不能准确表达思想、传递信息、实现交流；不了解生成性则不能合符逻辑地导出一些新思想，获得关于事物的新认识。为有效地指导人类合乎规范地思维，逻辑研究命题形式不仅要研究其断定性，更要把握其生成性。

三

关于逻辑研究对象，国内读本至少有 30 种不尽相同的表述（陈康扬《形式逻辑教学参考资料》），国外逻辑界也众说纷纭。一种较流行的说法是"逻辑是关于推理的科学"。尽管赞同者不少，我们认为并不很妥当。

这是因为推理说不能完全突出体现逻辑学对人类思维的指导作用。人类思维是探求关于事物的确定思想的智力活动，逻辑学是直接为实现逻辑思维目标服务的，它把指导人类正确地合符规范地思维作为最大目标和根本目的。因此它必须既能指导人们选择恰当的命题形式表达确定的思想——即作出命题，又能指导人们从单个或多个命题出发求得新思想——即导出命题。推理说能否突出这种指导作用呢？我们表示怀疑。关于推理，有动态的和静态的两种解释。从静态方面说，推理是前提和结论（即已知命题和导出的新命题）组合起来的整体形式，如 MAP，SAM，所以 SAP。这样看来，仅仅只有已知命题而没有结论就根本称不上推理。如果说逻辑研究的就是静态意义下的推理其本事就太小了。

人们因此会说，这样的逻辑不必学习，因为不包含结论的已知命题它不研究，有了结论以后再叫人们倒回去学习推理，却不能指导人们获取新思想（新命题），而只能教导人们检验现成的思维结果。

比方，人们已经得到这样一些信息："如果合同是有效的，则 A 公司应受惩罚。如果银行给 A 公司贷款，它就不会破产。如果 A 公司受到惩罚那么它就面临破产。事实上银行给 A 公司贷了款并且合同有效。"此四命题只是已知的间接知识，不是静态意义下的推理，"静态推理说"的主张者必然会置之不理。然而人类思维却不能回避它。实践证明，只要是一系列已知命题思维就有兴趣同它发生联系，考察它们内部蕴涵怎样的新命题，从而达到新的认识目的。作为真正的逻辑，其学科目的决定它不仅不能回避上述既定命题，而且还要指导人们根据命题之生成规律从中正确地导出隐藏的新思想（新命题）。静态推理说根本回避这类现象，显然它不具有这种指导作用。

从动态方面说，推理就是由命题导出新命题。末木刚博教授说："推理就是从命题引出命题"。很明显，"动态推理说"不是关于现成推理模式的描述分析与评价，而在于构造推理模式的过程、规律、规则之研究，可以说这种研究就是关于已知命题生成性的研究。生成性是命题形式特性的一大重要方面，固然要研究，但"动态推理说"把它当成逻辑唯一的至高无上、统贯一切的内容而忽视命题形式断定性在逻辑中的地位，不能不说是失之偏颇。

有人解释，逻辑是研究推理的科学，词项与命题之研究足为推理研究服务的。我们认为，这混淆了词项、命题、推理三者的逻辑关系。

道理很简单。首先，与其说词项研究是为推理（或命题）研究服务，不如说词项研究就是命题研究的一部分，因为离开命题就无所谓词项。国外研究者早已指出，在形式逻辑中，"词项是由命题分解出来的既是陈述的又是被陈述的东西"。在"苏格拉底是一个人"命题中，"苏格拉底""人"是词项。离开命题，它仍只是词，是符号而不叫词项。

其次，与其说研究命题为研究推理服务，不如说推理研究就是关于命题的研究。这里的推理指动态意义下的推理。前面分析表明，动态推理的研究就是已知命题内部生成规律的考察。基于此，我们认为逻辑中的一些推理规则不如叫"命题导出规则"更合适，如三段论中"两个否定的命题不能得出结论"的规则，十分清楚地表明是对已知命题生成性规律的抽象，是最典型的"命题导出的规则"。至于静态推理的研究应该说是逻辑应用的研究，静态推理形式是命题生成理论的检验对象。

美国符号学的创立者、哲学家皮尔士指出："逻辑学在一般意义上只是符号学的别名。"这当然不无道理（例如命题就是按一定逻辑规则组合的符号序列），但过于宽泛。亚里士多德说过："口语是心灵的符号，书面语言是口语的符号。"从这个意义上说，逻辑学不就成了语言学吗？符号学在英语中常用 Semiology 和 Semiotics 表示，出于对索绪尔的尊敬，欧洲人爱用前者，出于对皮尔士的尊敬，操英语的喜欢使用后者。索绪尔说过："我们可以设想有一门研究社会中符号生命的科学，它将是社会心理学的一部分，因而也是整个心理学的一部分。我将把它叫作符号学（Semiology，来自希腊语 Semeion'符号'）。符号学将表明符号是由什么构成，符号是受什么规律支配。"皮尔士认为符号是"某种对某人来说在某一方面或以某种能力代表某一事物的东西"。皮尔士的复杂的符号理论表明："任何事物只要它独立存在，并和另一事物有联系，而且可以被'解释'，那么它的功能就是符号。"在皮尔士看来，逻辑独立于推理和事实而存在，它的基本原则不是公理而是"定义和划分"，而这些最终来自符号的性质和功能，所以就可把逻辑看作"关于符号的一般必然规律的科学。"比较而言，索绪尔的符号学构想并没有突出逻辑的地位，皮尔士则十分关心逻辑，但从上述引言中不难看出他的逻辑观虽然说服了康德为代表的"强心理主义"倾向，却没有给出逻辑在整个符号系统中的恰当席位，未能充分揭示逻辑的个性。

到此，我们仍有理由说无论认为逻辑是关于推理的科学，还是主张以推理为主，词项、命题为之服务，甚或坚持逻辑是关于符号的学说，都是欠妥的。

四

逻辑学是一门古老的科学，两千多年来，无论其内容怎样增减删改都没有脱离研究命题形式、总结概括命题形式特性这个焦点。

古希腊亚里士多德，人们公认他为形式逻辑之父，尽管有的逻辑史家说他的研究几乎涉及到现代逻辑的一切方面，但人们还是习惯把他的逻辑称为词项逻辑或谓词逻辑。他是在什么意义上研究词项的呢？肖尔兹在《简明逻辑史》中说亚氏是把词项当成命题的一部分加以研究的。被认为专论词项的《范畴篇》，讲的是在一个"S 是 P"形式的命题中可以在 S 位置或者在 P 位置出现的东西的类别。亚氏对其逻辑体系核心内容三段论之研究，全部工作在于以已知命题的词项为媒介寻找命题的生成性规律。

麦加拉—斯多葛派的注意力基本上集中在命题特性的研究上。第一，从联项入手研究了命题的断定性。今天使用的逻辑联项"如果……那么……""或者""并且"，早在公元前 5 世纪麦加拉学派时就有了深入的研究。麦加拉学派对条件命题的研究可以说比现代普通逻辑研究全面得多。他们研究了费罗蕴涵式、第奥多鲁蕴涵式、联结蕴涵式和包含蕴涵式的不同断定性，并且讨论之热烈达到了惊人的程度。公元前 2 世纪历山大里亚图书馆馆长卡利马查说："就是屋顶上的乌鸦也在呱呱地叫着究竟哪些条件句是真的。他们对悖论与疑难（如'假誓'、'爱勒克特拉'、'有角的人'等）之研究更突出地说明对命题特性研究的重视。"第二，研究了命题的生成性，进而确定了五种论式（注意：应当说五个论式是命题生成性规律研究的结晶、产物，论式本身并不能当成逻辑研究对象）。斯多葛派认为，他们总结的五种论式概括了一切命题导出现象，并指出其他一切推论形式都可归约于其中。

中世纪第一个最有成就的逻辑家阿伯拉尔的一个最突出的贡献是抽象出了性质命题形式结构，认为性质命题可用"A 是 B"表达。在当时能抽象出这样的形式足见他对命题研究的足够重视和颇具有匠心的分析。

被誉为近代逻辑第一个标准体系的王港逻辑也是突出了命题研究之地位的。全书有概念、判断、推理、方法论四大块内容。从英译本看来，其概念部分，"概念""词项""名词""词"几个术语是交错使用的，判断部分则主要是 Proposition（命题）的研究。可见王港逻辑并没有忽视亚里士多德词项纳入命题研究领域的思想。除方法论之外的三大内容客观上并没有抹杀命题形式之统帅地位。

从中国逻辑集成经典《墨经》中可以发现关于命题形式特性之研究也是中国逻辑家注视的重要内容。《小取篇》提出了著名的"辩"的三种形式："以名举实、从辞抒意、以说出故。""以名举实"大体相当于词项问题，"以辞抒意"明显强调的是命题断定性："以说出故"讲的是通过说明来明确根据、理由，有学者将它与推理对应，这都说明命题断定性与生成性在我国古代逻辑著作中就受到了重视。

中国逻辑史上的"白马"之辨与矛盾之说，讨论的就是典型的命题形式特性问题。"白马非马"运用的命题形式有两种可能性：①"S 不属于 P"；②"S 不等于 P"。命题形式不同其断定性也不同。形式①断定 S 的元素不是 P 的元素即白马都不是马。形式②断定 S 的元素与 P 的元素不相等，即白马不等于马。分析表明，古代"白马非马"之争说到底还是命题形式之争。韩非的矛盾说，逻辑史上一直被认为是关于思维规律的学说。其实应该是韩非提出的命题协调思想。《难一》中，韩非首先端出卖矛与盾者同时作出的两个命题，我的矛能刺穿一切、我的矛不能刺穿一切。然后敏锐地将两个命题合在一起反问卖矛与盾者，结果是"其人弗能应也"。这就用生动巧妙的方式告诉人们，一对矛盾命题结合（构成联言命题）是不协调的，用韩非的话说，这样的命题"不可同世而立"。

数理逻辑的产生与发展能从另一侧面帮助我们理解逻辑研究对象与逻辑科学。亚里士多德的庞大的逻辑系统是结合着自然语言来研究命题的断定性和生成性的，德奥弗拉斯特、欧布里德、费罗等的逻辑研究越来越趋向抛弃语言学内容而把注意力集中在命题形式特性上。这种趋势预示着纯粹命题形式研究的科学之产生。霍布斯认为，思维是一些特殊的数学推演的总和，逻辑学研究的就是名词名称和三段论的运算。莱布尼兹天才地发现了这种趋势，提出了通用语言的思想。他预言，通用语言完善之后，发生争论的双方可以在算盘面前坐下来，说"让我们来计算一下吧！"不难发现，莱布尼兹认为命题的组合能产生什么思想，完全依赖命题自身的特性，将命题形式化符号化以后，仅仅由机器就能据命题形式的特性导出一定的新命题，在这种导出关系面前，任何主观的臆想都是无用的。后来经塔尔斯基和德摩根的研究，到布尔时，莱布尼兹的设想开始变成了现实，一门研究命题特性的科学以纯形式的面貌出现了——从此数理逻辑产生。

从研究对象说，数理逻辑与传统逻辑基本相同。如果说要寻找二者差异的话，那只是数理逻辑表现出一种"纯粹"性，即纯粹地研究命题的特性。而形式逻辑并不那么单纯，它或多或少研究了命题形式特性以外的内容，如语词如何表达概念之类。研究对象基本相同并不等于全同。研究方法、程度与目的的差别，规定着同一范畴下的不同层次的学科自成体系、各奔前程。数理逻辑采用的是数学方法，运用的是符号语言。传统逻辑则基本上采用自然语言描述的方法。数理逻辑以解决科技领域程度较深的逻辑问题为宗旨，而传统逻辑则以指导人类普通思维为目的。

从表现形式上看，数理逻辑之研究对象是传统逻辑研究对象的明朗化、符号化。传统逻辑是断定性的。以"小李去"和"小张去"为例，将其引入不同的联项就得到不同的命题形式，反映出不同的断定性。

①小李去并且小张去＝断定：二者都去。

②李去或者张去＝断定：可去一人，也可都去。

③李去则张去＝断定：李去张一定去。

④当且仅当李去，张才去＝断定：李去张一定去，李不去张一定不去。

对于这些命题形式，数理逻辑则分别符号化为 $p \wedge q$，$p \vee q$，$p \rightarrow q$，$p \leftrightarrow q$，这些符号形式表达的断定性仍然与传统逻辑理解的相同。

综上所述，思维的目的是为了获得确定的思想，确定思想的表现形式是命题形式。命题形式本身的特性制约着思维的正确性，以寻找思维正确规范为目标的逻辑学必须把命题形式作为研究对象从而形成相应的理论体系。漫长的逻辑变迁史也证明了这一点。

词项研究只是命题研究的一部分，动态推理的研究就是对已知命题生成性的研究，它同样属于命题形式的一部分。静态推理只是逻辑中命题生成原理验证的对象，属于逻辑应用范畴。国外的"符号说"不无道理，但过于宽泛，不能突出逻辑学的个性。因此，构成逻辑研究对象的归根到底是命题形式，总结概括命题形式自身特性及其命题形式之间的关系而形成的理论系统就是逻辑学。

（《湘潭师范学院学报》1989 年第 2 期）

逻辑的范围

科学的范围是科学哲学的问题：哪些知识领域（或"知识"）可以视为科学呢？例如，应将炼金术、占星术、社会学或者心理学视为真正的科学吗？凭什么来包括或排除一个给定的研究领域？类似地，逻辑的范围是逻辑哲学的问题，因此逻辑哲学的范围问题也是逻辑哲学问题，它包括：逻辑是什么？哪些形式系统是逻辑系统？是什么使得它们如此？

由于我必须在某个地方开始叙述，因此，我理所当然地要给出一个什么是一种形式系统的直观概念。但是，当我谈到各种形式逻辑时，我将指出我所认为的形式系统有哪些。

首先，区分经解释的和未经解释的形式系统是必要的：一个未经解释的形式系统只是一群符号，因此宁可把它看作一种数学或物理理论的形式，而不可把它等同于一种形式逻辑。我认为，一种形式系统有资格成为一种逻辑就靠它有一种解释，可以根据这种解释来明白它力图体现的有效推论的规则：例如，我把多值逻辑看作逻辑，就是因为它们有一些解释，这些解释把它们的值解释为"真值"，它们的变项解释为命题，运算符解释为否定、合取等等。（它们还有其它的解释，例如，在电子线路中的解释，逻辑解释和电子解释的同型性与计算机的工作方式有关。）因此，在谈到作为逻辑的不同形式系统时，我将默认它们通常的解释。

在决定把哪些形式系统作为逻辑时，我暂且采取对任何可疑处都作善意解释的优待方针（然而，以后我将多少注意讨论一下为什么我包括了应当排除的系统）。采取这种方针的一个理由是，当人们应当严肃地询问一个形式系统是好的还是有用的系统时，它会减少把一个形式系统当作"非真实的一种逻辑"而加以排除的危险。例如，奎因认为二阶谓词演算束缚于一种抽象的内涵的客体（性质）的本体论，因而将它排除，我担心他也许已经陷入了这种危险。（类似地，对于规定某物为艺术品的定义，我总是怀疑那些助长回避劣等艺术品问题的定义。）不管怎样，我认为形式逻辑应当包括下面这些：

"传统的"逻辑——亚里士多德三段论

"古典的"逻辑——二值命题演算

谓词演算

"扩展的"逻辑——模态逻辑

时态逻辑

规范逻辑

认知逻辑

择优逻辑

祈使逻辑

问句（疑问）逻辑

"异构"逻辑——多值逻辑

直觉主义逻辑

量子逻辑

自由逻辑

"归纳"逻辑

我的目的是要把形式逻辑与（比如说）算术或几何的系统或者生物学、物理学等等学科的公理化区分开来。这种区分并不根据任何关于"逻辑的本质特性"的深奥思想，实际上，我怀疑有任何这样的本质特性。然而这种区分并不完全是随意的。我希望，逻辑哲学的著作者谈到逻辑时，这种区分会合理地与他们通常的看法相一致。这种区分至少有如下实用的基本理由。

如果有什么可视为逻辑的话，那些被视为"标准的"或"古典的"逻辑的形式系统（以及课堂上所教的初等形式逻辑）必须当然地视为逻辑。因此，承认那些与此相似的形式系统也为逻辑，这似乎是适宜的。在这些"相似的"系统中我包括：古典逻辑的扩展系统，即加入了新的逻辑词汇（模态逻辑中的"必然"和"可能"，时态逻辑中的"过去经常"和"将要"，规范逻辑中的"应当"和"可以"，认知逻辑中的"知道"和"相信"，择优逻辑中的"宁要"）以及为新的词汇所引进的新公理或规则，或者将普通的逻辑算子应用于不同的语句（祈使的或疑问的语句）；古典逻辑的叛逆，即那些词汇相同但公理和规则不同的（通常是带有更多限制的）系统；归纳逻辑，它的目的在于将一个类似于但又弱于逻辑结论的支持概念形式化。它们与古典逻辑的相似不只是形式上的相似，而且在目的和预期的解释上也相似，这使得把这些系统看作逻辑是自然的。（相替代地，我也可以从传统的亚里士多德逻辑开始，现代"古典"逻辑只是它的一个扩展，并且以一种相似的类推过程从那里发生。）

然而，一个系统同古典逻辑充分相似，这种观念显然是相当含糊的。人们可以合理地考虑，逻辑的范围是否可以用某些不太实用但更精确的方式来予以确定。

逻辑与论证本身的有效性有关，也就是说，不考虑它们的题材，如赖尔简要提出的，逻辑是"中性论题"的，这种传统的观点被认为提供了一个原则，据此可以确定逻辑的范围。根据这种解释，那些可用来进行推理而不顾它的内容的系统就被当作逻辑。这种观点是我赞同的，尽管我怀疑它是否确实比我开始所采取的同古典逻辑进行类比的观点更准确一些。首先，说一个形式系统"可应用于"这样和那样的内容的推理，它的意思是什么呢？假设它的原则预定要适用于这样的推理，那么，对于"不管内容"人们应该如何理解呢？可以这样想，虽然语句演算和谓词演算与内容无关，但是，例如算术，因为它专门研究关于数的问题，所以并不是"中性论题"；然而这引起了一些有关"关于"的难以对付的问题。（一阶谓词演算是"关于个体"的吗？）还可以设想，逻辑之应用于推论而不管它的题材，是因为它跟论证的形式有关，而不是跟它们的内容有关。再者，我认为虽然这种观点仍是不精确的，但还是有益的。人们怎样去区分一个论证的形式和内容呢？时态逻辑适用于有时态的语句，祈使逻辑适用于祈使句，一个语句的时态或语气，宁可被看作一种形式的东西而不看作是内容，这是不难相信的；但在其他场合则不那么简单。例如，一个句子中表达的信念是形式的东西，而语句中表达的数却是内容的东西。在弄清这点之前，形式的概念通常要使之精确。

然而，中性论题思想的含糊和所叙述的形式与内容之间的区别不一定要不得。正如我所说的，我怀疑逻辑有一种正确而特殊的"本质特性"。例如，当我断定模态逻辑类似古典逻辑而足以包括在逻辑的范围之内时，我正暗暗地相信这一观点，即副词"必然"和"可能"是中性论题，因而足以被看作"新逻辑词汇"。因此，中性论题的概念确实有助于加强人们关于形式系统同古典逻辑确切类似的直观知识。把逻辑与其他形式系统划界区分，这在一些场合比在另一些场合更可怀疑和更富于争辩性，明确这一点也是重要的。例如，一些数学理论，尤其是集合论，应用得非常普遍，似乎对逻辑有一种强大的吸引力；虽然就内容而言，认知逻辑或择优逻辑比标准的逻辑形式似乎更为明显，但完全没有一种要将它们包括在逻辑范围内的强烈要求。简言之，人们越承认一种"数学的"形式，这种"数学的"形式的应用就越普遍；越否认一种"逻辑的"形式，这种"逻辑的"形式的应用就越不普遍。可见，中性论题完全是含混的。

这些观点在下面将证明是重要的。当我讨论一个论证的有效性依赖于它的形式这一问题时，形式与内容之间的区别将得到某种更仔细的考察；在第十二章解决逻辑中的一元论对于多元论的问题，即是否可以说有一种正确的逻辑，或不同的逻辑能否各属于不同的研究领域时，逻辑在本质上是中性论题的观点将与此有关。

有时，人们建议用一种纯形式的元逻辑的标准将逻辑系统同其他形式系统区分开。例如，涅尔极力主张，在逻辑范围内只允许有完全的系统。采用这一标准的结果通常会限制我的宽容的逻辑图表；由于二阶谓词演算在通常意义上是不完全的，因此根据这些标准，它要被排除于逻辑范围之外。这种意见具有精确的优点；可是人们有权提出问题，它能提出什么来证明：为什么完全性应该作为一个系统是一种逻辑的标准？涅尔这样予以论证：一种理论是不完全的这一事实表明，它的基本概念不能完全形式化，鉴于逻辑固有的形式特征，将这样的理论从逻辑范围内排除出去，是理所当然的。因此有趣的是，涅尔提出把完全性作为一个系统是"纯形式的"标准，这样，他把完全性的精确思想同中性论题的含混观念联结在一起了。然而，我担心涅尔的论证可能依赖于"形式的"这一语词的多义性：集合论的不完全性表明，它的基本概念（隶属关系）不是"形式的"，简言之，即那种概念不能为一组公理与规则完全地刻画其特征，（这组公理与规则导出在本质上涉及那种概念的所有真命题）：在这样一种概念属于论证的形式而不是属于论证的内容的意义上，为什么人们应该把它看作不是"形式的"，这是不明晰的。

我的感觉是，追求一种有合适动机的形式标准并非很有希望。另一个例子支持这种预感。如果人们特别强调逻辑作为推理的准则、评价日常论证的手段的作用，人们也许就会明白有某种必要来要求逻辑系统是可判定的，也就是：有一个机械的程序来确定一个公式是否为一定理。但是这的确会非常严厉地限制逻辑的范围，因为虽然语句演算是可判定的，但谓词演算却是不可判定的。

值得注意的是，实际上各种非标准"逻辑"有时被人们以它根本就不是一种真正逻辑为理由而受到批评。这使人怀疑，逻辑范围的狭义的观点可能掩盖着一种保守性（这种保守性如若显露出来，就会受到质疑）。

不过，考察为排除我根据对怀疑作善意解释的原则所包括的系统而作的一些论证，结果也许是有益的。杜梅特极力主张认知"逻辑"不是真正的逻辑，因为相信和知道是根深蒂固的含混观念。实际上，促使逻辑形成的一个重要因素始终是增加精确性，因而逻辑学家在选择常项时通常要避免含混性。虽然含混性是否完全使某个概念不能在逻辑中应用还是较为有问题的。当然，逻辑学家对"并非""并且""或者""如果"的处理已经包括对非形式的否定、合取等等的全面整理。我认为，问题不简单地在于"知道"和"相信"是否是含混的，而在于它们的含混性是否根深蒂固，这就是说，它们是否抵制系统化。必须承认，在文献中出现的认知逻辑是有些令人失望的，对此杜梅特提出一个值得注意的推理：如果 s 相信 p，并且由 p 推出 q，则 s 相信 q，人们容易由此发现一个公理。普通的含混的相信概念，即以相应的逻辑代词来取代的概念，也许可以称为"合理的相信"，虽然它允许构造一个有趣的形式系统，但却非常严格地限制着它同关于相信的日常论证的联系。

再者，其他一些人，例如列斯尼耶夫斯基曾经提出，多值系统的确不应该视为逻辑。事实上，有些多值系统是在纯形式的兴趣之外，即为计算机技术而进行设计和研究的；但同样确实而又重要的是，卢卡西维茨和波赫瓦等先驱者非常明确地把多值系统视为取代古典系统的现代逻辑系统。我仍然承认，一个形式系统成为逻辑是依赖于它有某种确定的解释；排除多值系统的一个可能的理由是，在真值或者也许是真值承担者的理论中，它们需要非常根本的变化，以至于不能充分地类似于古典二值逻辑。人们所作的这种论证有多大的分量，显然依赖于人们相信多值对真值概念的影响有多重要。

对于有关认知系统和多值系统的逻辑地位的怀疑，我都作了善意的解释。然而，在每一种情形中，所提出的怀疑都依赖于对我们承认的关系的考虑：就对认知逻辑的怀疑而言，是根据于排除新算子含混性的困难的考虑；就对多值逻辑的怀疑而言，是根据对新值给予一个合理解释的困难的考虑，这些考虑的关键是致力于解决认知或多值"逻辑"在目的和解释方面同古典逻辑类似的强度问题。虽然我倾向于承认这些系统是逻辑，当然同时也要对它们取代古典逻辑的可信性予以严格的检查。这种宽容将有助于消除类比古典系统来刻画逻辑的过程中的任何先天保守性。

人们可能会合理地问道，如何精确地规定逻辑的范围，这究竟会产生什么样的区别？有时，这个问题曾被认为是一个具有决定性的哲学理论，逻辑主义的情况就提供了一个有趣的例子。

逻辑主义是这样一种理论（由莱布尼茨提出，弗雷格详细地发展），认为算术能够归约于逻辑；这就是说，算术的陈述能由纯逻辑术语表达，并且算术定理能够从纯逻辑的公理中推导出来。这种理论的真或假，将部分依赖于人们允许什么为"纯逻辑"的东西。它将特别关系到人们是否会允许集合论或二阶谓词演算（在这方面它的效力是比得上的）属于逻辑；因为算术确实不能归约于一阶逻辑。表面上看，从一阶量化（如"$(x)(Fx \rightarrow Fx)$"）到二阶量化（如"$(F)(x)(Fx \rightarrow Fx)$"）的步骤似乎相当简单而且十分自然，正如雷格所认为的那样。但由于多种原因，有人极力主张，二阶谓词演算不应该被视为属于逻辑，相反，与其说它是逻辑理论不如说它是数学理论。如我所注意到的，完全性的检验将把它排除于逻辑之外；因为二阶谓词的超本体的约束，奎因反对将它包括在逻辑之内。（然而，对于以完全性作为评判一个系统是否属于逻辑的标准有保留，我已经阐明了理由。）

因此，这种情形表明：一种哲学理论的命运似乎依赖于逻辑的分界。如果二阶"逻辑"是逻辑，那么算术就能归约于逻辑，如果不是，那么算术就不能归约于逻辑。但是想到逻辑主义的真值竟会依赖于这样一个语用问题，如我已经阐明的逻辑范围问题一样，这难道不令人深感失望吗？我认为不会，只要人们稍微深入一步，问一下为什么应当把算术是否真正为纯逻辑的看得那么重要就行了。似乎逻辑范围是关键的，这一问题的提出把一个真正的重要问题弄模糊了，至少在我看来似乎是如此。为什么弗雷格认为表明算术可以归约于逻辑是重要的？逻辑主义的动机至少部分是认识论的；弗雷格认为，逻辑原则是自明的，因此，如果算术规则能被表明是从逻辑原则推导出来的，那么它们就被表明在认识论上是可靠的，这就是说，它们是通过联结而得到确立的。然而，事实上，弗雷格的逻辑（或"逻辑"）是不协调的——罗素悖论能从中推导出来。对于不协调性的发现，弗雷格的回答是，他承认自己过去从来没有真正想到有关的公理像其他公理一样是十分自明的——这一点也许较好地诱发对自明概念的有益的怀疑。可是，这一叙述对当前事情有关的实质是：既然弗雷格的基础（逻辑的或非逻辑的）没有他所认为的认识论的地位，因此不论逻辑界限如何划定，他的纲领中的认识论观点都要被抛弃。

现在至少有一个问题应当是十分清楚的了：是否应将一个形式系统视为逻辑，这本身就是一个包含相当深奥而困难的哲学论点的问题。逻辑中哲学问题的普遍性在开始时就是明确的，这确实很有好处。由于形式逻辑具有非常严密这样一个主要优点，它也容易出现一种权威的神气，好像逻辑凌驾于哲学审察之上，这也是为什么我要强调逻辑系统的多样性的理由，因为在决定二者择其一时，人们常常不能不受形而上学和认识论偏见的影响，而这些偏见也许是隐含而不易察觉的。

（苏珊·哈克《逻辑哲学》1978 年英文版，

《哲学译丛》1986 年第 6 期）

逻辑与思维

康德相信亚里士多德逻辑的不可更改性，依赖于这样一种思想：逻辑规则陈述"思维形式"，我们不得不遵照这些规则进行思维。这种思想引起了逻辑与"我们的思考方法"有什么关系的一系列复杂问题。

虽然曾假定逻辑规则为"思维规律"是司空见惯的（布尔，1854），但弗雷格有力的批评如此有影响，以致近来一直很少有人在任何模型或形式方面支持"心理主义"。然而，我猜想，弗雷格反心理主义的论证比现在流行的假定更少决定性，至少某种心理主义的形式似乎更合理。然而，心理主义的全面估价将要求比我能努力作出的关于思维特性的更全面和更成熟的解释。因此，下面的解释并不是很全面的。

人们可以从区别开始进行解释——虽然这种区别是粗略的，但作为三种见解的出发点也许是适用的。

（i）逻辑是心理过程的描述（它描述我们怎么思维，就是说，或许我们必须怎样思维）。

（ii）逻辑是心理过程的规定（它规定我们应该怎样思维）。

（iii）逻辑与心理过程没有关系。

人们可以分别称之为"强心理主义""弱心理主义"和"反心理主

义"。例如：康德差不多坚持（i）的见解；皮尔士坚持（ii）；弗雷格主张（iii）。

下面我将为弱心理主义形式提出一些相当接近皮尔士采用过的论证：逻辑是关于推理的规范。然后我将继续提出一些弱心理主义的标准，一方面与反心理主义比较，另一方面与强心理主义对比。

逻辑主要与论证有关，那么它怎样能够与组成推理的心理过程相关呢？我将在两个阶段解决这个问题。首先给出一个柏拉图主义者的答案，然后给出关于那个答案的唯名论者的解释。之所以这样做，是因为关于逻辑与思维之间的联系柏拉图主义者解释得很清楚；采用唯名论者的说法给以解释，虽然比较复杂，但我想这样做比较合适。

柏拉图主义者的答案：逻辑与论证的有效性与非有效性有关，与前提和结论之间的联系有关；逻辑联系是关于诸如蕴涵或对立之类的命题之间的联系。推理是一个（有几分确定的）心理过程。例如，相信 q 依赖于人们对 p 的相信（由 p 推出 q），也就是说，认识到如果 p 是某种情况，那么 q 也一定是那种情况。相信 p，或怀疑 p 或假定 p，都与命题有确定的联系。因此，逻辑是这个意义上的推理的规范。例如：如果人们从 p 推出 q，那么如果从 p 到 q 的论证是有效的，则这个推断是可靠的，这个推论能保证人们从一个真实的信念出发不会导致一个假的信念。

唯名论者的说法是：S 相信 P 或者怀疑 P 或者假定 P，根据"S"与语句"P"之间的复杂关系基本上能被分析。柏拉图主义者认为一个命题的信念或内涵将被看作为这种分析而采用的一种方便工具。逻辑与论证的有效性有关，这种有效性作为论述的展开和句子的系列被表达出来。并且，柏拉图主义者再次谈到命题之间的联系将被看作一种方便的表达工具。（尤其是，对什么句子将被看作能互相替换，其条件相当复杂）接着，它再一次表明，逻辑是上述被解释的意义方面的推理。

我认为，唯名论者关于弱心理主义的解释比柏拉图主义者更可取。

从弗雷格的反心理主义的论证中可以获得很多理由。

弗雷格的反心理主义的观念是相当复杂的，我将仅仅解释与我已经支持的见解最相关的论证。这个论证是：逻辑与心理过程无关，因为逻辑是客观的和大众的，而心理，按弗雷格的说法，是主观的和个人的。这就是弗雷格如此关心强调一个句子的意义不是一个观念（一个心理存在），而是一个思想（Gedanke：一个抽象对象、一个命题）的原因，因为观念是心理的，所以弗雷格认为，它们必定是个人的，你不能有我的观念正像你不能有我的头痛一样。如果一个句子的意义是个人的心理存在，是弗雷格所指的观念，那么一个人的观念与另一个人的观念之间的联系就是一个秘密。然而命题是大众的，你和我都能"抓住"相同的命题。正因为如此，这就使它能成为客观的公众的知识。

这个论证会被多种理由提出质疑。例如：为什么弗雷格认为每一个心理的东西都是主观的和个人的？这与他过去熟知的心理学是内省的有关系吗？但无论如何，这个论证并不迫使人们用弗雷格假定的方法从心理过程中分离出逻辑来，这是相当清楚的。因为命题的约定将仅仅保证知识的交流，如果命题不仅是客观的而且是可取的，并且如果我们能够"抓住"它们的话。这些恰恰是为弱心理主义论证的柏拉图主义者的解释所要求的。

不过，事实上，对"抓住"它的"思想"，弗雷格没有任何实际的东西来说明减少我们的神秘感。

然而这种神秘感会被人们的注意力所驱散。这种注意力不在观念方面（观念产生一个关于客观性的问题），也不在命题方面（命题产生一个可变性问题），而在于句子。因为一种语言的使用者的言辞仪态是客观的也是易变的。

这就为可取的，正如我主张的，替弱心理主义论证的唯名论者的解释提供了一个理由。

我认为：逻辑是有限制意义的推理的规定。这个限制意义是指：按逻辑规则所作的推论是可靠的。（当然，可靠并不需要一个强制性的解释，人们可以很合理地采用既重要而又有所获益的程序而不要可靠但无意义的程序。）显然在弱心理主义看来，逻辑适合于推理，适合于保持真值存在特性的论证的有效性，但它不是任何意义上的心理产物，这一点很重要。所以，弱心理主义避免了强心理主义的主要难处，也克服了解释逻辑错误的困难：因为，人们一次又一次地无效地争论过，论证的有效性怎样能保持与我们的思维方式相一致？这不是说强心理主义与逻辑错误断然不协调，而是说仅仅通过对这些逻辑错误的解释（例如关于不规则的结果或推理障碍的解释）能使二者一致起来。（康德认为，逻辑错误是没有注意感性在判断方面的影响造成的。）虽然如此，我相信，它与无论什么陈述皆非绝无错误的说法十分和谐一致，支持着弱心理主义优于强心理主义的论证。

不可避免地存在着很多错综复杂的问题，这些问题尚未解答。例如，怎样确切地从推理的心理研究中区分逻辑？（例如，有时假定心理学与逻辑不同是不规范的，甚至心理学在真值方面也是不规范的，这些都不妥当，像可靠和虚幻的感觉条件的心理学研究。）由于认识论与心理学的联系问题，心理主义在逻辑方面通常有什么影响？在理论方面，逻辑必须告诉我们什么？心理主义的结果是（在这点上，乔姆斯基特别声称确定的语法形式是固有的）关于逻辑形式可能用语法形式判定的推测吗？

（借用戴维森的一句短语说）认识到我们将不会做尽工作是有好处的。

（苏珊·哈克《逻辑哲学》1978 年英文版，

《哲学译丛》1990 年第 3 期）

论 量 词

在 PL 系统中，除了将个体语句符号化以外，还可以将整个论证符号化。

弗雷德爱艾丽斯，艾丽斯爱亨利。如果艾丽斯不是一个爱不专一者，那么她就不会既爱亨利又爱弗雷德。弗雷德和亨利是爱不专一者，而艾丽斯却不是。所以艾丽斯不爱弗雷德。

符号化如是进行：

L xy：x 爱 y

Sx：x 是一个爱不专一者。

a：艾丽斯

f：弗雷德

h：亨利

Lfa & Lah

$\sim$Sa$\supset$$\sim$(Lah & Laf)

(Sf & Sh) & $\sim$Sa

$\sim$Laf

在这个符号化的论证中，我们可以把第二个前提看作与表达式"如果并非艾丽斯是一个爱不专一者，那么就不会出现这样的情况：艾丽斯爱亨利并且爱弗雷德"是等值的。

正像采用语句逻辑的任何一种技术处理 SL 系统中的原子语句以确定真值有效性一样，通过处理出现在该论证中的 PL 原子语句则可以表明这个符号化的论证是有效的。这意味着，虽然 PL 系统中这个论证的符号化的确显示其前提和结论的内部结构与出现在 SL 系统中相同论证之符号的前提和结论的内部结构要多一些，但是这增加的结构对于论证的有效性来说并非本质问题。为了说明这一点，我们可以注意如何将同样的英语语言论证在 SL 系统中符号化：

A：弗雷德爱艾丽斯

B：艾丽斯爱亨利

C：艾丽斯是一个爱不专一者

D：艾丽斯爱弗雷德

E：弗雷德是一个爱不专一者

F：亨利是一个爱不专一者

A & B

~C⊃~（B & D）

(E & F) & ~C

~D

这个符号论式是真值函项有效的。

现在假定该论证的第二个前提是每一个爱上一个爱不专一者的人是一个爱不专一者。

这个新的论证也是有效的，但是它不能通过 SL 的技术来表明它的有效性，这是因为在 SL 系统中新的前提不得不被一个单数语句字母符号化。新的论证在 PL 系统中能够被显示其有效性，因为 PL 的确给了我们将量词"所有""每一个""某些"以及"没有一个"组成的句子进行符号化的方法。

给定表达式：

> x 是在那桌子上的那个盒子里。

我们不仅能够形成这样的句子，如：

> 依曼宠爱的响尾蛇在那桌子上的那个盒子里。

而且也可以形成这样的句子，如：

> 某东西是在那张桌子上的那个盒子里。

"依曼宠爱的响尾蛇"是一个确定的摹状词，也因此是一个单独词项，但"某东西"不是一个单独词项。它不是任何事物的名字。"某东西"即不是一个确定摹状词，也全然不是一个描述词。像"某事物""每一事物""某一个""每一个""所有"和"没有一个"这样的词是量词，词项常常用来指明物或人（所有、某些或没有一个）的量具有某性质或确立某种物或某类事物的一些明确的关系。

无条件限制地说，"每一东西"是如此这般，像语句：

> 每一东西都在那桌子上的那个盒子里。

这是一个很强的声言（claim）。声言全体中的每一个东西都在那张桌子上的那个盒子里被找到。这个声言显然是假的。在那张桌子的那个盒子不管可能有多么大，它大概不能包容埃及的金字塔、多瑙河或者土星的卫星。当然，据语境可以隐含地限制该声言为"每一个东西是在那张桌子上的那个盒子里"，例如该语境可以将表述项目明晰为仅仅讨论最近偷盗案之所得，在这种情形里，声言只是：

所有偷盗中的掠夺品在那张桌子上的那个盒子里。

并且很有理由说是真的。

要说"某物"是如此这般（thus-and-so），例如，某物是在那张桌子的那个盒子中，是提出了一个弱的声言。这个声言仅仅主张那个盒子不能是空的，至少有一个东西在那张桌子上的那个盒子里。在 PL 系统中有两个量词符号，颠倒的 A "∀"和背过面的 E "∃"，这些符号在英语中分别对应于"每一个"（every）和"某个"（some）。Bx 被解释为"x 在那桌上的那个盒里"，我们将下句符号化：

某物是在桌上的那个盒里。

则为：

（∃x）Bx
每一个东西在桌上的那个盒里。

则为：

（∀x）Bx

在形成这些 PL 语句过程中，我们不能用一个个体常项代替 Bx 中的 x，而宁可以量词放在 Bx 前面，在第一例中可用"存在"量词，第二例中可用"全称"量词。

一个"量词"由一个左括号，一个量词符号，一个从 w 至 z 的字母（带或不带数字下标）和一个右括号组成。字母 w 至 z（带或不带数字下标）一直用于指称 PL 和英语的谓词，这些字母是 PL 的个体变项。因此，PL 的量词是通过以个体变项取代"(∀-)"和"∃-"空位而生成的表达式。

在 PL 中，个体变项的功用相当于英语中假词项"事物"和许多代名词的功用。(∀x) Bx 在某些接近英语的字面读法是

　　　　每一 x 是在那张桌上的那个盒子里。

我们通过用"东西"和"它"依次替换量词出现的 x，便得到英语，即使是有几分勉强的英语句子：

　　　　每个东西都在桌上的那个盒子里。

更惯用的，我们有

　　　　每个东西在那张桌上的那个盒子里。

这又回到了我们的出发点。"(∃x) Bx"也能被读为如下惯用的英语：

　　　　至少有一个 x，该 x 是在那张桌上的那个盒子里。
　　　　至少有一个东西，它是在那张桌上的那个盒子里。
　　　　有某个东西是在桌上的那个盒子里。

　　某东西在那张桌上的那个盒子里。

　　由英语转化于 PL 系统，并从 PL 语言向英语转化，刚给定的经验准英语短语常常是有用的。为此，我们将规范地使用形式短语。

　　至少有一个 x，这样……x……

进而解释存在量词和形式短语

　　每一 x 是这样……x……

进而理解全称量词。包含一个变元的量词与我们将在短语中使用的变项 x 不同。

　　符号语句（∃x）Bx 和（∀x）Bx 两者均使用个体变元 x，变元就是位子的保持者。只要我们坚持所选择的变项之使用的一惯性就行，至于使用什么变元倒没有关系。如此，"某物是在那张桌上的盒子里"恰好亦可符号化为（∃y）By，（∃z）Bz，（∃w）Bw 或（∃zq）Bzq。这样，用任何一个个体变元代替（∀x）Bx 中 x 的两次出现都将产生 PL 等值语句。

　　现在考虑关于桌上盒中所含之物的另外断言：

　　桌上盒中的某物是危险的。

　　这里所断言的不仅是有"某物"在被谈论的盒中，而且那个盒中存在之物是件危险的东西，这个新断言可以有理由解释为：

　　至少有一个 y，该 y 在桌上的那个盒中，并且 y 是危险的。

如果我们补充

Dx：x 是危险的

作为我们的符号化模式，我们便将此解释符号化为：

（∃y）（By & Dy）

我们在这里将 By & Dy 封入括号内，是因为我们想清楚表明那个 y 是在那个盒子中，正是同一个 y 是危险的。简言之，括号告诉我们，该量词的解释力量或范围扩展到"&"并包括"Dy"。

通过约定，量词进入它特有的范围。如果量词后紧跟有一个左括号"（"，或一个左方括号"["，那么该量词的适用范围便延续到与左相配的右括号"）"或右方括号"]"。如果量词后未跟左括号，那么该量词的范围可以扩展到第一个二元联结词或扩大到该句子的末端，而不管第一个是什么联词。有些例子可以帮助我们弄清这一点。

比较下面两个 PL 语句：

（∀z）（Dz⊃De）
（∀z）Dz⊃De

假定我们的符号化模式是一个早已给出的同一对象：

e：依曼

在这些句子的第一句中量词（∀z）紧跟着左括号，因此量词的范围延伸到相配套的右括号，就是说延伸到句子的末端。但是，第二句量词后未跟左括号，所以那个量词的范围只扩展到第一个二元联结词⊃。因为在第一个语句中，量词的范围包括了整个句子，该语句是"量化"语句。但第二句是一个"真值函项复合式"。PL 中的真值函项复合式语句是这样的：它包含一个真值函项联结词，该联结词不在任何一个量词的辖域之内。量化语句没有主联结词；在一个量化语句中，第一个量词是："主逻辑运符"。在构造 PL 语句的准英语解释中，我们往往通过确定逻辑运符的位置开始。在（∀z）（Dz⊃De）中，主逻辑运符是全称量词（∀z），故，它的解释是：

每一个 z 是这样的：如果 z 是危险的，那么依曼是危险的。

第二句的习惯解释显然是这样的：

如果每一事物是危险的，则依曼是危险的。

并且这无疑是真的（的确，它可以转化为逻辑真）。第一个语句告诉我们，每一事物是这样的：如果它是危险的，那么依曼便如此。这等于说：

如果任一事物是危险的，那么依曼是危险的。

该解释可以是假的。由此可见，改变量词的辖域能够强烈地影响谈论中的语句的所述内容。

有时改变一个量词的辖域，一个 PL 的语句便转化为非语句。看看最早给出的例子：

（∃y）（By & Dy）

由于量词置于自身的范围内，所以这里的 y 的三次出现都在（∃y）的辖域内。但是

$$（∃y）By \& Dy$$

只有前面 y 的两次出现在量词的辖域内。这后一表达式就根本不是一个 PL 语句。为了弄清这一点，我们需要认识"约束"变元和"自由"变元之间的区别。

一个个体变元的出现是"约束的"，当且仅当它是在含有该变元的量词之辖域内，一个变元的出现是自由的，当且仅当它不是约束的。

在（∃y）∧（By \& Dy）中，y 的全部三次出现都是约束的，前一个它出现在（∃y）量词内，后两个它们出现在含"y"形成的量词即（∃y）的辖域之内。另一方面，在（∃y）By \& Dy 中，y 的前两次出现是约束的，而后一个出现是自由的。

$$\sim Lza \& （∀z）Laz$$

其中，z 的后两次出现是约束的，前一个却不是，因为第一次的 z 不在 ∀z 的辖域内。

$$（∃x）（Fx \lor \sim Gxz）$$

句中 x 的全部三次出现是约束的，z 的一次出现则是自由的。

当某个变元在某公式中自由出现时，我们说那个变元自身（及它的出现）在那个公式中是自由的。由此（∀x）Fxy \& Fzy 所含的 y 和 z 是自由变元。更明确地说，该公式包含变元 y 的两次自由出现和变元 z 的一次自由出现。除了含有一个或多个变元自由出现的表达式是"开语

句"之外，表达式应当是 PL 语句。开语句不是 PL 语句。在表达式（∃y）By & Dy 中，y 出现三次。前两次出现是约束的，后一次出现是自由的。因此，句子（∃y）By & Dy 是一个 PL 的开语句，（∃y）Fxy 和（x）Laz & ～Lza 也是开语句。另一方面，下面所列句子是 PL 语句：

（∀x）（Lxh⊃Lhx）

（∃z）（Lzn & Lhz）

（∀y）Lhy &（∃x）Lxh

伴随 n 个个体变元的 n 元 PL 谓词，例如 Fxyz，视为 PL 的开语句。为指明 PL 谓词存在的解释，我们在符号化解答过程中自始至终在使用开语句。英语句子当然作为句子被符号化，但它不是 PL 的开语句，开语句包含自由变元，而自由变元像代名词一样一直是不确定的。

PL"公式"是 PL 的语句和开语句。由于开语句不是 PL 语句，P⊃Q 形式的开语句就不是 PL 的一个条件语句。尽管如此，我们仍然认为这样的公式是条件式，其他不是 PL 语句的开语句是合取式、析取式、双条件式以及否定式，是正当的。

PL 中有三种语句，并且我们已经看到了每一种实例。

1. 原子语句：它们由 SL 的原子语句和伴随 n 个（没有必要区分）个体常项的 n 元 PL 谓词组成。

2. PL 的真值函项复合语句。

3. 量化语句：量化语句是 PL 语句，它以量词起始，并且量词的辖域涉及整个句子。以存在量词开始的量化语句是一个"存在"量化语句，以全称量词开始的量化语句是一个"全称"量化语句。

通过分析 SL 原子语句和 PL 原子语句，我们可以使每一个 SL 语句成为 PL 语句。

（∃x）（Fx & Gx）
（∀y）（Wy⊃My）

两者都是量化语句。但

（∃x）Gy & Fa
（∀z）（Fz⊃G za∨（∃y）~Gya

都不是量化语句。这后两句是 PL 的真值函项复合句。一个真值函项复合句可以包含构成句式，这些构成句式自身是量化语句，像下列就有两个直接的构成句式：

（∀z）（Fz）G za）∨（∃y）~Gya

再者，真值函项复合句是含有联结词的语句，但联结词不在任何一个量词的辖域内。

A－，E－，I－，O－语句

英语中有四种量化语句是如此具有普遍性以致逻辑学家一贯对它们给予了特别的注意。这些语句被分类为如下形式：

A：每一个如此这般的东西是这样的。
E：没有如此这般的东西是这样的。
I：某些如此这般的东西是这样的。
O：某些如此这般的东西不是这样的。

在前面，我们谈过

桌上那盒中的某物是危险的。

解释为：

至少有一个 y，这个 y 是在那桌子上的那个盒子里，并且 y 是危险的。

然后将这个解释符号化为：

（∃y）（By & Dy）

这个英语句子是一个 I 语句。在 PL 系统中，I 语句具有这样的形式：

（∃x）（P & Q）

这里，x 是 PL 的一个变元，P 和 Q 是 PL 的开语句，其中 x 是自由出现。我们举下句作为 A 语句的例子：

每一在桌上那盒中的东西是危险的。

我们怎样解释和符号化 A 语句呢？我们可试着解释为：

每一 x 是这样的：x 在桌上那盒子里，并且 x 是危险的。

然后符号化为：

$$(\forall x)(Bx \ \& \ Dx)$$

但是，因为这样做有些难以反映存在每一个东西是在桌上的那个盒子里之语义，因此 A 语句宁可符号化为条件句。说每一个如此这般的东西是这样的，正是指：对"每个东西"而言，如果它是如此这般，那么它是那样的（if it is so-and-so then it is a such-and-such）。"每一在那桌上盒中的东西是危险的"的正确解释是这样：

每一 x 是这样的：如果 x 是在桌上盒中，那么 x 是危险的。

正确的符号形式是：

$$(\forall x)(Bx \supset Dx)$$

要注意 PL 全称量化语句关于每个个体（each）和全体中的每一个（every）事物情况的断定。在当前的实例中，所断定的每个事物（each thing）是：如果它是在那张桌上的那个盒中，那么它是危险的。假定桌上盒中只有危险的东西，该断言便是真的。例如，吉留斯·恺撒是一个被指明的对象，更精确些说，吉留斯·恺撒是这样的：如果他是在桌上的那个盒中，那么他是危险的。这似乎是多余的。但当我们认识到在 PL 中 SL 系统的条件句总能被析取式替代时，存在的疑惑（oddity）便会消失。这里被提到的吉留斯·恺撒是：他或者不是桌上盒中的对象，或者他是危险的，这肯定是真的，因为罗马人一般不是在桌上的盒中。使用 P、Q 和 x 指明，PL 系统中 A 语句的一般形式是：

$$(\forall x)(P \supset Q)$$

E 语句：

桌上那个盒中没有对象是危险的。

可以解释为：

每个 x 是这样的：如果 x 是在桌上那个盒中，那么就不会出现这样的情形，那 x 是危险的。

在 PL 中便可产生：

$$(\forall x)(Bx \supset \sim Dx)$$

P 和 Q 中，x 是自由的。E 语句的一般形式是：

$$(\forall x)(P \supset \sim Q)$$

有些逻辑系统给 A、E 语句以较强的解释。例如，它们把"所有独角兽都有一只角"当作真语句，当且仅当"有"（there are）独角兽"并且"它们中的每一只都有一个角。当且仅当独角兽并且它们中没有一个有翅膀，语句"没有独角兽有翅膀"才被解释为真。但是，当没有东西满足主词时，我们对 A 和 E 语句作解释，这些语句是（微弱的）真。因为，如果没有独角兽，那么表达每一在全域中的 x 是这样的：如果 x 是独角兽那么 x 有一个角，以及每个 x 是这样的：如果 x 是一个独角兽那么 x 没有翅膀，均是微弱的真。确切地说，每个 x 是这样的，或者 x 不是一个独角兽，或者 x 有一个角而没有翅膀，简单地说，因为每个 x 不是一个独角兽。

O－语句，像 I－语句一样，最容易符号化为 PL 存在量化语句：

> 某物在桌上盒中不是危险的。

该语句的解释是：

> 有 x 是这样的：x 在那张桌上的那个盒中，并非 x 是危险的。

符号化为：

> $(\exists x)(Bx \& \sim Dx)$

再假设 x 在 P 和 Q 中是自由的，O－语句的一般形式是：

> $(\exists x)(P \& \sim Q)$

A－，E－，I－，和 O－语句之间关系的某些知识对处理更难一点的符号化问题将是有用的。

先看 A－语句：

> 每一只天鹅都是黑色的。

使用明显的谓词，我们能将它符号化为：

> $(\forall z)(Sz \supset Bz)$

或为：

$$\sim (\exists z)(Sz \& \sim Bz)$$

说每一只天鹅是黑色的，正是说没有任何一只天鹅不是黑色的。第二句是对 O-语句 $(\exists z)(Sz \& \sim Bz)$ 的否定。所以 A-语句总是符号化为相应地 O-语句的否定。也可以这样认为，O-语句不能符号化为 A-语句的否定：

$$\sim (\forall z)(Sz \supset Bz)$$

要断定"有些天鹅不是黑色的"，正是说并非所有天鹅是黑色的。A-语句与相应的 O-语句相矛盾，如果其中一个真，则另一个便假。反之亦然。

类似地，E-语句和对应的 I-语句，其中一个能够被符号化为另一个的否定。要断定 E-语句：

没有天鹅是黑色的。

正是断定并非有天鹅是黑色的，所以 E-语句可以符号化为：

$$(\forall z)(Sz \supset \sim Bz)$$

或符号化为对应的 I-语句的否定，精确地说，可化为：

$$\sim (\exists z)(Sz \& Bz)$$

最后，断定 I-语句：

有天鹅是黑色的。

显然的一个说法是并非没有任何一只天鹅是黑色的。因此，这个 I‑语句可以符号化为：

$$(\exists z)\ (Sz\ \&\ Bz)$$

或符号化为与之对应的 E‑语句的否定式，确切地说，即是：

$$\sim\ (\forall z)\ (Sz \supset \sim Bz)$$

这里要记住的重要之点就是下列语句的等值式：

$$(\forall x)\ (P \supset Q)\ 与 \sim\ (\exists x)\ (P\ \&\ \sim Q)$$
$$(\forall x)\ (P \supset \sim Q)\ 与 \sim\ (\exists x)\ (P\ \&\ Q)$$
$$(\exists x)\ (P\ \&\ Q)\ 与 \sim\ (\forall x)\ (P \supset \sim Q)$$
$$(\exists x)\ (P\ \&\ \sim Q)\ 与 \sim\ (\forall x)\ (P\ \&\ \sim Q)$$

论域（universe of discourse）

全称量词（$\forall x$）的标准解释是：

每一 x 是这样……x……

到目前为止，我们一直假定"每个"（each）意指每个个体和全域中的每一事物。在全域中的事物种类很不相同的，它们包括人、植物和动物（活着的、死亡的和将出生的）；数目（整数、有理数、实数和虚数）；桌子、椅子、分子和原子；日期、地点时间和结果。为此，我们所谈到的事物集合在给定的必要情况下构成我们的"论域"。直至现在我们一直假定我们的论域内包括存在的每一事物。

我们没有兴趣谈论所有存在物。因此，把我们的论域划定为包含少于整个全域的事物集是有益的。例如，我们可以只对桌上那盒子中的自然界之物感兴趣。如果我们能这样，限制我们的论域内仅涉及那些自然界之物，那么将下列语句符号化刚好只要使用 PL 的一个谓词：

> 桌上盒中的每一东西是危险的。
> 桌上盒中无一东西是危险的。
> 桌上盒中某东西是危险的。
> 桌上盒中某东西不是危险的。

任何一个关于论域的约束在符号解答中都要明确。这里我们的符号解答是：

> U.D：在那张桌上的那个盒中的东西
> Dx：x 是危险的

如果在符号示答中不指明约束范围，那么论域就会被假定为全域整体。运用经符号示答这约束的界域，这些语句符号表示为：

> $(\forall x) \, Dx$
> $(\forall x) \sim Dx$
> $(\exists x) \, Dx$
> $(\exists x) \sim Dx$

这里我们不需要详细说明

Bx：x 是在桌上那个盒中

因为我们正专门地谈论那盒子之物。精确一点说，没有必要从专门谓词来选择我们感兴趣的对象，因为已经明确限制的论域正是我们感兴趣的对象。

我们已经解释了一个 A－语句总是能够被符号化为与之对应的 O－语句的否定句式，反之亦然，并且一个 E－语句总能被符号化为与之相配的 I－语句的否定句式，反之亦然。下面也是几对等值语句形式：

$(\forall x) P$ 与 $\sim (\exists x) \sim P$

$(\forall x) \sim P$ 与 $\sim (\exists x) P$

$(\exists x) P$ 与 $\sim (\forall x) \sim P$

$(\exists x) \sim P$ 与 $\sim (\forall x) P$

如果桌上那盒中的事物只是依曼宠爱的响尾蛇，我们便可以增加说明：

Rx：x 是宠爱的响尾蛇

我们能够确切地说：

$(\forall w) (Rw \& Dw)$

因为在论域中指明的每一事物既是宠爱的响尾蛇又是（假定）危险的。这里的要点是，我们要断定一个或者没有二元联结词或者只有"&"二元联结词的全称量化语句的唯一时机是在其论域被限制之时，因为很少有 PL 谓词的解释使得像 $(\forall x) Dx$ 和 $(\forall w) (Rw \& Dw)$ 在一个非限制的论域中为真。当论域未被限制时，我们通常说，并非一切事物（everything）是如此这般。由于在 PL 符号语句中我们正规地采用实际的界域作为我们的论域，显然关于全称量化语句的最普通的模式是：

$$(\forall x)\ (P \supset Q)$$

值得注意，我们几乎没有特殊机会断定下述形式的语句：

$$(\exists x)\ (P \supset Q)$$

在 P 和 Q 中，x 是自由出现的。以量词为条件来约束公式的存在量化语句是极其多余的。例如，$(\exists z)\ (Rz \supset Dz)\ Dz)$，在目前的语境中是说，存在某东西是这样的，如果它是一条宠爱响尾蛇，那么它是危险的。这是一个很弱的断言，因为它等于说：有某东西是这样的，或者它不是一条宠爱的响尾蛇，或者它是危险的（因为形式 PQ 的一个公式等于对应的形式 ~P∨Q 公式）。当且仅当论域只由宠爱的响尾蛇组成，但此蛇不是危险的，这语句才是假的，并且那确是一个很强的论域。简言之，如果论域未被限制，那么语句

$$(\exists z)\ (Rz \supset Dz)$$

将是真的，因为像"达特茅斯学院"就是这样的：它或者不是宠爱的响尾蛇，或者不是危险的。

（M. 伯格曼、J. 英尔、J. 纳森《逻辑学教程》英文版）

语义学的研究对象与学科体系

　　语义学是语言学的核心学科（音系学、句法学、语义学等）之一。① 20 世纪 80 年代，国外有的语言学家把语义学的研究称为"时代的标志"。② 因为现代科技，尤其是人工智能科学的兴起，对语言理论提出的新问题和新要求，纯粹靠语法理论无法予以解决，还必须深入到语言的语义层面，因此语义学便被认为是当今世界语言研究的前沿学科。目前，对作为前沿学科的语义学，关注者日渐增多。这主要是三部分人：一是从事外语工作的学者，主要侧重于介绍国外的一些语义学理论；二是从事汉语研究的学者，试图在借鉴西方语义理论的基础上，重点研究汉语的语义规律；三是计算语言研究者，重点在于从人工智能的角度，研究汉语语义的计算机理解。不管从什么角度研究语义学，落脚点都应当是为语义理解（日常交际语义理解与人工智能语义识别）寻找规律。这样一来，确定一个基本一致的语义学研究对象和学科体系，应该是语义学研究的基础性工作。

　　迄今为止，似乎没有一个公认的定义能说清楚一种包罗万象（如非自然语言的手势语等）的语义学究竟是什么。原因之一是语言的含

---

① 伍谦光：《语义学导论》，湖南教育出版社 1995 年版，第 1 页。

② ［英］杰弗里·N. 利奇：《语义学》，上海外语教育出版社 1998 年版，第 1 页。

义太宽泛了。从语言的起源看，语言的真面目的确朦胧难识。17世纪中叶，达尔加诺（Dalgarno）提出人类起初一直是用手势进行交际的，后来才产生了有声语言。20世纪中叶，冯特（W. Wundt）强调，语言不可能突然发生，从无语言到有语言，经历了一个过渡阶段，过渡阶段的交际手段就是手势，人最早只是偶然地发出一些声音，这些声音后来慢慢获得了一定的意义。挪威精神病专家温格（P. Winge）1918年提出，在有声语言产生之前，人们主要靠画图来相互交际。金纳肯（J. Van Ginneken）根据古埃及的象形文字和我国殷商时代的甲骨文字，在1939年提出，人类学会讲话只有五六千年的历史，在此之前一直使用图画文字进行交际。手势语，即现今流行所说的体态语，以及在有声语言之前的文字（金纳肯之说）是否可以列入语言范畴？如果能，那么其语义特性是什么？大概是为了避免语义研究范围的过于宽泛而鞭长莫及，最早提出"语义学"这个术语的法国语言学家布勒阿尔（M. Brial）界定"语义学是语言学的一个分支"。这就是说，语义学在起源上是与语言学有联系的。布勒阿尔认为，语义学是一门与语音学科相对的关于意义的学科，"其题材是研究语词意义的变化过程的原因和结构，即意义的扩大和缩小、意义的转化、意义的价值的提高或贬低等过程的原因和结构"。布拉霍夫斯基在《语言学引论》中说："作为语言学的一个分支的语义学，是研究语词和表达式的意义及其意义的变化。"语言学的语义学代表人物维托尔德·多罗采夫斯基在《论语义学》一文中把语义学定义为"研究语词的意义的科学"，并指出，语义学的中心问题是"词语和所指之间的关系问题"。[①]

语言学的语义学发展到20世纪初，欧洲一些语言学家用结构主义的理论和方法进行研究，先后形成了结构语义学、解释语义学和生成语义学。[②]

---

① ［波兰］沙夫：《语义学引论》，商务印书馆1979年版，第9页。
② 贾彦德：《语义学导论》，北京大学出版社1986年版，第5页。

英国著名语言学家 J.N. 利奇的《语义学》是在国外语言学界颇有影响的一部语义学的学术专著。作者围绕人类语言交际这个核心问题，从理论和实践两个方面对语义进行了深入的探讨。针对语言的社会功能，语义的类型，语义学与逻辑学、句法学、语用学的关系，意义成分的分析，句子语义结构等问题进行了全面研究。整个体系，利奇是设想将它作为语言学一个分支构造的，实质上，利奇的语义学是语言学的语义学。最近，莱昂斯也专门以"语言学的语义学"（Semantics in Linguistics）为题出版了一部专著。

波兰著名哲学家沙夫（Adam Schaff）在《语义学引论》中将语义学分为 4 种，即语言学的语义学（Linguistics semantics）、逻辑的语义学（Logical semantics）、哲学语义学（Philosophical semantics）和普通语义学（General semantics）。实际上，他已经把语义理解为除自然语言意义外，还包括形式语言的意义。沙夫谈语言学的语义学时主要介绍了布勒阿尔为代表的观点。他谈逻辑语义学并没有给出定义。他提到，如果把逻辑的语义学的研究对象看作是那些语言表达式和它们所指示的对象之间的关系，那么这种语义成分的分析在古代尤其是在亚里士多德的著作中就早已出现。作为一门独立的语义学的分支学科，沙夫认为，"逻辑学的语义学只是到了 19 世纪后期才出现"[①]，因为 19 世纪末，罗素提出了他的有名的悖论，引起了逻辑学家的极大兴趣，相继提出了许多其他悖论。悖论与语言表达息息相关，要使一个演绎系统中不出现悖论，逻辑学家便开展了对语言的研究。逻辑的语义学研究形式化语言中的指示、真实和可满足等问题。

1820 年威廉·洪·堡特提出了指号问题，他以此区分了作为实在的反映的语言和作为指号系统的语言。后来有指号学的产生。德·索绪尔在他的《普通语言学教程》中这样构想："我们可以创立一门在社会

---

① ［波兰］沙夫：《语义学引论》，商务印书馆 1979 年版，第 30 页。

生活的背景下研究指号生命的科学。这门科学将构成社会心理学（一般心理学）的一个部分。我们将把这门科学叫作指号学（semiology）。这门科学将告诉我们，指号是由什么组成的，它们是受什么规律支配的。由于它是一门尚未存在的科学，我们不知道它将是像什么样的，但是，它有存在的理由，它的地位是预先划定了的。语言学不过是这门一般学科的一个部分。指号学将发现的那些规律，也将能够应用于语言学，反过来，语言学将和一个在全部人类事务中清楚地确定了的领域联系起来。"按照德·索绪尔的设计，指号学是社会心理学的一部分，语言学又是指号学的一部分。那么语义学的地位怎样呢？据索绪尔的论述可以说，他认为语义学是语言学的一部分又是指号学的一部分。

指号学引入逻辑领域，含义便不像索绪尔设计的那样了。科达宾斯把指号学看作广义的语义学，其中包括语形学、语义学、语用学三个分支。据 J. 莱昂斯考察，最早将指号学划分为语法、语义、语用三个类型的是莫里士。莫里士于 1938 年将它清楚地提出来并使人们熟悉。莫里士解释说：语义学是"符号与适用该符号的对象的关系"的科学。1946 年，莫里士对以前的定义作了修改，他说："语义学涉及所有指称模式中的符号的含义。"著名语言哲学家卡尔纳普关于指号学的认识接近莫里士的早期著述，他说："如果我们从语言使用中抽象并且仅仅分析表达式与表达式的指涉，那么我们认为它属于语义学范围。"莱昂斯认为，在史密斯编辑的一本论文集的导言中给出的定义"具有典型性"，该定义是这样的："句法学研究符号怎样与其他符号相联系，语义学研究这些符号怎样与事物相联系，语用学研究它们怎样与人相联系。"[①] 从著名语言哲学家、语言学家、逻辑学家关于指号学的论述中，不难看出，沙夫提到的逻辑语义学涉及的范围是比较广的。故沙夫《语义学引论》的译者指出，逻辑语义学有广义和狭义的区别，"广义的逻辑语义

---

①   John Lyons. *Semantics VI*. Cambridge University Press 1978，p.114.

学就是指号学"。那么狭义的逻辑语义学是什么？我国学者朱水林先生说，是指号学中的语义学。他说："语义学研究语言表达式与表达式的意义之间的关系。这就是狭义的逻辑语义学的涵义。"①

语义哲学，沙夫指的是主张语言为哲学分析的唯一对象的那些哲学流派。沙夫引述分析了其中一些学者（如石里克、卡尔纳普、罗素和维特根斯坦等）的语义哲学思想。比方，卡尔纳普说："哲学应当为关于科学的逻辑所代替，那就是说应当为对于各门科学的概念和语句的逻辑分析所替代，因为关于科学的逻辑不是别的，而正是科学语言的逻辑语形学。"普通语义学的含义很特殊，它把"神经语义和神经语言的反应作为它们对神经语义的与神经语言的环境本身的反应来加以研究"②，认为语义因素产生的阻碍会使人情绪紊乱，生理失调，从而产生各种社会疾病。普通语义学是一种精神治疗技术，它可以帮助人们去掉神经语义的障碍，从而"医治百病"。

综合的语义研究是国外语义研究的一种趋向，多涉及语言语义学、逻辑语义学、语义哲学，基本不涉及作为一种精神治疗技术的普通语义学。综合语义学的典型著作当推莱昂斯的两卷本《语义学》（semantics）。该书被认为是"内容最齐全的语义学著作"。书中涉及对象语言、元语言、意义、使用、提及、指称概念的各种理解等语义哲学问题，涉及信息、行为主义语义学等认知问题，论述了语义场、语义关系、语义成分分析法、句子的语义、语境、语体语言学问题，等等。可以说，现代语义研究内容，在这部鸿篇巨制中似乎都有所涉猎。

J. I. 谢德（John I.Saeed）的《语义学》（Semantics）出版于1997年，比莱昂斯的晚20年，可以说是综合语义学研究的最新代表作。该书第一部分讲初步知识，重点论述了语言学的语义学，包括语义学的三大艰

---

① 转引自王雨田主编《现代逻辑科学导引》，中国人民大学出版社1987年版，第431页。

② ［波兰］沙夫：《语义学引论》，商务印书馆1979年版，第104页。

巨任务、语法模式的语义学、词语意义和句子意义、指称和意义、话语和语句与命题、字面意义与非字面意义、语义学与语法学以及意义、思想与现实，指称类型，概念的获得，语词、概念和思维等。第二部分是语义学描述，包括词义，词语与语法范畴，词汇关系，推演关系，语句关系与真值，其中涉及逻辑与真值、蕴涵、前提、前提的语用理论，语句语义学，语境和推论以及给予计算机的背景知识、信息结构、语言功能：作为行为的说话，其中还包括奥斯汀的言语行为理论。第三部分是理论讨论，包括意义成分，词法关系，凯茨的语义学理论，杰肯多夫的概念结构，形式语义学，模型论语义学，将英语转换为逻辑元语言，谓词逻辑中的简单陈述句，谓词逻辑中的量词，谓词逻辑翻译的一些优越性，逻辑元语言语义学，谓词逻辑符号的语义解释，语句真值检验以及认知语义学等。[1]

中国学者研究语义有两种倾向，即分支的语义学研究倾向和综合的语义学研究倾向。前者以贾彦德、朱水林等为代表，后者的代表人物有伍谦光、徐烈炯等。分支的语义学研究包括语言学的语义学、逻辑语义学、形式语义学等。语言学的语义学又分古代汉语语义学和现代汉语语义学。

贾彦德将语义研究划分为三个时期：训诂学时期、传统语义学时期、现代语义学的兴起和发展时期。训诂就是对古书字句进行解释。欧洲人公元前3世纪就开始做这项工作。我国早在春秋战国时期就有从义理辞章方面注释《春秋》的《公羊传》和《谷梁传》，著称于世。至西汉，周公撰《尔雅》诠释古书字义，扬雄撰《方言》汇集各地方音，东汉杨熙著《释名》推断名称由来，许慎作《说文解字》考究形义关系，均为后世推崇。至清代，戴震、王念孙、王引之、俞樾等人训诂，不限于考察字形与字义的关系，还将古音知识和字义研究结合起来，取得了

---

[1]　参见 John Saeed. *Semantics*，Blackwall Publishers Inc.USA，1997.

丰硕成果。19 世纪初到 20 世纪 20 年代以前，这段时期的语义学属于传统的语义学，其研究对象涉及：词义、语音、客观事物之间的关系，词义与概念之间的关系、多义词、同义词、反义词，词义的色彩，词义的演变等等。现代语义学时期，指 20 世纪 20 年代以后至今。

贾彦德对语义学研究对象说得十分简单。他说，语义学是"研究语义的学科"。①从研究角度和研究范畴来看，可以分为 4 种：语言学的语义学、逻辑学的语义学、哲学的语义学和普通语义学。在《汉语语义学》开篇，贾先生强调，他所探讨的语义学是语言学的语义学。他说："我们这本书属于语言学语义学，但有时也会涉及其他学科。"显然，贾先生基本上是采用沙夫的语义学观点。

詹人凤的《现代汉语语义学》是继贾彦德的《汉语语义学》之后，我国第二本以汉语为对象研究语义的专著，也是第一本以"现代汉语语义学"命名的专著。他并没有明确定义语义学的研究对象。书的体例分三篇：通论篇，讨论了语义的层次，词义、事物、概念，语义单位以及语义构成；聚合篇，谈了同义、反义、类属、对义、方位、处所、时间、颜色、声音聚合体；组合篇，论述了语素义的组合、词义的组合、分句间的语义组合以及歧义和歧义的识别。

徐烈炯的《语义学》全面综合性地介绍了西方各种语义理论，包括指称论、意念论、行为—环境论、实证方法、真值条件论、用法论、境况语义学、语义场、分解（解释）语义学、预设、乔姆斯基的语义观、格语法、量化词语的语义特点、量化句子的逻辑式等等。上篇所述的语义理论，无论从内容本身的面貌看还是从分量分布来衡量都基本上是哲学语义内容。为什么会有这种安排？因为在徐烈炯先生看来，尽管有些理论是语言学家提出来的，但更多的理论由哲学家和逻辑学家提出。大概是考虑到"欧美的语义学研究在哲学界和语言学界同时并进"，

---

① 贾彦德：《汉语语义学》，北京大学出版社 1992 年版，第 1 页。

徐本《语义学》下篇的内容是"语言学领域内语义研究的一些重点课题"。此外，伍谦光的《语义学导论》也是我国最早而且颇有影响的综合语义学研究著作，对西方的语言学的语义学作了全面介绍。尽管徐烈炯、伍谦光等对语言语义学和哲学语义学作了综合性的介绍，但他们像贾彦德先生一样，关于语义学研究对象的阐述似乎都过于笼统，这不能不说是一件令人遗憾的事。

通过考察，我们对国内外语义学研究状况有了一般的认识，同时，也对语义学的研究对象的确立及其理论体系产生了疑问，因为，迄今人们仅仅表明了语义学的研究对象就是语义，进一步的研究范畴到底是什么却没有明确肯定的说法。为什么不同的学者可以写出不同的语义学著作？语义学最合适的研究对象究竟如何定位？其定位依据是什么？究竟有没有最普遍意义上的语义学？这都是必须明确的最一般的基础性问题。这种问题不解决，则会导致语义学研究的目标模糊或漫无边际，导致语义学科理论体系的莫衷一是，导致语义学的分支学科缺少起码的理论基石。

确定语义学的研究对象，应当以语言交际的原理为依据。语言交际是个过程，其步骤有三：语义生成——语义传递——语义理解。我们认为，语义学是研究语言符号意义的生成、传递与理解规律的科学。这一定义反映了人类语言交际的基本过程与目的，揭示了语义学的一般本质。

在语言意义的形成过程中值得研究的问题很多。符号与事物、符号与意义之间究竟是怎样的关系就是语义学关注的基本问题。它涉及语义的认识来源，涉及符号与语义之间的内在规律，涉及语义的性质。西方一些语言学者，如古希腊的亚里士多德，现代的弗雷格、皮尔士、莫里士、卡尔纳普以及莱昂斯等，中国古代的公孙龙、墨子，现代的许国璋、涂纪亮等都高度重视过这些问题。

人们的言语交际，必须通过语言符号进行。语言符号产生后履行交际职能的第一步就是将符号组合成符号串，承载一个相对完整的语义。因此，以符号为依托的语义组合规律是语义学关注的又一个重要问题。比方说，为什么既可以说"人来了"，又可以说"来人了"，可以说"人开门"却不可以说"门开人"，这里面就存在着特殊的语义组合规律。当然，有些语义问题，在一定的交际场合，人可能不以为是个问题，但计算机要进行人机对话，可就得给它说个明明白白。必须告诉它，什么符号具有什么语义特征，哪些语义特征可以由原子意义组合成整体意义。因此，语义组合规律，必然是语义学研究的对象。总之，语义的产生、符号与语义的关系、意义与意义的组合关系等，这些是语义生成阶段的基本理论问题，其中，有的是与认识论密切相关的语义哲学问题。

语义生成之后进入言语交际必然有一个语义传递过程。语义的传递，从传递手段上说，包括语义的音传系统和语义的形式符号传播系统。无论是什么系统，什么传播手段，在传播过程中往往有意义的省耗与冗余现象、外部语境与意义传递的关系的问题，也就是说，语义传播涉及到语义传输效果，这其中影响语义传输效果的诸如文化因素、心理因素、智力因素、习俗因素等等，都值得研究。

语义理解是由符号向意义的转化，也是依据符号破译语义的过程。语义理解规律十分复杂，包括：a.语言符号的静态破译，重点在于了解一个语言符号表达式究竟有什么意义，有多少种意义，每次解释到什么程度才可以认为是对该符号表达式有了基本正确的理解。通常意义上的词典编撰应该说就属于这种语义研究。b.符号的动态破译，重点在于研究语言符号与语义多样性的关系。比方，同一个词语，除它的静态语义之外，在具体的语用中，往往可以超越其静态语义产生适应特殊语言交际需要的意义，包括语境意义、联想意义、修辞意义、文化意义、心境意义等等。拿最简单的例子"过"来说，其静态意义《辞海》解释说："过（guo），作语助，表事已经过。如：吃过饭了。"《现代汉语词典》、

《汉语大词典》的解释是："用在动词后，表示完毕；用在动词后，表示某种行为或变化曾经发生，但并未继续到现在。"《汉语大字典》解释："一、用在动词后，表示动作完毕。二、用在动词后，表示过去曾经有这样的事情。"这些解释是否全面呢？我们为此作过测试。1999年，我们在某地区师范毕业生直升本科的统考中，命了一道涉及"过"的试题，题目说："结合全文，对标题《跪下，谢过母亲》中的'过'进行解释，如果有多种含义，请分别列出义项，并举例说明。"标准答案是："表示动作的将来完成时态。"我们统计了1000份试卷，结果没有一个学生答准确了。这里反映两个问题。一方面是因为字典词典的解释不够全面。这些解释都没考虑到时态的细微差别。另一方面，学生解释词语，不善于结合动态的语境。语言实际中，表示将来完成语义的"过"是大量存在的，例如："宾馆计划，来年元旦，游过香山，再看表演。"这里计划中的"游过"事实上动作还没有发生。c. 符号组合的常规性与语义结构的客观性。重点在于研究常规语法结构与客观语义结构的关系。例如："头在会场上"、"头在砧板上"。语法组合是合常规的，但"头"在整个语义理解中却大相径庭，前者一般理解为人（领导），后者则是指脑（袋）。还有"来的不是一个人"，这种组合也是符合语法常规的，但要确定"不是"的否定域，到底是否定定语还是宾语，要解释得让计算机能理解，却并不简单。可见，语义结构受着客观的语义规律制约。d. 符号组合的灵活性与语义指向的多样性。重点在于解决单一表达式与多义结构的关系。"他歪歪斜斜地写了几个字"的语法结构并不特别，但语义结构则是多样的，既可以是"他写了几个字，字歪歪斜斜"，也可以是"他写了几个字，他歪歪斜斜"。此外还有非规范组合的语义分析，包括符号的语义再生、歧义偏向等等。

综上所述，语义生成、语义传输、语义理解是语义学研究的基本对象（其中语义生成与语义理解是重点），由此建立起来的语义理论构成一般语义学理论体系。

参考文献

[1] 詹人凤：《现代汉语语义学》，商务印书馆 1997 年版。

[2] 黄昌宁、董振东主编：《计算语言学文集》，清华大学出版社 1999 年版。

[3] 俞士汶、朱学锋编：《计算语言学文集》(3)，北京大学计算机科学系、北京大学计算语言学研究所 1998 年版。

[4] 岑运强主编：《语言学基础》，北京师范大学出版社 1994 年版。

[5] 叶宝奎：《语言学概论》，厦门大学出版社 1992 年版。

[6] 徐通锵：《语言论》，东北师范大学出版社 1997 年版。

[7] 马学良、瞿霭堂主编：《普通语言学》，中央民族大学出版社 1999 年版。

[8] 戚雨村：《现代语言学的特点和发展趋势》，上海外语教育出版社 1997 年版。

（《首都师范大学学报》2000 年第 2 期）

自然语言中词项的基本语义探索

自然语言中词项的基本语义问题是逻辑学、语言学乃至分析哲学共同关心却尚无定论的课题。本文像传统研究——仅从某种言语的结果上回溯词项的语义，而是从发生认识论的角度，依词产生发展的自然线索展开阐述，指出：语言思维是非语言思维的发展，非语言思维的基本单位是意象，意象获得语符载体就成了语言思维的基本单位——词项，语符外壳下面的内容——意象就是词项的基本语义。

一、意象元素

意象元素就是反映在人脑中的尚未被语词符号称谓的形象或意念。

"形象"是指一切"实物"在人脑中形成的图象、映象。它既包括通常意义上的表象。又包括在表象基础土抽象概括形成的较高层次的图象。一般说来，事物的表象是客体与人脑相互作用后在人脑中形成并留下的"整体"图式，它与反映的客体具有一一对应的映射关系。表象基础上产生的新图象并非严格意义上的表象，即不等于表象，它是表象的综合与类化，这种类化的形象与被反映的客体不具有一一对应关系；张三可以给人以张三的表象，李四可以给人以李四的表象，但一般的不特指的人却不能如此"一对一",而只能是张三和李四等表象的综合与类化。

"意念"是人脑中除"形象"之外的一切意象元素,主要指性质和关系。尚未掌握语言的幼儿见到"客人"常常产生一定的意念。由于意念作用,小孩或乖乖地躲在父母背后,或天真地把门关上不让"客人"进屋,或者一见面就哭号。成年人常说,"连自己也弄不清到底为什么我见到某某就想避开它。"这种连自己都弄不清的东西(实质上只是说不清而已),就是关于"某某"这个形象之外的被该形象刺激引起的情感方面的意念。

广义地说,意象元素就是心理学意义上的"格式塔"(Gestalt)。中文一般译为"完形"。心理学史上首先研究格式塔问题的是著名心理学家艾伦费尔斯(Chritian von Ehtenfels,1859—1932)。他提出了所谓"格式塔性(Gestalt qualilat)理论。他的这一理论是对冯特的知觉说的一种修正。按照冯特(Wilhelm Wundt,1832—1920)的构造主义理论说,知觉只不过是感觉元素的一种复合体。可是艾伦费尔斯则认为,格式塔的知觉并不决定于感觉元素所组成的整体。

按艾伦费尔斯的解释,格式塔有两个最基本的特征。一、凡格式塔,虽均由各种要素或成分组成,但它决不等于它的所有成分的简单相加。格式塔是完全独立于这些成分的全新整体。一个三角形是从三条线的特定关系中"突现"出来的格式塔,但它决不是三条交叉线之和。这种见解虽然简单,却能使我们对非语言思维的基本单位意象元素发生深刻的革命性认识。据此特征,可以说意象元素是一种具有高度组织水平的知觉整体,它从背景中清晰地分离出来并独立于自身的构成成分。二、凡格式塔均具有"变调性"。据艾伦费尔斯的见解,一个格式塔,即使在它的各构成成分,如它们的大小、方向、位置等均发生一定的改变的情况下,格式塔仍然存在,仍然不变。一个圆形,不论将它用线条画出还是用色彩画出,不管是用红的画出还是用蓝的画出,也无论是用木条构成还是用砖头筑成，它仍然是圆形。正如曲调用胡琴演奏与用钢琴弹奏仍为同一曲调一样。

从艾伦费尔斯对格式塔两个特征的描述可以看出，格式塔乃是人脑中的一种组织或结构。由于这种组织或结构实现的是知觉整体性，知觉整体性除"形象"之外，推而广之，还包括"性质""关系"的整体性。文艺理论家认为，格式塔这种组织结构通常会有紧张、松弛、喜怒哀乐等意念相伴随，实际上就是对"性质"之类知觉整体性的通俗、直观、具体说明。由此观之，格式塔自然具有思维科学意义上的两种含义：形象和意念，一个格式塔也就自然地与意象思维元素异曲同工。

透视"格式塔性"，的确为理解意象元素带来了极大的方便，但也必须注意，我们不能机械地将意象元素或格式塔理解为"形象"与"意念"的简单相加。一个形象，一个与形象密切相关的意念都可以分别地构成意象元素，构成格式塔。即是说，只要是一个可以相对独立的知觉整体，无论是性质、关系还是别的包含在一个整体"形象"内的任何一个能够独立的成分，如"一个角"，都可以视为格式塔，视为意象元素。

意象元素是人类进化史上最初出现的非语言思维的基本单位。据专家们考证，人类社会已有 1400 万年的历史；远在距今 100 万年的时候就开始了制造工具（曙石器），而语言只有几万年或几十万年的历史。有语言学家说，"有声语言的历史大致有五万年至五十万年或者更长一些"。[1] 在语言产生以前，人类同样与自然界发生联系，人脑也必然反映自然。被反映到人脑中的自然界的形象、性质、关系就是意象元素。法国著名人类学家列维—布留尔指出，原始人之思维是"集体表象"思维。这种集体表象实质上就是意象元素。[2] 突出"集体"性，无非是强调：思维的意象往往是在社会集体的有目的之活动中产生和形成的。一

---

① 参见伍铁平《思想与语言孰先孰后》，《北方论丛》1980 年第 1 期。
② 参见 [法] 列维－布留尔《原始思维》，商务印书馆 1981 年版。

个原始人与猛兽搏斗而丧生，这种情景一经留存于他人头脑之中就会成为意象元素。以后再遇猛兽，他们就会从这种信息出发产生或"畏惧逃避"或"协同搏斗"的新意念，由新意念出发又可能诱发"召集众人""持石操棍"等一系列意象元素。没有意象元素的存在，人类则没有交际的内容，原始的交际就不可能出现与发展。

有的心理学家把以意象为元素的思维专门列为思维的一个阶段。美国心理家布鲁纳（J.S.Bruner）在《思维研究》（A Study of Thinking）一书中明确表示：意象是可以作为一种思维元素存在的。他把思维分为三个阶段：动作式（the enactive mode）思维，映象式（the iconic mode）思维和符号式（the symbolic mode）思维。布鲁纳认为，一个映象是一件事的表象的重现。一般地，它像一幅图画，但也并不完全一样。这种映象是精神和操作的事物的储存，可以独立活动，即它能重现所代表的事物。[①] 显然，这里的"映象"就是 icon，就是意象，就是格式塔，布鲁纳所谓的"映象式思维"就是以意象为元素进行的思维。

二、词项的产生

词项是人类从非语言思维进化到语言思维阶段必然出现的语言思维基本单位。前面的分析已经表明，非语言思维时代，思维的基本元素是意象。而意象元素仅仅是弗雷格所说的纯粹观念的东西。按照弗雷格的见解：观念是心理的、个人的，"你不能有我的'观念'正像你不能有我的头痛一样"，并且认为，如果不经过一定手段转化，"那么一个人的观念与另一个人的观念之间的联系就是一个秘密"。[②] 这就是说，当

---

① 陈孝禅：《普通心理学》，湖南人民出版社 1985 年版，第 282—283 页。

② Susan Haack.*Philosophy of Logics*，New York 1978，p.240.

人们仅有意象元素而没有别的传讯意象的物质手段时，交流思想就必然地存在困难。然而人的劳动是社会化的活动，社会化活动必须有协调的行动。恩格斯说："劳动的发展必然促使社会成员更紧密地互相结合起来"，一结合，人们就越来越意识到"彼此之间有些什么非说不可"。①于是，称谓意象、传讯意象的语言思维元素——词项便应运而生了。

词项产生的自然规律，规定了它必须是语符与意象的统一体。对于词项的双重关系，奥卡姆曾作过这样的解释：事物的标志是"映象"，映象的标志是词项。② 显然是说，词项不是意象与事物的统一，而是与语符的统一，正因为如此，所以列宁在阅读费尔巴哈《对莱布尼兹哲学的叙述、分析和批评》一书中，特别摘录了这样一段话："感性的知觉提供对象，理性则为对象提供名称。凡是存在于理性中的，没有不是先存在于感性知觉中的东西，只是名义上名称上存在理性之中。……名称是什么？名称是用来区别的符号，是某种十分明显的标志，我把它当作表明对象的特征的代表以便从对象的整体性来设想对象。③ 这无疑是说，理性是感性的延续与升华，作为理性阶段的名称，不仅是感性认识发展的结果，而且又以代表对象特征的特殊身份体现着语符与意象的统一。

词项的语符与意象之统一性，巴甫洛夫依据科学的生理试验结果，作了说明。他说："如果我们关于周围世界的感觉与表象，对于我们说，乃是现实世界的第一信号，具体的信号，那么言语，特别首先是那种从言语器官达到大脑皮质的动觉刺激物，乃是第二信号，即信号的信号。"④ 巴甫洛夫所说的作为"动觉刺激物"的"第二信号"，实质上就是词项的语符，并且以"信号的信号"之说明确表示它是与现实世界的映象紧紧相随的。

---

① 中共中央编译局：《马克思恩格斯选集》第 3 卷，人民出版社 1972 年版，第 511 页。

② 王宪钧：《逻辑史选译》，三联书店 1961 年版，第 62、75 页。

③ 列宁：《哲学笔记》，人民出版社 1956 年版，第 353—354、262 页。

④ 巴甫洛夫：《巴甫洛夫选集》，科学出版社 1955 年版，第 177 页。

三、词项的基本语义

词项的基本语义就是词项的意象。意象的基本成分有"形象""性质""关系"三种，因此词项的具体内容也就相应地有三个方面：对象、性质、关系。词项所反映的"对象"是指被思维主体——人脑认识的"实体"。实体类型有二：一是不依人的主观意志为转移的真实存在的实物；二是凭主观想象虚构出来的，直至构想时为止现实世界尚未发现的，或不可能存在的"实物"。词项所反映的性质指实体具有的属性，它既可以是实体内部"隐含"的性质，又可以是实体表现于外部的行为方式、技巧功能等。词项反映的关系是实体与实体、实体与性质乃至性质与性质之间的联系。

对象、性质、关系三者在客观上是绝对依存的，恩格斯指出："当我们深思熟虑地考察自然界或人类历史或我们自己的精神活动的时候，呈现在我们眼前的，是一幅由种种联系和相互作用无穷无尽地交织起来的画面。"[①] 这就是说，客观世界里，对象、性质、关系总是水乳交融、绝对依存的。对象必定是具有性质的对象，性质必定是对象所具有的性质，关系本身就是依赖于对象或性质才得以产生与存在的联系。一句话，任何对象与性质都必须同时并存，任何关系也必须与两个或两个以上的发生联系的关系项相依存。

对象、性质、关系客观上的绝对依存性，在词项里则表现为相对独立性。首先，对象、性质、关系作为词项内容，它们是彼此独立的。即当反映对象时，可以重点关注其"形"而忽略（但不等于绝对排除）其"性"；反映性质时，可以着眼其"性"而不顾其"形"；反映关系时，

---

① 王宪钧：《逻辑史选译》，三联书店 1961 年版，第 62、75 页。

则可以注重联系本身而不管发生这种联系的关系项，这就是词项内容的独立性。事实正是如此。客观上，"软""白"不可能脱离实体独立存在，正如声音不能离开发声体独立存在一样。然而在词项领域，它们的绝对依存性却不是那样形影不离了，因为就在它们接受人脑反映、开始由纯粹客观王国向主观世界跃进的同时，已经受到了人们的"分立"，将孕育它们的那些具体的对象降落到了非常次要的位置上，以致最后当人们思考"软""白"词项时，几乎全然不知道它们的对象究竟是什么。其次，务须注意，词项内容的独立性是相对的。这种相对性表现为：当反映"对象"时，同时可以反映对象的"性质"；反映"性质"时，并不排除反映具有该性质的"对象"；反映"关系"时，也不反对涉及赖以产生关系的关系项。在这种意义上，我们认为，具体地说：词项的基本语义就是反映于人脑中的对象或性质或关系。

对象、性质、关系由客观上的绝对依存性向词项语义的相对独立性转化是人脑对客观世界能动反映的结果。人们要在斑驳陆离的世界画面中认识事物就必须在明确的认识目的支配下，理清认识头绪确定反映焦点，"割断"事物绝对依存的千丝万缕的联系，把握其需要认识的相对独立的方面。正如墨西哥学者 T.A. 布罗吉所说："我们可以忽略几乎整个宇宙，并可以把我们的注意力集中于我们感兴趣的那些因素上"。这种以分解整体为手段、认识方面为阶段从而达到全面认识事物的辩证运动，就是认识能动性的具体表现。列宁认为，人类没有能动的认识运动就不可能真正认识世界。他说："如果不把不间断的东西割断，不加以割碎，不使之僵化，那么我们就不能想象、表达、测量和描述活动。"[①] 这显然表明：事物是联系的，思维能够把握联系，但是思维要把握联系必须依靠思维能动性暂时"割断"联系，以暂时割断联系求得最终认识联系，因此，我们认为，词项把反映内容确定为——或对象或性

---

① 列宁：《哲学笔记》，人民出版社 1956 年版，第 354 页。

质或关系，较为恰切地体现了人们在形成词项时的主观能动性。

词项内容由客观上的绝对依存性向主观范畴的相对独立性的转化，可以通过了解那些反映关系的词项得到进一步证明。以往相当一部分词项理论由于过分注重客观依存性、忽视独立性，因而将"关系"都视为"属性"并一律归之于"对象"。其典型代表是布拉德雷（Francis Herbert Bradley，1846—1924）。他认为：关系 R 不是独立的项，而是关系项 A、B 的内在属性。譬如，A 爱 B，一方面说明 A 具有"爱"的精神状态，另一方面表明 B 有值得"爱"的因素，这就是布拉德雷的"内在关系说"。① 我国逻辑界几乎都与内在关系说一脉相承。②

与布拉德雷相反，罗素认为关系是外在的。他指出，关系有两种：一是对称关系，二是非对称关系，即指"关系与其逆关系不相容的性质，"③ 在罗素看来，内在关系说在逻辑上表现为把一切包含关系的命题归结为主谓项命题，如"A 爱 B"归结为"A 是爱 B 的"，"爱"这种关系只是 A 的内在属性。这对于对称关系还说得通，但对于大量存在的非对称关系就不能自圆其说了。像"A 比 B 大"这一关系命题，即使还原为主谓命题——"A 是比 B 大的"，其中"比 B 大的"这个形容词仍然包含着一个关系，于是"我们迟早总会走到一种关系，这种关系不能再化为相关的项的形容词。"④ 由此，罗素断言：内在关系"这个公理是伪的"，关系是外在的。

针锋相对的论战表明，布拉德雷的内在关系说只看到了关系与关系项的绝对依存性，却忽视了人在形成词项时"割断"联系的主观能动性。罗素则不然，他的理论至少在客观上体现了绝对依存性向相对独立

---

① 赵修义等：《现代西方哲学纲要》，华东师范大学出版社 1986 年版，第 126—130 页。

② 参阅国内各高校形式逻辑教材《概念》部分。

③ 参阅 [英] 罗素《数理哲学导论》，商务印书馆 1982 年版。

④ [英] 罗素：《我的哲学发展》，见《现代西方哲学纲要》，华东师范大学出版社 1986 年版，第 209 页。

性的转化，突出了人的主观能动性，因而较为切合思维实际。

词项的基本内容的相对独立性还可以在现代逻辑的 PL 非形式语义学理论中得到进一步的解释。PL 的原子语句是谓词与个体常项构成的复杂表达式。PL 语句的真值条件依赖于论域的选定和每一个在语句中的谓词和个体常项的被解释。因此，"解释"成了 PL 非形式语言学的重要概念。就 PL 语句"Fa"而言，如果把"F"解释为"……是红色的"，a 解释为"太阳"，整个语句则是真的，a 解释为"月亮"，整个语句则假。对于 R（xy）来说，当 R 确定为"……大于……"，R（xy）的真则完全依赖于 xy 的解释，并且 y 必定小于 x，比如：x 为 5，y 为 3。三元谓词、四元谓词等皆是如此。[①] 对任一 PL 语句，在谓词确定的情况下，其真假取决于个体常项的解释，这一事实表明，词项所反映的内容是相对独立的。怎样的对象具有谓词所表达的性质，哪些对象之间具有谓词所表达的关系，从谓词本身，从对象或性质或关系自身是表现不出来的。如果说对象、性质、关系在词项中也是绝对依存的，那么人类只要认识性质或认识关系就能把握对象了。这样，人们一旦了解"柔软"，便能了解宇宙中一切柔软的东西，即能自然地找到谓词"柔软"的一切个体。遗憾的是，思维实际中人们不能完全找到这种个体。

人们能动地"割断"对象、性质、关系，获得词项相对独立的基本语义，是有其生理机制为前提的。人的神经系统有两个子系统：周围神经系统和中枢神系统。周围神经系统具有两大职能，一是由感受器接受外界的和内部的刺激，并将刺激信号传向中枢神经系统输人大脑，目的是由大脑对这些信息进行加工改造编码储存。二是由效应器执行由输出神经传出的大脑指挥信号，采取相应的行动。中枢神经系统构成成分很多，最高部分是大脑两个半球，大脑半球的主要职能之一就是储存信息。周围神经系统的传入神经受到刺激信号的刺激达到感受阈限便立即

---

① M.Bergman，J.Moor、J.Nelson. *The Logic Book*，New York 1980，pp.286-301.

引起神经兴奋，产生生物电流，这种电流又沿着其他神经细胞扩散到大脑皮层，由核糖核酸（RNA）分子将信号作为思维元素贮存下来。神经系统的这种生理机制与反应过程，奠定了词项以"割断"方式反映世界的生理基础。客观上，声音与发声体绝对依存，然而人们却可以能动地调用一定的感觉神经系统，抑制另一部分神经系统网络之兴奋，将它从发声体中"分离"开来，形成相对独立的声音意象。这种生理功能，以及人们在认识目的支配下凭借生理通道形成词项基本语义的过程，洛克作过这样的议论，他说：刺激各种感官的各种性质，在事物本身虽然混合着，但是经过感官单纯地并不混杂地在心中产生观念。例如看见颜色，一只手感到蜡的柔软，一个人在一块冰上感到冷和硬，在心中都是独立的观念。① 洛克是词项观念论者，这里的观念即属词项基本语义，并明确指出它们是经过生理机制分离获得的。

最后，我们要说，从发生认识的角度考察发现词项基本语义，在现代语义学中也能得到印证。与本文考察方向相反，现代语义学着重考察了一些言语现象，通过枚举归纳法，形成了一系列语义理论。英国格拉斯大学教授劳伯·萧勒士（Robert H·Thouless）在其所著的 How to Think Straight 一书中说："当我们在说话中，或写作时，使用某一个词，其最明显的目的乃是指出某些事物，或说明某种关系，或表达某些性质"。萧勒士从用词的角度指出的"事物、关系、性质"三者与词项的基本语义是吻合的，故戴华山先生明白地解释说，按照萧勒士的观点，词的意义就是"东西""性质"或"关系"。② 这些理论不能不说是本文关于词项基本语义思想的有力佐证。

---

① 杨百顺：《西方逻辑史》，四川人民出版社 1984 年版，第 24 页。
② 戴华山：《语意学》，华欣文化事业中心 1982 年版，第 200 页。

可能与必然的模态语义研究

　　西方对模态问题的语义研究自古就有。亚里士多德就研究过模态词、模态命题和模态推理。据卢卡西维茨统计，亚里士多德著作中共有 1142 行三段论，其中以模态命题为前提的就有 858 行（必然命题为前提的 186 行，或然命题为前提的 672 行），相当于非模态命题的 4 倍。经斯多葛学派的拓展，模态问题一直引起逻辑学家、哲学家的注目。及至现代，一些知名的语言哲学家，比如奎因、克里普克等对此进行了认真的思考并形成了颇有见地的观点。人们普遍认为，正确认识模态问题的语义特征，对于正确使用模态语句断定事物和建构推理极有意义。

　　尽管逻辑学家、语言哲学家研究了数千年，但是似乎仍然很难给"模态"这一语词本身所表达的概念下一个令人满意的定义。当然，这不是说，模态是不可描述的和不可理解的按照惯例，西方逻辑家谈模态，首先是确切地指模态词。模态词，在汉语中往往用"必然"和"可能"来表示。其次，模态也指谓这样的意义：一方面，它反映事物发生发展的趋势事物发展的必然性和事物发展的可能性；另一方面，它表达人们认识上的态度对象或属性的确定性认识和非确定性认识。无论反映事物的发展趋势还是表达人们对事物的认识态度，都需要借助模态词"必然"或"可能"。

　　亚里士多德认为模态词有 4 种类型：不可避免的、偶然的、可能的和不可能的。"不可避免的"往往与"必然的"同义。亚里士多德在对模态概念作语义分析时有几个特点。第一不是孤立地对某个模态词作独立的语义解释，而是用联系的方法和比较的手段对多个模态词进行释义。例如，他在谈到"可能"这个模态词的语义时是这样联系来说的："我对于可能的"所下的定义是正确的。如下几个语句——"属于，不是可能的"、"属于，是不可能的"和"不属于，是必然的"，它们或者是同一的，或者是可以由此推彼的。因此，它们的对立语句"属于，是可能的"、"属于不是不可能的"和"不属于，不是必然的"也就或者是同一的，或者是可以由此推彼的。这种肯定与否定适用于每种事物。可能的，将是未必然的；未必然的，将是可能的。因此，在可能性模态中的一切前提彼此之间都是能转换的①。在《形而上学》中，他也是用对比方法谈可能与不可能这些模态概念的。他说："可能与不可能"两词被应用如下："不可能"者，它的反面必然真确，例如一个正方形的对角线可以用它的边来计量应称为"不可能"，因为这一叙述是一个谎话，相反的论题不但真确而且是必然的；若说这是可计量的，那就必是假的。与此相反，"可能"的反面并非必假，例如说人应得到座位，这是可能的；可是说他并未得到座位，却不必然假②。第二，从解释域限来说，亚里士多德对模态概念的解释或者与命题解释结合进行，或者与推理的分析结合进行亚里士多德说：命题"并非必然有这件事"并不是"必然没有这件事"的否定命题，因为这两个命题对于同一主词而言可能都是正确的。按亚氏的观点，命题"必然有这件事"并不能从"可能有这件事"推出来，命题"必然没有这件事"也不能从"可能有这件事"推出来，因为命题"可能有这件事"蕴涵着两方面的可能性，如果前两个命题之一是正确的，则这双重的可能性就消失了。因为如果

---

① 亚里士多德：《前分析篇》32a-31.
② 亚里士多德：《形而上学》1019b23-24.

一事物可能有什么，它也就可能没有什么，但如果它必然有或必然没有，二中取一的机会就会被排除。因此，只能是：命题"并非必然没有这件事"应该从命题"可能有这件事"推出来，因为对于那一定必然有的东西，这个命题也是正确的。含模态词的命题的矛盾命题是怎样构成的，模态命题如何形成矛盾关系，亚里士多德作了较为详细的研究。他认为，"可能没有这件事"的矛盾命题不是"不能有这件事"，而是"不能没有这件事"；而"可能有这件事"的矛盾命题不是"可能没有这件事"，而是"不能有这件事"。这样就显示出"可能有这件事"和"可能没有这件事"这两个命题不是互相矛盾的，因为同一件事物可能发生也可能不发生。但命题"可能有这件事"和"不能有这件事"则永不能对于同一主词而言同时是正确的，因为它们是矛盾的，命题"可能没有这件事"和"不能没有这件事"也不能对于同一主词而言同时是正确的。必然性命题也同理。"必然有这件事"的矛盾命题不是"必然没有这件事"，而是"并非必然有这件事"；而"必然有这件事"的矛盾命题不是"必然没有这件事"，而是"并非必然有这件事"；而"不可能没有这件事"，而是"并非不可能没有这件事"；而"不可能没有这件事"的矛盾命题是"并非不可能没有这件事"。按常理，一个命题与其自身的否定便构成矛盾命题。含模态词的命题其否定又常出现两种情形：一是对原命题系动词的否定，一是对模态词的否定。亚氏认为，命题一旦成为模态性命题其否定命题不是对普通系动词的否定而是对模态词的否定，因此，他说"不可能有这件事"的矛盾命题不是对"有"否定而形成的"不可能没有这件事"这种否定系动词的形式，而是对"不可能"进行否定而形成的"并非不可能有这件事"这种对原来命题整体进行否定的命题形式。研究中，亚里士多德注意到了"概念与语词符号"表达关系的非对应性，从而提醒人们要正确把握模态词的语义。他曾明确指出："可能"一词是同名异义地来使用的，因为可能一词是歧义的。在一种情况之下，它被用来指事实，即指那已现实化了的可能性，例如说一个人发觉步行是可能的，因为他实际上是在步行着，一般说来，当我们因为一种能力实际上已现实化了而把该种能力赋予一件事物的时候我们就是在使用这个意义下的"可能"一词。在别的场合，它是用来指某种能力，这种能力在一定条件下是能现实化的。例如我们说一个人发觉步行是可能的，因为在某种条件之下他会步行。对于那在步行着并且是现实的东西，以及对于那有这种能力却不一定现实化了这种能力的东西，我们都能正确地说它并非不可能步行。①

　　除区分现实化的可能和非现实化的可能外，据波兰逻辑学家卢卡西维茨的研究，亚里士多德还按强弱程度的不同将"可能"模态词所表达的语义分为三个类型：相容的可能、本义的可能和不定的可能。相容的可能这一提法不是亚里士多德的术语，卢卡西维茨也没有如此使用，我们为了表述的方便，考虑到与"本义的可能""不定的可能"对举而这样称谓。相容的可能，是作为必然判断和突然判断弱化阶段的可能判断，其形式为"可能 a 是 b"，它意味着："在任何情况下这都是可能的，但是必然性和实然性在这个意义上并不排斥。"② 本义上的可能是指某种东西按本性来说是可能的，它相当于某种多半会出现的事物。本义上的可能，有的学者也称之为"确实意义上的可能"，这种"可能"是同必然的东西相排斥的。不定的可能意味着："可能 a 是 b"同样也"可能 a 不是 b"，即是说，就命题"可能 a 是 b"而言，它并不排斥"可能 a 不是 b"的可能性存在，"a 是 b 是可能的"与"a 不是 b 是可能的"并不矛盾。

　　结合三段论推理理解模态词的语义，亚里士多德重在两个方面下功夫：首先，他注意的是模态词的位置安排，即模态词在什么样的位置才起什么样的语义作用。比如，他说：每当中名词是必然时，则结论也是必然的，正如从必然的前提永远会推出必然的结论（设 A 必然地

①　亚里士多德：《解释篇》23a。

②　[苏] Ⅱ.波波夫：《卢卡西维茨〈亚里士多德的三段论〉序言》，载《逻辑语言写作论丛》第 1 辑，南开大学出版社 1981 年版，第 261 页。

陈述着 B，而 B 必然地陈述着 C，A 则必然地属于 C），但是，每当结论是不必然时那么，中名词也不可能是必然的（设 A 并非必然地属于 C，而必然地属于 B，并且 B 也必然地属于 C，那么，A 就会必然地属于 C）。甚至，有时候，亚里士多德认为模态三段论和非模态三段论没有什么根本区别，所不同的就是模态词是否加在几个名词上。在《前分析篇》中，他这样说：在从必然的前提形成的三段论和从仅仅是直言的前提形成的三段论两者之间很难找出任何区别，在这两种情况下，如果几个名词是以同样的方式安排的，不论是某事物属于另外某事物或某事物必然属于另外某事物，或不属于另外某事物，这两个三段论得出结果或不得出结果是同样的，其唯一的区别是前者把"必然地"字样加到了几个名词上面①。足见，亚里士多德对模态词于断言或推理中的位置是十分重视的。其次，他注意从模态三段论的推理中总结概括模态词在推理中的媒介作用。亚里士多德有过这样的论述：除非两个前提都是简单的断言命题，否则是得不出简单的结论来的，然而，尽管前提只有一个是必然的，得出必然的结论来也还是可能的，但在这两种情况下，不论这三段论是肯定的还是否定的，都必然有一个前提相同于结论。这"相同"，亚里士多德指的是：如果结论是一个简单断言命题，其前提就一定是简单的前提；如果结论是必然的，其前提就一定是必然的。显然，在亚氏阐述中已明确指出，结论是依赖于前提之模态性而确定的。像研究普通的直言三段论一样，亚里士多德将模态词引入三段论之后，总结出了关于不同格的模态三段论的规则。譬如，他指出：在第二格里，如果否定的前提是必然的，那么结论就是必然的，但是如果肯定的前提是必然的，结论就不是必然的。并且说：在第三格，如果两个端词和中词有全称的关系，而且两个前提都是肯定的，这时候，如果两个前提之一是必然的，则结论将是必然的，但是如果一个是否定的，另一个是肯定

---

① 亚里士多德：《前分析篇》29b。

的，在这种情况下，只要这否定的前提是必然的，结论也就是必然的，如果这肯定的前提是必然的，结论就是不必然的。

尽管亚里士多德注重了模态语义的考察，但是其成果获后人肯定评价的并不多。涅尔是这样评价的："亚里士多德的模态三段论理论一般都认为是混乱的，不能令人满意的。"① 卢卡西维茨也说："亚里士多德的模态三段论，由于其中包含很多缺点和自相矛盾之处而使人几乎不能理解。"于是卢氏采用现代形式逻辑手段，说明了"亚里士多德模态三段论中的很多困难，并且纠正其中很多错误"②。有人曾经推测亚里士多德的模态三段论理论是他晚期没有完成好的工作，是在完成《前分析篇》其余章节之后很久才插进去的，而涅尔并不这么看。涅尔认为：妨碍亚里士多德的不仅是由于选择了不必要的困难的可能性定义，而且于缺乏一门像斯多葛学派在下一世纪所发展的命题逻辑，以及没有任何明晰的符号系统的工作是完成有效的直言论式，考察用模态命题来代替直言前提中至少一个或两个命题所产生的新三段论。亚里士多德在单个的论证基础上承认带有两个符合于除 Baroco 和 Bacardo 外所有直言式的必然前提的模态三段论，但所包含的论证数目仍旧是相当多的，所以读者倾有一种只见树木不见森林之感，而且自亚里士多德的直接继承人尤德慕和德奥弗拉斯特时尺以来，人们就认为有些论证是值得怀疑的。我们认为，亚氏模态三段论研究的缺陷根源于於模态概念本身的非确定的模糊认识，他自己实际上也承认了这一点。他曾经不无苦恼地这样表白："我所谓是可能的和可能的东西是指那种不是必然的东西，但是如果我们假设它存的话，那么就没有一种不可能的东西能从它得出来。我们的确是含含糊糊地把必然的说成是可能的。"③

---

① [英] 威廉·涅尔、玛莎·涅尔：《逻辑学的发展》，商务印书馆 1985 年版，第 112 页。

② 《逻辑语言写作论丛》第 1 辑，南开大学出版社 1984 年版，第 267 页。

③ [英] 威廉·涅尔、玛莎·涅尔：《逻辑学的发展》，商务印书馆 1985 年版，第 110、147 页。

我国学者胡耀鼎先生指出：模态逻辑是研究包括模态词"必然""可能"的模态命题及其推理的科学。早在 2000 多年前，亚里士多德在他的《工具论》一书中就对模态命题作过许多讨论，提出了大量模态三段论形式。近一二十年来模态逻辑的研究成果表明这些形式中许多是有效的，但在很长一段时间里，亚里士多德的这些研究成果不为人们所理解，模态逻辑的价值被忽视了，因而 2000 多年时间内，模态逻辑基本上没有得到发展。胡耀鼎先生将模态逻辑研究分为两大阶段，认为本世纪初美国逻辑学家刘易斯用数理逻辑的观点和方法对模态逻辑作系统的研究，奠定了现代模态逻辑的基础，使模态逻辑的发展进入了一个崭新的时期。当然，现代模态逻辑之前就是传统的模态逻辑。传统的模态逻辑与现代模态逻辑相比，必然地存在着像涅尔所说的"不能令人满意的"缺陷，并且，这种缺陷自亚里士多德始历时 2000 余年没有得到根本的改变。这是就传统模态逻辑系统的创立、改造、完善而言的。但是，并不能因此否认刘易斯以前的 2000 多年间逻辑家、哲学家对模态概念的认识有一个不断地由浅入深，由片面到全面的走向。我们认为，就对模态概念的语义研究而论，麦加拉—斯多葛学派等是有一定见地的。涅尔有过这样的评价："麦加拉学派对于逻辑的发展作了 3 个重要的贡献：发现了一些有趣的怪论，重新考察了模态概念，以及开创了关于条件陈述句性质的重要讨论。"[①]

第奥多鲁对模态概念作了较全面的定义。鲍依修斯研究指出："第奥多鲁把可能的东西定义为或者现在是或者将来是的东西（quod aut est aut erit），把不可能的东西定义为现在是假的、将来不是真的东西（quod cum falsum sit, non erit vcrum）现在是真的、将来不是假的东西（quod cum vcrum sit, non erit falsum），把不必然的东西定义为或者现在

---

① ［英］威廉·涅尔、玛莎·涅尔：《逻辑学的发展》，商务印书馆 1985 年版，第 110、147 页。

已经是假的，或者将来是假的东西（aut jam est aut erit falsum）。"① 费罗的看法有所不同，鲍依修斯解释说："费罗说可能的东西是那种由于论断的内在性质容许是真的东西（quod natura propria enuntiations suscipiat veritatem），例如，我说我今天将再一次读德奥克利特的田园诗，如果没有外来情况阻止的话，那么就其自身而言（quantum in seest），这件事就可以肯定是真的。用同样的方式，费罗把必然的东西定义为是真的，而且就其自身而言，永远不容许是假的东西，他把不必然的东西解释为就其自身而言可以容许是假的东西，把不可能的东西解释为按照其内在性质（secundumpropriam naturam）永远不会容许是真的东西。"第欧根尼·拉尔修就斯多葛学派关于模态概念的观点作了说明："可能的东西就是那种容许是真的东西，倘若外来的情况不阻止它是真的话，例如，'狄奥克纳活着'。不可能的东西就是那种不容许是真的东西，例如'地球正在飞'。必然的东西就是那种是真的而且不容许是假的东西，或者容许是假的，但被外来的情况所阻止，不能是假的东西，例如'美德是有益的'。不必然的东西就是那种是真的，但如果外来的情况不阻止的话也可能是假的东西，例如'狄翁正在散步'。"鲍依修斯的研究证明，第欧根尼·拉尔修的阐述是较为客观地反映了斯多葛学派的理论的。鲍依修斯指出，斯多葛学派曾经说，可能的东西就是容许真的肯定的东西，如果和它一起发生的外来东西决不会阻止它的话。不可能的东西就是永远不容许有任何真的东西，因为除它自己外，其他的东西都阻止它。必然的东西就是那种当其是真的就决不容许有假的肯定的东西。经过反复研究比较，威廉·涅尔和玛莎·涅尔将第欧根尼的说法视为诠释模态概念的一种具有代表性的理论并作了言简意赅的概括：

　　可能的东西就是那种容许是真的东西，或者是当容许的是真

---

① ［英］威廉·涅尔、玛莎·涅尔：《逻辑学的发展》，商务印书馆1985年版，第152页。

时，不被外来情况阻止它是真的东西。

不可能的东西就是那种不容许是真的东西，或者是当容许是真时，被外来情况阻止它是真的东西。

必然的东西就是那种是真的，并且不容许是假的东西，或者是当容许是假时，被外来情况阻止它是假的东西。

不必然的东西就是那种容许是假的东西，或者是当容许是假时，不被外来情况阻止它是假的东西。

一般说来，界定了模态概念就该是明确了模态语义，然而，事实上，尽管自亚里士多德研究始，对模态概念的界说表面上是清楚的，但本质上却是含混的。具体地说，在诠释概念时，模态词究竟是处于何种地位，或者说到底起着怎样的语义作用总是不明晰的。中世纪的阿伯拉尔对此很注意，特提出了处理这种含混性的方法。阿伯拉尔的一位老师（据说是尚坡的威廉）在考察模态语义和语用问题时主张，每一个模态命题是关于另一个命题的意义的说"苏格拉底在跑是可能的"就是述说命题"苏格拉底在跑"的"意义"的可能性。这一主张必然引起人们对模态词语义作用的反思。通常认为，模态词的应用域在于断言或推理个非模态命题引进了模态词便构成了模态命题，那么，模态词进入命题之后，到底是对命题的某个成分或词项起作用，还是对整个命题起作用呢？或者是对两者都起作用呢？如果说起作用是不言而喻的，那么它是人们关于词项或命题的模态认识还是表现词项或命题所反映的内容在客观上存在着模态性——可能性或必然性？这一系列重要的语义问题应该说是逻辑必须解决的。阿伯拉尔的老师主张模态命题是关于另一个命题的意义的，其倾向性在于，一个模态词仅仅是对一个命题整体内容的一个态度。涅尔研究发现：阿伯拉尔并不否认包括"可能的"以及类似的词的表达式可以用这种方式来解释。相反，他指出这种解释和他以前所说的真实性是命题内容的性质是完全一致的，但是他主张带有这种解释的命题严格说来并不是模态命题，因为它没有规定表现事物之间关系的命题的联结方式，而只是把一个特殊种类的形容词简单地应用于一个简单的命题。他认为，真正的模态命题是一个含有"按照事物解释的"模态词的命题。这种命题可以用"可能地"这样一个副词来构成，但它另外也可以用一个带有对格和不定式的模态形容词来构成，因为"没有任何人可能是白的"，虽然可以理解为具有"没有人是白的，这是可能的"这种意义的真的单称肯定命题，但它也可以理解为具有"没有人可能是白的"或"任何人不可能是白的"这种意义的假的全称否定命题。按照网伯拉尔的看法，如果模态词是修饰联结词因而可以说是表达了一种联结方式或形式的话，则除了第二种意义外，上述命题不是真正的模态命题。这里实际上涉及到模态概念的地位问题。阿伯拉尔与他的老师对模态概念使用功能的看法是有差别的。阿伯拉尔主张模态概念只是对客观存在的一种直接反映，即所谓"事物的模态"，而他的老师认为模态概念是对某种确定命题的反映，即"命题的模态"。阿伯拉尔主张在"按照事物的解释"构成的含模态词的命题和"按照意义的解释"构成的含模态词的命题之间，二者必居其一，即主张真正的模的命题和"按照意义的解释"构成的含模态词的命题之间，二者必居其一，即主张真正的模态命题决不包含把模态形容词应用于命题内容。但是，中世纪一些逻辑家是同时承认二者的合理并存的，并明确区分两类：言词的模态（modality de dicto）和事物的模（modalityde rc）。对阿伯拉尔的理论，涅尔持批评态度。涅尔甚至说，阿伯拉尔及其一部分追随者主张凡模态形容词应用于命题内容构成的命题不是真正的模态命题的这一学说是"很不幸"的，因为使用关于言词的模态词在现时显然是基本的，如果模态词用于表达那种与内容的限制紧密连在一起的限制时，这不应当认为是一种简单而基本的用法，而应当认为是证明了它所出现于其中的论说具有复杂性。阿伯拉尔曾看到，模态词在某些方面类似于否定冠词，要得到一个所给命题的否定，我们必须在这样一个位置上引入一个否定冠词，使得它对整个原命题都能起作用。但是，一个否定冠词可以在一个复杂命题中出现于某一个对命题所有别的部分不起作用的位置上，我们也不靠任何释义的技巧把它从这个位置上抽出来。既然存在这样的情况，涅尔指出，阿伯拉尔只承认像"没有人可能是白的"这类命题才是真正的否定命题"显然是愚蠢的"。不承认像"没有人是白的，这是可能的"这类命题是模态命题，这只是"迂腐地拘泥于 Modus 这个词的错误理解"。

现在看来，中世纪逻辑学家中主张言词的模态（命题模态）与事物的模态（事物模态）并行不悖是符合语用实际的。事实上，缺少其中任何一种模态都不能准确表达人们对客观事物的反映和对自身精神世界的认识。迄今为止，人们事实上区分了几种不同的模态：主观模态与客观模态，命题模态与事实模态。主观模态就是认识模态，它是由于人们在认识过程中对事物情况认识的不同程度而形成的。比如说："月球上可能有河流"，"曹雪芹可能是江南人"，这些命题表明，人们对某事物情况的存在与否，尚未十分确定，因此只宜用表示可能性的判断来表达自己对事物情况的不确定性认识。模态词有"可能"、"必然"两种，如果要表达人们对某种事物存在与否的确定性认识，则可以引进必然模态词，譬如说："这些木料必然是东北松"，"他们必然不是黄种人"，这就是表示人们对客观对象确定不认识的主观模态命题。康德研究模态时指出模态有或然、实然、必然之分，并认为模态范畴只表示人们对判断的相信程度。康德所指的实际上是主观模态。

客观模态就是指不以人的意志为转移的客观可能性和必然性，它是属于事物自身的一种。"太阳东升西落是必然的"，"富士山顶的积雪常年不化是可能的"，反映了客观事物自身确实存在必然性和可能性，因而是客观模态。但是，必须注意，讨论模态命题的时候，区分主观模态和客观模态是十分必要的，因为有了某种客观模态并不等于就有了相应的某种主观模态。如果某种客观模态命题是真的，并不意味着与之相应的某种主观模态命题也是真的。具体地说，我们不能因为客观上宇宙中必然存在着某种物质，就说人们在主观上已经确定无疑地断定了宇宙中存在着某种物质，更不能反过来说，人们在主观上确定无疑地断定了宇宙中存在着某种物质，客观上宇宙中也就因此必然存在着某种物质。那么，主观模态与客观模态到底有怎样的区别呢？首先是二者的本质不同。主观模态是关于人们对事物的认识程度的，"它所反映是人们认识的不同确定程度"①，它从属于人的主观认识；而客观模态却是关于事物自身性质的，它从属于事物自身发展的客观规律，是不以人们的意志为转移的客观必然性和可能性。其次是决定这两种命题真假的因素或依据不同。主观模态命题是由主观模态词加上一个一般命题而构成的。由于主观模态词是用来反映认识主体对客体认识的某种情况的，其真假由认识主体的实际情况来决定，又由于一般命题反映的是认识客体的某种情况，其真假由认识客体的实际情况来决定，因此，决定任一主观模态命题的真假显然就必须从两个方面来考虑。具体地说，主观模态命题"S可能是P"为真，当且仅当"S是P"在客观上是真的，并且认识主体对"S是P"这个命题所反映的客观情况有一种或然性的确信度。从可能世界（possible world）语义理论说来，"S可能是P"为真，当且仅当"S是P"在现实世界中是真的，并且，在认识主体所能想象得到的某些可能世界里也是真的，依此类推，主观模态命题"S必然是P"为真，当且仅当"S是P"在客观上是如此这般的，并且，认识主体对"S是P"这个命题所反映的客观情况有一种必然的或者说是坚定不移的确定度。同样，据可能世界语义解释，"S必然是P"为真，当且仅当"S是P"在现实世界中是真的，并且，在认识主体所能想象得到所有可能世界中也是真的。然而，客观模态命题却是由客观模态词加上一个一般命题而构成的，客观模态词是用来反映认识客体的某种情况

---

① 马佩主编：《语言逻辑基础》，河南人民出版社 1987 年版，第 295 页。

的，一般命题也是反映认识客体的某种情况的，它们的真假都由认识客体的实际情况来决定，因此，客体模态命题的真假判定标准显然只有一个，即客体本身的真实情况。就是说，客观模态命题"S是可能P的"为真，当且仅当S事实上是可能P的。按可能世界语义学方法应该这样解释："S是可能P的"为真，当且仅当在现实世界而不是在认识主体所能想象得到的可能世界中，其自身所反映的情况是真的。再次是推演功能不同。在主观模态命题系统内，从必然命题可推出实然模态，从实然命题可推出或然命题，但是，在客观模态命题的推演中，在某些情况下，或然模态可推出实然模态，实然模态可推出必然模态。

怎样判断主观模态和客观模态的区别呢？除了从定义出发定性理解二者的不同之外，人们可以确定一定的语表形式标准来判定主观模态与客观模态。

关于命题中间位置含模态词的处理。模态词出现在命题中间不外乎是这样的：或者出现在命题联项前并且表示判断的认识程度，或者出现在命题联项之后，成为命题谓项的部分。可以说，出现在命题判断联项之前的模态是主观模态，出现在命题联项之后并且为谓项的不可分割的组成成分的模态是客观模态。我们可以剖析两个实例：

X物体可能是带电的。

X物体是可能带电的。

例一中，模态词"可能"修饰限定判断联项"是"，是主观模态，因为它仅仅表明人们对X物体是否带电有一种不确定的认识，也即表明断定的或然程度。例二则不然，其模态词"可能"直接与"带电"一词结合，而"带电"是对主词"X物体"所指称的对象的属性的反映，这种属性是必然的属于主体还是或然地属于主体，就是事物本身的模态性问题，用"可能"模态词直接限制"带电"恰恰表明了主体的某属性客观存在之模态程度。因此是客观模态。

第二，关于出现于命题句首的模态概念的处理。比如：

可能有些国家加入了这个同盟组织。

必然所有选票都得统计。

这类出现于句首的模态词应该说是表达主观模态概念的。一方面，从语句的语义分析看，这些模态词并不从属于客观事物自身的内在属性，因而谈不上是客观模态；另一方面，就模态词语义涉及的范围上说，它们是用来表示人们对某种命题意义的整体认识或态度的，因而都从属于人的主观认识，是一种主观模态。这种主观模态还可以通过语言句式的变换得到说明。仍以前二例为例，我们可以分三步确认其语义。

A 有些国家加入了这个同盟组织。

所有选票都得统计。

B 是有些国家加入了这个同盟组织。

是所有选票都得统计。

C 可能是有些国家加入了这个同盟组织。

必然是所有选票都得统计。

3 次变化以后，有些命题从语言表达上说显得有点别扭，其实在具体语言交际中，尤其是在对答时这类表述是不鲜见的。这里体现出这样的断定过程：第一步是对主体"国家"、"选票"的属性作直接述说，它反映人们对被断定主体的属性的认识，这种认识可以有真假，如果与客观实际相符，此命题则真，否则为假。第二步，从语表上看，在命题前面加了一个"是"。"是"为断定词，这里表明说话者对 A 级命题的肯定态度，其真假与 A 级命题密切相关，但并不等于 A 级命题的真假。

表面上看，A 级命题真则 B 级断定也真，但是如果我们换为否定形式
"不是"就会清楚地显示出 A 级命题直接与被断定事物的属性相关，而
B 级命题只与 A 级命题的语义相关。A 真，B 可以表现为假。第三步是
在 B 级命题前加模态词形成 C 级命题。C 级命题则成了另一个层面的
问题，它既不是对客观对象直接陈述，也不是对某陈述的态度，而是对
B 级命题中说话人的态度的态度，具体地说，它是对 B 级命题的说话
人持的肯定态度或否定态度的评价，因此形成"可能是"、"必然是"或
者"可能不是"和"必然不是"的 C 级命题形式。C 级命题的真假与 B
级命题直接相关，当然也离不开 A 级命题作基础。如果将 ABC 三级命
题的真假联系起来考虑，不难发现，或然模态命题的真假值总是不确定
的。如果 A 级命题真，B 级命题为肯定认识——"是 A"，B 级命题也
为真，但作为 C 级命题却不是对 B 的再确信——"是 A"，而是"可能
是 A"，故它不可能像前两级命题也真，只能是或然的，即真假不确定。
如果 A 级命题真，B 级命题为否定认识——"不是 A"，B 级命题便为
假，这时的 C 级命题还是真假不定的，因为它对假命题"不是 A"的
态度仍是不确定的——"可能'不是 A 认识。如果 A 级命题为假，B
级命题为肯定认识，也确信"是 A"，那么 B 级命题同样为假，C 级命
题对假命题持不确信态度，它的真假也就是不定的了。如果 A 级命题
为假，B 级命题为对 A 级命题的否定认识——"不是 A"，这时的 B 级
命题真值就与 A 级命题的真值相反，即为真，即使如此，C 级命题仍
旧没有跳出"不确信"的怪圈，因此仍然是真假不定的。或许有人认
为，既然已知 A 级命题和 B 级命题的真假，而 A 级命题为实然命题，
B 级命题只是对 A 级实然命题的肯定与否定认识，按常理，实然命题
真值确定，或然命题的真假也是确定的，为什么在这里将或然命题全部
处理的为真假不定的命题呢？当然，人们并不否认实然命题到或然命题
的推导关系，实然命题为真，可以推断或然命题亦为真，这指的是推导
关系，前提与结论的关系，而我们考察命题为真，可以推断或然命题亦

为真，这指的是推导关系，前提与结论的关系，而我们考察体地说，只是将 A 级命题、B 级命题看作 C 级命题的构成成分。前两级命题只是 C 级命题的断定要素。模态词与原命题之关系是一种不同程度的确认与被确认的关系，因此整个模态命题的真假取决于模态概念的确认度而不是其他成分。按类似的理论，一个句首为"必然模态词"的命题其真假关系同样依该命题的模态性确定，而不能由原 A 级或 B 级命题的真假推导出来。

第三，关于模态复指语句的类型判定。所谓模态复指语句是这样的：它以一个非模态分句陈述一件情况，以另一个分句对陈述情况的分句作出模态判定。其常见形式是：

S 是 P，这是可能的。
S 不是 P，这是必然的。S 是 P，这是不可能的。
S 不是 P，这是必然的。

英语句式常为：

It is passible that ……
It is possible to ……

这种情形出现的模态为客观模态。根据前面的模态语义分析可知，一种模态属于主观模态还是客观模态，既要看语形标志又要看语用特征。语用特征是决定语形标志的内在因素，语形标志是模态语用功能的表现形式。凡是出现于断定词前直接反映人们主观认识程度的差别或不同的确定性的均为主观模态，凡是直接出现在命题中反映事物属性语词的前面并且表示事物属性存在的不同程度的趋势的均为客观模态。以分句形式单独构成模态句，其类型归属同样可以通过 的标准来判定。从语形上说，这种分句的模态词不在断定词前，即不是修饰限定判断词的。从语用上说，它是对"这"所反映的情况的模态程度的反映，"这"是指示代词，它所反映的情况就是由它所指代的分句所陈述的情况。综合起来看，可以肯定，一般规律是：模态复指分句表达的是客观模态。比如：

> 洞庭湖畔种植苹果树，这是可能的。
>
> It is possible to cure tuberculosis.
>
> （医治肺结核病，这是可能的。）

前一句反映的是在南方的洞庭湖畔种植苹果树在客观上是有可能存在的。后一句讲的是医学上治疗肺结核病是存在可能性的。此二例均含模态复指成分，都是对客观现象的模态性所作的反映，因此它们不是主观模态而是客观模态。

关于不含断定词仅含模态词的命题的类属问题。有一类命题没有明显的判断词"是"或"不是"，例如："火星上可能有生命。"如何确定这类命题的类型归属呢？判断办法不外乎语形和语用两种。语形判别法也就是在原有语句基础上加上判断词，看其中的模态词较适宜处于判断词的前还是后。适宜于前置，显然起着修饰限制断定本身的模态程度的作用，可以认定其为主观模态判断。适宜于后置，与表示事物属性的语词结合起来，共同反映被断定的事物主体客观上存在的模态性，则可认为是客观模态。语用判别法就是从模态词的具体使用中确定其功能辖域，再根据其辖域语义判定模态的类型。必须注意，语法（形）的判定与语用的判定是相互联系互为参考的，脱离语形来谈语用，或脱离语用来说语形都是不能确切掌握模态命题语义的，因此也就不能判定模态命题的归属——是主观模态还是客观模态。语言与思维关系密切。语言是思维的物质外壳，思维是语言表达的内容。语言表达思维具有灵活性，同一种语言形式可以表达不同的思维内容，而思维内容是具有一定的思维形式结构的，因此可以说同一种语言形式可以表达不同的思维结构。仍以语句"火星上可能有生命"为例，一是可以理解为"火星上可能是有生命的"尤其是当有人谈到"火星上是有生命的"这样一个命题时，其他人加进模态词"可能"以示对原命题的"肯定"的一种或然性态度。如此理解，据一般判定标准，该模态命题就当属主观模态命题了。二是可以理解为"火星上是可能有生命的"。当人们分析火星这一实体具有的属性时完全可能这样构造命题，以示"有生命"是被断定对象"火星"所具有的一种趋势。由于模态词"可能"完全用于对客体属性的存在性描述，因而这种命题是客观模态命题。可见，命题中缺乏判断词时，模态命题是主观的还是客观的是可以据语形、语用标准来判定的。

在对主观模态和客观模态有了较全面的认识之后，接下来我们看看事实模态与命题模态。前面说过，事实模态和命题模态是中世纪逻辑家、语义研究家关注的一对概念，中译亦称事物的模态和言词的模态。所谓事实模态，"就是用一个模态词作为表述一个主词（即主词所指谓的事物）的谓词或谓词中的部分"。命题模态"就是用一个模态词作为表述一个命题的谓词"。[①] 例如说"一个物体在一种足够力的作用下，必然会在该力的作用方向上发生移动，这是必然的"，便是命题模态。因为这两个命题的逻辑结构是不同的。前者，模态词"必然"是谓词的一部分，后者，模态词"必然"则是谓项的全部。阿伯拉尔承认后者为严格意义上的模态命题。中世纪的托马斯·阿奎那（Thomas Aguinas）确信，前者中的"必然"一词是指谓事实的，于是把它称为指谓事实模态的语句，后者中的模态词本身充当整个命题的谓项，"必然"一词是指谓主项的，因而把它看作命题模态语句。奥卡姆（Wil-liam Ockham）

---

① 周礼全：《模态逻辑引论》，上海人民出版社 1986 年版，第 357 页。

的观点相似，并且把事实模态中的模态词称为"第一性"模态词，把命题模态中的模态词称为"第二性"模态第五，词。第一性模态词是关于事实本身的，第二性模态词则是"符号的符号"。

模态概念既然有主观模态和客观模态、事实模态与命题模态之分，那么它们之间有着怎样的关系呢？有的研究者指出："在认识领域里，作为同认识主体构成对立统一关系的客观世界，既包括物质世界，也包括精神世界，因而，客观模态就有物质世界的事实模态和精神世界的命题模态。"① 这段文字认为模态有主观模态与客观模态之分，客观模态又分为事实模态与命题模态。黄骏先生在《自然语言中带有必然模态命题的三段论研究》一文中则说，如果事实模态是相对于命题模态而言的，它的特征是"其模态词作为整个模态语句谓项的一个部分出现，它依附并修饰语句中的动词"，那么，人们并不能据此区分事实模态到底属于主观模态还是客观模态。因为"他们必然是会犯错误的"是一事实模态命题，"他们是必然会犯错误的"也是一事实模态命题，理由是这两个命题中的模态词都修饰语句中的动词。然而，前一命题表明说话者对"他们"犯错误这一情况确信不疑，后一命题却表明"他们"犯错误具有客观必然性。这两个模态词一个从属于人们的主观认识并表明人们对客观事物的主观认识程度；一个从属于事物的本质属性并表明事物发展中不以人的意志为转移的客观趋势。它们在推理中的性质、地位与作用也是不同的。因此，黄骏先生指出："事实模态其实可以划分为两类：一类属于主观模态，另一类属于客观模态。"关于命题模态，从形式上看，它仅仅是用来说明某一命题（省去复指成分"这"则为主项）所反映的情况的可能性或必然性的，例如"世界被人认识，这是可能的"或"世界被人认识是可能的"，这些命题的共同特点在于，其模态词都不是用来限制命题中的判断词的，因而并不从属于人的主观认识，它们是客

---

① 马佩主编：《语言逻辑基础》，河南人民出版社 1987 年版，第 296 页。

观模态命题。无论主观模态、客观模态；事物模态、命题模态之间关系如何复杂，只要我们认清了判别标准，是不难掌握它们中的经络的。从模态概念语用功能上区分，任何模态不是主观模态就是客观模态，模态概念作功于判断词，表明认识的模态程度是主观模态，模态概念作功于谓项，表明主项属性存在的客观必然性或可能性，则是客观模态。从模态词在命题中的形式构造上区分，任何模态不是事实模态就是命题模态。模态词独立成为命题谓项的为命题模态，否则就是事实模态。这样，功能类型的主观模态与客观模态，形式类型的事实模态与命题模态就自然形成了相容交叉关系。主观模态同时又是事实模态，客观模态同时又是事实模态或命题模态。反过来，事实模态同时可以是主观模态或客观模态，命题模态同时又是客观模态。

参考文献

[1] 叶宝奎：《语言学概论》，厦门大学出版社 1992 年版。

[2] [波兰] 沙夫：《语言学导论》，商务印书馆 1979 年版。

[3] 王雨田主编：《现代逻辑科学导引》，中国人民大学出版社 1987 年版。

[4] John Saeed. *Semantics*，Cambridge University Press，1978.

[5] John Saeed. *Semantics*，Blackwall Publishers，Inc.USA，1997.

[6] A.P.Martinich. *The Philosophy of Language*，Oxford University Press，1996.

[7] James Baillie. *Contemporary Analytic Philosophy*，Prentice-Hall，Inc. New Jersey，1997.

[8] Alfred Tardky. *Logic*，*Semantics*，*Metamathematics*：*Papers from 1923 to 1938*，translated by J.H.Woodger，Indianapolis，Ind：Hackett Pub. Co.，1983.

（《语言》第 2 卷，2001 年）

亚里士多德的语义理论研究

　　语义问题是当代理论语言学和计算语言学研究的热点和难点。当代理论语言学对语义问题的热切关注，源于"语言哲学之父"弗雷格。他最早认识到"相等关系"是一个富有"挑战性"的问题，由此激发他对符号的含义与指称问题作了哲学考察和形式分析。语言哲学家罗素继弗雷格之后，对符号的含义与指称进行了更广泛的研究，掀起了西方语义研究的热潮。计算语言学，在词法平台和句法平台遇到了单靠语法手段、词频概率无法解决而需要借助语义理论才能解决的问题。什么样的语义理论才能满足这种需要，至今仍是语言学者面临的难题。汉语语义研究比西方语义研究落后很多，飞速发展的人工智能科学要求有相适应的语义理论为其服务，因此，汉语的语义研究必然地成了我国语言工作者关心的课题。常识告诉我们，任何一种理论的形成发展往往少不了借鉴前人的研究成果，在借鉴中，可以了解人家曾经走过了一些什么历程，研究到什么程度，有什么值得借用，这样才可以使我们的研究既不落后于形势又少走弯路。基于此，我们拟重点对古希腊亚里士多德的语义理论作一些介绍和评析，因为亚里士多德是古希腊学术的集大成者，他的语义理论代表了当时的最高水平。

　　符号与指称的关系问题是现代语义研究的核心问题，早在古希腊时期亚里士多德就对这一问题作过研究。亚里士多德对符号与指称的探讨是从考察口语、文字和心灵经验的关系入手的。他在《解释篇》中说："口语是心灵经验的符号，而文字则是口语的符号。正如所有的人的书法并不是相同的，同样地，所有的人也并不是有相同的说话的声音，但这些声音所直接标志的心灵的经验，则对于一切人也都是一样的。"① 显然，在亚里士多德看来，符号有两类——口语和文字。口语是声音符号，文字是书写符号。口语符号直接与心灵经验相联系，文字符号直接与口语符号相联系。尽管两类符号的感官作用和使用途径不同，口语作用于听觉（通过声波传播），文字作用于视觉（通过光波传播），但二者的指称功能从根本上说是一致的，它们都是心灵经验的载体。心灵经验是什么？是反映在人脑中的事物。这种被反映的事物也就是亚里士多德意义上的指称。

亚里士多德关于"符号指称事物"的观念在《形而上学》中表述得更明确。他说"每一个字必须指示可以理解的某物，每一字只能指示一事物，决不能指示许多事物，假如一字混指着若干事物，这就该先说明它们所征引的究竟属于其中的哪一事物。"② 这里有双重意思：一方面，说明文字符号具有指称功能；另一方面，针对文字的语义特征向辩论双方提出了语用要求。亚里士多德提醒辩论双方，文字指称事物，并且可能指示多种事物，要使论辩双方保持论题同一，双方就必须约定或明确每一字只能指示一事物。事物是人脑的反映对象，被反映的事物进入主观范畴便成为文字的语义。亚里士多德告诫人们，如果是一词多义，在具体辩论中就必须指出是在哪一种意义上使用的，否则，"不确定一个命意等于没有什么命意，若字无命意，人们就无从相互理解"③。正因为如此，在《论辩篇》中，他特别提醒在认识到文字的语义指称的同时要考察文字的多种意义。他指出对一个名词的多种意义进行考察是有用

---

① 亚里士多德：《解释篇》，16a3-7。
② 亚里士多德：《形而上学》，1062a10-16。
③ 亚里士多德：《形而上学》，1006a。

的。一方面是为了弄清意义。如果一个人澄清了某一名词可能有多少种意义，他便会知道他所说的是什么，同时也是为了确保我们的种种推理以真正的事实为依据，而不是仅依赖于所用的名词。因为只要还未明确一个名词究竟用于多少种意义，回答者和询问者心目中之所指就可能并非为相同的事物，双方在同样文字的使用中若不能指称同一事物，就会给思想交流造成麻烦。亚里士多德考虑符号的指称时注意到了符号指称的整体性。亚里士多德著作中，一个字与一个词并没有经常作严格的区分。有时他说的一个字指的就是一个词，甚至是由几个字合成的一个词。无论是字还是词，亚里士多德都认为，作为符号必须始终以整体来指称事物。他说："所谓一个名词，我们的意思是指一个由于习惯而有其意义的声音，它是没有时间性的，它的任一部分离开了其他部分就没有意义。"① 在作进一步的语义考察时，实际上亚里士多德又将名词区分为简单的名词和复合的名词两种情形。他所说的一个名词的任一部分离开了其他部分就没有意义，是就简单名词而言的。所谓简单名词，大体相当于由一个语素构成的单纯词。组成单纯词的每一个文字符号都不能独立表义，按亚里士多德的话说，这种词的部分"绝对没有意义"②。"复合的名词"则不同，构成其整体的部分，虽然"没有一个独立的意义"，但是"部分对于整体的意义有所贡献"③ 即具有组合意义或结构意义。

符号的整体指称性并不限于"简单的名词"和"复合的名词"。亚里士多德认为，一个短语乃至一个语句也可以指称事物。在《形而上学》中，他表露过这样的思想：一个定义是一组字，这些字之所以组合，是因为它们必须构成语符整体来共同指称人们认识到的对象。用他的话说，就是"因为专门指于一个对象故而联结在一起的"④。

① 亚里士多德：《解释篇》，16a19-29。
② 亚里士多德：《解释篇》，16a。
③ 亚里士多德：《解释篇》，16a。
④ 亚里士多德：《形而上学》，1045a。

有一类具有指称功能的特殊的词，它是引入"不"或"非"加到一个词上所构成的词或表达式，含有否定的意义，如"非正义"。亚里士多德对这类词作了宽容的处理。他这样说："非人"这一用语不是名词。实际上并没有一个被公认的词足以用来指称这一个用语。因为它既不是一个句子，也不是一个否定命题。那么，就让它被称为一个不确定的名词吧。① 处理这类词时，亚里士多德的思想矛盾是显而易见的。他首先肯定地指出它不是普通意义上的名词。因为在亚里士多德看来，名词有简单与复合之分，无论是简单名词还是复合名词都能正确地指称事物，而一个对简单名词或复合名词进行否定构成的表达式却不能确定地指称事物，所以有理由说它不是真正的名词。然而，最终又不能将它排除在名词之外。"并没有一个被公认的词足以用来指称这一个用语"，那么该用一个怎样的术语可以基本反映这类词的本来面目呢？亚里士多德最后把它叫做"不确定的名词"。应当说，这一称谓是反映了这类表达式的语义特性的。宽容地将它归属于名词，因为它毕竟具有指称功能，只是它所指的对象不那么确定罢了。

关于符号与指称的具体关系，亚里士多德认为主要有两种。一是同名同义。他指出："当若干事物有一个共同的名称，而相应于此名称的定义也相同的时候，则这些事物乃是同名同义的东西。"② 他说，一个人和一头牛都是"动物"，它们是被同名同义地加以定名的，因为两者不仅名称相同，而且与这个名称相应的定义也相同。这就是说，亚里士多德所说的同名同义意思是指类的名称所指谓的语义与该类中的每一对象的名称所指谓的语义具有共性。类名为动物，类中的分子也可以称为动物，这是同名；两者均指称动物，自然具有相同的语义，这是同义。值得注意的是，亚里士多德的"同义"与现代常说的"同义"是不一样

---

① 亚里士多德：《解释篇》，16a30-34。

② 亚里士多德：《范畴篇》，1a。

的。前者重在揭示表达或指称范围上的同一或同类，后者则重在反映内涵的一致。二是同名异义。亚里士多德说"当若干事物虽然有一个共通的名称，但与这个名称相应的定义各不相同时，则这些事物乃是同名异义的东西。"① 如果将"共通的名称"看作类名的话，那么"若干事物"就是类的成员。亚里士多德研究发现，语言中有这样的并非严格的归类习惯，比如"一个真的人和一个图画里面的人像，都可以称为动物"②，但事实上二者的本质属性并不相同。因此这种符号与指称的关系被亚里士多德认为是同名而异义。

肯定了符号的指称功能，认识了符号与指称的关系之后，亚里士多德还注意到了指称的层次性。亚里士多德认为，实体是名称所指称的对象。被名称指称的实体并非始终处于同一平面上。他认为实体有第一性实体和第二性实体两类。第一性实体指事物个体，第二性实体指事物的类，其中又可分为种和属两个层次。这样，细说起来，实体便有了个体、种和属三个层面。对这三个层面之间的关系，亚里士多德作了详细的阐述，他分析说：实体，就其最真正的、第一性的、最确切的意义而言，就是那既不可以用来陈述一个主体又不存在于一个主体里面的东西，例如，某个人或某匹马。但是在第二性的意义之下作为种而包含着第一性的实体的那些东西也被称为实体，还有那些作为属而包含着种的东西也被称为实体。③ 例如，个别的人是被包含在"人"这个种里面的，而"动物"又是这个种的属，因此这些种和属都被称为第二性实体。三个层面中，第一性实体是最"当之无愧"的实体，因为"它们是其他一切东西的基础，而其他一切东西或者被用来述说它们，或者存在于它们里面"④。第二性实体中，"种比属更真正的是实体，因为种与第一性实

---

① 亚里士多德：《范畴篇》，1a。
② 亚里士多德：《范畴篇》，1a。
③ 亚里士多德：《范畴篇》，2a。
④ 亚里士多德：《范畴篇》，2b。

体更为接近"。亚里士多德举例说，要说明第一性实体，往往借助第二性实体，这时，说出第一性实体的种比说出第一性实体的属更方便，更明确。譬如，描述一个个别的人，说"他是人"就比说"他是动物"更易于使人理解。阐明了语符所指称的实体的不同层次，亚里士多德紧接着论述了实体的语用特征。他认为，通常，人们谈到"人"或"动物"，总容易被理解为指称某一个具体的对象，其实"严格地说这并非真的"①。因为说"人"或"动物"，论及的是第二性实体，而第二性实体并不像第一性实体那样是单一的、个别的，而是具有某一性质的一类对象。

有研究者发现，亚里士多德关于符号与指称的学说存在着含混的地方。这是值得注意的。涅尔有过这样的评价：《范畴篇》在目的和内容上都是非常含糊的一部著作。这里特别值得提一下两个主要的含混的地方。首先，在符号和符号所表示的东西、语词和在非常广泛的意义上的事物之间，亚里士多德是否作了区分，这是不清楚的。这是自古以来注释家们曾经探索的一个问题。其次，亚里士多德是否只研究了谓词，还是研究了包含主词在内的一般词项，这也是不清楚的。涅尔对亚里士多德未能将符号、符号的提及、符号的使用之类的差别区分开来而深表遗憾，并且感叹说，亚里士多德这种随意的混合使得"注释家焦头烂额"②。我们认为，涅尔的评价即使限定在关于《范畴篇》一部著作之内也仍有过激之嫌。但是有一点毕竟是实在的，即无论亚里士多德主观上将符号、符号的语义以及存在于符号之外的被符号指称的客体区分得如何清楚，可是在具体表述中，他总是未加严格区分的。后来的学者觉察到不加严格区分容易招致麻烦，便创造了诸如加引号和加限制词之类的方法，这确实是对亚里士多德缺陷的一种弥补。

---

① 亚里士多德：《范畴篇》，3b。

② ［英］威廉·涅尔、玛莎·涅尔：《逻辑学的发展》，商务印书馆 1985 年版，第 34—35 页。

　　亚里士多德研究发现，语言符号指称事物具有多样性。指称一事物，有时是指称该事物实体，有时是指称性质或其他范畴。当一个人立在他的面前时，他说"立在面前的东西是一个人或一个动物"，这是陈述了对象的本质，指称了一个实体；但是当一种白的颜色放在他面前时，他说"放在那里的东西是白的或是一种颜色"，这是陈述了它的本质，指称了一种性质。同样，如果说出一个腕尺的量值，便陈述了它的本质，指称了一个数量。其他的情形也是一样的。因为每一个这样的谓词只要它是断言自身的，或者它的属断言它，那么它就是指称一种本质；但是如果它是断言某种其他东西，那么它就不是指称一种本质，而是指称一种数量或一个其他的范畴。

　　亚里士多德对语符指称的多样性，进行了精心研究，形成了著名的语义范畴理论，为认识词语的语义提供了方便。在《范畴篇》中，他有过这样的说明：每一个不是复合的用语，或者表示实体，或者表示数量、性质、关系、地点、姿态、状况、活动、遭受等，并且他用具体例词作了清楚的解释。在《论辩篇》，他提出范畴词均可作宾词，并且明确指出，宾词的种类一共有10种，即本质、数量、性质、关系、地点、时间、姿态、状况、活动、遭受。任何事物的"偶有性、类、特性、定义"总是这些范畴之一，因为通过这些范畴形成的一切命题总是意指某事物的本质或性质或数量或宾词的其他类型。

　　换个角度，亚里士多德对与范畴紧密相关的一些表达式作了语义考察。亚里士多德认为，命题表达思想，表达命题的语言形式可以划分为两部分：主词和谓词。主词代表被陈述的对象，谓词是对主词的陈述。谓词有四类：定义、固有属性、属、偶性。

　　关于定义，亚里士多德这样解释："定义是指明某事物的本质的短语。"① 也就是说，从语形角度看，定义是一个语言符号串、一个语言表

---

① 亚里士多德：《论辩篇》，101b。

达式，离开了语言形式就没有定义。从语义角度看，定义必须涉及事物的本质，定义所揭示的关于事物的本质构成定义的语义内容。一个定义是语形与语义的有机统一体。作为有机整体的定义包含两种元素。亚里士多德说："定义的元素，一个是属，另一个是种差，并且只有属和种差述说本质。"① 怎样给出事物的定义呢？亚里士多德给了方法论的指导。他说，定义"首先是将对象置于其属内，然后再加其种差"②。亚里士多德提出的"属加种差"定义法，至今仍然为人们所接受和普遍采用。要对"鸟"作语义解释，采用属加种差法给以定义，指出"鸟是有羽毛的卵生动物"，人们就能基本了解鸟是什么，其中"有羽毛""卵生"是种差，"动物"便是鸟的属。

定义是重要的语义解释方式，亚里士多德对这种方式作了明确的规则要求。他在《后分析篇》中说："由于定义是事物实质的表述，显然一种定义将是名字意义的表述，或是一个等价的名称公式的表述。"③按现代的话说，亚里士多德对定义作了两点要求：第一，从语义上说，定义必须揭示被定义词语或概念的内涵，即被反映的事物的本质。第二，从范围上说，定义项的外延与被定义项的外延必须相等，即二者"等价"。基于此，亚里士多德明确指出："并非每字与其说明相同就算定义（若如此，则任何一组字都将成为定义，像'伊里埃'也可以说是某一物的定义了），对一事物基本上有所说明才可以。"④既然定义实质上是对特定词语的解释，那么准确地使用语言表达式就是极其重要的了，不注意这一点，则会导致定义的错误。亚里士多德指出，不正确的定义表现在两个方面：首先是语言含混，其次是使用的词组比必要的词组长。为避免此类错误，亚里士多德强调，因为"指出定义的整个目的

---

① 亚里士多德：《论辩篇》，154a26-27。

② 亚里士多德：《论辩篇》，139a。

③ 亚里士多德：《后分析篇》，93b27-30。

④ 亚里士多德：《形而上学》，103a。

就是使某物被认识"，所以"定义的语言应该尽可能清楚"，并且，"在定义中，所有的附属物都是多余的"。① 亚里士多德之所以对定义作如此全面的探讨，有赖于他对定义的语义作用的重要性的认识。在亚里士多德看来，事物间差别的发现，不但有助于我们进行关于相同、差别的推理，而且也有助于认识任何特殊事物是什么。有助于我们关于相同、差别的推理，是明显的，因为当我们发现当前事物的任何差别时，就已表明了它们并非相同；有助于我们认识事物，是因为我们通常借某事物的种差去辨别关于每一特殊事物的本质的表述，而定义恰恰就是揭示事物之间差别、区别事物科属的重要手段。亚里士多德指出，若说我们要凭定义认识每一事物，则科属是定义的基本。事物依品种而得名，人能通过认识品种来认识事物，而认识品种必以认识科属为起点。所以，关于定义的语义作用，亚里士多德作了这样的概括："定义之所以为人们重视就在于它必有所指明：由名词组成的公式将所解释的事物划分了界限。"②

关于固有属性，亚里士多德是这样解释的："固有属性是一谓词，它不表示一事物的本质，却是此事物专门具有的，并且可以和它互相换位述说。"③ 也就是说，语形上固有属性是一种表达式，并且处于述说主词的位置语义上，它不是事物本质属性的语义载体，它仅仅表示某事物专门具有的那种性质。比如说，"能学习语法"是人的固有属性，因而它可以成为主词"人"的谓词。然而，人的固有属性很多，例如"懂得计算"等。所谓可以互相换位述说，意思是：如果甲是一个人，那么他是能学习语法的，反过来可以说，如果他是能学习语法的，那么他是一个人。倘若是一个直言命题，固有属性可以与其主词互相换位述说，可以这样理解：对于命题"S 是 P"而言，P 是 S 的固有属性，那么就可

---

① 亚里士多德：《形而上学》，139b。
② 亚里士多德：《形而上学》，1012a。
③ 亚里士多德：《论辩篇》，102a。

以说"P 是 S"。

关于属，亚里士多德说："属是对一些不同种的事物的本质范畴的述说。"① 现代研究家习惯于对属作纯粹外延的考察。亚里士多德所研究的属，含义丰富得多。他习惯于将属、种差、种三者结合起来认识。他说，属和种不是像"白色"那样单纯地表示性质。"白色"除性质之外不再表示什么，但属和种则是就一个实体来规定其性质的：属和种表示那具有如此性质的实体。这种一定性质的赋予，在属那里比在种那里包括了更大的范围。他举例说，"动物"与"人"，前者用了一个外延较广的词。属和种指称实体，但所指称的实体必须是同时蕴涵着一定性质的实体。这种陈述有意识地突出了属是外延与内涵的统一体。这也就顺理成章地说明了为什么属能够成为述说主词的谓词对主词作语义解释。人们还可以从亚里士多德对属与种的关系的探讨中进一步认识他关于作为谓词的属的观念。他论述道：属的外延宽于种的外延。种参有属，但属不参有种。种所能陈述的东西，也应当是属所能陈述的东西。属应该使对象的范围明确，并能以此区别其他一般事物，而种差则可以使对象的范围与同属下面的其他事物区别开来。据亚里士多德的分析，属可以对种作语义解释，或者说，"属可用来陈述一切属于它的种"。

关于偶性，亚里士多德作过两种解释。首先，他认为偶性是属于主词或事物的一种属性，但它不是属于主词或某物的定义、特性或者类。其次，他认为偶性可能属于也可能不属于任何相同事物，比如"坐的姿势"就可能属于也可能不属于某一事物。两种解释之后，亚里士多德作了比较，认为第二种解释比较好，因为如果要采用第一种解释，并且要真正地了解它，就必须首先认识什么是"定义""类"和"特性"。而第二种解释不需要这样的预备知识，其解释本身就足以告诉人们关于"偶性"一词的基本语义。在言语交际过程中，语义解释是交流思想、

---

① 亚里士多德：《论辩篇》，102a。

认识事物的必然要求。亚里士多德解释语义的方法灵活多样，主要有内涵解释、外延解释、关系解释和功能解释四种。

以词项的内涵为诠释重心所作的语义解释称为内涵解释。亚里士多德是如何进行内涵解释的呢？我们可以通过他对"可能"一词的解释加以说明。他说，"可能"一词有多种含义。在一种情况之下，它被用来指事实，指那已现实化了的事物发展的趋势。例如说一个人发觉步行是可能的，因为这个人是在步行着，我们就是在使用这个意义下的"可能"一词。在另一种情况下，"可能"一词则用来指某一种能力，这种能力在一定条件下是能现实化的。例如我们说一个人发觉步行是可能的，因为在某种条件之下他会步行。这一种可能性只属于那能运动的东西。对于那确在步行着的现实的东西，以及对于那虽有这种能力但不一定实现了这种能力的东西，都能正确地说它并非不可能步行。简言之，"可能"一词语义有二：一表状态，二表趋势。"他会写字是可能的，因为他已经写了字。"这里的"可能"表达了状态，表达了绝对必然性。"他可能会写字"，这里的"可能"表达的是一种趋势，这种趋势仅仅是对事物的推测，并不是用可能一词表达绝对必然性，因为它并没有转化为现实。

以词项的外延为重心进行的语义解释是外延解释。亚里士多德对量项的解释运用的就是这种方法。他说："全称的，我指的是这样一种陈述，即：某事物属于另外某事物的全体分子或无一分子。特称的，指的是：它属于其中的一些，或不属于其中的一些，或不属于其全体。"①这里的解释就是外延解释。在《解释篇》中，他的外延解释运用得更明显，他举例说："人"是一个全称的，"卡里亚斯"是一个单称的。值得注意的是，亚里士多德并不总是将内涵解释和外延解释分别独立地使用，有时也将二者结合起来使用。关系解释指的是通过揭示词项与词项

---

① 亚里士多德：《前分析篇》，24a。

之间的外延关系来说明词项语义。三段论是亚里士多德的极为引人注目的研究成果。这种成果的取得离不开亚里士多德对三段论的诸词项之间语义关系的深刻认识。一个三段论包含三个名词，即大词、小词和中词。亚里士多德说，要使三段论生效，就其主要的前提来说，每一个三段论都是由一种偶数的前提和一种奇数的名词组合而成的，而结论的数量是前提数量的一半。这些名词是怎样发生语义联系的呢？亚里士多德作了这样的分析：如果三个名词彼此间存在着这样的关系，即最后的名词包含在中间的名词之内，中间的名词或者包含在第一个名词之内，或者被排斥其外。其自身被包含在另一个名词之内而又包含着另外一个名词于其自身之内的这个名词，亚里士多德称之为中词。亚里士多德天才地将变项引入三段论，用 ABC 分别代表小词、中词和大词，简单明了地揭示了三个名词间的关系：如果 A 被断定为 B 的全体分子的属性，并且 B 被断定为 C 的全体分子的属性，A 就必然地被断定为 C 的全体分子的属性。同样地，如果 A 被断定为 B 的无一分子的属性，而 B 被断定为 C 的全体分子的属性，那么必然地没有任何 C 是 A。

关系解释的直接作用不在于对单个词项的语义认识，而在于认识词项与词项之间的语义联系。词项有机合成的语句表达判断，判断是人们对思维对象的断定，判断与判断之间的有机联系可以构成推理，即由若干已知判断推出新的判断。亚里士多德发现，一个判断同另一个判断相联结，已知判断向未知判断过渡，词项起了关键的媒介作用。没有词项的桥梁作用，就没有三段论推理形式的存在。可见词项之间的语义关联，可以让彼此独立静止的词项在无限的思想交流空间活跃起来。

功能解释是在语言的具体运用中考察词语的表义功能。功能解释与关系解释相同之处在于，均须将被解释的词语置于言语活动之中，离开语言的具体使用便不能获得相应的正确解释，但不同之处也是明显的：关系解释是在诸多判断之间跨语句寻找词语的语义关系，进而为语句的关联、过渡乃至新语句的产生提供语义依据；而功能解释则是在同一语言链上诸词语的彼此搭配问题。如果说一个语句表示一个相对完整的语义，那么该完整的语义有赖于构成该语句的诸要素即词语的语义要素的磨合。词语的语义搭配合理、紧凑，语句的整体意义则明确凝练。

由于词语的搭配关系灵活复杂，因而以功能解释法来认识词语的语义并非一目了然之事，整体地把握语句和辩证地考察词语彼此间的组合关系是十分必要的。亚里士多德认为，有些情况下，几个独立的宾词可以联系成一个"单一的宾词"，意即成为一个相对完整的、其语义比各个独立的宾词更丰富的较大的宾词。在什么条件下这样做是可能的，什么情况下又是不可能的？简单地说，如果多个独立的宾词结合以后能够恰当地陈述原来的同一个主词，则是可能的；否则便是不可能的。他说，我们可以用两个独立的命题说人是一个动物和人是一个两足的东西，这时，我们也可以把两者结合起来，即将两个不同的宾词结合起来陈述原来相同的主词，说人是一个两足动物。但是如果一个人是鞋匠，并且此人不错，我们就不能造成一个两结合的宾词来陈述原来共同的主词，说他是一个不错的鞋匠。针对这种情况，亚里士多德说"如果每当两个独立的宾词真的属于一个主词的时候就推论说由它们的结合所得的宾词也真的属于主词，则会有许多荒谬的结果发生。"

宾词，至少在三种情况下不能结合成一个整体去揭示主词的语义：第一，宾词结合后语义修饰对象发生转移。例如，由"人是鞋匠""人不错"结合为"人是不错的鞋匠"，以"不错"来修饰"鞋匠"，这就将指称人品的修饰语用在人的技艺方面了，因而发生语义潜移，改变了原来的语义。第二，"某些宾词……如果它们对于同一个主体来说乃是偶然的，或彼此之间乃是偶然的，就不能结合成一种统一体。"[1] 比如，在"人是白脸色的和有教养的"这个命题中，"白色的"和"有教养的"并不能结合形成一种统一体，因为它们只是偶然地属于同一个主体。退一

---

[1]　亚里士多德：《解释篇》，20b。

步说，就两个宾词而言，即使勉强说"那白的东西是有教养的"，其中"有教养"和"白"也不能形成一种统一性，因为一宾词揭示的语义并非必然地属于另一宾词指称的对象。第三，如果一个宾词与另一个宾词具有包含关系，那么这些宾词同样不能形成一种统一性。"动物"这一宾词与"两足的"这一宾词揭示的语义已经包含在"人"的语义范围之中，如果我们说"一个动物人"或"一个两足的人"都是不恰当的。

亚里士多德对命题（语句）作语义解释时引入了一组重要概念——真和假。从形式上说，名词、动词等词的组合构成命题；从语义上说，命题的整体语义总是属性，或定义，或类，或偶有性的统一。亚里士多德指出："如果有人要对命题加以考察，就会看出每一个都是由每一事物的定义或特性或类或偶有性形成的。"① 这不是说，上述四者之一本身构成命题，只是说命题都可以由四种因素构成。亚里士多德研究发现，无论命题的主词多么不同，宾词多么有异，但是所有命题均有着共同的语义特征，即真或假。"凡以不是为是，是为不是者就是假的，凡以实为实，以假为假者就是真的。"命题的真假实际上取决于命题语义与客观实在的关系。如果一个命题所承载的语义正好与客观实在相符合，那么该命题就被认为是真的，反之则为假。亚里士多德曾明确指出，命题的真假不同于善恶之存在于事物自身，而是存在于思想之中。事实上，应当说，命题的真假依赖于主观与客观是否统一。主观反映客观，形成相应的印象并用一定的语言符号称谓之。命题是相关语符的组合。真命题只是主观对客观的真实写照而已。

真假概念之所以是命题的语义解释的重要概念，这是由命题自身的特性决定的。从语义角度看，命题有双重性：一方面，任何命题本身必定表达一定的意义，这种意义是诸词项组合的语符串产生的，是命题自身承载的信息。另一方面，命题有真假。命题的真假在某种意义上说

---

① 亚里士多德：《论辩篇》，103b。

是人们对命题本身承载的语义或信息的再认识或评价。词项的指称性和组合功能构筑了命题信息语义的基础，命题传达的信息是否可以作为客观规律的反映，成为人们必须了解的知识，并非人人都心中有数。语义解释引入真假概念，对命题作进一步的语义解释，明确真值语义的命题，分清思想的正确与错误，正是命题所要完成的神圣使命。因此，我们认为，对命题作真值语义分析是亚里士多德对语义理论的重大贡献。

（《首都师范大学学报》1999 年第 3 期）

亚里士多德论符号、指称与语义解释

本文重点探讨了亚里士多德的符号与指称理论以及词项的语义解释方法。

一、符号与指称

亚里士多德在解释语义时提出了一种符号理论。他在《解释篇》中说："口语是心灵的经验的符号，而文字则是口语的符号，正如所有的人的书法并不是相同的，同样地，所有的人也并不是有相同的说话的声音；但这些声音所直接标志的心灵的经验，则对于一切人都是一样的，正如我们的经验所反映的那些东西，对于一切人也是一样的。"显然，在亚里士多德看来，符号有两类——口语和文字。口语是声音符号，文字是书写符号，口语符号直接与心灵经验相联系，文字符号直接与口语符相联系。尽管两类符号的感官作用和传讯途径不同，口语作用于听觉，通过声波传播，文字作用于视觉，通过光波传播，但是二者的指称功能从根本上说是一致的，它们都是心灵经验的载体。心灵经验是什么？是反映在人们头脑中的事物。亚里士多德这种符号指称事物的观念在《形而上学》中表述得更明确。他说："每一个字必须指示可以理解的某物，每一字只能指示一事物，决不能指示许多事物，假如一字混指着若干事物，这就该先说明它所征引的究竟属于其中哪一事物。"（《形而上学》1062310-16）这里，亚里士多德是针对文字的语义使用特征向辩难双方提出语用要求的。亚里士多德提醒辩难双方，文字指称事物，并且可以指示多种事物，但要使论辩双方保持论题同一就必须双方约定或明确每一字只能指示一事物。事物是反映对象，被反映的事物进入主观范畴便成为文字的语义。亚里士多德告诫人们，如果是一词多义，在具体辩难中就必须提出是在哪一种意义上使用的。否则，"不确定一个命意等于没有什么命意，若字无命意，人们也无从相互理解。"（《形而上学》1006b5-10）正因为如此，他在《论辩篇》中特别提醒在认识到文字的语义指称的同时要考察文字的多种意义。他指出：对一个名词的多种意义进行考察是有用的。一方面是为了澄清（因为如果一个人澄清了某一名词可能有多少种意义，他便会知道他所说的是什么），同时也是为了确保我们种种推理是以真正的事实为依据，而不是仅仅从事于所用的名词。因为只要还未明确一个名词究竟用于多少种意义，回答者和询问者心目中之所指就可能并非相同的事物；相反，如果一旦明确了究竟有多少种意义，而且当回答者作出答复时他心目中所指究竟是哪一种意义，那么，如果询问者的论证不是针锋相对，便会显得滑稽可笑。这也有助于使我们免受迷惑以及因错误的推理而迷失方向。因为我们知道一个名词具有多少种意义，我们就决不会因错误推理而迷误，却会知道询问者没有把他们的论证指向同一论点。

亚里士多德考虑符号的指称时注意到了符号指称的整体性。亚里士多德著作中，一个字与一个词并没有经常作严格区分。有时他说的一个字指的就是一个词，甚至是由几个字合成的一个词。无论是字还是词，亚里士多德都认为，作为符号必须始终以整体来指称事物。他说："所谓一个名词，我们的意思是指一个由于习惯而有其意义的声音，它是没有时间性的，它的任一部分离开了其他部分就没有意义。"（《解释篇》16a）在作进一步的语义考察时，实际上亚里士多德又将名词区分为简单的名词和复合的名词两种情形。他所说的一个名词的任一部分离开了其他部分就没有意义，是就简单名词而言的。所谓简单名词，大体相当于由一个语素构成的单纯词。组成单纯词的每一个文字符号不独立表意。按亚里士多德的话说，这种词的部分"绝对没有意义"。（《解释篇》16a）"复合的名词"则不同，构成其整体的部分，虽然"没有一个独立的意义"，但是"部分对于整体的意义有所贡献"。（《解释篇》16a）

符号的整体指称性并不限于"简单的名词"和"复合的名词"。亚里士多德认为，一个短语乃至一个语句也可以指称事物。在《形而上学》中，他表露过这样的思想：一个定义是一组字，这些字之所以组合，是因为它们必须构成语符整体来共同指称人们认识到的对象。用他的话说，就是"因为专门指示一个对象故而联接在一起的。"（《形而上学》1045a）有一类具有指称功能的特殊的词，它是引入"不"或"非"加到一个词上所构成的词或表达式，含有否定的意义，如非正义。亚里士多德对此作了宽容的处理。他这样说："'非人'这一用语不是名词。实际上并没有一个被公认的词足以用来指称这一个用语。因为它既不是一个句子，也不是一个否定命题。那么，就让它被称为一个不确定的名词吧。"（《解释篇》16a）处理这类词时，亚里士多德的思想矛盾显而易见。首先肯定地指出它不是普通意义上的名词。因为在亚里士多德看来，名词有简单与复合之分，无论是简单名词还是复合名词都能确定地指称事物，而一个对简单名词或复合名词进行否定而构成的表达式都不能确定地指称事物，所以有理由说它不是真正的名词。然而，最终又不能将它排除在名词之外。诚然，"并没有一个被公认的词足以用来指称这一个用语"，那么该用一个怎样的术语可以基本反映这类词的本来面目呢？亚里士多德最后把它叫做"不确定的名词"。应当说，这一称谓是反映了这类表达式的语义特征的。宽容地将它归属于名词，因为它毕竟具有指称功能，只是它所指称的对象不那么确定罢了。

在承认名称可以指称事物的基础上，亚里士多德进一步探讨了符号与所指的关系。

一是同名同义。他指出："当若干事物有一个共通的名称，而相应于此名称的定义也相同的时候，则这些事物乃是同名同义的东西。"（《范畴篇》1a）亚里士多德举了这样的例子来说明上述观点：例如一个人和一头牛都是"动物"，它们是被同名同义地加以定名的，因为两者不仅名称相同，而且与这个名称相应的定义也相同。如果有人要说出在什么意义之下这两者各是一个动物，则他们给予其中一者的定义必完全同于他所给予另一者的定义。这就是说，亚里士多德所说的同名同义是指一个关于类的名称所指谓的语义与该类中的每一对象的名称所指谓的语义具有共性。类名为动物，类中的分子也可以称为动物，这是同名。两者均指称动物，自然具有相同的语义，这是同义。值得注意的是，亚里士多德的"同义"与现代语言研究者通常所说的同义是不同的。前者重在揭示表达或指称范围上的同一或同类，后者则重在反映内涵的一致。二是同名异义。亚里士多德说："当若干事物虽然有一个共通的名称，但与这个名称相应的定义却各不相同时，则这些事物乃是同名而异义的东西。"（《范畴篇》1a）如果将"共通的名称"看作类名的话，那么"若干事物"就是类的成员。亚里士多德研究发现，语言中有这样的并非严格的归类习惯，比方"一个真的人和一个图画里面的人像，都可以称'动物'"，（《范畴篇》1a）但是事实上它们的本质属性并不相同，从而揭示内涵的名称与笼统的类名称相应的定义也各不相同，因此这种符号与指称的关系被亚里士多德称为同名而异义。

肯定了符号的指称功能，认识了符号与所指的关系，亚里士多德还注意到了指称的层次性。亚里士多德认为，实体是名词或名称所指称的对象。被名称所指的实体并非始终处于同一平面上。他认为实体有第一性实体和第二性实体两类，第一性实体实质上是事物个体，第二性实体则是事物的类，其中又可分种和属两个层次。这样，细说起来，实体便有了个体、种和属三个层面了。三个层面之间的关系，亚里士多德作了详细的阐述，他分析说：实体，就其最真正的、第一性的、最确切的意义而言，乃是那既不可以用来述说一个主体又不存在于一个主体里面的东西，例如某一个个别的人或某匹马。但是在第二性的意义之下作为种而包含着第一性的实体的那些东西也被称为实体；还有那些作为属而包含着种的东西也被称为实体。例如，个别的人是被包含在"人"这个种里面的，而"动物"又是这个种所隶属的属，因此这些东西——就是说"人"这个种和"动物"这个属——就被称为第二性实体。(《范畴篇》2a) 三个层面中，第一性实体是最"当之无愧的"实体，亚里士多德解释："第一性实体之所以是最得当地被称为实体，乃是由于这个事实，即它们是其他一切东西的基础，而其他一切东西或者是被用来述说它们，或者是存在于它们里面。"(《范畴篇》2b) 第二性实体中，"种比属更真正的是实体，因为种与第一性实体更为接近"。亚里士多德举例说，要说明第一性实体，往往借助第二性实体，这时说出第一性实体的种比说出第一性实体的属更方便，更明确。譬如，描述一个个别的人，说他是人就比说他是动物更易于使人理解。谈一株树是什么时，提出"树"这个种比提出"植物"这个属更为清楚。

阐明了语符指称的实体之不同层次，亚里士多德紧接着论述了实体的语用特征。通常，人们谈到"人"或"动物"，总容易被理解为指称某一个具体的对象，其实"严格地说这并非真的"。(《范畴篇》3b)因为说"人"或"动物"论及的是第二性实体，而第二性实体并不像第一性实体那样是单一的、个别的，而是具有某一性质的一类对象。

有研究者发现，亚里士多德关于符号与指称的学说存在着含混的地方，这是值得注意的。涅尔有过这样的评价，《范畴篇》在目的和内容上都是非常含糊的一部著作。这里特别值得一提两个主要含糊的地方。首先，在符号和符号表示的东西，语词和在非常广泛的意义上的事物之间，亚里士多德是否作了区分，这是不清楚的。这是自古以来注释家们曾经探索的一个问题。其次，亚里士多德是否只研究了谓词，还是研究了包含主词在内的一般词项，这也是不清楚的。涅尔对亚里士多德未能将符号、符号的提及、符号的使用之类的差别区分开来而深表遗憾，并且感叹说，亚里士多德的这种随意的混合使得"注释家焦头烂额"。（《逻辑学的发展》P34-35）我们认为，涅尔的评价即使限定在关于《范畴篇》的一部著作，也仍有过激之嫌，但是有一点毕竟是实在的，即无论亚里士多德主观上将符号、符号的语义以及存在于符号之外的被符号指示的客体区分得如何清楚，可是在具体表述中，他总是未加严格区分。后来的学者觉察到不加严格区分容易招致麻烦，创造了诸如加引号和加限制词之类的方法，确实是对亚里士多德缺陷的一种弥补。

二、词项的语义解释

亚里士多德解释词项语义的方法灵活多样，主要有内涵解释、外延解释、关系解释和功用解释四种。

词项是表达一定语义的符号。词项语义包括内涵和外延两个方面。在言语交际过程中，语义解释是交流思想、认识事物的必然要求。以词项的内涵为诠释重心所作的语义解释是内涵解释。亚里士多德是如何进行内涵解释的呢？我们可通过他对"可能"一词的解释加以说明。他说，"可能"一词有多种含义。在一种情况之下，它被用来指事实，指那已现实化了的事物发展的趋势。例如说一个人发觉步行是可能的，因为这个人是在步行着；一般说来，当一种能力实际上已现实化了而把该种能力赋予一件事物的时候，我们就是在使用这个意义下的"可能"一词。在另一种情况之下，"可能"一词则用来指某一种能力，这种能力在一定条件下是能现实化的。例如我们说一个人发觉步行是可能的，因为在某种条件之下他会步行。这后一种可能性只属于那能运动的东西，前一种则能够存在于那没有这种运动能力的东西那里。对于那确在步行着并且是现实的东西，以及对于那有这种能力虽然不一定实现了这种能力的东西，都能正确地说它并非不可能步行。简言之"可能"一词语义有二：一表状态，二表趋势。"他会写字是可能的，因为他已经写了字。"这里的"可能"则表达了状态，表达了绝对必然性。"他可能会写字"，这里的"可能"表达的是一种趋势，这种趋势仅仅是对事物的推测，并不是用可能一词表达绝对必然性，因为它并没有转化为现实。(参见《解释篇》23a) 以词项的外延为诠释重心所作的语义解释是外延解释。亚里士多德对量项的解释运用的就是种方法。他说："全称的，我指的是这样的一种陈述，即：某事物属于另外某事物的全体分子或无一分子。特称的，指的是：它属于其中的一些，或不属于其中的一些，或不属于其全体。"(《前分析篇》24a) 显然这里的类解释就是外延解释。在《解释篇》中他的外延解释运用得更明显。他举例说："'人'是一个全称的，'卡里亚斯'是一个单称的。"值得注意的是，亚里士多德并不是永远将内涵解释和外延解释分别独立地使用，将二者结合起来作词项语义解释也被他运用过。

关系解释指的是通过揭示词项与词项之间的外延关系来说明词项的语义。三段论是亚里士多德的极为引人注目的研究成果。这种杰出成果的取得离不开亚里士多德对构成三段论的诸词项之间语义关系的深刻认识。一个三段论包含三个名词，即大词、小词和中词。亚里士多德说，要使三段论生效，就其主要的前提来说，每一个三段论都是由一种偶数的前提和一种奇数的名词组合而成的，而结论的数目将是前提数目的一半。这些名词是怎样发生语义联系的呢？亚里士多德作了这样的分析：如果三个名词彼此间存在着这样的关系，即最后的名词包含在中间的名词之内就像在一个整体里一样，而这中间的名词或是包含在第一个名词之内就像在一个整体一样，或是被排斥其外就像离开了这个整体一样。其自身被包含在另一个名词之内而又包含着另外一个名词于其自身之内的这个名词，亚里士多德称之为中词。位置上，它出现在中间。两个端词指的是包含在另一个名词之内的那个名词和那个包含着另一个名词的名词。亚里士多德天才地将变项引入三段论，用 ABC 分别代表小辞、中辞和大辞三个名词，简单明了地揭示了三个名词间的关系：如果 A 被断定为 B 的全体分子的属性，并且 B 被断定为 C 的全体分子的属性，A 就必然被断定为 C 的全体分子的属性。同样地，如果 A 被断定为 B 的无一分子的属性，而 B 被断定为 C 的全体分子的属性，那么必然地没有任何 C 是 A。

关系解释的直接作用不在于单个词项的语义认识，而在于认识词项与词项之间的语义联系。词项是构成语句的基本细胞，词项有机组合成的语句表达判断，而判断是人们对思维对象的断定。判断与判断的有机联系可以构成推理，即由若干已知判断推出新的判断。亚里士多德发现，一个判断与另一个判断相联结，已知判断向未知判断过渡，词项起了关键的媒介作用。没有词项的桥梁作用，就没有三段论推理形式的存在。可见对词项之间彼此关系的语义认识是在更广泛的天地里考察词项，这有利于让彼此独立的静止的词项在无限的思想交流空间活跃起来。

功用解释指的是通过说明语词在具体的语言运用中表现出来的语义功能来认识词项语义。

亚里士多德在语言的具体运用中考察词项的表义功能力，与前面提到的关于词项的关系解释有相同之处，即功用解释与关系解释均须将被解释的词项置于言语活动之中，离开语言的具体使用便不能获得相应的正确解释。但不同之处也是明显的。关系解释是在诸多判断的有机整体中，具体地说是三段论中来了解词项与词项之间的类关系，是在跨语句间寻找词项的关系语义，进而为语句（或判断）的关联、过渡乃至新语句（新的判断）的产生提供语义依据，而功用解释则是针对一个语句内部来考察诸词项在同一语言链上的位置及彼此的搭配问题。如果说一个语句表达一个相对完整的语义，那么，该完整语义有赖于构成该语句的诸要素即词项的语义要素的结合。词项语义搭配合理、紧凑，语句的整体意义则明确凝炼。

由于词项的搭配关系灵活复杂，因而以功用解释法来认识词项语义并非一目了然之事，整体地把握语句和辩证地考察词项彼此间的组合关系是十分必要的。亚里士多德认为，有些宾词结合可以使一些独立的宾词联系成为一个"单一的宾词"，意即成为一个相对完整的其语义比各个独立的宾词更丰富的较大的宾词。在什么情况下这样做是可能的，在什么条件下又是不可能的呢？简单地说，多个独立的宾词结合以后能够恰当地述说原来的同一个主词，则是可能的，如果结合以后不能准确述论原来主词的属性，则是不可能的。他说过，我们可以用两个独立的命题说人是一个动物和人是一个两足东西。这时，我们也可以把两者结合起来，实际上就是将两个不同的宾词结合起来述说原来的相同的主词，说人是一个两足动物。但是如果"一个人是鞋匠"，并且"此人不错"，我们就不能造成一个两结合的宾词来述说原来共同的主词，说"他是一个不错的鞋匠"。针对这种情况，亚里士多德说："如果每当两个独立的宾词真的属于一个主词的时候就推论说由它们的结合所得的宾词也真的属于主词，则就有许多荒谬的结果发生。"（《解释篇》20b）

分别揭示主词语义的不同宾词，至少在三种情况下不能结合成一个整体来揭示主词语义。第一，宾词结合后形成语义修饰对象转移。比方由"人是鞋匠"，"人不错"结合为"人是不错的鞋匠"，以"不错"来修饰"鞋匠"，这就将指称人品的修饰语用在人的技艺方面了，因而发生语义潜移，改变了原来的语义。第二，有些宾词，虽然可以述说同一主词，但是分别表达主词所指称主体的偶有属性，或者一宾词相对另一宾词所表达的也是一种偶然性，这样的宾词也不能结合为新的宾词统一体，表达语义的统一性。正如亚里士多德所说："某些宾词……如果它们对于同一个主体来说乃是偶然的，或彼此相互之间乃是偶然的，就不能结合成一种统一性。"（《解释篇》20b）比方，"人是白脸色的和有教养的"这个命题，白色的和有教养的并不结合形成一种统一性，因为它们只是偶然地属于同一个主体。退一步说，就两个宾词而言，即使勉强说"那白的东西是有教养的"，其中"有教养"和"白"也不会形成一种统一性，因为一宾词揭示的语义并非必然地属于另一宾词指称对象的属性。第三，如果一个宾词与另一个宾词具有包含关系，那么这些宾词同样不能形成一种统一性，"动物"这一宾词与"两足的"这一宾词揭示的语义已经包含在"人"的语义范围之中，如果我们说"一个动物人"或"一个两足的人"都是不恰当的。

（《湘潭师范学院学报》1996 年第 1 期）

语 言 哲 学

语 言 哲 学

本文试图解释一些 20 世纪英美哲学家支持的重要主题和理论问题。哲学自身是研究实在的基本成分或人类所拥有的基本概念。因此，语言哲学是研究语言理解的最基本概念。最明显的概念是意义、意谓事物的词和句子。然而，理解什么是意义并不容易。意义的研究导致了语言哲学的其他概念——句法、语义和语用的产生，这些概念是语义哲学的中心概念。①

一、语言与语言的使用

20 世纪，大多数语言哲学家区分了语言或语言使用的三个方面：句法学、语义学和语用学。句法学研究词语和其他语言要素连接起来形

---

① 美国德克萨斯大学哲学系教授 A.P. 马蒂尼奇（A.P.Martinich）是国际著名语言哲学家。他著作等身，曾由牛津大学出过四版的《语言哲学》为欧美大学语言哲学教科书的经典读本，1998 年由商务印书馆出版了中译本。马蒂尼奇教授不仅精通语言哲学，在政治哲学、历史哲学等领域也有精深造诣，并因此获得美国 Roy Allison Vaughan 百年教授的终身荣誉。本文是 A.P. 马蒂尼奇对语言哲学中的一些重要主题和理论进行概要点评的经典性论文。译者在美国访学期间，就文章中的一些难点问题与作者进行过多次面对面的讨论。值此译文发表之际，谨向作者致以诚挚的感谢！

成语法单位的方法，不考虑句子的意义。句子 Smith are happy 和 Smith happy is 两者在句法上都并不正确。句子 Smith is happy（斯密斯愉快）像句子 Green ideas sleep furiously（绿色的思想愤怒地睡觉）一样，在句法上是正确的。后一个句子是有缺陷的，因为从该句子的字面意思找不到指示对象。但意义不是句法概念而是语义学概念。

由于人类智力的局限和学习语言时间的限制，因此，语言的句法必须是有限的。这就是说，人类语言的语法必须由有限数量的词和有限数量的组词成句的规则组成。

语义学研究词和句子的意义。意义通常被认为是词语与世界的一种关系。指称（reference）和真（truth）是语义学使用的两个基本概念。20 世纪 20 年代和 30 年代，许多哲学家认为不可能有一种语义学科学，因为语义学试图用词语做一些词语不能做的事。词语通常只用来谈论事物，而语义学企图谈论词语与事物之间的关系。关系自身不能是一种事物，因为如果它是事物，那么人们可能要问是什么使那种关系与那些其他事物联结起来。如果答案是说有一些其他关系与它们联结起来，那么那另外的关系自身是一种事物，人们能够一再问同样的问题，这就会导致一种无限循环。语言描述世界，但语义学"试图表现语言与世界的关系"而超越了语言描写能力。

30 年代，阿弗里德·塔尔斯基（Alfred Tarski）给哲学家展示了一种方法，即语义学不违反语言表达的限制却能发挥其作用。这样，语义学直到 20 世纪 50 年代末一直统治着语言哲学。

语用学研究在 20 世纪 50 年代早期开始获得重要地位，直到 80 年代早期仍然繁荣昌盛。语用学是关于如何使用语言的研究。说话者能够用语言陈述、允诺、打赌，咨询问题，颁布命令，寄托哀思等等。语用学主要研究说话者和听话者之间的相互影响。这一研究领域的主导思想是：言语是有意图的行为并且由规则制约。

语义学研究在 20 世纪 70 年代早期复兴以来一直持续到今天。但与此同时，其他哲学家对区分句法学、语义学和语用学的一些假说提出了挑战，一种很不相同的语言概念开始出现。

二、意义命名论

20 世纪，最初引起哲学家对语言性质关注的是现实和真的传统关系。一个普通句子或陈述与事实对应时，似乎它是真的。那么看来真存在于语言中，当语言具有这特性时，真的性质能够被完全理解。联系到实体，20 世纪初许多哲学家显得沮丧，因为形而上学家为研究发现实体的性质而直接研究实体出现了失败。由此产生这样的观念，认为实体或许可以通过研究语言来间接研究，因为语言反映现实，发现语言结构能够揭示现实的结构。因此，哲学家有了两个理由研究语言：理解真的性质和认识现实的结构。

语言的一个方面，即指称（referring）方面，由于它与真的关系，受到了特别关注。如果真要求语言的元素（elements of language）与世界实体（entities in the world）对应，并且如果语言反映世界，那么语言必须联结世界一些确定的点。语言联结世界的方式是指称（reference）。指称通常被认为是专名或指示个体对象的主词表达式的特性，因为存在于空间和时间的个体似乎是世界的基本成分。这种看法导致了最简单或许是最有适应性的语义学理论，意义的命名理论。根据这种理论，词的意义是它命名或指称的对象。路德维格·维特根斯坦（Ludwig Wittgentein）在《逻辑哲学论》中，提出了一个严格的经典理论。他写道："一个名称意味 [bedeutet] 一个对象。对象是它的意思。"（命题3.203）虽然名称是句子的基本建构材料，但独立的名称不能表达思想。名称联结或串在一起形成命题符号（句子）。由于维特根斯坦把事实（fact）定义为对象（object）的结构，所以，命题符号就是事实自身。

伯特兰德·罗素（Bertrand Russell）变化了维特根斯坦的命名理论。罗素认为有两类名称：专有名称和普通名称。专名直接指称个体对象。在他看来，与独立存在的具体对象譬如桌子、椅子、猫和狗比较而言，实际上那些个体对象始终是感性材料，也就是感觉。普通名称直接指谓（donate）哲学家以不同名称指称的概念（concepts）、属性（properties）和普遍性（universals）。个体与概念之间的差别可以用例证来解释。譬如看粉笔牌，一个人看到的是一个特定的黑块。这种感觉是个体的。但这特定的黑色感觉只是同一个人在不同时间或很多人在不同时间能够看到的许多感性形象中的一种。这些特定的黑色感觉具有某些共同的东西，这些共同的东西就是确定的一般的东西。这种一般的东西就是概念、属性或普遍性。

罗素指出了专有名称与确定摹状词的主要区别。罗素将确定摹状词定义为任一具有"这个 Φ"形式的短语（这里，Φ 代表任何名词或名词短语），例如"这个中国最高的人"。这样做，他直接反对 19 世纪伟大的逻辑学家戈特伯·弗雷格（Gottlob Frege）。弗雷格将专名和确定摹状词合为"单一词项"。对弗雷格而言，这两种表达式似乎都能作为句子的主词表达式，而且有相同的功能，也就是说，专名所指对象都被谓项所陈述。同样，两者还通过一些认知或概念元素（他称之为"意义"（sinn））指谓对象。例如，短语"从左边数的第三个"和"从右边数的第二个"有不同的意义，然而，如果四个对象同在一行，那么每一个短语都指称同一个对象。简言之，弗雷格有一个双层（two tiered）语义学系统：含义（sinn）和指称（bedeutungen）。

罗素有一个单层（one-tiered）系统。由于词的意义是它直接指称的对象，所以名称不能有描写的内容（sinn）。名称"苏格拉底"并不显示苏格拉底与谁相像。甚至表面上看来是描述的名称，像"坐着的布尔"，也没有描述什么。就"坐着的布尔"这个表达式所涉及的命名功能而言，坐着的布尔（Bull）不是一头公牛（bull），公牛任何时候都不需要坐。比较而言，罗素认为确定摹状词不直接指称对象，所以没有意义。摹状词的指称完全是以它表达的概念为中介来实现的。例如，"暮星"通过"傍晚出现在天空中的第一个天体"这一概念指称金星。但是也有人认为，有描述功能的专有名称可以指称对象。

另一种观点认为，摹状词从来不是主词。这最初是难以置信的，因为"现任法国国王"出现在句子"现任法国国王聪明"的主语位置。从另一方面看，承认摹状词是句子的主词有问题：没有法国国王。然而，该句子又不是关于其他任何事物的，那它怎么能够具有意义（meaningful）呢？

这个问题引出了三种基本方法：一是指派一个任意对象，譬如一个空集，当作实际上不指示对象的任一摹状词的所指（referent）。这是弗雷格的建议，罗素反对这种特别的人为制造的做法。第二种方法是承认有像"现任法国国王""金山"和"最大的自然数"这些词或短语指称的非存在的事物。罗素在《数学原理》（1903）中接受这种观点，但当他有了一种新的认识之后，便指责持有这种观点的人。在《数理哲学导论》（1919）中，他写道：实在（reality）的意义（sense）在逻辑上是很重要的，无论谁曲解它，对思想都有危害。实在的确切意义，对正确分析关于独角兽、金山、圆的四边形和其他虚假对象构成的命题十分必要。解决这个问题的第三种方法是罗素提出的。他解释说，"法国国王"不是句子的主词，进一步说，尽管表面看来像，但是"现任法国国王聪明"实际上不是一个主谓句。根据罗素的观点，句子"现任法国国王聪明"实际上是一个复杂的存在句。就是说，确切地说，该句子表达了如下意思："存在一个对象 x，x 是男的—君主制式地—统治—法国，并且x 是聪明的。"

罗素通过考虑含有确定摹状词的语句在什么条件下真来分析句子。如果一种特定的对象具有所表达的属性，那么这种形式的句子就是真的。用另一种方式说，一种特定的事物具有一种性质，是说至少一个事物有并且至多一个事物有该性质。前两个句子的分析被认为是把握了一个特定事物具有一种特定属性的观念。

如果普通专名不是真正的名称那是什么呢？1905 年《论指称》发表以后的几年，罗素认为"这""那"和"我"是专名，因为它们似乎直接指称某个被"清晰"指向的对象。但最终他认为"这"是相当于"靠近说话者并且正被指示的对象"这种形式的变形摹状词；"那"是相当于"远离说话者并且正被指示的对象"这种表达式的变形摹状词；"我"是相当于"正在说话的个人"这个表达式的变形摹状词。具有讽刺意义的是，最初在专名和摹状词之间进行的比较，这种由他苦心证明的理论崩溃了，罗素断定没有什么是专名。

直到 1950 年，P.F. 斯特劳森（P.F.Strawson）发表《论指称》，罗素的著名理论受到了严峻的挑战。斯特劳森认为句子"现任法国国王聪明"不仅语法上而且逻辑上是一个主谓句。罗素的错误根源在于混淆了语言的基本法则。斯特劳森否定意义命名理论的基本主张。他说，词的意义根本不是它指称的对象。有时，"意谓"（mean）这个词就是意谓"指称"（refer），例如，句子 Jones meant George Eliot when he said that the greatest English novelist was a woman（当约翰说伟大的英国小说家是一个女人时，他意谓乔治·埃利奥特）就是这样。但在这种情况下，争议的焦点在于，什么是说话者的意谓而不是词的意谓。如果词的意义是词所指称的对象，那么从一个人的口袋里拿出一条手绢就是从一个人的口袋里拿出了"手绢"这个词的意义。否定一个命名的对象也就是否定了一个名称的意义。每一种说法都是荒谬的。

对命名理论的选择，斯特劳森勾画出了一种（有时被称为）意义用法论（the Use Theory of Meaning），这种理论从 50 年代早期到 70 年代早期极有影响。他说："给出一个表达式的意义……是为该表达式用来指称或提及特定对象给出一般向导（general directions）；给出一个句子的意义是为该句子用来作出真的或假的断言给出一般向导。"

斯特劳森在句子和陈述之间划出了一条严格的界限。句子可以是合语法或有意义的，但它却既不真也不假。斯特劳森的观点是，具有真假的不是句子而是用句子描述世界的陈述或断言。想一想句子"现任法国国王聪明"确实既不真也不假，因为它的意义是荒唐的。1625 年使用该句子，能够用于路易十三世的陈述，1650 年使用该句子，则是关于路易十四世的陈述。但显然两种不同的陈述来自完全一样的话语。到20 世纪使用"现任法国国王聪明"，即使它仍然有意义，但它完全不是任何陈述。今天不清楚事实的说话者试图用那个句子进行陈述但不会成功。斯特劳森认为，做出陈述或指称的不是词语而是人。因此，"'法国国王聪明'句中主语表达式指称什么"的问题不会产生。

三、意义实证论

意义命名论把名称看作意义的首要载体。逻辑实证论者持不同的看法。他们认为，意义的首要载体是句子。

逻辑实证论在 20 年代和 30 年代早期最先在中欧兴起，后来，即30 年代到 50 年代早期，是英国、美国和斯堪的纳维亚。最初的逻辑实证论者是由莫里兹·石里克（Moritz Schlick）领导组成的维也纳小组那些有哲学志趣的科学家和数学家。很快，大多数逻辑实证论者既不是科学家也不是数学家而是在某种意义上相信只有科学能够发现实在的真的"科学"（science）学者。他们认为，与科学比较，形而上学阻碍智力的进步，他们的目标之一是怀疑哲学曾信奉的领域。

关于语言哲学，逻辑实证论者认为有意义的句子可以分成两类：认知意义语句和情感意义语句。虽然认知意义句子享有重要地位，但我们还是首先讨论其他句子。属于道德学、审美学、政治学和宗教的句子，简而言之，就是价值语句，被认为具有所谓的"情感意义"。根据逻辑实证论者的观点，这种句子重点不在描述世界怎么样，只是表达或激发某种态度或情感。因此，说"诚实是最好的保险单"（Honesty is the best policy），"那幅画很美"，"民主是管理的最佳形式"，"上帝是宇宙的创造者"，或者表达某种肯定的态度，或者表达说话者已有的或者他希望使听众产生的情感。像句子"说谎是不对的"表达或意谓由说话者激起的某种否定态度或情绪。无疑，这类价值语言解释比较恰当。但是，一般说来，这种解释似乎没有提出一种适当的谈话理论。其他哲学家试图通过主张说某事好就是称赞它或推崇它来提出一种圆满的解释。

逻辑实证主义者用多种方法回应各种挑战。所有人都认为原来的确证标准不起作用。一种办法是采用证伪标准，就是说，有一种确切方法确定一个句子为假时，该句子才有意义。根据这种标准可以确定全称肯定命题有意义。但另一种句子，即全称否定句子像"没有独角兽"，没有意义。虽然没有关于独角兽存在的肯定证据（没有明智的人会认为独角兽存在），但没有证据最终证伪该句子。即使独角兽一直未被发现，但是可以想象这样的情况：生活在偏僻地区并且跑得太快以致不能被看见。

解决确证标准问题的最流行的方法是用消除反例的方法修正该标准。例如，完全的确证改变为部分确证。这些修正没有一个有效。许多人与他们意图相反，认可将形而上学语句看作是有意义的。确证标准的另一个问题是自我否定。依据这种标准，没有任何实证的陈述自身是有意义的。这样的陈述不是一个逻辑命题，因为它假定了一个独立存在的真。而且也不是一个经验命题，因为它不描述世界。实际上，逻辑实证主义者设计的实证标准的多种陈述看来都是形而上学语句。这种事实使得大多数哲学家不仅放弃了研究意义的经验标准，而且也放弃了逻辑实证主义。

四、话语意义

直到 50 年代以后，实际上语言哲学所做的所有工作都假定或预设词或句子是意义的首要载体。语言哲学几乎与语义学同义。人与语言的关系被认为是属于心理学范围。斯特劳森对罗素摹状词理论的许多批评是基于语言观的对立。在斯特劳森看来，语言的哲学研究，其目标是人，研究人用语言做什么。但是，斯特劳森没有对主要意义理论做出利于发展的选择。这种选择由鲍尔·格赖斯（Paul Grice）于 1957 年公开提供。

格赖斯的目标是，在意义与信息交流发生联系时，对什么是意义做出解释。格赖斯洞察到，一个人意谓（非自然地）某事是指那个人在从事一种复杂的直接关系另一个人的有意行为。简而言之，他主张下面的分析：一个人通过某事或行为意谓某事，当且仅当这个人想通过他希望产生某种影响的事情或行为，使听众获得认识并产生某种效果。格赖斯认为，一个人在听众中可以产生两种基本影响：使听众相信某事，使听众做某事。语言中，这两种信息交流分别反映为陈述语气和祈使语气。

这种分析的要点是，通过认知说话者的意图达到影响听众的效果。通过认识说话者有意做挥手动作使听众产生说话者正离开的信念。谈到意图问题，格赖斯本人并未承诺一种特别神秘的、不可观察的实体。意图行为是一种特定行为方式，不是行为加一种看不见的精神对象。因此，他认为意图行为像任何其他行为一样需要经验方法研究。

五、言语行为与交谈：语用学理论

格赖斯的意义理论完全适用于一切信息交流，而不只是语言学信息交流。J.L.奥斯汀（J.L.Austin），格赖斯在牛津大学的同事，通过对语言信息交流特殊方面的处理有效补充了格赖斯的理论。

奥斯汀的观点源于对两种相关的哲学立场作出的深刻批评。这两种哲学观点是：说话与行为不同；所有谈话的目标是描述世界。第二种观点，具有逻辑实证主义的特征，它坚持每一种认知意义句子必须是经验可证的。奥斯汀给出了几个反例反驳后一种观点，每一个例子都只包含一个普通类的词，就是说，没有评价、情感或形而上学的词："我命名这艘船为伊丽莎白女皇号"，"我赠送我的手表给我兄弟"。这些反驳例证直接呼应第一种哲学立场。反例的特征是表达等于谈话和行为，或者简化为：说和做。换一种说法就是，有很多行为是通过言语行为实现的。

奥斯汀区分了说话的三个方面：言前行为（locutionary）、言中行为（illocutionary）和言后行为（perlocutionary）。言前行为自身包括三个组成部分：语言学实体被认为具有（1）声音（或有形记号），（2）属于语言学的词语，（3）指示世界上的事物的指称和意思或涵义。言中行为由话语的"力"（force）组成，不论它是打赌、允诺、陈述还是推测或其他。言后行为涉及听众的反应效果。说服、激怒、镇静或激励某人是言后行为。无论你是否意识到，在奥斯汀看来，言中行为与言后行为的区分是，言中行为总要依赖习惯而存在，言后行为是自然的或非习惯性的。

奥斯汀的工作适应很多哲学家研究，而且为他的学生约翰·瑟尔（John Searle）发展言语行为的标准理论奠定了基础。瑟尔最早提出他的观点是在《怎样许诺：一种简单方法》（*How to Promise：A Simple Way*）（1964）中，然后在《言语行为》（*Speech Acts*）（1969）中进行了详细阐述。

瑟尔指出奥斯汀关于言前行为和言中行为的区分并没有割断言语之间的联系。他借助言语行为的例证主张言中行为既表达力量又表达内容。

格赖斯会话理论的一个很重要的方面是他解释了所说（或试图说）话语、会话原则以及语境"会话蕴涵"之间如何相互影响。就是说，说话者传递给听话人的信息，比所说的字面意义或话里的逻辑含义要多。如果说话者对汽车没油的人说"拐角处有加油站"，那么说话者蕴涵了加油站开放并且有油加，尽管他没说这么多。如果说话者说，"哦，史密斯干得很努力"这句话，其他什么也不说，对询问史密斯是不是某工作岗位的理想候选人，那么他暗示史密斯不是理想候选人。

格赖斯和其他哲学家已阐明他的简单观察，即在解决认识论、语义学甚至伦理学等许多传统哲学问题时，语言功能如何发挥作用。举个简单例子来说（格赖斯不赞成做这样的详细解释），譬如，摩尔悖论。有个古怪的句子"天正在下雨而我不相信天正在下雨"。这个句子并不矛盾，可是很难或不可能会有人严肃地说出这种句子。断言这种句子往往是荒谬的。如果它被断定，那么它可能说某事是真的。按格赖斯的理论解释，认为该句子是古怪的，因为第一个子句蕴涵了"我相信天正在下雨"，与第二个子句"我不相信天正在下雨"相矛盾。这样，虽然摩尔语句，其语义内容并不矛盾，但似乎句子传递的信息却是矛盾的，人们在一种非常特殊情况下交流矛盾。

六、命名因果论

20 世纪 60 年代和 70 年代是语用学的全盛时期，罗素的摹状词理论和他关于普通专名与它们直接（非中介）指称的对象相联系的见解，重新得到支持。我们已经注意到，直到 1950 年，罗素的摹状词理论是处理难以处理的指称表达式问题的一种受欢迎的理论。1950 年到 60 年代中期，斯特劳森（Strawson）的指称观点占上风。1966 年，基思·唐纳伦（Keith Donnellan）的论文《指称与确定摹状词》发表，介绍了一种新的思想进入指称理论。

唐纳伦认为确定摹状词有多种使用，罗素与斯特劳森的争论涉及两种：描述性（attributive）使用和指称性（referential）使用。斯特劳森注意到，指称性使用的功能是使听众找到说话者思想中的个体。如果说话者用"史密斯的凶手是疯子"（Smith's murderer is insane）这个句子想要听众知道琼斯是疯子（Jones is insane），那么确定摹状词是指称性使用。话语表达的命题可以被表示为一个有序对《琼斯，疯子》（Jones，being insane）。依据唐纳伦的观点，只要琼斯是疯子，不管琼斯是否杀了史密斯，这个命题总是真的。唐纳伦的观点可以通过认识下列情况得到解释。假设宽厚、受人尊敬的史密斯被一种特别残忍的手段杀害，琼斯被认为是杀死史密斯的凶手接受审讯。再假设，琼斯事实上没有杀史密斯，只是疯子。根据史密斯在法庭的异常行为，有人说，"杀害史密斯的凶手是疯子"。在这种情况下，根据唐纳伦的意思，即使指称琼斯的短语不适合他，但说话者已经成功地指称了琼斯并且确切地说他是疯子。说话者成功地指称琼斯是因为他用该短语的意图就是要指向（pick out）琼斯。

与指称性使用相比，如果说话者说出完全相同的句子，但不希望听众指琼斯，或者他思想中的其他个人，只是想作出关于杀害像史密斯那样宽厚的人的凶手的一般评价，那么该确定摹状词就是描述性使用。话语表达的命题可以被表达为一个有序对《史密斯的凶手，疯子》（*being the murderer of Smith，being insane*）。在一个人杀了史密斯恰恰又是疯子的情况下这个命题是真的。显然，真值条件不同。根据关于史密斯和琼斯例子的解释，无论摹状词是描述性使用还是指称性使用都依赖于说话者的意图或语境。

罗素所说的逻辑专名的功能。这样，与罗素相反，普通专名是逻辑专名。唐纳伦描述他的观点为"指称的历史解释"。他解释说，专名指称对象，是通过事先使用名称与对象相联系实现的。由于他的指称解释运用了指称概念，很清楚，他不打算提出一个什么是指称的理论，只是解释专门名称怎样指称它自身指称的对象，而不是其他对象。

与唐纳伦同期，索尔·克里普克（Saul Kripke）提出了一种类似的指称理论，他称之为"指称的因果解释"。像唐纳伦一样，克里普克的兴趣在于，怎样使用名称，譬如"亚里士多德"指亚里士多德而不是其他人。克里普克的主要成果在于深入批评了专名的摹状词理论。根据专名的摹状词理论，专名不能直接指称它所命名的对象，因为没有一种方式将名称和对象连接起来。因此，根据这种理论，每一个专名必须或多或少联系和连接确定的集合成串的或选言的摹状词，而不是其他，并且这些摹状词确实命名对象。说话者和听众用描述内容的名称指向命名对象。简言之，认识一个专名的意义就是认识指向唯一命名对象的一串摹状词。

克里普克反对摹状词理论基于两个主要背景。第一，对很多名称而言，大多数人并不把任何唯一确定的摹状词串与命名对象联系起来。例如，"西赛罗"对大多数人而言，他是一个（a）著名的罗马演说家，不是那个（the）罗马最著名的演说家。第二，一个人可以知道怎样使用一个专名，即使他或她用来联系命名对象的摹状词集实际上并没有恰当地描述该对象。假设"亚里士多德"这个名称联系一组选言摹状词："或者是柏拉图的学生，或者是亚历山大的老师，或者是《形而上学》和《安妮玛》的作者。"但进一步假设，亚里士多德是一个骗子，除了精心设计一些骗术他什么都不做，而且从来没有被历史学家发现。尽管如此，"亚里士多德"仍然是亚里士多德的名称，即使描述他的整个摹状词是假的。

根据克里普克的理论，"亚里士多德"指亚里士多德，是因为说话者使用的"亚里士多德"与亚里士多德之间有一种因果联系。克里普克认为，说话者使用以命名方式或类似方式产生的名称"亚里士多德"成功地指称亚里士多德，而且在说话者之间成功传递。显然，这种指称解释并没有说明指称自身是什么，但预示着指称出现在以往使用的名称中。人们应当解释使用中的名称其指称通常是怎样确定的。

很多哲学家指出克里普克的解释有缺陷。很多情况下名称使用的因果链条被扭曲。举例来说，"马达加斯加"（Madagascar），原来是非洲大陆的一部分的一个名称。这个岛获得该名称是因为马可波罗的错误指谓。美洲本地人接受了"印度人"这个名称，是因为哥伦布错误地认为他到达了印度。简而言之，因果链条将原来使用的名称连接到当前使用，并不决定其所指总是正确的。

克里普克扩展他的专名观点到指称像"金""狗"和"树"之类的自然类普通名称。自然类词项指称相应的对象是因为词语和对象之间有一条具有因果关系的信息交流纽带，而不是说话者描述的任何内容。赫勒里·普特南（Hilary Putnam）提出了一种很相似的观点。普特南风趣地说"'意义'不在脑子里"。

按照普特南的意思，普通名词有所指或外延（reference or extension），因为在词语和它所指称的对象之间有一种因果链。"水"指称水，因为在这种综合使用中，人们粗略指划着并说"这是水"。换句话说，普通名词的功能在某种程度上类似于专名。两者都是克里普克所说的

"严格指示者"，就是说，词项指称每一个可能世界中存在的相同对象。

传统意义上，普通名词被认为是通过概念间接地指示或指称对象。这样，说话者用"金"这个词希望他的听众知道他所谈论的对象，因为说话者和听众有一个描述金的概念而不是其他什么，并通过这种词使人直接与金联系起来。在弗雷格理论中这种描述性概念称为"涵义"（sinn），洛克称它为"观念"（idea）。学术术语中，概念相关的名词与它所指的区别就是内涵和外延的区别。

普特南主张，如果有一颗星体（孪生地球 Twin Earth），它像地球一样，只是存在一种代替水的液体，它具有与水相同的属性，就是说，味道、气味、外观和黏度相同，但是化学成分完全不同。因为这两种液体的显性特征相同，地球上的人和孪生地球上的人似乎有相当一致的智力状况，然而他们指称的是不同的液体。因此，一个人关于对象的观念或概念不能决定他或她的指称。

普特南研究普通名词得出的结论之一是语言的使用涉及劳动分工（a divison of labor）。水是唯一具有 H_2O 化学成分的物质。虽然实际上所有说英语的人都能恰当地使用"水"这个词，但有些说话者需要有必要的技术知识确定"水"的真正指称或外延。这样，进一步的结论是：使用语言比普通思考更需要合作。

七、名称与信念

1979 年，克里普克认为名称摹状理论和他自己的名称因果解释理论都不能解决下列皮埃尔（Pierre）问题。皮埃尔出生并成长在法国，最初只知道怎样说法语。根据人家告诉他伦敦的一些情况，他形成了关于伦敦美丽的信念。他只能用法语说或想"Londres est jolie"。由于不懂英语，皮埃尔没有也不能用下列英语句子表达他的信念：

（1）London is pretty.（伦敦美丽）

后来，皮埃尔离开了法国，来到了另一个国家的一个城市的一个肮脏的地区居住，这就是伦敦。在那里他学习英语，即一种与他所处的当地环境直接发生相互影响的地方语言。但没有学习怎样在英语和法语之间彼此翻译。特别是他从未学习"London"和"Londres"两个名称命名的是同一个城市。根据在伦敦的基本经历，他形成了下列表达式表达他的信念：

（2）London is not pretty.（伦敦不美）

问题是，是否皮埃尔具有矛盾信念。似乎他有这样的矛盾，因为他诚实地断言过 Londres est jolie（伦敦美丽），这与（1）的意思相同，但他又诚实地断定了（2）。然而克里普克认为，皮埃尔不可能具有矛盾信念，因为皮埃尔是著名的逻辑学家，他"从不让矛盾信念出现"。对这种难题，大多数建议性解决办法是，着力解释皮埃尔如何具有矛盾信念自己却不知道。克里普克否定皮埃尔有矛盾信念，似乎基于下列原理：

名称透明：如果（i）一个词和它指称的对象的语义学关联是直接的（无中介）；（ii）词项 X 和 Y 指称同一对象 O，并且（iii）一个人 P 有能力使用 X 和 Y，那么当 O 由 X 和 Y 指称时，P 必定知道 S 的所有矛盾信念。克里普克认为他在《命名和必然性》中的讨论证明了（i）；并且认为，事实上，依据皮埃尔以及他的语言学知识看，句子（ii）和（iii）是成立。

我们可以同意三个句子都是正确的，但是仍然否定名称透明的结论是真的。我相信，克里普克部分错误在于认为语义联系只与使用名词的能力有关。事实上，要能使用好名称，个人要将名称内容和对象联系起来，需要有某些智力方式（mental representation）。但这种智力方式不是该名称意义的一部分。之所以它不能是名称意义的一部分，是因为人们怎样表达一个对象并不一致，每个人都能够变更他们表示事物的方式，却不影响指称对象的能力。如果一个对话者认为亚里士多德是柏拉图的学生，其他人认为亚里士多德是亚历山大的老师，这不影响他们信息交流的能力。类似地，如果一个人认为亚里士多德在一个时候是柏拉图的学生，在另一个时候是亚历山大的老师，也不影响信息交流。

如果人们认识到对象表述方式之间的所有逻辑关系，如果两个名称命名同一对象，他们就会认识它。但是很多逻辑关系对于需要掌握这种关系的人来说却是含混的。信念（至少有很多）内容不直接影响人，而是要经过人的智力陈述或表达，它表达一种观察而不是全部。这些有限的观察常常阻碍人们认识信念的因果联系。这在意识方面类似于一个人从前面和后面看到一头大象，并推断他或她看到两种动物。

或许克里普克的难题之后是更一般的关于语言的误解：语言的信念是自我独立的，纯粹语言学知识是使用语言的充分条件。这两种假设均受到一些哲学家的抨击。

八、解释与翻译

大多数研究语言的哲学家一直关注信息交流中话语者的作用。人们可能认为，如果发现说话者所说的正好是听众所认为的，那么从听众的思想要点中考察信息交流不会出现大的差别。事实上，存在大的差别。W. V. 奎因（W. V. Quine）或许是最早并且肯定是最重要的从听众的话语观点中考察语言的英美哲学家。

1962 年出版的《词与对象》（*Word and Object*）中，奎因探讨了一种彻底的自然主义语言观的因果联系。只有物理行为与理解语言学行为有关，人类认定某些东西是语言，认为某些含义是话语的意义的所有证据都是纯经验的。这并不意味着人们关于语言行为的判断是唯经验主义的。语言行为的判断是经验证明和解释假设的混合。后者是他的著名论文《经验主义的两个教条》早期提到的基本信条。那时，奎因认为，与其说他是纯粹经验主义者，不如说他是语用主义者。后来，他认为他的哲学是经验主义、语用主义和自然主义的。

奎因问，听众怎样才能理解完全用外语说话的人所表达的意义。问题是要领会一个人怎样将他或她的母语句子与外语句子联系起来。奎因通过细致描述"田野语言学家"说出的"土语"得出了一种独特的答案。他假定土著语人说，"嘎瓦盖（Gavagai）"意味一只兔子在跑。问题是，语言学家（听众）怎么知道土著人说了什么。奎因认为语言学家必须问土著人问题。这当然蕴涵着语言学家已经形成了一些与英语中所说的"是"和"不"相对应的行为假设。这些假设是复杂假说网络的组成部分，这些假说网络试图"最合理"地解释土著人的言语行为。即使土著人使用单词"是"和"不"，语言学家不能简单地猜想土著人说的"是"与他或她母语中的"是"相同。土著人可能用这些单词表达与他或她母语中的"是"相反的意思。语言学家也不能简单地假设土著人的点头表示"是"，摇头表示"不"。然而，土著人可能意味相反的意思或其他意思。他们可能有完全不同的习惯，譬如，出示右食指表示"是"，左食指意味"不"。因此，假设的形成实际过程是相当复杂的。

语言学家有其他困难。假设土著人在兔子出现时常说"嘎瓦盖"（Gavagai）。语言学家可以假定专名"嘎瓦盖"的意思就是"兔子"（或"有一只兔子"）。但语言学家凭什么能这样肯定呢？即使语言学家建立了关于土著人怎样表示"是"和"不"的假设，土著人的答案并不为语言学家提供任何比翻译 More rabbit，或者翻译 There's an undetached rabbit part，或者翻译 There's a temporal slice of a rabbit 更多的信息支持。确定"嘎瓦盖"是指兔子还是兔子的部分的一种方式是，连续指出 rabbit 的两部分，并且问土著人某"嘎瓦盖"是否与另一"嘎瓦盖"相同（whether the one gavagai is the same as the other gavagai）。当然，整个事情必须用土语说。假设语言学家这样表述 Gavagai plink gavagai（嘎瓦盖指嘎瓦盖）。语言学家怎么知道 plink 就意味着"与……相同"（is the same as）或"是相同兔子的一个不分割部分"（is an undetached part of the same rabbit）？如果 plink 具有两种含义中的任一含义，那么语言学家将得到肯定回答。奎因主张，无论有多少困难，语言学家都可以尝试通过在另一种条件下检测其他语句来做出他或她的翻译，但是所有语句都不存在一种确切的翻译。总可能存在一些不一致的翻译情况，但每种翻译却都与经验材料相适应。总之，翻译是不确定的。

奎因的语言理论一直被他的学生唐纳德·戴维森（Donald Davidson）修正和扩展。重要的修正之一是无声评判（a tacit criticism）。戴维森认为在语言之间寻找翻译手册并不重要。人们可能知道"Es regent"是对意大利语"Piove"正确的德语翻译，但不知道其中任何一个句子的意思。因此，只知道怎样在这种狭义的句子之间翻译，却不了解一种语言。认识怎样解释一种语言同样如此。这样，戴维森探索"极端解释"（radical interpretation）的明确的语义观念，这种观念决定人们怎样认识话语的真值条件。基于此，戴维森向塔尔斯基承认自己的不足，因为塔尔斯基使语义学受到哲学领域的高度关注。此后，戴维森声称，了解句子的意义就是了解真值条件（在此条件中句子具有真假）；真理理论就是意义理论。戴维森与塔尔斯基不同，他把真看作一个不需要定义的基本概念，用它说明什么是解释，然而，塔尔斯基认为，语句翻译不存在问题，而且给出了一个真的定义。

九、结　语

　　语言哲学研究表明哲学的进步。语言的基本意义单位是词的思想被句子是基本单位的思想所取代。后来又被这样两种思想所代替：语言是可以依赖非语言学语境来理解的离散实体的思想被语言只能依赖语境来理解的思想所取代，并且这种思想又被语言学行为和非语言学行为之间，或语言行为与语言产生的环境之间并无森严界限的思想所取代。虽然没有最终答案，20 世纪关于语言的性质与使用、意义的基本目标、解释的性质、语言与经验证据的关系，以及意义与认知的相互关系的思想，多数被弄明白了。

（A.P. 马蒂尼奇文，周建设译）

先秦语义来源理论

语义来源问题是人类认知活动的一个重要内容，自古以来就受到关注。现代语义学将其视为破解人脑认知规律的重要课题。本文对先秦时代的语义来源理论做些考察，希望能为当代语言理论研究提供参考。

一、"象""意"摹写论

许国璋先生说："对于语言的起源问题，中国古时哲人也是从书写形式着手的（事实上这也是最为可行的方法）。"[1] (p.215) 先秦时代的书写形式是指汉字。先秦时代汉字称作"文""名""书"或"书契"。《左传·宣公十二年》：楚庄王说，"夫文，止戈为武"。晋杜预注："文，字。"《仪礼·聘礼》："百名以上书于策，不及百名书于方。"汉郑玄注："名，书文也，今谓之字。"《韩非子·五蠹》："古者仓颉之作书也，自环谓之私，背私谓之公。"《易·系辞》："上古结绳而治，后世圣人易之以书契。""书""书契"也都是指汉字。"文字"连称，始于秦代。

据《史记·秦始皇本记》所载，琅邪台秦石刻有"同书文字"之语。按许慎的说法，"文"为独体象形字，"字"指形声相益的合体字，"文字"连称指全部的汉字。[2] (p.3) "名""文""书""书契"之产生，先秦有这样的见解："仰以观于天文，俯以察于地理，是故知幽明之故。"[3] (p.102) 东汉许慎对先秦时代语言文字形成过程做过较详细的说明，他说："古者庖牺氏之王天下也，仰则观象于天，俯则观法于地，视鸟兽之文与地之宜，近取诸身，远取诸物，于是始作《易》八卦，以垂宪象。及神农氏结绳为治而统其事，庶业其繁，饰伪萌生。黄帝之史仓颉见鸟兽蹄之迹，知分理之可别异也，初造书契。……仓颉之初作书，盖依类象形，故谓之文。其后形声相益，即谓之字。"[4] (p.314) 可见，古人先有"象"的认识，而后才有关于象的刻画，象与画的关联，经过了一个中间环节，那就是人的大脑，象进入大脑便是"意"。《易》经记录的是天地事态存在与运行机理，易卦是"刻符式的准文字"[5] (p.96)，后来才有"书""契"的出现。"依类象形"，指按物的类来画它的形，不是按一件具体的物来画出它的形。所象之形是诸形的概括。"文"是一种抽象的符号[1] (p.213)，也就是真正意义上的文字。

按许慎评价，先秦造字反映了事物的本来面目。"'文者，物象之本也。''文'是依类象形画出来的，一类的物象的本身是怎样，便是怎样。'文'是简化了的图形，汉字从象形变为象征，从图形变为笔划，从复杂变为简单，这个'文'已经大大不同于原来的图象了：它是物象中最本质的部分。'物象之本'的'本'即是此意"[1] (p.213)。

物象之本与物象对应，形成具象与抽象。后来许慎将早期文字分为指事、象形、形声、会意几类，这正好体现了文字反映意象的多样性。"象形"反映具象，"形声"是"象""声"结合，"指事"是"象""意"结合，"会意"便是"意""意"结合。文字反映"意""象"关系，在孔子的言论中早已提到。《易·系辞》记载：子曰："书不尽言，言不尽意。"这里提到"书""言""意"三者关系。书是文字形式，物质形式，是言的物质外化，"言"是以声表意，是"意"的声波表现，也是"意"的一种物质形态。孔子的意思是，书写的文字，书面语言，不能完全表达要讲的话，而讲的话又不能完全表达思想。"意"

如何把握，孔子曰："圣人立象以尽意，立卦以尽情伪。系辞焉以尽其言。"[3] (p.109) 就是说，圣人通过立"象"立"卦"将"意"和一切情况加以表现，并用"辞"把所要讲的话讲清楚。由此可见，《易》、孔子之言论已经揭示："书"记录"言"，"言"表达"意"，"意"摹写"象"。"意""象"是语言意义的来源。

古人的语言"意""象"来源观，对认识语言和利用语言认识事物起着积极作用。这种语言观认为，语言文字之于事物的关系，是反映，是映射，是摹写，文字复写着物象。这样，对语言的认识就是对事物本身的认识。所以，先秦时代教育小孩，把语言当成认识事物的桥梁，把识字看作是增长知识的必由之路。《周礼》载：八岁入小学，保氏教国子，先以六书。一曰指事。指事者，视而可识，察而见意，上下是也。二曰象形。象形者，画成其物，随体诘，日月是也。三曰形声。形声者，以事为名，取譬相成，江河是也。四曰会意。会意者，比类合谊，以见指。五曰转注。转注者，建类一首，同意相受，考老是也。六曰假借。假借者，本无其字，依声托事，令长是也。[4] (p.314) 这六书，其命名与诠释，都直接或间接表明了文字与事物的联系。

中国古代这种语言观，在西方文化中也有类似反映。玛雅人要反映事物，首先是画图画。图画有简有繁，由简到繁。有的起指称作用，表示一种事物，相当于名称；有的起陈述作用，反映一种事态，相当于语句或句群。这表明人类语言具有反映"意""象"的共同属性。[6]

二、感官认知论

美国汉学家汉生说：我们在研究孔子的名学中了解到，名被看作是起源于先验的象，古代圣王用一种立法的权力把这种先验的象制成名；而"正名"的原则总是包含着道德上的赞成和不赞成。荀子是一个极端的人道主义者，并且总是追究历史的证据的。荀子否认名的神秘起源，代之以感觉经验和理智活动产生名这种理论。[7] (p.184) 据汉生的观点，先秦关于名的意义来源的思想主要有两种：一是先验思想，以孔子为代表，认为名是据意象创制的，意象则是先王先验演绎确定的；一是经验论，以荀子为代表，认为名的语义来源于感官。

孔子关于"名"的起源的思想，前面已经有过论述。汉生能够发现孔子对"象"的关注，无疑很值得肯定。当然，我们不排除有些内容存在先验成分，但是由此推断孔子关于语言起源的观念就是先验论，理由似乎并不充分。从现有材料看，应当说先秦的语言来源思想是唯物的。《易·系辞》云："天尊地卑，乾坤定矣。卑高以陈，贵贱位矣。动静有常，刚柔断矣。方以类聚，物以群分，吉凶生矣。在天成象，在地成形，变化见矣。"[3] (p.100) 如果仅仅从《易》卦爻的占卜目的来看，似乎先秦关于"象"的理论是唯心的、先验的，可是，联系地看，所谓"方以类聚，物以群分""在天成象，在地成形"等等，都是从"准文字"的卦和成熟的汉字得到的唯物展示。

荀子从另一个角度谈到语义来源问题。荀子认为，各种各样的名称都有其所表达的内容，这些内容不是主观自生的，而是来源于人对事物的反映和认识。在这种反映和认识过程中，人的感官即"天官"起着重要作用，经过"天官"才使"物"与"人"相"通"。荀子对人的感官对事物的不同反映功能体察得十分细致。荀子说："凡同类同情者，其天官之意物也同，故比方之，疑似而通，是所以共其约名以相期也。形体色理以目异，声音清浊调竽奇声以耳异，甘苦、咸淡、辛酸、奇味以口异，香臭、芬郁、腥臊、洒酸、奇臭以鼻异，病养、热、滑铍、轻重以形体异，说故、喜怒、哀乐、爱恶欲以心异。心有征知。征知，则缘耳而知声可也；缘目而知形可也。然而征知必将待五官之当簿其类然后可也。五官簿之而不知，心征之而无说，则人莫不然，谓之不知，此所缘而以同异也。"[8] 这里，荀子说明了名的不同类型形成于人的认知。

人的认知依赖于人的感官。感官是区分认识事物的重要器官。不同的感觉器官具有不同的认识事物区别事物的功能。眼认识形体颜色，耳区别声音清浊，口品尝甘苦咸酸，鼻闻辨香臭腥臊，身体察轻重冷热，心领会情感缘由。他又说：散名之在人者，生之所以然，谓之"性"；性之和所生，精合感应，不事而自然者，谓之"性"；性之好恶喜怒哀乐，谓之"情"；情然而心为之择，谓之"虑"；心虑而能为之动，谓之"伪"；虑积焉、能习焉而后成，谓之"伪"；正利而为，谓之"事"；正义而为谓之"行"；所以知之在人者，谓之"知"；知有所合谓之"知"；所以能之在人者，谓之"能"；能有所合谓之"能"；性伤谓之"病"；节遇谓之"命"。[8] 荀子认为："凡以知人之性，可以知物之理。"[9] 就是说，人用眼耳鼻舌身五官和心接触认识事物是人的能力属性，事物可以被认识是事物的根本性质。感官与事物的结合，各种各样被"名"称谓的内容就形成了。

这就是荀子关于名的语义来源的普遍性认识。首先荀子相信事物是客观存在的；其次，他指出人的感知可以依据感知功能区分认识的事物，进而达到以同与异分别命名。这种见地比较客观地反映了人类通过割断事物的联系来认识事物，进而更全面地把握事物联系的规律。这种规律，列宁曾有过论述。列宁说："如果不把不间断的东西割断，不使活生生的东西简单化、粗糙化，不加以割碎，不使之僵化，那末我们就不能想象、表达、测量、描述运动。思维对运动的描述总是粗糙化、僵化。不仅思维是这样，而且感觉也是这样；不仅对运动是这样，而且对任何概念也都是这样。"[10] (p.262) 尽管不能因此认为先秦哲人已经具有如何高度的唯物论思想，但认为人的感官可以"割断"联系进而分别认识事物，形成语言内容，这种观点是值得充分肯定的。

有趣的是，公孙龙同样持语义来源于感官的思想，但却长期遭到非议，有人认为他将感官对事物属性的区别作用绝对化了。公孙龙主张："视不得其所坚而得其所白者，无坚也。拊不得其所白而得其所坚，无白也。"[11] 公孙龙客观上承认了语义的获得依赖于感官。"白"颜色靠视觉获得,"坚固"的性质通过触觉获得。但他说"无坚"与"无白"时却招致了诸多否定。这似乎跟他讨论"白马非马"招致不少否定一样。公孙龙让人认为他将具体的石中之"白"与"坚"两种性质看作彼此分离的,离坚白就是他的命意。如果将公孙龙的讨论放在另一种场合去思考,他的语言观与认识论并非不对。之所以会导致争议,是因为他的解释缺少必要的限制,或许他认为没有必要作进一步的说明,故被人误解。在他看来,语言范畴内"白"的含义指颜色的属性,它只能通过视觉才能获得;"坚"的语义指称的是关于固体的属性,它只能通过触摸来感觉到。两个词的内容不一样,两者的外延自然就是不相容的。所以,"白"必然"无坚"。如果说,"白色的意思"包含"坚固的意思"倒会不能让人理解。但是,就人的认知过程而言,语言的含义由人的感觉分离得到,这恰恰反映了感觉的特殊作用。没有感觉的分离作用,人们就不清楚颜色与硬度的区分。动物或许不能凭视觉区分硬质物质,所以每每有狗误食顽石。人不能凭视觉区分酸甜,所以每每有人因果实之色美而贸然开口以致酸痛大牙。的确难以想象,一代"察士"公孙龙会仅仅为了玩弄文字游戏,却连石头既有颜色又有硬度这种常识都不懂。[11] 因此,我们认为,可以推断公孙龙是从语言哲学的角度讨论感觉对事物属性的分离作用,涉及的是语言意义的来源问题,而不是否定客体本身。

三、语义符号之约定论

语言是语义和语符的结合体。关于语言符号的形成,先秦时代有比较充分的论述。《墨子·经上》曰:"君臣萌(民)通约也。"此言,今人有两种解释。周云之先生说:"君、臣、萌(民)通约也。"这就是说，什么人称谓"君"，什么人称谓"臣"，什么人称谓"民"，这些名词是社会共同约定的，这种约定当然不一定通过会议或法令的形式，而主要是依习俗使用而形成的。例如：人们可以共同约定把一国之最高封建统治者称为"君"，把替他统治的官员称为"臣"，把受他们统治的人称为"民"。君、臣、民这些名词本身并没有贵、贱、上、下之分。因此，不同的国家、不同的民族对同一对象完全可以用不同的词来称呼它，而且可以通过约定而改变对同一事物的名称。但是《墨辩》认为，名词一经约定就不能随意改变或否定，而必须以约定之词为准。"惟吾谓，非名也，则不可，说在"[12]。"吾谓"就是不顾互相约定之名而自己随意命名。《墨经》认为人们不能不顾已经约定的名而任意加以命名之。如果人们已经约定把鹤之实称为"鹤"，而有人却不以"鹤"之名称鹤之实，并且反对以"鹤"之名称鹤之实，这是不可以的。伍非百先生则说："通，共也。君者臣民相约而立之。故曰`臣民通约也'。"显然，其句断必为"君，臣民通约也"。"君"不是像前者那样把它当作与"臣、民"并列关系来使用的，而是一个被解释的词项。《经说上》对此作说明，曰："君，以若名者也。"谭戒甫先生注曰："以，与'谓'同。若，义为顺。因为君臣萌一同其义即通约，约定而名自立，名立而上下皆顺。所以君臣萌就是顺名者，如不顺名，则约必败而异义滋多了。"[13] (p.167) 谭戒甫先生是将"君臣萌"视为并列关系而释《经说上》之义的。周云之先生取此说，而伍非百先生不然，他说，《经说上》原文应为："君，以后名者也。"并说："后，通後。古者先有民而后有君。君以後得名，故曰'君以后名者也'。"表面上看，谭戒甫先生的训诂自然，尤其像与谭戒甫先生持同一观点的周云之先生的解释更符合逻辑研究者的口味，但是，我认为，从《经》的体例上看，"君"不宜看作与"臣、民"并列的语词，而是单列的被解释的语词。① 伍非百先生对《经

---

① 参见《经上》上下文的句式："举拟实也。""言出举也。""且言且然也。""君臣民通约

上》的注释当更合原文本义。尽管各家注疏不一，但是我们认为，名称
由大众约定而成的思想，这在《墨经》中是已经出现了的。

名称的约定论，荀子说得更明确，以致其约定俗成之说几乎尽人
皆知。他说："名无固宜，约之以命，约定俗成谓之宜，异于约则谓之
不宜。名无固实，约之以命实，约定俗成，谓之实名。"[8] 这里，首先
说明给对象命以什么名称的问题。这涉及一个名称之确立的几个阶段或
过程："约"，"成"，"宜"。"约"即约定，约定说的是给对象命名的方式。
约定没有必然性，因而不排除命名者的主观因素。可以由此推想，如果
是一个人给对象命名，可以参与其个人想法，如果是多个人为同一对象
命名，则可以共同协商给予该对象名称。"成"即俗成，俗成说的是名
称的可接受性。约定的名称，成与不成，即能否成为名副其实的名称，
要看人们的使用情况，为人们习惯使用的称谓的具体符号与某种确定的
意象相结合却是不必然的。这就是说，某种特定的意象命以什么样的名
称并不受意象本身制约。对于意象 X 而言，可以名之以 A，也可以名
之以 B，并且 A 或 B 仅仅标志意象 X 但不等于意象 X。苏联学者也曾
正确地指出："词能够引起而且已经引起说话人关于事物的表象，但对
于表象的存在来说，词是完全不需要的。"[14] (p.218) 概言之，语言产生
必须有意象作前提，语言是意象与符号的统一，以怎样的具体语符标志
意象、构成词语，是不必然的。

尽管名称指称事物是约定俗成的，但这并不排除命名过程本身具
有一定规则。尹文曰："名者名形者也，形者应名者也，然形非正名也，
名非正形也，则形之与名，居然别矣，不可相乱，亦不可相无。无名故
大道无称，有名故名以正形。今万物具存，不以名正之则乱，万名具
列，不以形应之则乖，故形名者不可不正也。善名命善，恶名命恶，故

也。""功利民也。"这些句子的结构都是主谓型，并且主语都是单个字。由此也可以推
断断句在"君"之后是符合该表达风格的。

善有善名，恶有恶名。"[15]名称就是给事物命名的，事物就是与被用来称呼它的名称相对应的，这是尹文子提出的具体要求，不妨称之为"名形相应原则"。为什么要有名形相应原则，是因为当万物具存之时如果没有与万物分别相应的确切的名称就会导致语言交际的混乱，思维的混乱。如果万名具列，无数的名称却没有确定分明的对象相随，则同样导致不同方面的混乱。怎样落实形名相应原则，尹文子用列举法说得明白：是善的对象就以善名命之，是恶的对象便以恶名命之。比方圣贤仁智用的就是善名，凶愚之类则是用恶名称谓的。

荀子的观点与尹文类似。荀子云："然后随而命之：同则同之，异则异之。单足以喻则单，单不足以喻则兼。单与兼无所相避，则共。虽共，不为害矣。知异实者异名也，故使异实者莫不异名也，不可乱也；犹使同实者莫不同名也。故万物虽众，有时而欲偏举之，故谓之物。物也者，大共鸣也。推而共之，共则有共，至于无共然后止。有时而欲偏举之，故谓之鸟兽。鸟兽也者，大别名也。推而别之，别则有别，至于无别然后止。"[8]概括地说，荀子强调的原则主要有两个。一是同异相别，此所谓"同则同之，异则异之"。相同类的事物就用相类的名称命名。这跟尹文的思想基本一致，只是比尹文所说的"善名命善，恶名命恶"更有概括性。先秦命名的实际情形与荀子所说的也大体相似。例如，命名天地人就是如此。天有"苍、昊、上"，地有"郊、牧、野、林"，亲有"兄、弟、姐、妹"，孙有"曾、玄、来、晜、仍、云、耳"，时有"春、夏、秋、冬"，器有"契、镂、刻、切、磋、琢、磨"等等。不言而喻，如果不遵循"同则同之，异则异之"的命名规则，必然导致名称的混乱。二是"单兼足用"。此所谓"单足以喻则单，单不足以喻则兼"。就是说，单名足以表示被命名对象就用单名，在单名不能足以表示对象时才用兼名。这也就是强调命名要简约，避免将简单的问题复杂化。

参考文献

[1] 许国璋：《语言和语言学》，商务印书馆 2001 年版。

[2] 黄德宽、陈秉新：《汉语文字学史》，安徽教育出版社 1994 年版。

[3] 夏剑钦主编：《十三经今注今译》《易·系辞》，岳麓书社 1994 年版。

[4]（东汉）许慎：《说文解字》，中华书局 1979 年版。

[5] 周建设主编：《现代汉语教程》，人民教育出版社 2001 年版。

[6] John F Haaris，Stephen K Stearns.*Understanding Maya Inscriptions*，The University of Pennsylvania Museum of Archaeolog and Anthropology，1997.

[7] [美] 陈汉生 Chad Hansen：《中国古代的逻辑和语言》，周云之、张清宇、崔清田等译，社会科学文献出版社 1998 年版。

[8] 伍非百：《中国古名家言〈荀子·正名〉》，中国社会科学出版社 1983 年版。

[9] 伍非百：《中国古名家言〈荀子·解蔽〉》，中国社会科学出版社 1983 年版。

[10] 列宁：《黑格尔哲学史讲演录》《哲学笔记》，人民出版社 1998 年版。

[11] 伍非百：《中国古名家言〈公孙龙子·坚白论〉》，中国社会科学出版社 1983 年版。

[12] 伍非百：《中国古名家言〈墨子·经下〉》，中国社会科学出版社 1983 年版。

[13] 谭戒甫：《墨经分类译注》，中华书局 1981 年版。

[14] [苏] 高尔斯基：《思维与语言》，三联书店 1963 年版。

[15] 伍非百：《中国古名家言〈尹文子·大道（上）〉》，中国社会科学出版社 1983 年版。

（《首都师范大学学报》2008 年第 2 期）

先秦指称理论研究

  语言符号的指称问题是语言哲学（包括语义学）研究的核心问题。世界知名学者 A.P. 马蒂尼奇先生谈到当代语言哲学研究时说过这样一段话：语言哲学"一直对近来认知科学取得的极大进展发挥重要作用。这是由于，当哲学搞得出色时，它就有助于科学的诞生。亚里士多德的工作使生物学得以诞生，布伦坦诺和詹姆斯的工作使心理学得以诞生，弗雷格的工作使逻辑哲学和数学哲学得以诞生，蒯因和歌德曼的工作使转换语法得以诞生。类似地，语言哲学使认知科学得以诞生。"[①] 马蒂尼奇关于"语言哲学使认知科学得以诞生"，语言哲学"一直对近来认知科学取得的极大进展发挥重要作用"的断言，充分表明了语言哲学的特殊地位和重要价值。因为认知是人脑最高级的信息处理过程，它贯穿于问题求解、概念形成和语言理解等最复杂的人类行为中。认知活动最本质的特点是利用知识来指导人们当前的注意和行为，它涉及：信息的获取、表征并转化为知识，知识的记忆（贮存和提取），运用知识进行推理等心理过程。对于语言理解来说，认知过程的主要环节是语义的记忆

---

① 本文系国家哲学社会科学基金规划课题"中国语言哲学研究"（99BY023）成果。A.P. 马蒂尼奇先生在为《语言哲学》中译本写的序言中谈到了语言哲学研究对当代认知语言的影响，同时还提出希望能看到中国学者关于中国语言哲学的研究。

和利用知识进行语义推导，从而从语言形式获得正确的语义解释。① 我国当代语言学界，对语言哲学的研究较少，很多问题需要探讨。本文考虑到先秦时代是中国文化史上的一个辉煌时期，因此，拟对这个时期关于语言哲学的核心问题——符号的指称问题的研究状况做些考察，重点探讨先秦时代指称思想的四个主要方面：符号的指称功能，对象的受指功能，物、名、指三者之间的关系，以及能指与所指。目的是从中了解中国古代在认识语言符号自身特性过程中所表现出来的思想方法与智慧，为当代语言研究提供理论借鉴，也为促进中国语言研究在更大维度上进行世界对话提供历史参考。

一、符号的指称功能

先秦时代已经有了明确的关于"语言符号具有指称事物的功能"的思想。《尹文子·大道上》曰："大道无形，称器有名。"② "无形"，即形而上，形而上者谓之道。道，指的是抽象义理。器，指的是具体事物。"称器有名"是说具体事物有名称来称谓它。也就是说，称谓具体事物是"名"的一种功能。这种认识将语言与事物的联系自然结合起来了，从而确定了语言符号的社会价值。人们要接触事物，认识事物，语言就是一种重要的媒介。

虽然名称具有称谓功能，但它并非万能，并非凡名称都能够称谓所有认识对象。尹文说过，"大道无形"，"大道不称"，"称器有名"，"众有必名"。③ 这里，尹文将认识对象分成了可以称谓和不可以称谓的两类。他认为大道是无形的，不可以用"名"来指称，而众多的存在物则

① 袁毓林先生在他的《语言的认知研究和计算分析》中对认知语言学多有论及。
② 参看《尹文子·大道上》。
③ 参看《尹文子·大道上》。

263

可以一一别而名之。进一步，尹文发现，尽管名称不可以称谓"大道"，但并不意味着必然不可以称谓"无形"。虽然"大道"属于"无形"，不可以被称谓，但有些无形的对象还是可以称谓的。因此，他说"有形者必有名，有名者未必有形"。①

名称可以指称事物，名称依赖事物的存在而显示其价值，但反过来，事物并不依赖名称而存在，因此尹文指出："生于不称，则群形自得其方圆。"② 就是说，"名"是对"形"的称谓，如果人们不去称谓"形"，作为客体的"形"照样存在。具有方圆之形者，尽管不以"方""圆"名而称之，但仍然不失为方圆之实际存在。这一思想与古希腊亚里士多德的论述相似。亚里士多德说："知识的对象看来是先于知识本身而存在的，因为通常我们总是获得那些已经存在着的东西的知识；要找出一门知识其开始存在乃是与它的对象的开始存在同时的，这件事如果不是绝对不可能，也是很困难的。再者，虽然知识的对象一朝不再存在就会同时取消了作为它的相关者的知识，反过来却不然。如果知识的对象不存在，就没有知识，这是真的，因为将会没有什么东西可以被认识。同样这也是真的：如果对某物的知识不存在，此物却很可以存在着。"③ 这里，"某物的知识不存在"，"某物却很可以存在着"与"生于不称，则群形自得其方圆"为同一道理。

二、对象的受指功能

指称与被指称是矛盾的两个方面。尹文比较充分地阐明了语言符号的指称功能，那么独立于主体的对象能否被指称，也就是说，"名"

---

① 参看《尹文子·大道上》。
② 参看《尹文子·大道上》。
③ 参看《亚里士多德·范畴篇》。

到底能不能与事物相联系呢？先秦哲人的答案是肯定的。

公孙龙曾在《指物论》中明确断言："物莫非指。"①何谓"物"？物就是天地之所有。何谓"指"？东汉许慎《说文解字》曰："指，手指也，从手旨声。"手指常常用来指点事物，指点事物的过程就是人们意谓事物的动态过程，因此，"指"便有了"指谓""指称"这些双音节词出现。现代所用的"指谓""指称"术语其意义即是公孙龙所谓的"指"。"指"亦同"旨"，相当于"意旨""意义"。孟子曰"言近而指远者，善言也"②，就是在这种意义上使用的。庞朴先生指出：《公孙龙子》是诸子书中最难读的一本，而《指物论》又是《公孙龙子》中最难读的一篇，要从现代汉语中找到对译《指物论》的文辞有困难。庞朴先生分析，"指"有二义，作动词为"指示""指出"，作名词为"意"。③我认为这种理解比较切合原作之义。这样一来，从动态意义上理解"指"，可用的译名就有四个。是取庞朴先生"指示""指出"之说，还是用"指谓""指称"为好？比较而言，译为"指谓""指称"更妥当。"指示""指出"仅仅突出了动态性，却忽视了其称谓性，容易将"指"单纯理解为指指画画的动作，而与语言符号割裂开来。"指称""指谓"则兼而有之。

先秦在明确了事物可以被指称的同时，强调了指称本身不可以被指称，并由此区分了关于对象的"指称名称"和"指称过程"这两个重要观念。公孙龙曰："物莫非指，而指非指。"④"物莫非指"的语句意蕴前面已经作了分析，"而指非指"说的是什么？前后两个"指"，意义分别为指称名称和指称过程。这句话可以直译为："但指称本身不是指称。"就是说，如果把"人手指向被指向的万事万物并且通过名称联

---

① 参看《公孙龙子·指物论》。
② 参看《孟子·尽心》。
③ 庞朴先生对公孙龙子的研究颇有见地，可参看他诸多关于公孙龙子研究的著述。
④ 参看《公孙龙子·指物论》。

系起来"这一结果称为"指称",那么这个"指称"称谓并不等于"指向——事物——称谓"三者统一的动态指称过程。正如我们可以说"犊莫非长,而长非长""星莫非移,而移非移"一样,同一个"长",同一个"移",分别几次使用,用法不一样,意义也不一样。前者是说,"小牛没有不是生长的,但生长不生长"。第一、三个"生长"意谓具体对象"小牛"的生理发育,第二个"生长"意指"生长"这个名谓,当然从来没有一个"生长"的名称是能有生理发育的。后者是说,"星斗没有不是移动的,但移动不是移动的"。第一、三个"移动"是指物理空间的位置变动,是一种客观规律的反映,第二个"移动"是称谓,作为名称称谓的"移动"是永远不可能发生由天体运动规律支配的物理空间位置变化的。

三、物、名、指

"物""名""指"之间的关系是指称理论必须高度重视的内容。古代西方对此就有关注。波亨斯基说,在前亚里士多德时期,人们对这些问题就有过比逻辑更专门的研究。① 亚里士多德对语言符号与心灵经验的关系也作过精辟论述。② 到了近现代,这个问题已经成了语义研究的热点问题,甚至掀起了西方语言哲学研究的热潮。③ 弥尔研究过符号、事物与含义的关系,认为专名只有对事物的指称,即只有外延,没有含

---

① 参看波亨斯基《古典形式逻辑》(英文版),书中提到公元前 6 世纪爱利亚学派的巴门尼德对此有专门研究。

② 亚里士多德在《解释篇》中谈道:口语是心灵经验的符号,而文字则是口语的符号。正如所有的人的书法并不是相同的,同样地,所有的人也并不是有相同的说话的声音,但这些声音所直接标志的心灵的经验,则对于一切人都是一样的,正如我们的经验所反映的那些东西,对于一切人也是一样的。

③ 周建设在《西方逻辑语义研究》一书中对此作了比较详细的阐述。

义。这种观点引起了学术界的极大兴趣与质疑，要害是：如果该理论成立，人们将很难将"启明星等于启明星"和"启明星等于金星"这类语句区分开来，因为前一语句的主项与谓项名称相同，表达的对象同一，后一语句的主项与谓项名称不同，表达的对象也同一。事实上，这两个语句的认知特征并不一样：人们不需要任何经验就可以认识"启明星等于启明星"这个语句为真，而"启明星等于金星"则需要其他认知经验来帮助。"语言哲学之父"弗雷格则明确指出，"名称"是符号，即物理形式；名称有"意义"和"指称"两个方面。指称相同对象的符号可以有不同的含义。假设 abc 三线构成一个三角形 ABC。线 a 连接角 A 顶点和边 BC 的中点 m1，线 b 连接角 B 顶点和边 AC 的中点 m2，线 c 连接角 C 顶点和边 AB 的中点 m3，这样，线 abc 相交于点 0。人们指称点 0 时；可以说"s 和 b 的交点"，也可以说"a 和 c 的交点"。这两个语言表达式显然是不同的，但是，人们却可以毫不犹豫地肯定这两个含义不同的表达式指称同一个对象，即点 0。弗雷格由此精彩地揭示了名称、含义与指称间的关系：承载不同含义的不同符号，可以有相同的指称对象。反过来，同一对象可以由含义不同的符号来指称。①

我们研究发现，历来被西方所关注的"物""名""指"三者之间的关系问题，先秦时代已经有了讨论，公孙龙的《指物论》就是证明。文中以客方口吻曰："天下无指者，生于物之各有名不为指也。不为指而谓之指，是无不为指，以有不为指之无不为指，未可。"接着，公孙龙以主方口吻对曰："以'指者天下之所无'。天下无指者，物不可谓无指也；不可谓无指者，非有非指也。非有非指者，物莫非指。指，非'非指'也，指与物，非指也。"客方意思是：天下没有指，因为物都有各自的名称，而名称不是指。不是指却称为指，那就没有不是指的了。把

---

① 弗雷格在《论涵义和所指》一文中详细讨论了这个问题，参见 A.P. 马蒂尼奇主编的《语言哲学》。关于弗雷格这些思想的介绍，还参考了 M.K. 穆尼茨以及朱新民和戴华山等先生的著述。

不是指当成没有不是指，这是不对的。公孙龙回答：你认为"天下没有指"。天下虽然没有指，但不可以说物没有指。不可以说物没有指，是因为没有不可以指。没有不可以指的，就是物没有不可以指。指，不是非指，指对于物则不是指。公孙龙无疑清楚，物就是物，名就是名，指就是指。为什么要说"指非指"？他解释说，本来"指非非指也"，只是"指与物"，即"指"相对于"物"而言才是"非指"。这里，虽然形式上是主客双方对辩，但并没有表现出对立的观点，只是通过对答方式对"物""名""指"作说明。其基本观点是："物"不同于"名"和"指"，是相对独立于"名""指"的对象，是天下之所"有"；而"名""指"仅仅是对"物"的一种关联，"名"是称谓"物"之符号，此所谓"生于物之各有名"，"指"是联系事物的过程，也往往借助符号来表现，因此，二者都不是一种存在，不是天下之所"有"，而是"天下之所无"。

我们可以用现代语义学术语将公孙龙的上述思想明朗化。公孙龙的"指"可以对应地译为"指称"，公孙龙关于"指"的几种义项可以译出几个子名称："动指""名指""所指"。动指表示动态意义上的指称或指示动作、过程；名指表示以名称指称或称谓对象（包括自名指谓）；所指表示由指示动作直接涉及的客观对象本身。这样，公孙龙关于"指""名""物"的联系和区别的思想可以通过下列图表表示出来：

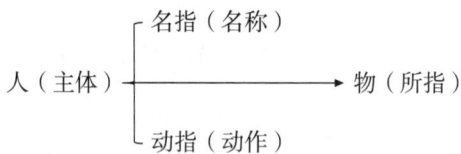

"名""物""指"关系示意图

人是主体，物是客体，其中通过"名指（名称）"和"动指（动作）"将二者联系起来，使人与物构成反映与被反映的关系。这种关系表现在语义学上便是指称关系。

我们发现，公孙龙的指称思想与弗雷格的两个主要概念"Sinn"和

"Bedeutung"相类似。Sinn 为"意义"。Bedeutung 一词，弗雷格在三种意义上使用：一为名物关系，即指一个名称与其所代表的东西、人物之间的关系；二指语词符号代表某一特定东西这一事实；三指语词所代表的东西本身。研究发现，弗雷格所用 Bedeutung 的三个意思：第一义相当于公孙龙动态意义的指，即动指，动指过程正是指与被指对象发生联系的过程，通常译为"指称"（动词）；第二义相当于公孙龙静态意义上的指，即名指，就是人们名谓事物这一客观事实，现代汉语同样译为"指称"，只是词性不同（名词）；第三义相当于公孙龙所谓的"物"，即所指，就是客体本身或认识对象。有时，先秦所论名实关系中的"实"不表示反映于人脑中的"实"（客体的意象），而仅仅表示客观实在，这个意义上的实与弗雷格 Bedeutung 第三义同。一句话，公孙龙的"指"与弗雷格的"指称"义项相似。正因为如此，所以李先焜先生说：中国先秦诸子关于名实问题的探讨，以及古代词典与训诂学的发展，都包含有语义学的理论问题。从孔子开始，尔后为孟轲、荀子、韩非所继承的正名主义逻辑，更多涉及的是语义问题。① 墨经中提出"以名举实"这

---

① 很多情况下，谈论语义学也就是谈论语言哲学。这在业内人士看来并不难理解。这一点，吴一安先生的一段话有代表性。他说："语义学的研究对象是语言的意义，理应和语言的音系、形态、句法等研究一样，构成语言学范畴中一个相对独立的研究层面。但这在实际上至少有两个困难：一个是意义无所不在，涉及语言的许多方面，例如：我们说话的声调可以影响意义，词语形态和句子结构的变换也影响意义，同一个单词用在不同的语境中在意义上也往往会有差异，等等；另一个相关的问题是，语义研究一定会涉及到语言与思维的关系、语言与客观世界的关系，这给界定语义学的研究范围造成困难。事实上，除语言学外，哲学、逻辑学、心理学、人工智能、认知科学等学科也都把语义作为本学科的重要研究课题。这里要注意的是，不同学科研究语义的目标和角度不同，例如：意义是语言哲学（the philosophy of language）研究的中心议题，这是因为语言哲学家们认为，对语义的研究是我们认识自己和客观世界的关键；心理学者也对意义感兴趣，他们研究意义的心理表征（mental representation）形式，研究儿童如何在语言发展中习得意义等，目的是要了解人类心智的构造及其发展过程。语言学范畴中语义学与语言学的研究总目标一致，在于认识语言本身的结构和功能。语义研究最早并非起始于语言学，而是哲学，可以说，没有语言哲学就没有语义学。"参看 John I. Saeed：Semantics，p.16，外语教学与研究出版社、布莱克韦尔出版社 2000 年版。

个"举"字，就相当于现代语义学中所谓的"指称"。公孙龙在《指物论》中所说的"物莫非指，而指非指"，以及荀子《正名》篇中所说的"名足以指实"，"制名以指实"，其中的"指"也都有"指称"的意思。①

弄清名、物、指之间的关系，有助于认识语言符号的语义表现特征。联系起来看，尽管我们不能说先秦时代关于"名""物""指"的语义思想已经十分完善，但是可以说与西方古今的"指称"思想明显类似，这不能不说它体现了中国古代语言思想蕴涵的智慧与重要价值。

四、能指与所指

先秦探讨了"能指""所指"问题。公孙龙《名实论》云："天地与其所产者，物也。物以物其所物而不过焉，实也。实以实其所实而不旷焉，位也。出其所位，非位，位其所位焉，正也。以其所正，正其所不正；不以其所不正，疑其所正。其正者，正其所实也；正其所实者，正其名也。其名正，则唯乎其彼此焉，谓彼而彼不唯乎彼，则彼谓不行；谓此而此不唯乎此，则此谓不行，以其当而不当也。当而不当，乱也。故彼彼当乎彼，则唯乎彼，其谓行彼；此此当乎此，则唯乎此，其谓行此，以其当而当也。以当而当，正也。故彼彼止于彼，此此止于此，可。彼此而彼且此，此彼而此且彼，不可。夫名，实谓也。知此之非此也，知此之不在此也，则不谓也；知彼之非彼也，知彼之不在彼也，则不谓也。"② 这里，公孙龙所说的"名"就是"能指"，"实"就是"所指"。公孙龙是怎样认识"名"能指的内涵的呢？公孙龙曰："夫名，实谓也。"意思是"名就是对实的称谓"。对实的称谓究竟是些什

---

① 王维贤、李先焜、陈宗明：《语言逻辑引论》，湖北教育出版社 1989 年出版，第 34 页。

② 参看《公孙龙子·名实论》。

么呢?《公孙龙子》诸篇,论述的"名"有"马""牛""羊""鸡""石""白""青""黄"等等。这些语词有两个类型:"马""牛"等属于直接表示物体的名词,也即公孙龙所谓的物名;"白""青"之类属于不直接表示物体的词,它们表示的是物体的性质,是否也是公孙龙所说的"名",尚未发现原原本本的关于其归属的论述,从行文分析,我们认为当属于公孙龙的"名"之列,即所谓"通称"。这样一来,"名"即"能指"的外延就该既包括现在所谓的实体名词,还包括形容词。"实"是什么?公孙龙说:"物以物其所物而不过焉,实也。"即"物用来形成它自己而不过分的那个本体,就是实。"庞朴先生解释说:"实,同宴。"《诗·大雅·韩奕》曰:"实墉实壑,实宴实藉。"郑笺云:"实当作宴,赵魏之东,实、宴同声。宴,是也。"宴,即今语之"本质"。公孙龙于"物"之外又别为"实",则此"实"非"物"。通观全书,此"实"字亦无"实际""实在"等义,而应如《坚白论》所谓之"不坚石物而坚"的坚自体,故定为"宴"之借字。"宴"即后来所谓"真际"。[①] 按庞朴先生理解,"实"指的是"真际"或"本质"。无论是借鉴前人之说,还是参照庞朴先生的意见,有一点似乎是明确的,那就是"实"不是具体物,而是物之属性。这种解释是否符合原作实际?如果说"实"即为"本质"或"真际",那么怎么理解"夫名,实谓也"之说?"马"是名,也是实之谓,能说"马"之名就是关于马的本质(或真际)的称谓吗?显然不宜这么说,因为几千年前就有了"马"名,但并非就有了马的本质的认识。伍非百先生重在释"物",通过释"物"达到释"实"。庄子曰:"凡有声色相貌者,皆物也。物与物其何以相远,是色而已。"又曰:"可以言论者,物之粗也。可以意致者,物之精也。言之所不能论,意之所不能致者,不期精粗焉。"此以"凡有声、色、象、貌可言可意者,皆谓之物也",唯超言意之表,为诸声、色、象、貌者之根,

---

① 庞朴:《公孙龙子研究》,中华书局 1982 年版,第 47 页。

而又不可以声、色、象、貌求者，始不得谓之为物焉。荀子曰："万物虽众，有时而欲偏举之，故谓之物。物也者，大共名也。"这与《墨经》的所谓"物，达也，有实必得之名也"大体相同，物为达名，凡有实皆谓之物。据此，伍非百先生说"实者，物之本体"，"譬如'马'，马之形即马之实。若言白马，则为白马之实，而非马之实。今言马而兼含白，是过。又如'石'：石之状，即石之实。若言'坚白石'，则为坚白石之实，而非石之实。"我们认为，相比之下，伍非百先生之语义分析较庞朴先生符合公孙龙子原文面貌。尽管开篇便导出"物"而后导出"实"，俨然是两个完全独立而不相兼的东西，其实，公孙龙是从两个不同角度阐述同一对象的，甚至还可以说是从"物""实""位"三个方面说明同一对象的。第一，说明物是天地与其所产者，表明物的存在性，存在于宇宙空间，实际上说的是物的宏观处所。第二，从物体的自身结构方面说明处于宇宙间的万物是不空虚的，它有可感触的要素。第三，从微观处所方面谈，实在之物是有其相应的"位置"的。如果联系起来理解，意即：天地存在万物，万物自身不空，而且有着恰当位置。这样将三者统一起来，是公孙龙对"物"的认识，也是他"名"的理论基础。"物""实""位"三者缺一不可，有物必有实，有实物必有其位。正因为如此，我们认为，公孙龙正确认识到了"名实"关系：名是实之谓，而实必为物之实，并且一物之为该物必由其"不过"之实构成。在这个意义上，实即物，名是实之谓，也就是物之谓。反过来，却不能说"夫物必名也"，因为当人们尚未认识某物之时，名是不可能呼及其物的。

有的学者并非如此认识公孙龙的"名实"即"能指与所指"思想，却说：因为名是对事物的称谓，正其"名"即正其"谓"；"名"为实的称谓，而"谓"则为思想所指的是，两者同为"谓"的形式。所以公孙龙说的是："夫名实，谓也"，而不是"夫名，实谓也"。什么叫"名实，谓也"，就是说：在逻辑思维上所有称名的，皆以谓实，而实的所指，也就是称名的所在。这里所说的"谓"，即是举拟名实所指的对象。① 我们认为，这曲解了公孙龙的"能指""所指"（名实）关系思想。断句在"实"后（多次出现，当不属笔误或印刷错误），"谓"为"思想所指的是"而"名"和"实""两者同为谓的形式"，与原文之意相去甚远。

先秦认为"能指"对"所指"有规范制约作用，或者说，名称对被命名对象具有检校作用，即"名"可以"正形"。尹文曰："名也者，正形者也。"名可以"别彼此而检虚实"，即可以使事物彼此相区别，也可以检验名所称谓的对象之虚与实。检校的目的就是要使一定的名称指称相应的对象，以达到名副其实。如何检校，那就是使名称彼此有别，虚实有度，分明有界。伍非百先生说：若夫抽象之名，本无实体可指。因观念而造成名词，更因名词以系住观念。辗转相生，往复相依。除去名词则观念历久而消失。且无以自增其缘，更无以相说以解。故抽象名词之得以相持而存在，相说而共喻者，不外以观念构成观念，名词解释名词而已。此种名词若不确定界说，严加分析，则远而失，流而离本，倘恍迷离，不可究诺矣。故言："名而不形，不寻名以检"，则往往生出差误也。② 尹文认为，如果不能"形名相应"，就会出现名不副实的错误，这种错误主要表现为"因名而失实""因名而得实"。③ 因此尹文提醒人们不要忽视能指在认识事物过程中的制约作用。

本文的上述考察表明，先秦哲人已经有了比较深刻的指称思想，

---

① 汪奠基：《中国逻辑思想史》，上海人民出版社 1979 年版，第 89 页。

② 伍非百：《中国古名家言》，中国社会科学出版社 1983 年版，第 475 页。

③ 参看《尹文子·大道上》，文曰：宣王好射，说人之谓己能用强也，其实所用不过三石，以示左右，左右皆引试之，中关而止。皆曰："不下九石，非大王孰能用是！"宣王悦之。然则宣王用不过三石，而终身自以为九石。三石，实也；九石，名也。宣王悦其名而丧其实。齐有黄公者，好谦卑，有二女，皆国色。以其美也，常谦辞毁之，以为丑恶，丑恶之名远布，年过而一国无聘者。卫有鳏夫，时冒娶之，举国色。然后曰："黄公好谦，故毁其子不姝美。"于是争礼之，亦国色也。国色，实也。丑恶，名也。此违名而得实矣。

他们所关注的焦点至今仍然为语言学家高度重视。因此，发掘古人的语言思想智慧，对于认识语言的本质，以及丰富当代语言理论具有重要意义。

参考文献

[1] 崔清田：《名学与辩学》，山西教育出版社 1997 年版。

[2] [瑞士] 费尔迪南·德·索绪尔：《普通语言学教程》，商务印书馆 1996 年版。

[3] 郭成韬：《中国古代语言学名著选读》，中国人民大学出版社 1998 年版。

[4] 胡明扬：《西方语言学名著选读》，中国人民大学出版社 1988 年版。

[5] 胡适：《先秦名学史》，安徽教育出版社 1999 年版。

[6] 贾彦德：《语义学导论》，北京大学出版社 1992 年版。

[7] 李贤中：《先秦名家"名学"思想探析》，文史哲出版社 1983 年版。

[8] 刘福增：《语言哲学》，东大图书公司 1981 年版。

[9] [英] 罗素：《数理哲学导论》，商务印书馆 1982 年版。

[10] 庞朴：《公孙龙子研究》，中华书局 1982 年版。

[11] 谭戒甫：《墨经分类译注》，中华书局 1984 年版。

[12] 涂纪亮：《现代西方语言哲学比较研究》，中国社会科学出版社 1996 年版。

[13] [清] 王先谦：《荀子集解》（上、下），中华书局 1988 年版。

[14] 伍非百：《中国古名家言》，中国社会科学出版社 1983 年版

[15] 周建设：《中国逻辑语义论》，岳麓书社 1996 年版。

[16] 周建设：《西方逻辑语义研究》，武汉大学出版社 1996 年版。

（《中国语文》2002 年第 2 期）

先秦名家尹文子的语义学思想

中国学术界研究先秦名家尹文，多侧重于逻辑地考察其"名"学思想，至于他的语义学思想却未引起人们的关注。笔者认为，尹文"名"学中的语义学思想十分丰富，这种思想不仅在先秦有着独特的学术地位，而且足可以与同时代古希腊学术之集大成者——亚里士多德的语义学思想相媲美。本文拟从语义学角度，对尹文子的"名"学思想作些考察。

一、关于"名"的语义功能之认识

尹文关于"名"的语义功能的认识主要体现在三个方面，即"名"的指称功能、"名"指称的层次、"名""形"相应原则。

关于"名"的指称功能，尹文这样认为："大道无形，称器有名。名也者，正形者也。形正由名，则名不可差，故仲尼云：'必也正名乎！名不正则言不顺也。'大道不称，众有必名；生于不称，则群形自得其方圆；名生于方圆，则众名得其所称也。"（《尹文子·大道上》）

形而上者谓之道，形而下者谓之器。道，指的是抽象义理。器，指的是具体事物。这里的要点在于：首先，揭示了"名"的称谓功能。

现代语义学的重要概念"称谓"在两千多年前的尹文那里清楚明白地提出来了，这是值得重视的文化现象。"名"的重要功能的"称器"，即称谓具体事物。这就将人的语言活动和客观对象联系起来了。名称能称谓哪些对象呢？"大道无形""大道不称"，但"称器有名""众有必名"。在尹文子看来，大道是无形的，不可以"名"来指称，众多的具形事物才可以一一别而"名"之。第二，表明了事物不以"名"而存在的唯物思想。"生于不称，则群形自得其方圆"，意指"名"是对"形"的称谓，如果人们不去称谓"形"，作为客体的"形"照样存在。例如，具有方圆之形者，尽管不以"方""圆"名而称之，仍然不失为方圆之实存。这一点与同时代的希腊学者亚里士多德的论述相似。亚里士多德在专门讨论语词符号语义的论著《范畴篇》中说："知识的对象看来是先于知识本身而存在的，因为通常我们总是获得那些已经存在着的东西的知识；要找出一门知识其开始存在乃是与它的对象的开始存在同时的，这件事如果不是绝对不可能，也是很困难的。再者，虽然知识的对象一朝不再存在就会同时取消了它的相关者的知识，反过来却不然。如果知识的对象不存在就没有知识，这是真的，因为将会没有什么东西可以被认识。同样这也是真的：如果对某物的知识不存在，此某物却可能存在着。"这里，"某物的知识不存在""某物却很可以存在着"与"生于不称则群形自得其方圆"为同一道理。第三，指出了"名"对形的反作用。依器命名，借名称形。器形是客体，是基础，"名"对其有称呼指称功能。进一步，尹文认为"名"还有"正形"作用，故曰"名也者，正形者也"，并以孔子之言佐证之。

关于"名"指称的层次性，尹文子曰："有形者必有名，有名者未必有形。形而不名，未必失其方圆白黑之实。名而不形，不寻名以检其差。故亦有名以检形，形以定名，名以定事，事以检名。察其所以然，则形名之与事物，无所隐其理矣。"（《尹文子·大道上》）

"有形者必有名，有名者未必有形。"涉及到两种情况："有形者"

之名和"未必有形者"之名。有形者之名，显然是指称具体事物之名，这一类"名"直接与人的感官相关。通常情况下，这些"名"指谓的对象可以由感官接触到，"太阳"是有形者之名，虽然不能触摸其指称物，却可以由肉眼视之而觉其实。"未必有形"之名，指的是抽象"对象"之名。名学研究专家伍非百先生说：若夫抽象之名，本无实体可指，因观念而造成名词，更因名词以系住观念。辗转相生，往复相依。除去名词则观念历久而消失。且无以自增其缘，更无以相说以解。故抽象名词之得以相持而存在，相说而共喻者，不外以观念构成观念，名词解释名词而已。此种名词若不确定界说，严加分析，则远而失源，流而离本，惝恍迷离，不可究诘矣。故言"名而不形，不寻名以检"，则往往生出差误。(伍非百《中国古名家言》，第475页) 具体名词，因为其指谓对象的具体可感，通常视为第一层次，抽象名词往往源于客体又高于客体，是关于客体属性抽象而形成的名词，通常视为第二层次。尹文子虽然没有用明显的层次术语标示出"名"的层次性，但他的划分已经清晰地表现出了层次认识。正因为层次区分清楚，所以他在提出检验名词时分别指出两种方法。检验具体名词，则是"名以检形，形以定名"；检验抽象名词则要"名以定事，事以检名"。

古希腊关于名词指称对象的层次性论述与尹文子的思想有相通之处。亚里士多德认为名词表述的对象有第一性与第二性之分。他说：实体，就其最真正的、第一性的、最确切的意义而言，乃是那既不可以用来述说一个主体又不存在于一个主体里面的东西，例如某一个个别的人或某匹马。但是在第二性的意义之下作为种而包含着第一性的实体的那些东西也被称为实体；还有那些作为属而包含着第一性的实体的那些东西也被称为实体；还有那些作为属而包含着种的东西也被称为实体。(亚里士多德《范畴篇》) 亚里士多德所说的"实体"，应该说与尹文"方圆白黑之实"中的"实"相同的。亚氏所说的第一性实体与尹文所谓有形者之名所指谓的形相同，至少可以确定无疑地说，亚氏的第一性实体包含于有形者之名的"实"，至于亚氏的第二性实体是否就同于"未必有形"之名所指谓的"实"，则不便简单断言，因为《大道篇》中，尹文并没有明确说出这类"名"的外延。仅据字面分析和伍非百先生的论述，尹文子的关于第二层次的"实"多指属性概念之类"实"，故不能与亚氏的第二性实体等量齐观。比较起来，亚氏与尹文尽管有相通的"层次"思想，但是二者在区分"实"的层次上所采用的方法是有差别的。亚里士多德采用的是逻辑结构功能判别法，而尹文子则是采用符号指谓判别法。

关于"名""形"相应原则，尹文子说："名者名形者也，形者应名者也。然形非正名也，名非正形也，则形之与名，居然别矣，不可相乱，亦不可相无。无名故大道无称，有名故名以正形。今万物具存，不以名正之则乱，万名具列，不以形应之则乖，故形名者不可不正也。善名命善，恶名命恶，故善有善名，恶有恶名。"（《尹文子·大道上》）

名称就是给事物命名的，事物就是与被用来称呼它的名称相对应的，这是尹文子提出的具体要求，我们称之为"名形相应原则"。为什么要有名形相应原则，是因为，当万物具存之时，如果没有与万物分别相应的确切的名称就会导致语言交际的混乱，思维的混乱，进而引起治理的混乱。如果万名具列，无数的名称却没有相对确定的分明的对象相随，则同样导致不同方面的混乱。怎样落实"形""名"相应原则，尹文子用列举法说得明白：是善的对象就以善命名之。比方圣贤仁智用的就是善名，凶愚之类则是用恶名称谓的。尹文强调，名不可不辩。辩名、正名，可以使事物彼此相区别，也可以检验名所称谓的对象之虚与实。

二、关于"名"的语用特征之论说

尹文研究"名"的语用特征是从认识"名"的语义结构开始的。尹文说："语曰'好牛'，不可不察也。好则物之通称，牛则物之定形，以通称随定形，不可穷极者也。设复言'好马'则复连于马矣，则好所通无方也。设复言'好人'，则彼属于人矣。则'好非人，人非好'也。则'好牛'、'好马'、'好人'之名自离矣。"

从这段文字可以看出，尹文子已经清楚地注意到作为语言符号整体的"名"，其内部结构具有可分析性，构成"名"这一语符整体的各成分，各自有特殊的语义性质。例子涉及"形容词加名词"的结构，即"AN"结构。尹文子看到了 A 的普遍属性，即"好"这一词为"物之通称"，而 N 具有特殊性，即"牛"之类词为"物之定形"。命形之"称"或"名"可以受"通称"修饰，即所谓"通称随定形"，并认为这种结构构成无穷无尽的"名"。"好"，今人依区分词性的标准定为形容词，古人没有词的词性分别。从引文看，尹文把"好"定为称物之"名"，只不过它是"物之通称"罢了。今人所含具体事物之"名词"，古人则说是"物之定形"之名。前面提到"未必有形"之名，"好"应属其列。尹文明显提到"好马"一词，这自然使我们想到古希腊亚里士多德关于词项语义结构分析的一段话："所谓一个名词，我们的意思是指一个由于习惯有其意义的声音，它是没有时间性的，它的任何一部分离开了其他部分就没有意义。在'好马'这个名词里面，单独'马'这个部分本身并无意义，不像在'优良的马'这个短语里面那样。但在简单的名词和复合的名词中间，是有差别的，前者部分是绝对没有意义的，后者部分对于整体的意义有所贡献，虽然它没有一个独立的意义。'盗船'中，'船'一字仅具有那种作为整个词的一部分时所具有的意义。"（亚里士多德《解释篇》16a，19—29）两千余年前的古代中国和希腊的两位不同学者，同在讨论"名"称符号语义时列举到同一个例子"好马"，阐明相近的语义观，这是巧合，同时应该说又是科学研究、人类认识发展基本同步的必然反映。

尹文论"名"，方法多样，形式灵活。有纯粹理论的阐发表述，有理据结合的具体论证，还有寓理于例的闲谈漫说。他曾用三个典型例子讨论过"名"的语用问题。他说："庄里丈人，字长子曰'盗'，少子曰'殴'。盗出行，其父在后追呼之曰：'盗！盗！'吏闻，因缚之。其父呼殴喻吏，遽而声不转，但言'殴、殴'，吏因殴之，几殪。康衢长者字僮曰善搏，字犬曰善噬，宾客不过其门者三年。长者怪而问之，乃实对。于是改之，宾客复往。郑人谓玉未理者为璞，周人谓鼠未腊者为璞，周人怀璞谓郑贾曰：'欲买璞乎？'郑贾曰：'欲之。'出其璞，视之，乃鼠也。因谢不取。"这段例说，在现代语义学看来，仍然不失其重大理论价值。因为它揭示了语用习俗对语义的制约作用，表明语言符号使用中心理、地域因素有着不可忽视的影响。第一二例说明，"名"表达的"实"依伦理规范标准和生活情景习俗而具有相应的感情色彩。这种感情色彩一旦形成便会影响人的行为取向，并且这种语用特性不会因某一个人的力量而轻易改变。"盗"这个"名"指称的对象是以不道德的不合法的手段秘密窃取财物的人。这种人受人唾弃。人们一听到此名便会联想到偷窃之人而生厌恶之情，故此"名"语用习俗赋予了它贬义色彩。同理，"搏"斗拼杀，令人生畏，毒咬吞"噬"，危及人生，试想，谁敢接近"善搏"之人和"善噬"之犬呢？故"宾客不过其门三年"。尹文此二例表明"名"的使用不得不注意语义感情色彩，而这种色彩又是社会语用习俗构成的。第三例则表明了另一个语义原理：一名多实。地域对名实关系有一定的制约作用。同是"璞"这一"名"，在郑则指称"未理之玉"，于周则指谓"未腊之鼠"，地域不同，语义根本不同。因此，按尹文子的阐述，在正名之时应当高度重视不同地域内形成的语用习俗对"名形"关系的影响。

释"名"是认识"名"的语义的重要途径。《尹文子》虽然没有从理论上阐述释"名"方法，但在行文过程中所运用到的方法却为现代语义理论所肯定。

定义法是尹文子用得最多的一种。定义是从符号承载的关于事物性质方面来明确语义的方法。逻辑学说，定义是揭示概念内涵的逻辑方法。其中"内涵"大体相当于语义领域所谓的"词的含义""语词符号意义"。谈到"名"，尹文子曰："名也者，正形者也。"这是从"名"的辨析事物功能方面定义的。"名者，名形者也。"这是从"名"的称谓功能方面定义的。"名称者，别彼此而检虚实者也。"与第一个定义相似。当然，前者重在"正形"，后者重在"检虚实"。

类举法在文中用的也不少。类举，其优越性在于能从"名"所涉及的范围上揭示语言符号的语义。相对定义而言，如果说定义是侧重在质的方面认识"名"指称的对象的话，那么类举法则是侧重从量的方面来认识的。尹文曰："名有三科，法有四呈。一曰命物之名，方圆器白是也。二曰毁誉之名，善恶贵贱是也。三曰况谓之名，贤愚爱憎是也。"（《尹文子·大道上》）显然是运用类举法来说明语义的。

将定义与类举合并使用是尹文用到的第三种释"名"的方法。即既用定义法又用类举法诠释同一"名"，使人既从质上又从量上全面认识语符意义。尹文曰："凡国之存亡有六征：有衰国，有亡国，有昌国，有强国，有治国，有乱国……内无专宠，外无近习，支庶繁字，长幼不乱，昌国也；农桑以时，仓廪充实，甲兵劲利，封疆修理，强国也。"这里，先类举衰、乱、亡、昌、强、治六征，而后一一定义之，语义十分清晰。

（《湖湘论坛》1996 年第 5 期）

先秦名辩之学的语言哲学蕴涵

胡适曾说:"我渴望我国人民能看到西方的方法对于中国的心灵并不完全是陌生的。相反,利用和借助于中国哲学中许多已经失去的财富就能重新获得。更重要的还是我希望因这种比较的研究可以使中国的哲学研究者能够按照更现代的和更完全的发展成果批判那些前导的理论和方法,并了解古代的中国人为什么没有因而获得现代人所获得的伟大成果。"[1] (p.13) 冯耀明说:"中国哲学要在当前的历史、社会脉络上向前发展,寻找它的未来,首先必须从它的传统神话中解放出来,容纳多元的探索方式,发挥开放的对话精神。此外,中国哲学也必须于当前建立一种能与西方哲学对话的正常或共同话语。"[2] (p.15) 胡适所谓中国人面对西方的方法不完全陌生,意思是说,我们中国也曾有过。冯耀明说必须从传统神话中解放出来,当然首先要看清传统的本来面目,尤其是要建立能与西方哲学对话的共同语言。先秦时期名辩之学世人极为关注。然而,后世冠之以名学、辩学所研究的内容,究竟能够与西方哲学的哪些门类构成共同对话通路,却一直存在争议,甚至对立。中国很多学者归其为逻辑学,但西方学者则以为牵强,甚至认为中国没有逻辑学。本文基于先秦典籍,拟对这一长期存在争议的问题做些探讨。

一

先秦时代没有"语言哲学"一词。"语言哲学"作为学术术语源于近代西方。中国著名语言学家许国璋先生在 20 世纪 80 年代写过一些关于《说文解字》和《马氏文通》以及索绪尔、奥斯汀等的语言哲学思想方面的文章。① 涂纪亮先生对西方语言哲学理论作过系统介绍和颇具深度的研究。[3] 从此，语言哲学研究在中国逐渐受到关注，并陆续出现了一些有影响的研究西方语言哲学的成果。② 但是，对中国语言哲学，包括中国先秦时代语言哲学的研究尚不多见。

先秦时代是我国古代学术的鼎盛时期。胡适说，中国哲学的最初阶段（公元前 600—前 210）是人类思想史上一个最重要和最灿烂的时代。这是老子、孔子、墨翟、孟子、惠施、公孙龙、庄子、荀子、韩非以及许多别的哲学家的年代。它的气势、它的创造性、它的丰富性以及它的深远意义，使得它在哲学史上完全可以媲美于希腊哲学从诡辩派到斯多葛学派这一时期所占有的地位。[1] (p.11) 罗光先生认为，春秋战国时

① 许国璋先生写过一些语言哲学方面的论文，比方：《语言符号任意性问题——语言哲学的探索》、《从两本书看索绪尔的语言哲学》、《从〈说文解字〉看许慎的语言哲学》、《〈马氏文通〉及其语言哲学》、《追寻中国古代的语言哲学》，还有其他并不直接用"语言哲学"一词进入标题，其内容涉及语言哲学的文章。但是，许国璋先生对语言哲学一词的使用是比较灵活的，就是说，他并没有以一个同一的确定内涵去看待或讨论语言哲学。他自己在《〈马氏文通〉及其语言哲学》中就说过："我这里所说的'语言哲学'，不同于现时西方流行的分析哲学的语言哲学，这一语言哲学出于形式语言学或逻辑语言学。本文所说的'语言哲学'出于文化语言学。我的另一文《从〈说文解字〉看许慎的语言哲学》则出于人类语言学。"参见许国璋《论语言和语言学》，商务印书馆 2001 年版，第 229 页。

② 牟博等翻译美国著名语言哲学家 A.P. 马蒂尼奇主编的《语言哲学》由商务印书馆于 1999 年出版之后，西方语言哲学的主要理论在中国有了较为广泛的传播。

代，为中国历史上政治混乱，民生多难，道德沦丧的时代。但是在中华民族的思想史上，却是一个最灿烂的时期，学者常以百家争鸣来代表当时的思想活动，当时学者所鸣的，不仅是宣传各自的主张，并且各自的主张真正具有新的思想。[2] (p.2)

先秦学术昌盛时代所研究的问题广泛而综合，尽管涉及的问题也相对集中，但并不是像现在一样有清楚的学科分类。直到汉代始有人根据其讨论问题的主要倾向作出了大致的区分。最早是太史司马谈在《论六家要旨》中将先秦遗留下来的典籍依其论说特征分为阴阳、儒者、墨者、法家、名家、道家。之后司马迁又将这六家要旨转载于《史记·自序》。司马谈之后，班固《汉书·艺文志》列"诸子十家"，除司马谈所列六家外，又列有纵横家、杂家、农家、小说家。

先秦之后的学者对先秦诸子学说进行系统的整理、归类，无疑为认识先秦学术提供了极大的方便。梁启超在《老孔墨以后学派概观》一文中说先秦并没有九流十家之称，但他肯定将先秦诸子归类的做法乃是学术研究上的一种进步。他说："夫对于复杂现象而求其类别，实学术界自然之要求。马、刘以流派论诸子，不可谓非研究进步之征也。"[2] (p.6) 但从当时所分学说类型看，那些分类并非必然科学而且能够与当今学科名称相一致。在所列学派中，显然没有叫"语言哲学"名称的。那么，怎样判定先秦时代是否有语言哲学呢？我们认为，应当有客观公正的判定原则，那就是，从先秦典籍的实际内容中看其所讨论的问题是否与当今的语言哲学所研究的题材相类似。如果先秦时代出现了用哲学方法研究语言中的问题，那就表明已经有了语言哲学，包括语言哲学思想或语言哲学学说。①

依据语言哲学内容的判定原则考察，我们认为，先秦典籍中存在

---

① 参见周建设《语言研究的哲学视野》，载《首都师范大学学报》2002年第2期。文中对语言哲学作了全面定义和论证。

不少语言哲学内容①，这主要体现在名家或名实理论之中。"名家"一词最早出现在汉武帝建元元封之间（约公元前140—前110）司马谈的《论六家要旨》中，之前有"刑名之家"的提法。《战国策·赵策》云："夫刑名之家，皆曰白马非马也。"这里的"刑"通"形"，刑名即为形名。名家，涉及的范围比较广。胡适说："古代本没有什么'名家'。汉人所谓的名家，战国时称为辩者或辩士。"[4] (p.43)《庄子·天下篇》云："桓团，公孙龙，辩者之徒。"又云："惠施以其'历物之意'为大，观于天下而晓辩者，天下之辩者相与乐之。"郭沫若说："'名家'本是汉人所给予的称谓，在先秦时代，所谓'名家'者流每被称为'辩士'或'察士'，察辩并不限于一家，儒、墨、道、法都在从事名实的调整与辩察的争斗，故我们现在要求研讨这一现象的事实，与其限于汉人所谓'名家'，倒不如打破这个范围，泛论各家的名辩。"[5] (p.249) 汪奠基先生说："实际上先秦道、儒、墨、法各家学说中，都具有'正名实'的重要理论。"[2] (p.6)

名家所讨论的中心议题是名称（语言符号）与其自身的指称问题。"大道无形，称器有名"，"名者名形者也，形者应名者也"。② "制名以指实"③，"物莫非指"④ 之类，都属于这种研究。伍非百认为："自墨子作《辩经》以来，形名之学，大昌于世。至惠施公孙龙，益以苛察缴绕，一'唯乎名'，使人检而失真。庄子承其间，更出以幽渺之辞，无端厓之言，超超名象，使人荡而失守。不有荀卿，谁知名之凝止哉？窃观荀卿所言，一洗微妙之言，归于平实。划玄学于名学以外。其功一也。不为苛察缴绕之言，使名足以指实，辞足以见极而止。过此则非所用。树

---

① 许国璋先生说："中国不乏语言学论著，从中发掘它们的哲学思想（即一以贯之的思想）是大有可为的。"见许国璋《论语言和语言学》，商务印书馆2001年版，第229页。

② 《尹文子·大道上》。

③ 《荀子·正名》。

④ 《公孙龙子·指物论》。

名家之正轨，防诡辩之流转。其功二也。悯名实之淆乱，冀后有王者起，必将有作于新名，有循于旧名。正名百物，以明民智。示之范畴，以为依归。其功三也。上说下教，百家争鸣。窃其是非，必有窃要。而荀卿特明'名'、'辞'、'说'、'辩'四者之体用，使知言有术，发言有类。其功四也。正名之学，非仅专研于名辩者所能为功也。必也，内正其心，外正其物，而后乃能无所蔽。荀卿明道之要，解心之蔽，使内外交明，清浊并得。其功五也。虽然，卿亦有所蔽焉。凡人莫不好言其所善，而卿犹甚。谓'君子必辩。好言者上矣，不好言者下矣'。沿稷下之流风，承说士之余习。使'正名'与'好辩'不分，令驰说者得以借口。此其所蔽者一。'明贵贱''别同异'虽为古代名家之两大标的，然自有辩经以来，久已置'明贵贱'于不问，而所发明者，乃专在'别同异'一事。蔚然成为正宗，实有明察郭清之功。荀卿仍时时兼顾，使"明法"与"明辩"不分，令谈法术者得以为资。此其所蔽者二。因斯二蔽，弟子韩非，起而张之，弃其辩说之要妙者，而纳其名实之综核者，融'法术''形名'于一炉而冶之。"[6] (p.752)

符号与指称问题是语言哲学的核心问题。由此不难知道，先秦名家所讨论的中心问题许多就是语言哲学问题。西方有的学者早就注意到这一点。李先焜先生在序《中国古代的逻辑和语言》中评价说，美国学者陈汉生（ChadHansen）"对老子、孔子、孟子、墨子、后期墨家、庄子、公孙龙的语言哲学、逻辑学思想作了具体分析"。[7] (p.2) 该书设有《后期墨家的语言哲学》专章讨论如下问题：《墨经》中的四个假定；《墨经》中语言的规定功能；《墨经》中的标注区别和以名举实；《墨经》中的约定论；《墨经》中的唯名论；关于"辩"：对庄子的反驳；《小取》中的代数论证；在结束语部分，专论语词、观念与逻辑。

二

19 世纪末开始，中国不少学者将"名学""辩学"归类为逻辑学。那么，名学、辩学与逻辑学和语言哲学究竟是怎样的关系？这可以从不同角度做些考察。第一，为什么将指称先秦学术的"名学""辩学"的名称与西方的逻辑学术"逻辑"联系起来？第二，用"名学""辩学"指称逻辑学是否必然意味着先秦的"名学""辩学"就是西方学术意义上的逻辑学？第三，如果是，那么它是否有可能还包容其它学科，比方语言哲学，如果不是，那么它究竟属于什么学科？

关于第一个问题，崔清田先生做过深入探讨。他说：起初，"名学"与"辩学"被用作西语"logic"一词的汉语意译。19 世纪末，以李之藻《名理探》的刊布为标志，开始了西方逻辑输入我国的初始阶段。进入 20 世纪后，西方逻辑以更大的规模和更深的程度再次输入我国。这种输入的主要方式是汉译西方逻辑著作。在译介西方逻辑著作的过程中，近代一些启蒙思想家为使"logic"一词之汉译名称能为学界及大众理解和接受，常"欲于国文中觅一、二字，与原文之范围同其广狭"[8] (p.274)。这时，他们很自然地想到了"名"与"辩"这两个词。这是因为西方逻辑缘起论辩，研究思维，兼涉语言。先秦时期对名、辩的讨论则是我国古代文化发展中较为侧重智者语言的一个方面，二者被认为有某些相同之处。于是，"名学""辩学"就被选作了西语"logic"一词的意译汉名。例如，1824 年有人译西方逻辑，书名就是《名学类通》；清末税务司译出的西方逻辑著作则称《辩学启蒙》；1905 年，严复译出英国逻辑学家弥尔（J.S.Mill）的《逻辑学体系——演绎与归纳》（A System of Logic，Ratiocinative and Inductive）一书，所用汉译名为《穆勒名学》；1908 年，王国维译出英国逻辑学家耶方斯（W.S.Jevons）的《逻辑基础教程：演绎与归纳》（Elementary Lesson in Logic：Deductive and Inductive），所用汉译名为《辩学》。[9] (p.2)

如此，中国先秦的名学就一定是逻辑学吗？这就是紧接着必须回答的第二个问题。有人认为，用来指称西方逻辑的名学辨学，同时就是指"中国的"逻辑学。温公颐先生说：中国的逻辑学体系完成于先秦墨家一派，这是一般学者所公认的；但墨家的逻辑究竟只限于战国末期的后期墨家，抑或在战国初年为墨派奠基者墨翟本人即已创始了逻辑，学者们有不同意见。多数人的倾向，认为系统的逻辑学应从《墨经》开始。① 温公颐先生结合诸多意见，结论说：尽管对《墨经》是否墨翟所作的问题有不同的看法，但认为墨翟本人对逻辑思想有贡献却是一致的。在《墨子》中，对逻辑科学的各个方面都涉及了。逻辑推论的基本范畴、名词判断的分析，以及推理论证的各种形式都有所论述。墨子虽没有写出逻辑专著，但《墨子》本身确是一部重要的古代逻辑教材。伍非百先生也说，《墨子》的《经上》《经下》《经说上》《经说下》是保持了古籍原貌的逻辑经典著作。

为什么会将先秦名学看作逻辑学呢？有人则直接归因于对西方逻辑学的翻译引进。在西方逻辑著作被不断译介的同时，由于西方传统形式逻辑输入的刺激和诸子学说的兴起，我国学术界的一些先驱者开始比照西方传统形式逻辑的模式，对先秦诸子，尤其是名家、墨家有关的思想予以新的诠释。通过这种诠释，中国古代的名、辨思想被认为与西方

---

① 指《墨子》书中的《经上》《经下》《经说上》《经说下》《大取》《小取》六篇，亦称《墨辩》。《墨经》的作者为谁，又有不同意见。晋朝的鲁胜主张《墨经》是墨翟所著。他说："墨子著书，作《辩经》以立名本。"（《墨辩注序》）梁启超则认为："《经上》《经下》是墨子自作。……《经说》是经的解说，大概有些是墨子亲说，有些是后来墨家的申说。《大取》、《小取》两篇，像是很晚辈的墨家做的。"汪奠基先生认为：《经上》和《大取》语经部分作于墨子，而《经下》、《经说上下》及《小取》主要内容则是战国时期南北两派《墨辩》学者从科学实际认识中总结出来的成果。杜国庠、冯友兰和任继愈等则把《墨经》归为后期墨家的作品。（《中国逻辑思想论文选》，三联书店1981年版，第215页）

传统形式逻辑基本相同。因此，他们确认传统的形式逻辑不仅在西方存在，在中国古代也存在，甚至这种存在还先于西方。这样一来，"名学"与"辨学"又在中国思想史的研究中，被用来指称通过诠释而成的"中国古代逻辑"。胡适 1917 年撰著的《先秦名学史》可以说是这种理据的代表。胡适书中"名学"就是用来指称"中国古代逻辑"的。①

西方学者明确指出名学不是逻辑学。美国汉学家汉生说，认为在中国哲学中存在逻辑学有着事实上的问题。问题在于：是否中国哲学家曾经从事过逻辑的研究，或者建立过逻辑理论。是不是中国哲学家阐述了如语句联结词（例如，"如果……那么……"，"并且……"）的推理结构的理论，或者它们的语言的真值函项或模态算子（"并非……"，"必然地……"，"所有……"，"有些……"等等），这是一个经验问题。如果在一定程度上他们这样做了，他们就有了逻辑理论。这个经验问题可以通过将古典哲学著作文集编成目录来解决，来看一看是不是有许多学说，按照合理的解释，在西方的意义上，它们是关于逻辑的。他说，西方逻辑系统，不是任何特殊的西方语言的逻辑，其本身乃是"人工"语言。这种语言的有效推理式并不是与任何一种特殊的自然语言相联系。英语的"并且"（and）不是经常可以交换的，而形式的＆都是可以交换的。他举例说"我脱掉衣服并且上床睡觉"并不等于"我上床睡觉并且脱掉衣服"。英语的"如果……那么……"要求前件与后件相关，"如果月亮是奶酪做成的，那么我就是鲁道夫·努列叶夫"，这在英语中不能规范地被断定为一个真的条件句，而古典逻辑形式却可以。西方人正规地指称的逻辑并非任何特殊语言的逻辑。它经过翻译可以用来检验任何语言中的推理式。一旦我们承认了将一个英语语句翻译成逻辑形式，那么，我们就能检验其有效性。但是，这对德语、斯瓦希利语、法兰西语，以及汉语（古代的和现代的）都同样是真的。汉生又说，逻辑是一

---

① 崔清田主编：《名学与辨学》，山西教育出版社 1997 年版，第 3、32 页。

个非常广泛的主题。它包括对具体化在名词、形容词、副词和时态的结构中的推理的研究，也包括对传统三段论以及标准的命题演算的研究。但是，关于中国哲学中的逻辑的争论并不表现在这样的细节方面，甚至也不是关于众多命题联结词的。①

先秦名学、辩学不是逻辑学又是什么呢？崔清田说，作为称谓先秦学术思想的用语，"名学""辩学"不是古已有之，而是后人提出的。西方传统形式逻辑作为一种求取科学真理的"证明的学科"，"就其仅仅涉及形式，或更严格地说仅仅涉及完善的形式来说，是一种形式逻辑"而言，它与中国古代的名学与辩学是两回事。名学与辩学不是等同于西方传统形式逻辑的学问。这里显然是要否定名学为逻辑，只是并没有进一步说名学究竟类似于其他别的什么科学。

我们认为，不能依据人们用"名学""辩学"称呼了什么，而要看它本来面目是什么，即实际上做了什么。这恰恰是语言哲学对待语言的应有的态度。因为，一个已有特定内涵的名称被用于指称另外的与原来内容相关的，或者与原来内容不相关的对象是完全可能的。因此，我们不能因为翻译引进西方逻辑的学者用了名学、辩学指称西方逻辑就断定原来名学辩学本身必然就是逻辑，而要看它本来的内容与用它称呼的西方的逻辑内容是否一致或相类似。衡量二者是否具有一致性，首先应当对用来衡量的标准有个明确的认识，即必须清楚西方的逻辑究竟是什么。对此，王路先生作过比较详细的考察。他说，应该有一个正确的逻辑观念，应该对逻辑这门学科的性质有一个正确的认识。要根据逻辑的内在机制认识逻辑。逻辑的内在机制就是指决定逻辑这门学科得以产生和发展的东西，而且这种东西在逻辑的产生和发展过程中必然是贯彻始终的；去掉这种东西，逻辑就会名存实亡。[10] (p.4) 如果我们把《工具

---

① ［美］陈汉生 ChadHansen：《中国古代的逻辑和语言》，周云之、张清宇、崔清田等译，李先焜校，社会科学文献出版社 1998 年版，第 15—20 页。

论》考虑在内，那么逻辑名称、逻辑教材和逻辑史著作的共同内容就是亚里士多德逻辑和现代逻辑。显然，王路先生所认为的逻辑就是亚里士多德逻辑和现代逻辑。"从亚里士多德到现代逻辑，始终贯穿了一条基本的精神，这就是'必然地得出'"[10] (p.8)。当然，这种分析对于倡导明确逻辑内容，尤其是提倡掌握现代逻辑，具有积极作用。但是，这并不是一种从本质上规范一门学科研究对象的尺度，而是采用寻找"交集"的办法来确定逻辑是什么。这毕竟容易导致一门学科的根本目的和根本任务的游离不定。因为，以此推断，一旦改变逻辑史的写法，便可能导致关于逻辑学科定义的改变，而这恰恰是本末倒置，史不决定学科，而只表现或描述学科。黑格尔在 1812—1813 年发表了名著《逻辑学》。他认为逻辑研究的对象是思维和思维规律。但是以前的逻辑都是把思维的形式和内容分离开，把真与确定性分离开，这样的研究给人一种感觉，好像思维本身是空的，这样的研究所得出来的关于思维和认识本身的一些看法也是荒谬的，因此需要对逻辑进行全盘改造。这样他以"是""不"和"变"这样的概念为出发点，构造了他的逻辑体系。黑格尔的逻辑是思维形式的辩证法。恩格斯在《自然辩证法》中谈到它时，用了"辩证的"这个形容词修饰黑格尔的逻辑。自那以后，又出现了一个新的名称，这就是"辩证逻辑"。[10] (p.213) 逻辑史家完全可以描述黑格尔的逻辑，并且，不必然排除这样的可能，即在某个时期有较大数量的史家描述它，因而导致"共同内容"增加了。果真如此的话，该如何确定逻辑的范围或定义逻辑呢？人们公认亚里士多德是逻辑的创始人。公元前 1 世纪，古希腊哲学家安德罗尼科把亚里士多德的《范畴篇》《解释篇》《前分析篇》《后分析篇》《论辩篇》和《辨谬篇》六部著作编排起来，命名为《工具论》。随着"逻辑"这个名称的采用，《工具论》被看作是亚里士多德的逻辑著作。它所讲述的内容被称为逻辑。《工具论》六篇著作中属于"必然地得出"的究竟有多少呢？《范畴篇》主要讨论的是实体、量、关系、地点、时间、位置、状态、活动和遭受这样十种范畴，探讨同义词、多义词、词语在语言表达中的表达形式和组合形式，以及"对立""反对"等等一些术语的含义。《解释篇》主要探讨命题的形式和命题之间的关系，特别是探讨了命题的全称肯定、全称否定、特称肯定、特称否定的形式及其相互关系，探讨了直言命题和模态命题，还探讨了排中律的问题。《前分析篇》主要探讨了三段论推理，包括直言三段论和模态三段论，建立了三段论的演绎体系并且论述了这个体系的性质和特征。《后分析篇》主要探讨了有关科学证明的理论，特别是应用三段论的方法进行证明的理论。《论辩篇》主要讨论了四谓词理论以及在论辩中如何应用这个理论。《辨谬篇》主要探讨了产生语言歧义和谬误的情况和根由，以及解决歧义和谬误的一些方法。而真正直接研究"必然地得出"却很少。

我们认为，"逻辑名称、逻辑教材和逻辑史著作的共同内容"只是研究结果，尽管这种共同的研究结果包含有"必然地得出"的研究，但正像《工具论》内容所显示的，它并不都是关于"必然地得出"的。这样，实际上运用了双重标准，一是著作内容标准，一是目标方式标准。当二者不一致时，便会导致逻辑范畴界定的无所适从。一旦坚持以寻找"必然地得出"规律为目的之标准，那么就必须部分地排除《工具论》；反之，一旦坚持认定《工具论》为逻辑，那么就不可能真正承认"始终贯穿必然地得出"的标准。尽管二者之中任何一个都可以成为衡量逻辑的标准，但不可能同时成为衡量标准。鉴于以"必然地得出"作为衡量界定逻辑的标准比较容易形成共识，因此可以以此为界标，确定凡以寻找"必然地得出"规律为目标而进行的一切研究都是逻辑研究。当然，必须看到，体现逻辑之"必然地得出"的最佳方式是将研究内容形式化，相应地能够形成"必然地得出"的形式系统的无疑是典型的逻辑。而此前有大量的工作，那就是如何将非形式的语言形式化。这种工作，严格说来是前逻辑研究。[11] (p.95)

由此，我们可以说，先秦名学中有逻辑内容，但并不等于都是逻辑内容，那些涉及"必然地得出"的内容才是逻辑内容。实际上，被汉代人归入名家和墨家以及其他学派的思想中有逻辑内容，同时还有大量的其他内容。《墨辩》自身表明，它是以明辨是非、认识事物为目的的著述，涉及的内容甚广，包括自然、数学、力学、光学、政法、伦理等。《庄子·天下篇》有论题"飞鸟之影未尝动也"。孙中原先生解释说："这是取运动的一个瞬间，认为这一瞬间曾在一个地方，连它的影子静止在那里，未尝动过。"[12] (p.102) 显然，这属于哲学内容。由于被先秦称为辩者、察士，被汉代人列其为名家、墨家的，并不是以研究目标与研究方式作为划分标准，而是以讨论对象（名）为依据的。以不同目的和方法讨论相同对象可以形成不同的学科特色，因此，先秦名辩之学部分内容可以归属逻辑学，而涉及语言问题等诸多思想，其中用哲学方法研究名学或名实问题的就是语言哲学内容。

三

我们在认识了先秦典籍中名学、辩学与逻辑学和语言哲学的联系之后，有必要进一步考察先秦语言哲学的研究目标。从先秦典籍看，先秦名学中涉及语言哲学研究主要目标是：通过考察名实关系，认识语表结构与语义结构以及语言的语用意义，进而通过语言结构认识世界结构。涉及的核心内容有指称论、语源论、类型论、解释论、语用论以及基本理论之间的内在联系。

汉人对于先秦诸子思想的理解，有其相当有利的历史条件，司马谈、司马迁、刘向、刘歆、班固等人，如何将某些人的思想归为一家、将某些典籍分为一类，应自有其标准，而他们所见之书及分类之理，恐非后世之人所能尽知。班固说"名七家，卅六篇"。七家的代表人物是：邓析子、尹文子、公孙龙、成公生、惠子、黄公、毛公，这七人中至今仍有书传世者，仅邓析、尹文、公孙龙三人而已。依考证："邓析二篇为后人改窜而成，尹文子一篇已亡（今尹文子为伪），另前乎公孙龙有惠子一篇已亡，只存天下篇所述历物十事。与公孙龙同时者有毛公九篇，已亡。后乎公孙龙者，有黄公四篇、成功生五篇，均亡。各家所存材料残而可信者，仅惠施历物十事，及公孙龙子数篇而已。"[2] (p.7) 至于公孙龙子，汉志有 14 篇，至唐高宗咸亨时则仅存 6 篇，并且其中《迹府篇》又为后人所撰。究其实，仅存公孙龙子 5 篇而已。在理解古代汉语对待语言的态度方面，《墨子》的辩经篇章特别重要，因为这些篇章中标志在具有类似物质名词的语言中出现了明确的语义理论。① [7] (p.128)

汉生认为后期墨家的语言哲学研究了语言的规定功能，以名举实，约定论，唯名论等。他说《墨子》书中的一部分属于后期墨家的著作。这一部分包括《墨子》中的 6 篇。中国传统的注疏称这 6 篇为"墨辩"。书中隐含了有关语言的四类假定：一是关于语言功能的假定，也就是，语言的作用是什么。二是关于语言跟世界相联系的方式之假定，也就是，什么样的现实模型提供了对语言功能的说明。三是关于语言的起源和现状之假定，也就是，语言怎样出现以及我们要有何种知识才能知道怎样使用它们。四是关于语言跟心理的或抽象的对象（思想、意义、共相、类等等）之间的关系的假定中的各种各样的对比。汉生对此作了评论，认为语言的主要功能是规定性的，也就是说，语言是通过它对那些使用语言的人的情感、动机，以及评价判断等效果给行为以一种指导。约定性特征体现在名称的使用上创造出一个约定的和共同具有的评价模型。《荀子·正名》、儒家和墨家，以及道家对儒家的批评都反映了这个假定。早期墨家比较其他任何一个主要学派更注意语言的描述模型。语义上与"名"相应的是"辩"。"辩"是描述，也是规定——它们确定什

---

① 西方以及世界语言哲学研究界有一种观点认为，语义学在一定意义上是语言哲学的同义语。

么可以看作"物"或"实",以及因而我们应当如何回答那些应被辨别的东西。

中国哲学要建立能够与西方哲学对话的共同话语,需要对西方哲学和中国哲学所面临的共同问题有基本一致的观察视角。后世冠之以名学、辨学的在先秦被广泛关注与研究的内容,究竟能够归类于西方哲学的哪些分支学科门类,根据先秦典籍分析,依据语言哲学学科归类的判定原则,我们认为,先秦名学、辨学,部分可以归于逻辑学内容,或者更严格地说,可以归入前逻辑内容,部分甚至是很大一部分蕴涵着语言哲学内容,并且语言哲学中主体内容诸如指称论、语源论、类型论、解释论以及语用论等在先秦名辩之学中已经有了深入研究。

参考文献

[1] 胡适:《先秦名学史》,安徽教育出版社 1999 年版。

[2] 李贤中:《先秦名家"名实"思想探析》,文史哲出版社 1983 年版。

[3] 涂纪亮:《现代西方语言哲学比较研究》,中国社会科学出版社 1996 年版。

[4] 胡适:《中国古代哲学史》(第二册),商务印书馆 1986 年版。

[5] 郭沫若:《十批判书》,上海人民出版社 1954 年版。

[6] 伍非百:《中国古名家言》,中国社会科学出版社 1983 年版。

[7] [美] 陈汉生(ChadHansen):《中国古代的逻辑和语言》,周云之、张清宇、崔清田等译,李先焜校,社会科学文献出版社 1998 年版。

[8] 章士钊:《逻辑指要》,三联书店 1961 年版。

[9] 崔清田主编:《名学与辩学》,山西教育出版社 1997 年版。

[10] 王路:《逻辑的观念》,商务印书馆 2000 年版。

[11] 周建设:《中国逻辑语义论》,岳麓书社 1996 年版。

[12] 孙中原:《中国逻辑史(先秦)》,中国人民大学出版社 1987 年版。

(《首都师范大学学报》2011 年第 6 期)

先秦语言哲学思想探索

引　言

当代语言研究，从方法上看，存在四种主要趋势：描写的、分析的、形式的和技术的研究。[①] 语言的描写性研究，侧重于对语言事实进行刻画，主要任务在于说明语言现象"是什么"。这是语言学家的研究传统，也是语言学研究的中心任务。分析的研究，侧重于对语言现象进行哲学解释，目的在于揭示"为什么"。形式的研究，侧重于对语言结构进行形式演算，旨在揭示语言形式转换与推导的能行性。技术的研究，重点在于将语言规律转化为可以让机器读懂并进行操作的人工智能规则。[②] 描写、分析、形式与技术四种研究，各有优势，也各有缺憾。描写总结的理论，往往基于经验与文化，因而具有经验直觉的可接受性。这种可接受性的程度究竟有多大，并不是描写本身的任务，于是引

---

①　本项研究获国家社科基金重大委托项目"语言大数据挖掘与文化价值发现"（14ZH@036）、国家社科基金重大招标项目"语言、思维、文化层级的高阶认知研究"（15ZDB07）资助。

　　周建设：《汉语研究的四大走势》，《中国语文》2000 年第 1 期。

②　周建设：《面向语言处理的计算与认知取向》，《中国社会科学》2012 年第 9 期。

起了人们对语言的哲学思考。对语言的哲学解释因为主要靠思辨，难免有不甚严密之处，于是，便需要对语言进行形式化研究，即撇开具体内容对语言形式进行数学的或逻辑的论证。经验描写、哲学思辨、形式证明，可以使语言研究不断逼近精确，而语言的技术性研究，则可以综合地检验前三种理论。在我国，语言的描写研究成就较大，但分析的（哲学的）、形式的（逻辑的）和技术的（计算的）研究相对薄弱。就语言的哲学研究而言，许嘉璐先生做过这样的评价："千百年来，中国的语言研究，缺乏理性的思维和理论的建设。""大约从乾嘉时代起，语言学家们几乎忘了哲学。"① 由此可见，语言哲学研究是中国当今语言研究的重要任务。②

先秦语言哲学研究是中国语言哲学的基础性研究。胡适说过，中国哲学的最初阶段（前600—前210）是人类思想史上一个最重要和最灿烂的时代。这是老子、孔子、墨翟、孟子、惠施、公孙龙、庄子、荀子、韩非以及许多其他哲学家的年代。它的气势、创造性、丰富性以及深远意义，使得它在哲学史上完全可以媲美于希腊哲学从诡辩派到斯多葛派这一时期所占有的地位。③ 先秦没有清楚的学科分类，汉人根据先秦讨论问题的主要倾向作出了大致的区分。司马谈在《论六家要旨》中将先秦遗留下来的典籍分为阴阳、儒者、墨者、法家、名家、道家六家。之后，班固《汉书·艺文志》列"诸子十家"，除上述六家外，列有纵横家、杂家、农家、小说家四家。④ 李先焜先生在序《中国古代的逻辑和语言》中评价说，美国学者陈汉生（ChadHansen）"对老子、孔子、孟子、墨子、后期墨家、庄子、公孙龙的语言哲学、逻辑学思想

---

① 许嘉璐：《于根元等〈语言哲学对话〉序》，《语文建设》1998年第9期。

② 周建设：《语言研究的哲学视野》，《首都师范大学学报》2002年第2期。

③ 胡适：《先秦名学史》，学林出版社1996年版，第11页。

④ 崔清田主编：《名学与辩学》，山西教育出版社1997年版，第2页；李贤中：《先秦名家"名实"思想探析》，文史哲出版社1983年，第5页。

作了具体分析"①。这表明后世学者大多认为先秦哲人有语言哲学思想。

本文拟对先秦时代零散分布的语言哲学论述进行系统梳理，提炼其主体内容，分析其内在逻辑联系，尝试勾画出先秦语言哲学思想的基本格局。

一、语源论

语源论是关于语言来源的理论，包括语言意义的来源、语言符号的来源。这是语言哲学必须最先回答的问题。

（一）语言基于对"象""意"的摹写

"象"与"意"是语言形成的根本来源。先秦哲人探讨"象"，区分了"物象"和"卦象"。《系辞》曰"在天成象"，是指客观存在的天象，即物象。"圣人有以见天下之赜，而拟诸其形容，像其物宜，是故谓之象。"这里的"象"指卦象。卦象源于物象，是物象之"形容"，是与物象相匹配之"物像"，故曰"像其物宜"。物象属客观范畴，经人脑认知进入主观范畴（反映在人脑中的"物象"被称为"意象"或"意"）并被画出卦象，卦象属主观范畴。"圣人设卦观象，系辞焉而明吉凶"，"圣人立象以尽意"②，这表明卦象是表达人们关于物象认知的意义载体，是连接物象的桥梁符号。卦象虽然不是严格意义上的语言，但它实际上体现了语言符号"立象""尽意"的基本功能。

与高度抽象的卦象符号不同，汉字是促进汉语成熟的完美形式。

---

① 陈汉生：《中国古代的逻辑和语言》，周云之、张清宇、崔清田等译，李先焜校，社会科学文献出版社1998年版，第2页。

② 参见夏剑钦主编《十三经今注今译〈周易·系辞〉》，岳麓书社1994年版，第100—109页。

许国璋说："对于语言的起源问题，中国古时哲人也是从书写形式着手的（事实上这也是最为可行的方法）。"先秦时代的书写形式是指汉字。先秦时代汉字称作"文""名""书"或"书契"。按东汉许慎的说法，"文"为独体象形字，"字"指形声相益的合体字，"文字"连称指全部的汉字。①

"名""文""书""书契"何以产生？许慎说："黄帝之史仓颉见鸟兽蹄远之迹，知分理之可相别异也，初造书契……仓颉之初作书，盖依类象形，故谓之文。其后形声相益，即谓之字。"② 由此观之，古人先有对客观之"象"的认识，而后才有关于象的刻画。象与画的关联，经过了一个中间环节，那就是人的大脑。象进入大脑便是"意"。《易》记录的是天地事态存在与运行机理，易卦是"刻符式的准文字"③，后来才有"书""契"的出现。"依类象形"指按物的类来画它的形，不是按一件具体的物来画出它的形。所象之形是诸形的概括。"文"是一种抽象的符号，也就是真正意义上的文字。先人造字反映事物的本来面貌。"'文者，物象之本也。''文'是依类象形画出来的，一类的物象的本身是怎样，便是怎样。'文'是简化了的图形，汉字从象形变为象征，从图形变为笔划，从复杂变为简单，这个'文'已经大大不同于原来的图象了：它是物象中最本质的部分。'物象之本'的'本'即是此意。"④

许慎将早期文字分为指事、象形、形声、会意等类，正好体现了文字反映意象的多样性。"象形"反映具象，"形声"是"象""声"结合，"指事"是"象""意"结合，"会意"便是"意""意"结合。文字反映的"意""象"关系，在孔子的言论中亦可见到。《周易·系辞》记载："子曰：'书不尽言，言不尽意。'"这里提到"书""言""意"三

---

① 黄德宽、陈秉新：《汉语文字学史》，安徽教育出版社 1994 年版，第 3 页。
② 许慎撰：《说文解字·叙》，徐铉校订，中华书局 1963 年版，第 314 页。
③ 周建设主编：《现代汉语教程》，人民教育出版社 2014 年版，第 96 页。
④ 许国璋：《语言和语言学》，商务印书馆 2001 年版，第 213 页。

者关系。书是文字形式，是言的物质外化，"言"是以声表意，是"意"的声波表现，也是"意"的一种物质形态。可见，先秦古人已经揭示："书"记录"言"，"言"表达"意"，"意"摹写"象"。

（二）语义源自感官对事物的感知

不同的感觉器官分别感知事物的不同属性而获得相应的语义。荀子《正名》说："凡同类、同情者，其天官之意物也同"，"形体、色、理以目异，声音清浊、调竽奇声以耳异，甘、苦、咸、淡、辛、酸、奇味以口异，香、臭、芬、郁、腥、臊、洒、酸、奇臭以鼻异，病、养、滄、热、滑、铍、轻、重以形体异，说、故、喜、怒、哀乐、爱、恶、欲以心异。""缘耳而知声"，"缘目而知形"（《荀子·正名》），可见，不同感官各有分工，分别形成不同的感知通道，完成不同的感知任务。

公孙龙对感官的不同感知功能做过具体解释。公孙龙说："视不得其所坚而得其所白者，无坚也。拊不得其所白而得其所坚，得其坚也，无白也。"（《公孙龙子·坚白论》）公孙龙将"石"的"白色"和"石"的"坚硬"看作彼此分离的两种属性，分别作用于两种不同的感官通道。"白色"是通过眼睛视觉感知得到的影像，"坚硬"是通过触觉器官获得的感知印象。两种不同的感官所"捕捉"的内容不同，给人脑留下的印象不同，被语言符号"白""坚"分别标记之后，其语义自然也就不同了。公孙龙以"石"为例诠释"离坚白"，其"离"是事物属性的相对独立，是感官认知的相对独立，是语义元素的相对独立，而不是实体与属性的绝对分离、孤立。

（三）语言符号定型于约定俗成

语言符号的采用需要遵循相应的规则。世界客体被反映为人脑意象进而成为语言内容，这种内容需要语言符号进行标记。标记不是主观随意的。尹文曰："名者，名形者也；形者，应名者也。"（《尹文子·大道上》）这是尹文提出的关于命名的具体要求，揭示了一种"名形相应"规则。荀子指出命名应当"同则同之，异则异之"（《荀子·正名》），强调相同的事物用相类的名称命名，不同的事物用不同的名称命名，以保证事物之间的区别，反映的是"同异相别"规则。荀子还说"单足以喻则单，单不足以喻则兼"，强调单名足以表示被命名对象就用单名，在单名不足以表示对象时才用兼名，体现的是"单兼用"规则。

事物命名除遵循一定规则，还有一个约定俗成的过程。荀子说："名无固宜，约之以命。约定俗成谓之宜，异于约则谓之不宜。名无固实，约之以命实，约定俗成谓之名。"（《荀子·正名》）这里，荀子实际上说明了名称确立的三个要点："约""成""宜"。"约"即约定，约定是给对象命名的方式。约定没有必然性，因而不排除命名者的主观因素；"成"即形成、确定、定型，约定的名称，人们能够习惯地使用它，故曰"俗成"；"宜"即适宜，适宜是对名称适当性的评价。名称本身起先并没有固定指称的内容（"实"），需要通过约定才获得指称相应的内容"实"的资格，所以说"约之以命实"。"约""成""宜"既反映了人对语言符号的决定性作用，又反映了语言符号对人的适应性。

综上所述，先秦哲人认为，客观的"象"需要通过感官的感知途径才能进入人脑成为思维内容——"意"，后者再通过符号遵循一定的原则标记下来成为约定俗成的语言交际元素。语言必须经过基于客观世界的"意象本源—内容感知—语符标记"三个环节，实现客观世界到语言世界的飞跃。这种思想紧扣了人的认知路径，深刻揭示了语言的来源途径。

二、指称论

指称论探讨语言符号与所表达对象之间的关系。先秦语言哲学对符号指称意义、指称功能以及事物、符号与指称之间的关系等有精辟论述。

(一)"指"义探微

究竟什么是"指",公孙龙有过经典论述。公孙龙曰:"物莫非指,而指非指。"(《公孙龙子·指物论》)何谓"物"?"天地与其所产者,物也。"(《公孙龙子·名实论》)何谓"指"?许慎《说文解字》曰:"指,手指也,从手旨声。"手指常常用来指点事物,指点事物的过程就是人们意谓事物的动态过程,因此,"指"便有了"指称""指谓"的意义。此外,"指"亦同"旨",相当于"意旨""意义"。孟子曰:"言近而指远者,善言也"(《孟子·尽心下》),就是在这种意义上使用"指"的。公孙龙所说的"指"应如何理解?庞朴指出,《公孙龙子》是诸子书中最难读的一本,而《指物论》又是《公孙龙子》中最难读的一篇,要从现代汉语中找到对译《指物论》的文辞有困难。庞朴分析,"指"有二义,作动词为"指示""指出",作名词为"意"。本文认为,全面理解"指",可用四个译名:"指示""指出"和"指称""指谓"。解读公孙龙的"指",是取庞朴的"指示""指出"之说,还是用"指称""指谓"?笔者认为用"指称""指谓"较为妥当。理由是:"指示""指出"能突出动态性,却容易忽视其称谓性,将"指"理解为指指点点的动作从而导致与符号(语词)的割裂,"指称""指谓"则能够使动态性与称谓性兼而有之,即包含"指称过程"和"指称名称"两个重要的观念。因此,公孙龙"物莫非指"中的"指",即"指称""指谓"。"指"是及物性动词,其施动主体是人,是人借用词语或动作指称"物","物"是受指称的对象,即"指称"的受事宾语。受事宾语"物"充当受事主语,自然获得被动意义,即被人用词语"指称"。因此,"物莫非指"的确切意义就是"物没有不是可被(名、词语)指称的"。

"指非指"中的两个"指",前一个"指",承"物莫非指"中的

"指"之义,表示"指称"或"指谓",表示指称过程或指称名称,后一个"指",尽管也可以译为"指称"或"指谓",但它表示的是被指称名称或指称过程指向的内容、对象。"指称(名称、过程)不是指称(对象)"。如果把人手指向与被指向的万事万物通过人的感官联系起来这一动态过程和将指对象的名称统称为"指称",那么这个"指称"称谓却不等于"指向—感官—事物"三者动态统一过程本身。正如我们可以说"犊莫非长,而长非长""星莫非移,而移非移"一样,同一个"长"和同一个"移",用法不一样,意义也不一样。前句是说:"小牛没有不生长的,但生长不生长"。第一、三个"生长"意为具体对象"小牛"的生理发育,第二个"生长"意指"生长"这个名谓,当然从来没有一个"生长"的名称是能生理发育的。后句是说:"星斗没有不是移动的,但移动不是移动的"。第一、三个"移动"是指物理空间的位置变动,是一种客观规律的反映,第二个"移动"是称谓,作为名称称谓的"移动"是永远不可能发生由天体运动规律支配的物理空间位置变化的。由此可见,公孙龙讨论的"指",涉及了两个层次,言语称说层次的"指称""指谓",在用法上体现了两个重要的语义观念,即指称名称观念和指称过程观念;内容提及层次的"指称""指谓",即指称名称或指称过程指向的对象。为了区分两个层次,我们可以将"指"进一步译出三个子名称:"动指""名指""所指"。动指是动态意义上的指称或指示动作、过程;名指是以名称指示或指称对象(包括自名指谓),是言语行为称说层次;所指是动指和名指涉及的对象,是指称内容提及层次。公孙龙这种深邃的"指称"思想,无疑是对语言哲学理论的重要贡献。

(二)指称功能

先秦对语言符号指称事物的功能有深刻认识。《尹文子》曰:"大道无形,称器有名。""无形",即形而上。形而上者谓之道。"道"指的是抽象义理,"器"指的是具体事物。"称器有名"是说具体事物有名称来称谓它。这种认识将语言符号与事物紧密联系起来，揭示了语言符号指称事物的功能。

虽然语言符号具有指称功能，但并非所有名称都能够指称认识对象。尹文说："大道无形"，"大道不称"；"称器有名"，"众有必名"。尹文将认识对象分为可以称谓和不可以称谓的两类。他认为大道是无形的，不可以用"名"来指称，而众多的存在物则可以一一别而名之。进一步，尹文发现，尽管名不可以称谓"大道"，但并不意味着不可以称谓"无形"。虽然"大道"属于"无形"，不可以被称谓，但有些无形的对象还是可以被称谓的。因此，他说"有形者必有名，有名者未必有形"（《尹文子·大道上》）。

名称指称事物，依赖事物的存在而显示其社会价值，但事物并不依赖名称而存在。尹文说："生于不称，则群形自得其方圆。"（《尹文子·大道上》）就是说，"名"是对"形"的称谓，如果人们不去称谓"形"，作为客体的"形"照样存在。具有方圆之形，即使不以"方""圆"名而称之，仍然不失有方圆之实的存在。

（三）物、名、指的关系

先秦哲人探讨了"物""名""指"三者之间的关系。公孙龙在《指物论》中以客方口吻曰："天下无指者，生于物之各有名不为指也。不为指而谓之指，是兼不为指。以有不为指之无不为指，未可。"（《公孙龙子·指物论》）公孙龙对曰："天下无指者，物不可谓无指也。不可谓无指者，非有非指也。非有非指者，物莫非指，指非非指也。指与物，非指也。"（《公孙龙子·指物论》）客方认为：天下没有指，因为物都有各自的名称，而名称不是指。不是指却称为指，就没有不是指的了。把不是指当成没有不是指，这不可以。公孙龙回答说：天下虽然没有指，但相对于物却不可以说没有指。不可以说物没有指，是因为没有不可以指。没有不可以指的，就是物没有不可以指。指，不是非指，指相对于物才是非指。公孙龙使用主客对辩形式，但并没有表现出主客双方对立的观点，只是通过对答方式对"物""名""指"关系作说明："物"不同于"名"和"指"，是相对独立于"名""指"的对象，是天下之所"有"；而"名""指"仅仅是对"物"的一种关联，"名"是称谓"物"的符号，即所谓"生于物之各有名"，"指"是联系事物的过程（动指），往往借助语言符号来表现（名指）。因此，无论名指意义上的"指"还是动指意义上的"指"，二者都不是一种存在，不是天下之所"有"，故曰"指者天下之所无"。公孙龙无疑认识到，物就是物，名就是名，指就是指。为什么说"指非指"？他说，本来"指，非非指也"，只是"指"相对于"物"而言才是"非指"。可见，公孙龙既承认"物""名""指"之间的联系，同时又强调了彼此间的区别。公孙龙对"物""名""指"的讨论，突出了动指（行为指称）的可行性地位，注意了名指（以名称指称对象）的谓物功能。一个词语被用来指称对象，其主体是人，客体是人意指的对象，语词是指称的工具，指称过程是人在起作用，没有人便没有指称活动。

三、类型论

先秦讨论了语言符号的属性、外延、关系、虚实以及功能等类型。

属性类型是指按照词语所表示的事物属性对词语所作的分类。尹文将名分为三类，即命物之名、毁誉之名、善恶之名。尹文说"名有三科"，"一曰命物之名，方圆黑白是也；二曰毁誉之名，善恶贵贱是也；三曰况谓之名，贤愚爱憎是也。"（《尹文子·大道上》）这种分类特点有二：一是注重"名"所指称的属性意义，尹文在说明"命物之名"时以"方圆黑白"为例，就是从事物自身具有的性质而言的；二是关心对"名"所称谓对象的品质评价，强调分清"善恶贵贱"，不可混淆"贤愚爱憎"。

先秦时代,《尔雅》最早比较全面地体现了属性分类的语言哲学思想。《尔雅》全书分释诂、释言、释训、释亲、释宫、释器、释乐、释天、释地、释丘、释山、释水、释草、释木、释虫、释鱼、释鸟、释兽、释畜19篇。诂、言、训3篇反映语言类词语性质,亲、宫、器、乐、天、地、丘、山、水、草、木、虫、心、鱼、鸟、兽、畜等,反映人类与自然事物之属性。进一步,依据事物的内部关联给词语归类,比如,人归属于"亲",与人居住相关的归入"宫",与人使用器物相关的归入"器",等等。这种分类有利于分门别类认识事物。

外延类型是依据范围对名称所作的分类。《墨子·经上》云:"名:达、类、私。"就是说,名可以分为达名、类名和私名三类。对此,《经说上》有进一步解释:"物,达也。有实必待文名也。命之马,类也。若实也者,必以是名也命之。臧,私也,是名也止于是实也。"(《墨子·经说上》)达名指最一般的名称,即哲学上称为范畴的名,如"物"之名,是泛指一切客观存在的实,在它之上没有更高的类。类名指一类具体事物所共有的名,如"牛""马""动物""生物"等,不论类大类小都是类名,类名既然为一类事物所共有,必然反映一类事物的共性。私名是"止于是实"之名,即专指某一个体之名,如"太阳""地球""长江""黄河"等名称。不过,《墨子》并没有把"止于是实"的"私名"明确规定为专有名词,只是以某个人的名(如"臧")为例作了说明。荀子的思想与此相类似。他说:"万物虽众,有时而欲遍举之,故谓之物。物也者,大共名也。推而共之,共则有共,至于无共然后止。有时而欲偏举之,故谓之鸟兽。鸟兽也者,大别名也。推而别之,别则有别,至于无别然后止。"(《荀子·正名》)《墨子》将物之名归为"达"名,荀子称物之名为"大共名",因为它可以表示最大范畴,即"至于无共然后止"。荀子的"大别名"相当《墨子》中的"类"名。为什么荀子仅仅将名称分为两类呢?因为他谈这段话的目的并非对称进行全面分类，而是在谈以名"举"实的作用时顺便提及的。意思是说，虽然万物众多，但人们还是可以分别称谓它们。从大处说，可以称谓到最大的事物，直到"无共"，即大到不能再大为止；就小而言，人们也可以分门别类称谓之，可以称一个类，譬如"鸟"，还可以称更小的范围，直到"无别"，即不能分别到再小的对象为止。"止于无别"的事物是什么，荀子没有给出进一步的说明，我们认为，当是指个体的事物，即相当于《墨子》中"私"名所指称的对象。

先秦关于名称的外延分类既反映了人们的类化认知规律，又揭示了名称的语义层次特征。"名"所指称的"实"首先是对客观实体的反映。人们认识实体，由认识个体开始，这就有了关于个体的名称，即"私"名；由认识一个一个的具体实物扩展开来，认识到一种事物，这就有了关于相应的事物种类的名称，即"类"名；再进一步才认识到具有更广泛意义的一类事物，这就有了关于更大类的名称，即"达"名。如此，我们不难发现先秦关于语义层次的思想。第一层是个体之实，即所谓"私"，其特征在于"是名也止于是实"（《墨子·经说上》），用于指称那个唯一的实体，不可用于反映别的实体。第二层是特殊之实，逻辑学上通常称为"种""类"。《墨子》中也称之为"类"，比方《墨子》曰"命之马，类也"（《墨子·经说上》）。"类"的语义层次较高，它是对个体的抽象。第三层是最高语义层次，即"达"名。之所以最高，是因为它反映的对象是"至于无共然后止"的天地万物。

关系类型是从词语表达的名实关系所作的分类。先秦区分了"同实之名"和"异实之名"。"同实之名"指的是多个名称表达同一指称。《墨子·经说上》曰："二名一实，重同也。"《墨子·经下》曰："知狗而自谓不知犬，过也，说在重。""狗，犬也，而杀狗非杀犬也，可，说在重。""二名一实"指的是两个符号指称同一对象。"狗"与"犬"是两个符号，其所指是相同的对象。"异实之名"是指一个符号表达多种指称。譬如，"且，言然也"。"且，自前曰且，自后曰已，方然亦且。"

（《墨子·经说上》）"且"可以指某事发生之前的情形，此所谓"自前曰且"。《墨子·小取》篇说："夫且读书，非读书也……且入井，非入井也……且出门，非出门也。"这里，"且"是"将要"的意思，将要读书，并未读书；将要入井，并非入井；将要出门，尚未出门。"且"还可以指事件同时发生的情形，即所谓"方然亦且"，例如"且歌且舞"。可见，先秦已经清楚地意识到了语言符号的多义性。

虚实类型是根据词语反映内容的虚实（抽象与具象）所作的分类。尹文曰："有形者必有名，有名者未必有形。"（《尹文子·大道上》）有形者之名是指称具体事物之名。这一类"名"直接与人的感官相关，通常情况下，这些"名"指谓的对象可以由感官接触到。未必有形者之名是抽象之名。正如伍非百先生所说：若夫抽象之名，本无实体可指。因观念而造成名词，更因名词以系住观念。展转相生，往复相依。①

功能类型是从名称内容涉及的功能所作的分类。荀子将名称分为刑名、爵名、文名以及散名四类就属于这种情形。刑名是法律刑罚名称，爵名是官职地位名称，文名是知识教化名称，散名指万物之名，或者说是除刑名、爵名、文名之外的一切名称。荀子认为，名称有沿用和创新两种方式，此所谓"有循于旧名，有作于新名。"（《荀子·正名》）如何"循于旧名"？荀子不是主张兼收并蓄，而是提倡有所选择。他赞成"刑名从商，爵名从周，文名从礼。散名之加于万物者，则从诸夏之成俗曲期，远方异俗之乡则因之而为通。"（《荀子·正名》）如何"作于新名"？就是要有所依据。荀子指出，散名不能散。散名作为万事万物的名称，不可想当然而阻碍"远方异俗之乡则因之而为通"。他以性情之名为例说明命名必须有所依据的道理，他说："散名之在人者：生之所以然者，谓之性。""性之好、恶、喜、怒、哀、乐，谓之情。"（《荀子·正名》）

---

① 伍非百：《中国古名家言》，中国社会科学出版社 1983 年版。

四、语用论

先秦探讨了关于语用价值、原则和方法，还关注辨识说话人品质的技巧。

（一）语用价值

首先，先秦哲人认为"名"的使用像使用法律甚至度量衡一样，是衡量事物虚实的尺度。尹文说："以名稽虚实，以法定治乱。"（《尹文子·大道上》）准确地使用名称，能够避免争斗，限制私欲。"名定则物不竞，分明则私不行。物不竞，非无心，由名定，故无所措其心；私不行，非无欲，由分明，故无所措其欲。"（《尹文子·大道上》）如果不正确使用名又会如何？"自古至今，莫不用此而得，用彼而失。失者，由名分混；得者，由名分察。"（《尹文子·大道上》）"今万物具存，不以名正之，则乱；万名具列，不以形应之，则乖。"（《尹文子·大道上》）简言之，不正确使用"名"则会导致混乱。其次，认为语言对人具有重要影响。"君子居其室，出其善言，则千里之外应之……出其言不善，则千里之外违之……言出乎身，加乎民；行发乎迩，见乎远。言行，君子之枢机。枢机之发，荣辱之主也。言行，君子之所以动天地也，可不慎乎！"（《周易·系辞上》）孔子认为：君子居住在家，讲出的话好，千里以外的人都会响应，讲出的话坏，千里以外的人都反对。话从口出，进入别人的耳朵，行为举止从本身表现出来，远处的人也会看见。言语和行为是君子形象的主宰，是获得荣耀或耻辱的根据。君子可以用言语与行为感动天地，不能不慎重。孔子从出言施行的日常行为深刻揭示了言语传播及其正反面的重要影响。再次，认为"名"的使用具有重要的政治价值。孔子将"名"的正确使用上升到国家治理高度，强调一定要正名分。如果名分不当，言语旨意就不能顺畅传达，言语旨意不能顺畅传达事情就不能办好，事情不能办好，国家的礼乐制度就不能兴盛，礼乐制度不能兴盛，刑罚也就不能发挥作用，刑罚不能发挥作用，百姓就会无所适从。①邓析、尹文等认为正名是国家最高统治者的一种职责。邓析说"循名责实，君之事也；奉法宣令，臣之职也。"尹文说"以名法治国，万物所不能乱"（《尹文子·大道下》）。最后，认为名称的使用是否得当是衡量国家治理与国君能力的标准。"仁、义、礼、乐、名、法、刑、赏，凡此八者，五帝、三王治世之术也。"（《尹文子·大道下》）邓析云："治世位不可越，职不可乱。百官有司各务其形。上循名以督实，下奉教而不违。"如果做到了这一点，就可以称得上极其圣明的君王。"循名责实，察法立威，是明王也。"

（二）语用原则

先秦哲人探讨了一些语用原则，概括起来，大致有三条：一是"合心"，二是"喻实"，三是"慎谓"。"合心"原则指言语所表达的内容要与想表达的内容相一致。这是荀子提出的语言使用原则。荀子云："心合于道，说合于心，辞合于说。"（《荀子·正名》）荀子将言说关系分成三个主要部分："道""心"以及"辞说"。道是客观事物之理或规律，是被心反映和认识的对象；辞与说是言语活动；心既是对道的反应，又是辞说的内容，因而它是联系道与言语活动的桥梁。言语的目的是要表达被反映的对象。怎样保证所说的与想说的达到一致，其间桥梁非常重要。作为桥梁的"心"必须与"道""合"一致，"辞说"必须与"心""合"一致。中国文化强调"口"与"心"的统一，反对口是心非，这一点在荀子的语言使用原则论述中已经有了明显的体现。"喻实"原则是指名能够清楚地表示内容。荀子说："名闻而实喻，名之用也。"

① 参见《论语·子路》。

荀子要求，听到一个名称就能够明白该名称指称什么，这样才是名的正确使用，否则，就会出现混乱。荀子列举了名称混乱的三种表现：一是以名乱名，如"见侮不辱""圣人不爱己""杀盗非杀人"（《荀子·正名》）；二是以实乱名，如"山渊平""情欲寡""刍豢不加甘，大钟不加乐"（《荀子·正名》）；三是以名乱实，如"非而谒楹有牛，马非马也"（《荀子·正名》）。荀子将名实乱的三种情况称为"三惑"，并说"凡邪说辟言之离正道而擅作者，无不类于三惑者矣。"（《荀子·正名》）因此，荀子主张："王者之制名，名定而实辨，道行而志通，则慎率民而一焉。"（《荀子·正名》）"慎谓"原则是指谨慎地用名称指谓事物。在公孙龙看来，古代君王知道考察名实关系，慎重地使用名称称谓事物才是高明的。他说："圣矣哉，古之明王！审其名实，慎其所谓！"（《公孙龙子·名实论》）如何"慎谓"，他认为要做到："知此之非此也，知此之不在此也，则不谓也；知彼之非彼也，知彼之不在彼也，则不谓也。""谓彼而彼不唯乎彼，则彼谓不行。谓此而此不唯乎此，则此谓不行。"什么可以称说，什么不可以称说，必须有清楚的认识，并十分谨慎地对待。

（三）语用方法

恰当的说话方法能够提高语言交际效果，这早就受到先秦哲人的重视，并探讨了因人施言、因俗出言、因法述言等方法以及判断说话人品质的技巧。

因人施言是指看对象说话。邓析说："夫言之术，与智者言依于博，与博者言依于辩，与辩者言依于安，与贵者言依于势，与富者言依于豪，与贫者言依于利，与勇者言依于敢，与愚者言依于说，此言之术也。"[①]

---

① 源自《鬼谷子·权篇》："与智者言，依于博；与博者言，依于辩；与辨者言，依于要；与贵者言，依于势；与富者言，依于高；与贫者言，依于利；与贱者言，依于谦；与勇者言，依于敢；与愚者言，依于锐。"

当然，我们不能说邓析提出的每一种说话方法都很合理，但其基本思想是值得肯定的，那就是说话必须注意策略，讲究方法，根据对象的具体情况说话。仅就上文中提到的"智者""愚者"而言，因为智者通常深谋远虑，如果试图以深刻打动对方，未必可行，不如以"博"言之，既可拓其视野，亦可引其深入，此所谓"与智者言依于博"。"愚者"常常缺乏思想，予以说服开导十分重要，故曰"与愚者言依于说"。说话者要善于根据对象的不同特点确定说话内容与说话方式。《论语·先进》载：子路问："闻斯行诸？"子曰："有父兄在，如之何其闻斯行之？"冉有问："闻斯行诸？"子曰："闻斯行之。"公西华曰："由也问'闻斯行诸'，子曰'有父兄在'；求也问'闻斯行诸'，子曰'闻斯行之'。赤也惑，敢问。"子曰："求也退，故进之；由也兼人，故退之。"为什么对同样的问题回答得不一样，因为孔子认识到听话对象不同。冉有平时做事畏首畏尾，所以给他鼓气，子路兼有两个人的胆量，所以让他谨慎一些。

因俗出言是指按照当地习俗说话。尹文举例说：庄里丈人，字长子曰"盗"，少子曰"殴"。盗出行，其父在后追，呼之曰："盗！盗！"吏闻，因缚之。这说明"名"表达的"实"应当考虑习俗。"盗（贼）"是被人厌恶的，即使把自己的孩子叫作"盗"，对于不知情的人而言，并不会改变这个名称的习惯意义，因此，听见"盗（贼）"第一反应就是逮住他。由此揭示言辞的习俗色彩一旦形成便不会因个人的意愿而轻易改变。又举例说：郑人谓玉未理者为璞，周人谓鼠未腊者为璞，周人怀璞谓郑贾曰："欲买璞乎？"郑贾曰："欲之。"出其璞，视之，乃鼠也。因谢不取。（《尹文子·大道下》）同样叫"璞"，郑国人指玉，周地人指鼠。由此表明：不同地域有不同的表示"名实关系"的习俗。言语交际应当重视不同地域语境对语义的制约作用，考虑心理习惯、地域习俗对语言意义的影响。

因法述言指按照句法结构规律说话。先秦哲人注意到语法结构相同，但语义结构不一定一样，因此，具有相同语法结构的句子，有的可以说，有的却说不通。譬如，《墨辩·小取》曰："白马，马也，乘白马，乘马也……此乃是而然者也……车，木也，乘车，非乘木也……此乃是而不然者也。"这里，一方面举例说明了"是而然者"。说明有些词语习惯上可以替换搭配使用。有些具有类属关系的词，比方，"白马"与"马"有类属关系，当一动词与外延较小的词语构成恰当的搭配关系时，该动词与其外延较大的词项同样可以构成恰当的搭配关系，这样由"乘白马"进而可以说"乘马"。另一方面说明了"是而不然者"。有些词语指称的对象之间具有整体与部分的关系或要素与成品的关系，如果替换使用则会发生指称对象转移，因而不能任意替换其搭配关系。比方，"船"是木构造的，是成品与元素的关系，元素不能替代成品，因此，"入船"是合理的结构搭配，可以说，但是"入木"则不是合理的搭配，不可以说。

此外，先秦哲人还探讨了辨别说话人品质的技巧。《周易·系辞下》曰："将叛者其辞惭，中心疑者其辞枝，吉人之辞寡，躁人之辞多，诬善之人其辞游，失其守者其辞屈。"这些论述对于认识说话人的品质具有重要的参考价值。比方，当看到说话人说话支支吾吾时，就可以推测对方心里有值得怀疑或者不清楚的问题，即"中心疑者，其辞枝"，看到说话人不恰当地说出较多话语，就知道对方急躁、轻浮，不能在冷静思考之后清晰简洁地表达思想，这就叫"躁人之辞多"。可见，先秦哲人对语言与人品的关系观察得细微深刻。

五、解释论

先秦主要从属性分析、结构解释、定义列举、等值证明以及真值判定等方面探讨了语言解释问题。

属性分析是依据词语所反映事物的属性来理解词语。"俱一，若牛马四足。惟是，当牛马，数牛数马，则牛马二，数牛马，则牛马一。若数指，指五而五一。"（《墨子·经说下》）几种属性聚合成一个整体，如牛和马都具有四只蹄，那么它们就是一类实体。如果以牛和马各自的属性来看待，牛就是牛，马就是马，牛和马便是两类不同的实体，即"牛马二"。如果忽略牛和马各自的属性，仅仅考虑牛马的共性，比方"四足"这一共性，牛和马便归为一类，即"牛马一"。好比数指头，分开数指头有五个，合起来就只是手指这一个整体了。可见，先秦哲人注意到，要从词所反映的事物属性入手，才能确切了解词语所指称的对象，因为词语所反映的事物属性对词语所指称的对象具有直接的制约作用。

语言符号获得整体语义去指称特定对象之后，不可任意分解，否则会造成语义混乱。《墨子·经说下》曰："曰'牛马非牛也'，未可。'牛马牛也'，未可。""牛不二，马不二，而牛马二，则牛不非牛，马不非马，而牛马非牛非马。""牛""马"这两个符号组合成符号整体"牛马"，说该符号整体指"牛"不可以，说不是指"牛"也不可以。牛不是两种实体，马也不是两种实体，但牛马却是两种实体。牛就是牛（牛不非牛），马就是马（马不非马），但牛马既不是牛也不是马。这里揭示的是，两个种组成更大的属之后依其中的一个种及其否定来称谓该属是不允许的。

结构解释是从分析词语的内部结构入手解释词语。尹文说："语曰'好牛'……不可不察也。好则物之通称，牛则物之定形，以通称随定形，不可穷极者也。设复言'好马'，则复连于马矣，则好所通无方也。设复言'好人'，则彼属于人矣。则'好'非'人'，'人'非'好'也。则'好牛'、'好马'、好人'之名自离矣。"（《尹文子·大道上》）尹文已经注意到作为语言符号整体"名"的内部具有一定的语义结构关系。整体符号由各成分构成，各个成分自有其特殊的语义性质。尹文所举的例子，从词性来说，涉及"形容词加名词（AN）"结构，从语义上说，涉及事物与事物属性的关系。"好"（A）为"物之通称"，是具有普遍性的事物属性，"牛"（N）为"物之定形"，是指称具体事物对象的名称。命形之"名（N）"可以受"通称（A）"修饰，即"通称随定形"。这就从结构成分的性质及其关系入手分析解释了词语的意义。定义主要揭示词语的内涵，列举重在揭示词语外延。《尹文子》的《大道上》和《大道下》两篇，花了很大篇幅讨论"名"，涉及命名、名形关系、名的语用以及道、器、形的称谓等问题，使用了不少重要的语义诠释方法。定义列举是其中之一。逻辑上说，定义是揭示概念内涵的逻辑方法。"内涵"大体相当于语义领域所说的"词的含义""语词符号的意义"。谈到名，尹曰："名称者，别彼此而检虚实者也。"（《尹文子·大道上》）这是从名的规范制约功能方面进行定义。从定义表达形式上看，基本格式是"……者，……也"。此外，也用到"所谓……"定义形式。例如，西周姜太公向武王解"名"用的就是这种形式。太公谓武王曰："所谓大者尽得天下之民，所谓众者尽得天下之众，所谓强者尽用天下之力，所谓安者尽得天下欲，所谓天子者，天下相爱如父子也。"列举法侧重从量的方面来认识词语。武王问太公为将之道，太公用了列举法进行解释。太公曰，将有五才。"所谓五才者勇智仁信忠也。"先秦释名常常将定义与列举合并使用。譬如："凡国之存亡有六征：有衰国，有乱国，有亡国，有昌国，有强国，有治国。所谓乱亡之国，凶虐残暴不与焉；所谓强治之国者，威力仁义不与焉。"（《尹文子·大道上》）这里，既用定义法又用列举法解释同一个"名"，既从质上又从量上认识语符意义。先列举国之衰、亡、昌、强、治、乱六征，而后分别予以定义，即通过揭示弱国、乱国、亡国的基本属性，指出一个国家走上灭亡的必然历程；通过揭示昌国、强国、治国的重要特征，阐述一个国家保持强盛的基本规律。

等值证明是用一个表达式去代替另一个表达式，从而证明原式的真值意义。公孙龙证明"白马非马"采用的就是这种方法。公孙龙说：

"求马,黄、黑马皆可致;求白马,黄、黑马不可致。""白马"为什么"异于""马",在于两者意义不同。"马"对于颜色不存在取舍,或者说它舍弃了"色"这种语义,而"白马"则对"色"有明显取舍,因而含义就不一样了。公孙龙运用"等值"原理证明其论点。不妨将公孙龙的思想略作形式处理。设 A 代表"马",B 代表"白马";a 代表黄马,b 代表黑马。如果 A 无异于 B,根据同一替换律,在任何条件下,以 B 代替 A,其表达式的真值不发生改变,那么 A=a+b,也相当于 B=a+b。就是说,如果"马"与"白马"是同一的,则两等式相同,即命题"马等于黄马加黑马"与命题"白马等于黄马加黑马"等同。事实上,这两个命题是截然不同的,所以"白马"不能同一替换"马","故黄、黑马一也,而可以应有马,而不可以应有白马,是白马之非马,审矣!"(《公孙龙子·白马论》)尽管先秦没有形式语言的等值证明,但其通过自然语言表述的思想与形式语言的等值证明是一致的。真值判定是依据内容的真实性理解语句。凡表达的语义与实际一致,便是真的语句,不一致则是假的语句。尹文说:"凡天下万里,皆有是非,吾所不敢诬,是者常是非者常非,亦吾所信。"真假概念是命题语义解释的重要概念。从语义角度看,命题有双重性:一方面,任何命题本身必定表达一定的意义,这种意义是诸词项组合产生的,是命题自身承载的信息;另一方面,命题有真假。命题的真假从某种意义上说是人们对命题所承载语义的再认识和评价。重视语句真假就是重视语义与客观世界的关联性。先秦重视命题真假是语言哲学思想成熟的重要标志。

结　语

综上,基于先秦典籍梳理和提炼出的"五论",突出了语言哲学的中心内容,展示了先秦语言哲学相对完整的学术思想与内在逻辑。

"语源论"，聚焦人的认知过程，探讨语言形成途径。其中反映了三种认识路径：一是从客体到主体，先确定世界的客体性，然后说明意象是人们对客体的反映，名、文、书契是对意象的刻画；二是由主体到客体，以人为主体，通过人的感官接触客体，获取源于客体的语义内容；三是由语言到社会，指出语言符号的原初形式是由个体发生的，但最终通过社会群体约定俗成。三种途径深刻揭示了主体与客体的反映与被反映关系，感官与内容的感知与被感知的关系，社会与语言的规约与被规约的关系。"指称论"探讨语言符号与所表达对象之间的关系。语言符号具有指称事物对象的功能事物（对象）具有受指称的功能。通过探讨物、名、指三者关系，反映出了客观世界、语言符号与语言内容的逻辑联系，揭示了语言与世界的同构性。"类型论"探讨如何分门别类认识语言符号。先秦将名称分为意义类型、外延类型、关系类型、虚实类型以及功能类型，表明使用语言必须认识语言所表达事物的性质、范围、关系、实在性以及所反映内容的社会作用。"语用论"探讨语言的实用价值、使用原则与方法。强调名称是衡量指称事物的尺度，对人具有重要影响力，是国家治理的工具，也是衡量国君是否圣明的标准。惟其有用，先秦从符号与意识、符号与内容、符号与表达三个维度研究了"合心""喻实""慎谓"等语言使用原则，提出了因人施言、因俗出言、因法陈言等说话方法，以及辨别说话人品质的技巧。"解释论"探讨如何揭示符号所蕴含的语义信息，倡导从认识属性、分析结构、定义列举、等值证明以及真值判定等方面理解语言。

"五论"中，语源论、指称论与类型论是关于语言符号自身静态特征的探讨，揭示语言符号的来源、符号意义以及意义类型。这是语言的基础性研究。语用论与解释论是关于语言符号动态特征的探讨，揭示语言符号使用和语言符号理解规律。这是语言的应用性研究。二者结合构成了先秦语言哲学体系的基本面貌。

先秦时期是我国语言哲学体系发展的重要阶段。探索先秦语言哲学体系，首要价值在于传承古典学术，深化中国语言哲学研究。本文基于已然存在的经典论述，抽取其语言认知主线，提炼语言哲学思想，讨论中国古代学术鼎盛时期的语言哲学思想，对理解中国古代学术对人类文化的贡献，开展中国哲学与西方哲学对话将产生积极影响。

价值之二在于能够促进对现代汉语的深入理解和应用，提高社会对语言体系的整体性认知水平，进而推动我国语言学科体系完善和语言文化研究话语权的再造。首先，有助于深化对语言本源的理解。启示人们坚持语言的客观性，认识客观事物对语言感官刺激形成语言内容的本体性；坚持语言的心智性，认识心理与思维对本体内容加工再生的创造性；坚持语言的社会性，认识群体民族对语言特质的规约性。通过认识客观基础、心智基础、社会基础，总体把握语言本源；通过分析本体性、创造性、社会性，总体认识语言本质。进一步，认识语言观与世界观，语言精神与民族精神的辩证关系。其次，有助于深化对语言符号载体功能的认识。"天下无指，则物无可谓物。"指称功能就是承载内容的功能。符号指称有静态与动态之分。就静态指称而言，词语意义的丰富性与词语符号的有限性、语句关系的丰富性与句法结构的有限性，构成了词语符号与词语意义、语句关系与句法结构的非对应性。由静态符号进入动态使用，用有限的词语符号、有限的句法结构，指称和表达丰富的词语意义和复杂的语句关系，伴随复杂多变的语境，其符号与意义的关系就变得极其复杂。指称理论有助于启发人们主动理清复杂的指称关系，透过复杂的名实关系、纷繁的句法结构认识世界结构，使人们对世界的认知更丰富，更深刻。再次，有助于提升人们对事物的类化知能力。先秦哲人告诉我们，关注事物属性、范围、关系、功能，甄别内容的虚实，将其标注词语，便形成不同词语类型。通过认识不同的词语类型达到分门别类地认识事物。复次，有助于提高人们使用语言的效果。静态的语言符号一旦使用则立即转变为动态信息载体。静态符号进入动态语境，受到话语人自身因素与环境的制约。一旦缺乏制约，意义就难以确定，语言契约就无法实现。因此，先秦重视研究语用原则与方法，合理发挥语言作用，包括在国家治理方面的重要作用。最后，有助于拓宽人们理解语言的视野和途径。如何理解语言，传统语言学多聚焦在语言要素上，通过分析语音、文字、词汇、语法等言语要素去理解语言。先秦哲人启示人们，不必局限于语言现象的描写，应当从来源、指称、类型、语用等多种途径，从起点到过程，对语言现象背后的原因做深入分析，全面深刻准确地理解语言。

理论思维的起点决定着理论创新的结果。先秦哲人从不同角度关注语言现象，从多个层次分析语言本质，将其上升为哲学命题，奠定了现代语言哲学理论体系建构的基础，相应的研究也将对我国语言哲学与语言学科的未来发展与创新起到积极作用。

（《中国社会科学》2017 年第 7 期，

《新华文摘》2017 年第 23 期转载）

先秦语言哲学研究

本文考察先秦哲人关于语言的哲学论述，勾勒中国先秦语言哲学理论体系。①

近些年，不少专家学者常常叹息中国语言学界缺少语言理论的研究。这种叹息开始由私下议论发展到公开倡导加强语言的理论研究了。最早见之于文字是 1988 年许嘉璐先生的谈话。② 到世纪交接之际，语言学家这种对语言理论研究的关注尤为迫切。2000 年 6 月，北京大学陆俭明先生在"面向 21 世纪的汉语研究座谈会"上有一段这样的讲话：中国社科院语言所的五十周年的所庆会上，江蓝生副院长、沈家煊所长都提出了这样一个问题，就是理论和实践相结合，也谈到过去语言所有一个薄弱的地方，就是理论的思考不够。这个方面确实是中国语言学领域的一个弱项。因为我们过去强调的是苦学精神、乾嘉学派的学风，我进了北京大学不止一次听王力先生讲"例不十，法不立"。这个我们牢记在心。我们一直到现在，还是这样来要求学生，这个是对的。这就是要求求实。但是应该看到我们的理论意识是比较淡薄的。譬如说现在一谈到理论，都是从国外来的。一说到层次，那就是布龙菲尔德和维尔

---

① 本文为国家社科基金"中国语言哲学研究"研究成果、博士论文核心内容。衷心感谢恩师桂起权先生的悉心指导！

② 许嘉璐：《关于训诂学方法的思考》，《北京师范大学学报》1988 年第 3 期。

斯，动词中心论和配价，法国的特斯尼耶尔，格理论，菲尔摩，变换，哈里斯，转换，乔姆斯基，都是人家的。其实，从 20 年代到 40 年代我们前辈的语法著作里都有这种思想的体现，可惜的就是没有理论上的升华，没有从理论上加以论述。在这一点上我觉得应该向西方学习。譬如美国要求一篇论文没有标新立异的观点就不能拿出来答辩，而不是看你的材料怎么样，首先看你有没有新的观点，跟我们的风格很不一样。① 首都师范大学张炼强先生也说："我深深感到语言理论的重要性。"有些问题，研究的时候，有理论和没有理论就是不一样。比如认知语法理论，戴浩一拿来研究汉语，就发现了汉语语法遵循时间顺序原则。有了新的理论，就会有新的视觉，有了新的视觉，老问题也会研究出新成果。虽说"例不十，法不立"，有一定的语言事实，就可以立法，但如果没有理论，即使有了十个例子，也不能真正立法；如果有了理论，真正看到规律性所在，即使只有八个例子，也可以立法了。从这个意义上说，对于语言研究，归纳重要，演绎也同样重要。总而言之，语言研究要依靠语言事实本身，这个观点是没有问题的，任何时候都不能推翻的。但是，不能说只要掌握语言事实就成，研究必须有理论指导。②

当代语言研究前辈、同仁关于语言理论研究的倡导，具有重要的方向性指导意义，可以说这些就是促使我从事先秦语言哲学研究的重要背景。

我设想，完成"先秦语言哲学研究"，必须集中作好三方面的工作：一是尽可能全面了解先秦时代的语言哲学思想，二是尽可能对国内外语言哲学研究状况有整体认识，三是必须建立一个基本恰当的理论框架，以统率整个先秦语言哲学。

关于先秦语言哲学的理论构架，我主要参照了西方语言哲学研究

① 陆俭明等：《面向 21 世纪的汉语研究》，刘利民、周建设主编《语言》（第 2 卷），首都师范大学出版社 2001 年版。

② 张炼强：《面向 21 世纪的汉语研究》，刘利民、周建设主编《语言》（第 2 卷），首都师范大学出版社 2001 年版。

成果，特别是 A.P. 马蒂尼奇教授的思想。马蒂尼奇是世界著名的语言哲学研究学者。[①] 我设计"先秦语言哲学"基本构架时，向他提出过这样的问题。我说：马蒂尼奇先生，当我读完您主编的《语言哲学》著作时，发现了您心目中的语言哲学研究什么，但是当我读完您的长篇论文《语言哲学》时[②]，发现您心目中的语言哲学又研究什么。问题是，您心目中这两个语言哲学系统不一样，并且区别还比较大。进一步，我们设想，有两部分人，其中一部分仅仅读了您的影响很广的著作，没有读您的那篇论文，而另一部分人仅仅读到了您的那篇论文却没有读到您的著作。当这些都受到您思想影响的人走到一起讨论语言哲学研究对象甚至理论体系时，可能发生争执，其实争执的恰恰就是您同一个人的观点。您看该如何解释呢？马蒂尼奇著述中有两个语言哲学系统，他当然承认，但是他似乎不认为是缺憾，而是需要。他对我解释说："有一匹马，不同的人看到的并不会是一样的。站在马前面的，看到的是马的头，站在旁边的看到的是马的身子，站在后面的可能看到的是马尾。我的著作和文章体系不同，就是想让人们从不同的角度看看语言哲学。"[③] 听他这么一说，我对他不给语言哲学下定义，并不感到奇怪，因为定义也就意味着定界。没有固定的体系，并不意味着没有基本的研究范畴。与马蒂尼奇探讨之后，我决定参照西方语言哲学的主干框架，建立"先秦语言

---

① A.P. 马蒂尼奇主编的《语言哲学》是英美国家语言哲学教科书，本科生、硕士生和博士生使用，影响很大，至今已再版六次。

② 该论文已经由本人翻译成中文，A.P. 马蒂尼奇在前面写了序。因为我说，他一直没有给语言哲学下定义，请他说说。他回答：给语言哲学下定义很难。当时没有给出定义。后来，他考虑我的要求，在我的译文序言中说了下面这样的话："周教授要我对语言哲学下个定义，因为在我的论文中没有给出关于语言哲学的定义。我想，语言哲学的定义应当与哲学其他领域的相类似。哲学自身是研究实在的基本成分或人类所拥有的基本概念的。因此语言哲学是研究语言理解的最基本概念的。最明显的概念是意义、意谓事物的词和句子。然而理解什么是意义并不容易。意义的研究导致了语言哲学的其他概念——句法、语义和语用的产生，这些概念是语言哲学的中心概念。"

③ 与马蒂尼奇的谈话，将发表部分录音整理文字。

哲学"的基本结构。

由于"先秦语言哲学研究"毕竟是本土语言思想的研究，西方思想只能作参照，究竟如何体现出中华文化的本土特色，我的思考并不成熟。于是，我进一步认真向国内学者求教。在集中专家智慧的基础上，我决定分三部分阐述。第一部分是奠基性或前导性内容，名曰"语言研究的哲学视野"。它回答：语言本质是什么，语言研究怎么会向哲学转化；语言哲学究竟是什么，语言哲学研究具有怎样的特色；先秦语言哲学作为语言哲学的一个部分，它研究什么。第二部分，讨论先秦时代已经涉及到的语言哲学的一些基本问题，比方语源问题、指称问题、语用问题以及语言的解释问题等等。第三部分，勾画出本研究主体内容的内在逻辑，并提示本研究的意义。

一、语言研究的哲学视野

（一）语言的本质与语言研究之趋势

从传统意义上说，语言是以语音为物质外壳，以词汇为建筑材料，以语法为结构规律形成的符号系统。为何要如此界定语言呢？这里有一定的理论依据。依据费尔迪南·德·索绪尔的语言学理论，一句一句具体的话称为言语。[①] 言语具有这样的特征：第一，从表现形式上看，它有听觉形式，即语音；它还有视觉，即文字。第二，从结构要素上看，它有造句材料，即词汇；它还有将这些材料组合成规范的语言符号串的规则，即语法。第三，从表达技巧上看，它有采取什么样的手段传输思想情感以达到理想的交际目的的问题，即修辞。也就是说，作为言语，通常含有语音、文字、词汇、语法、修辞五种构成因素。正是因为这个

---

① ［瑞士］费尔迪南·德·索绪尔：《普通语言学教程》，高名凯译，商务印书馆1996年版。

理由，语音、文字、词汇、语法、修辞也就自然地成了人们学习说话、专家研究说话规律的重要内容。有了专家的研究，也就相应地形成了语音学、文字学、词汇学、语法学和修辞学。

任何一个定义都必须反映对象的本质属性。为什么关于语言的定义却没有包括上述言语的五种性质呢？这里涉及到言语因素与语言要素的区别。语言是在言语基础上抽象概括形成的符号系统，既然是抽象概括，它就必须舍弃一些非本质的因素。在言语的五种因素中，文字形式属于非本质的因素，因为没有文字，言语仍然存在，言语交际仍然可以进行。有的民族至今还没有文字却有言语交流，就是很好的证明。同理，修辞，尽管与表达效果有着重要的关系，但这种关系并没有大到没有它就不能说话的地步。由此可见，能够决定语言之所以为语言的基本要素只有三个，即语音、词汇、语法。从语音、词汇、语法三方面给语言下定义恰恰揭示了语言的本质。

语言学者研究语言，基本上聚焦于语言的三大要素或言语的五个方面。但相同的研究对象，由于研究目的定位的不同，可以采取不同的研究方法或手段。当代，从研究方法的取向上看，语言研究实际上存在四种主要趋势：描写的、分析的、形式的和技术的研究。①

语言的描写性研究侧重于对客观语言事实进行刻划，主要任务在于说明某种语言现象"是什么"。这是语言学家的语言研究传统，也是语言学研究的中心任务。

分析的研究，侧重于对语言现象进行哲学解释，目的在于揭示"为什么"。这种研究不限于语言学家，其他学者，尤其是一些哲学家对此表现出浓厚的兴趣。为什么哲学家也关注语言研究呢？有的哲学家认为，关注语言就是为了认识世界。语言就是哲学的本质。② 历史地看，

---

① 周建设：《汉语研究的四大走势》，《中国语文》2000 年第 1 期。

② L. 维特根斯坦：《逻辑哲学论》，商务印书馆 1996 年版。

哲学家对语言的关注是由远到近，或者说，是"由疏到亲"的。最早，哲学家仅仅关注世界的本源问题，探讨世界是怎么来的，是由什么构成的。虽然，至今关于世界由什么构成的问题得到了解决，但它最初是怎么产生的却在神学界和非神学界之间存在着严重的分歧，就是说，本源问题仍然是哲学暂时不能放弃的问题。哲学家在思考本源问题时注意到由此生发的另一个问题，或者说，当人们回答世界由什么构成之前就存在的问题，即人们怎么知道世界是由什么构成的。这样，认识世界的问题成了哲学的又一个重要问题。哲学对认识论问题的研究刺激了证明理论的发展。数理逻辑是该研究浪潮的重要产物。数理逻辑以环环紧扣的逻辑链条反映或印证人们的认识程序。如果我们把哲学家关注世界本源的时代看作哲学的本体论时代，接下来可以说是认识论时代，因为这个时期，哲学家的主要注意力在考虑能否认识和如何认识世界。那么，再下来是什么时代，是本体论时代，还是认识论时代，或别的什么时代？可以说是语言论时代，这个时期哲学的注意力较多地集中在语言问题上。

尽管严格的逻辑形式可以作为思维或认识路线的反映，但逻辑形式的来源问题是数理逻辑务必解决的首要问题。就是说，对语言的形式处理是数理逻辑进行逻辑演算之前必须解决的问题。要从活的语言抽象出逻辑形式，就必须准确理解语言的意义结构。只有认识语言的结构才能认识逻辑结构，而逻辑结构是世界结构的反映，显然，认识语言的结构就是认识现实的结构。这样，哲学关注语言的任务十分清楚，目标也非常明确，这就是认识世界。

形式的研究，侧重于对语言结构进行形式演算，宗旨在于揭示语言形式转换与推导的能行性。自然语言具有不确定性，因而句子平面内的符号关联，一个语句向另一个语句的过渡等是否具有必然性，凭直观或直觉很难判断，甚至"剪不断，理还乱"。最早，莱布尼兹设想构造一种人工语言，将自然语言进行形式化处理，经过数学的和逻辑的演算，确定其内部关联的正确程度。逻辑学家习惯于从这个角度去探讨语言。

技术的研究，重点在于将语言规律转化为可以让机器读懂并进行操作的人工智能规则。人工智能要求掌握语言的两种规律，即语言自身的组织规律和语言在机器中运行的技术规律。技术规律主要指语言运行的技术程序。语言规律是技术程序设计的基础和前提。比方，给定 3 个词"开""人""门"，让机器组合出合适的汉语句子。机器要做的当然是将零散的词排列成语言链。这有几种组合：

    （1）人门开
    （2）门人开
    （3）开门人
    （4）人开门

按汉语习惯，我们发现（3）（4）是合适的组合。如果我们要求机器造出合适的句子而不是短语，那么，只有（4）是合适的。怎么能保证机器一定选择（4）而排除其他呢？对此，可能给机器提供两种选择参数。一是高频优选。通俗地说，就是看哪一种组合最常见。确定"常见"的技术办法是语用频率统计。根据语用频率，能够发现（4）是最为常见的，于是机器就将它作为第一选择。二是语义鉴别。就是看哪一种组合语义上可能最亲近，语义联系最紧密的被认为可能是该语言系统中最合适的。在汉语使用区，人们会发现（1）（2）组合语义上联系并不紧密，甚至没有意义，于是被认为是不合适的。至于（3），汉语使用者可以理解，是合适的组合，但通常不作为句子使用。（4）的排列具有密切的语义关联，所以被认为是合适的句子。这仅仅是就 3 个词的组合情况而言，如果要求将更多的词组成合适的表达式，其组合的可能性就更多，从中确定正确形式就更复杂。这种原理可以从信息理论中得到说明。假设有一个讯号系统只有两个元素 1 和 0，它只能分别命名两个认知事件。但是如果我们允许重复与变换顺序，这两个元素就可以得到 4 个表达式即 00、01、10 和 11，并替 4 个不同的事件命名。如果允许这两个元素重复出现 3 次，我们就能得到 8 个不同的项即 000、001、010、011、101、100、110 和 111 来指称 8 件不同的事物。如此，若允许其重复出现 n 次的话，则有 2^n 个表达式。进一步可以说，对 m 个不同的讯号元素而言，它可以有 n 个列序长度的话，我们就可以有 m^n 多个表达式来记述 m^n 个认知事件。假如这个列序长度是成直线（数学级数）增加，它所能造出的词汇数量成几何级数增加。这是将有限的基本讯号元素组合成无限的表达式的一种非常有效的方式。[①]

对机器而言，从频率的角度确定句子的组合似乎更容易。就语素 abc 而言，如果 a 与 b 组合的频率高于 a 与 c 组合的频率，那么，当 a 要在 b 和 c 之间选择一个最合适的组合，机器无疑首先选择 b。根据这一原理，机器能够完善语言表达式。比方，如果我们仅仅简单地说"为什"两个字，机器不会"同意"，因为统计数据告诉它，词频中，没有出现过这样的组合，于是它将该表达式完善"为什么"三个字的合式语符串。但是，由于高频优选的原则过分注重频率，因此很可能顾此失彼，导致语义联系的破裂。机器翻译，需要先将语言串切分为相对独立的词，再依据特定的词作语种词语对应选择，按照一定的语法再组合成别种语言。这当中，如何处理双重语素的归属是词语切分的一个难题。比方"在科学院长期待业"中"长""待"就是双重身份语素，"长"既可以靠前成为"院长"，又可以靠后组成"长期"。"待"既可以靠前成为"期待"，又可以靠后组成"待业"。但是，当机器将它分成"在""科学""院长""期待""业"五个词时，接下来的工作就困难了，

---

① 王士元：《语言的探索——王士元语言学论文选译》，石锋等译，语言文化大学出版社 2000 年版，第 282 页。

就是说，将这样切分出来的五个词翻译成别的语种，原来的语义就被断裂了。既然词频原则存在缺陷，就必须进一步寻找其他途经来解决语义断裂问题。人工智能专家希望找到一种规律，使之不完全靠频率而能准确确定词语的切分与组合。这样，关于语言的技术研究就很自然地深入到语义结构层面了。

人工智能专家在计算语言学中创立的树形嫁接语法（TAG 即 Tree Adjoining Grammar）实际上就是对语言进行技术研究过程中形成的关于语义结构规律的一种重要认识。该理论把每一个有组合能力的词都视为一个结构。譬如"读"这个词，内在结构是 [施动＋读＋受动]。这种结构在进入句子前就已经确定，称为"词本结构"。满足词本结构的表达式是完整而合适的表达式。反之，凡违背词本结构的则是不合适的表达式。上述"门人开"之所以不合适，是因为不符合词本结构。计算语言研究发现，语句实际上可以有两套结构。一是"词本树形"，二是"附加树形"。词本树形是由词本结构决定的树形结构。附加树形则是由基本句子的其他成分决定的短语结构，即核心词的修饰成分。最基本的句子是由词本树形生成的；复杂的句子则主要是由附加树形"嫁接"到主体树形结构即词本树形之上而产生的。名词和动词的修饰语（如：定语、状语）都是靠附加方式来生成，都属附加结构。① 由此可见，语言的技术研究对语言自身特征的揭示要求很具体。

描写、分析、形式与技术四种研究，各有优势，也各有缺憾。一般说来，描写总结的理论，往往基于经验与文化，因而具有广泛的可接受性。这种可接受性的科学程度究竟有多大，这并不是描写本身的任务，于是引起了人们对语言的哲学思考。然而，经验描述、哲学解释因为主要靠定性分析，往往可能存在不严密的一面，于是，便需要对语言

---

① 冯胜利：《美国著名语言学家柯罗克的学术特点》，见刘利民、周建设主编《语言》（第2卷），首都师范大学出版社 2001 年版。

进行形式化研究，即撇开具体内容对语言形式进行数学的或逻辑的论证。经验描写、哲学思辨、形式证明，无疑是使语言走向精确的必然。语言的技术研究，则可以综合地检验前面三个阶段的理论。

比较而言，我国的语言研究在充分占有材料的基础上描写刻画，取得了巨大的成就。但在分析的（哲学的）、形式的（逻辑的）甚至技术的（计算的）研究方面相对滞后，其中，哲学的研究尤甚。许嘉璐先生说："千百年来，中国的语言研究，缺乏理性的思维和理论的建设。""大约从乾嘉时代起，语言学家们几乎忘了哲学，重实证而轻思辨，重感性而轻理性，不善于把实际已经使用的科学方法上升到理论的高度，用认识论去阐释和论证这些方法。直到今天，语言学界，特别是训诂学界，偏重考据忽视理论的倾向犹在，懂得哲学，能够沟通哲学和语言学的人很少。这恐怕是我们的语言学难以产生新思想新方法的一个重要原因。""似乎可以说，我们的哲学家们对语言的关心太少了，而我们的语言学家对哲学的了解就更为可怜。"① 由此可见，重视语言哲学研究乃是当今语言研究的一项重要使命。

（二）作为一门学科的语言哲学

语言哲学是用哲学方法研究语言问题的学问，或者说，是对语言问题进行哲学分析的一门学问。用哲学方法所研究的语言问题，就是语言的哲学问题。

这里有两个概念需要明确。一是哲学方法，一是语言的哲学问题。

有学者认为：哲学没有特别的方法，所有问题都可以成为哲学问题。张东荪认为：如果把"方法"一词用作比较具体的解释，就可以说哲学上所用的方法，就是科学上所用的方法。哲学决不会于科学方法另有它自己的奇特的方法。因为普通所谓科学方法只是逻辑。哲学亦

---

① 许嘉璐：《序〈语言哲学对话〉》，《语文建设》1998 年第 9 期。

决不能外乎逻辑。哲学与科学之分别不在于方法（即不在于方法上有何不同），而只在于态度。① 什么是哲学问题呢？他说，任何问题，如果用科学态度去研究就成为科学。科学中所有的题材如果用哲学观点去看，去探讨，则又必变为哲学了。一切对象无不可加以研究，只问这种研究采何种观点与态度。倘若采取分科与抽离的态度，把它愈分愈细，对于所分割出来的小部分作精确厘定，则便是科学所为。倘使从其于各方面联合来着眼，向彻底来追问，这就变为哲学了。因此有人不主张有"哲学"而以为只有"哲学地"（philosophically）或"哲学的"（philosophical）。这就是说任何题材只需采取哲学态度去研究都可以变为哲学的。"这个情形近来甚为显著。不仅新物理学已大大富有哲学的色彩，生物学亦如此。""近来英美哲学界盛趋向于分析一派。先是德人卡拿帕（Carnapp）开其端，最近英国少壮学者哀野（A.J.Ayer）大发挥之。他们以为'哲学就是分析'（Philosophizing is an activity of analysis）。然而他们所谓分析，其结果却只变为言语的分析，换言之，即分析言语中所含的意义。其唯一的目的是把言语弄得非常清楚，意义十分确定。其实在我看来，这依然不是哲学所独有的方法。因为无论哪一种学都须得用分析法，先把概念弄清楚了。不过我们也不可一概而论，以为一切哲学上的问题都是由于言语混淆而生，言语一经分析清楚，其问题自然消灭。其实不然。确有些问题是所谓'传统问题'。因此，学者遂有'永久哲学'之称。"② 哲学问题所以有永久性以及所以有时变相而仍存在的缘故，他以为是由于"这些问题的概念都是那个文化中之最根本的概念"③。

显然，张东荪认为，方法是普遍存在或运用于哲学和科学的，是共性，而观点、态度则具有相对的独立性，也具有区别性。因此，只有

① 张东荪：《科学与哲学》，商务印书馆 1999 年版，第 172、175 页。
② 张东荪：《科学与哲学》，商务印书馆 1999 年版，第 176 页。
③ 张东荪：《科学与哲学》，商务印书馆 1999 年版，第 178 页。

依据态度与观点的不同，才能区分哲学与科学。任何相同对象都可以依据态度与观点的不同而发展形成不同的学科。是否因此就必然断定"语言哲学就是用哲学方法研究语言问题的学问"这一说法不能成立的呢？我们认为不是。总的说来，方法问题，本身就是哲学问题，科学乃至于一切学科都运用方法，这仅仅表明，任何科学都离不开哲学。哲学意义上的方法是理性的，手段、技巧、技术是具体的，是理性的方法在操作过程中的体现。由于理性方法总是离不开人们对事物的态度、观点，甚至可以说态度、观点是决定方法的基础和前提，有什么样的态度、立场、观点，相应地有什么样的方法，所以才有哲学是关于世界观和方法论的学问之说。我们不妨将相关问题分为这样几个视点：目标与目的、观点与态度、方法与方式、手段与技术。决定科学与哲学的分野，当然不在目标上，因为目标是对象，它可以为科学所关注，同时又可以为哲学所关注。但是，面对相同的认识对象，却有不同的认识目的，科学的目的是要研究面前的对象究竟是什么，并倾向于考察得越细越精确越好；哲学的目的则要了解面前的对象究竟为什么，习惯于从总体上思考，宏观上把握。尽管当前的"是什么"背后必定有为什么使之为"是"，"为什么"也必定有"是什么"为其结果。可是科学与哲学都必须各侧其重，而并非包揽无余，因此，目的的不同开始初步确定着科学与哲学的分别。然而，无论研究"是什么"还是了解"为什么"，都有个基本的世界观问题，是唯物地还是唯心地看待当前对象，这是科学和哲学都必须持有的态度，世界生于"有"还是产生于"无"，科学与哲学可以有相同的原始看法或初始假设，譬如，或者都可以认为世界是从"无"中产生的，或者都认为世界是从"有"产生的，因此这些态度与观点，并不必然区分科学与哲学。也就是说，面对相同对象，科学与哲学都可以以相同的观点和态度设定自己的研究对象。进一步，需要证明研究对象是否真的是初步认为的那样，以及为什么是或不是初步认为的那样。这证明问题，就是方法问题。证实了确实如此，说明初始认识正确，证伪了不是如此，说明初始观点错误。科学与哲学在证明方法上固然具有相通之处，正如张东荪所说的"普通所谓科学方法只是逻辑。哲学亦决不能外乎逻辑。"但是，科学与哲学在方法论上并非始终保持这种同一性。科学还必须将方法具体化，就是说，它要借助技术的实验的手段来确证"是什么"，因此，最终，科学主要是以技术实验手段代替理性证明来显示研究对象是什么。哲学证明则不像科学那样有进一步的技术手段，譬如实验，基本上采用理性的方法，譬如逻辑方法，来证明面前的对象究竟是为什么。因此，我们认为，科学与哲学的区别，最终表现在目的和方法上的不同。科学是用技术手段证明对象是什么。哲学是用思辨方式证明研究对象为什么。尽管科学本质上是实验的，但它并不排斥哲学，因为它总体上要用到哲学方法作为理性指导；哲学本质上是思辨的，但它不排斥科学，因为它需要科学提供证据。

到此，我们有了一个关于哲学方法的基本定位。哲学方法就是证明研究对象为什么的理性方法，这种方法在操作上表现为各种各样的方式或手段，逻辑学所研究到的一切推理形式，以及能够用来证明研究对象"为什么"的其它方式，比方数学方式，都是哲学上可以用作证明的方式。我们有必要注意方法的层次性。哲学方法是普遍的，哲学方法的运用是具体的，我们可以把具体运用的哲学方法称为方式，正如我们已经看到具体形式的三段论一样，方式通常有具体名称。由于方式是方法的具体运用，所以，人们习惯上不严格地将方法与方式视为同一。

既然哲学的目的是研究特定对象"为什么"的问题，那么，语言的哲学问题就是关于语言现象的"为什么"的分析问题。问题是，语言现象无穷无尽，是否可以说所有关于语言现象的"为什么"的问题都是语言哲学问题呢？这里涉及到对"为什么"的问题的界定。

并非凡涉及"为什么"的问题都是语言的哲学问题。只有关于语言的本质属性的问题才是语言的哲学问题。具体地说，为什么的问题是"追根究底"的问题。只有本质或本质属性才是"根"，才是"底"。本质属性是相对于非本质属性而言的。区分本质属性与非本质属性始于泰勒斯，并且一直受到哲学界的高度评价。泰勒斯主张万物的根本是水。一切物都是从水变化而出，将来还可复变为水。今天看来此话固然不真，但"哲学的基础从此而定了"，因为这其中蕴涵重大的哲学意义，那就是由此表明我们所看的万物都不是真东西，都不是本来样子。真东西是什么呢？是"本体"（substance），不是本来的样子就是"现象"（appearance）。本体是自己存在的，是绝对的，是不变的，而现象是依靠本体才有的，是相对的，是常常变化的。我们最初不会想得到万物现象背后另有本体，泰勒斯引出了一种透过现象看本质的重要哲学方法。① 同理，我们看到的言语，只是语言现象，背后还有决定这种语言现象的本质的东西。本质是决定该对象之所以为该对象的性质，现象是本质属性外部表现形式。从这个意义上说，语言哲学研究的问题就是语言现象背后的本质属性问题。

被称为"语言哲学之父"的弗雷格为我们确定语言哲学问题作出了很好的示范。他首先注意到了人人接触到的一个习以为常的语言现象："等于"。他说："相等"这个词蕴涵着很难回答的问题。相等是不是一种关系？如果是一种关系，它又是如何存在的，即它是存在于客体之间的一种关系，或者客体的名称或指号之间的一种关系？在《概念文字》中，弗雷格先假定后者是成立的。看来支持这一点的理由是 a＝a 和 a＝b 显然是具有不同认识价值的陈述。a＝a 是先天成立的，并且按照康德的观点，具有 a＝b 这种形式的陈述则经常包含了我们知识的很有价值的扩展，并且不能总是先天成立的。如果我们把"相等"看作是由名称 a 和 b 所指示的东西之间的一种关系，那么看起来 a＝b 就不会不同于 a＝a。这样，一个事物同其自身的一种关系就会被表示出来，并且实际上是这样一种关系：其中的两个事物只是同一个事物，而不是

---

① 　张东荪：《科学与哲学》，商务印书馆 1999 年版，第 153 页。

不同的事物。a＝b 所表示的东西似乎是：指号或名称 a 和 b 指示同一个事物。由此要讨论的就是这些指号本身，要断定的也就是它们之间的一种关系。但是，只有在这些名称或指号命名或指示了某种东西时，它们之间的这种关系才会成立。这要由两个指号的每一个与同一个被指的事物的联系作为中介才行。但这都是任意的。任何人都可以任意提出任何事物或客体作为事物的指号。那样，a＝b 这个句子就不再涉及固定题材，而仅仅涉及它自己指示的方式了，因此我们不会以它为手段来表达真正的知识。但是在很多情况下，借以表达知识却是我们的目的。如果指号 a 之区别于指号 b 仅仅在于形状，而不是指示某种事物的方式，那么 a＝a 的认识价值在本质上和 a＝b 的认识价值就是一样的了，只是在指号之间的区别相应于对被指示的东西的表示方式的区别时，某种区别才会产生。这就是弗雷格在《含义和指称》中对一种特定语言现象进行的哲学思考。

如果说上述关于确定语言哲学问题的方法是哲学"属性定位法"，那么，还有其他关于语言哲学问题定位的方法，我们可以分别称之为"剩余定位法"和"结果归类法"。"剩余定位"是通过考察语言学研究的实际状况来看哪些语言现象已经被语言学所研究，哪些语言现象没有被语言学研究，然后从没有被研究的问题中确定语言哲学研究的对象，即语言的哲学问题。语言学通常是针对语音、文字、词汇、语法、修辞的基本面貌，通过直接描写其特征来建立相应的语言学科理论，至于为什么有某些特征，如何证明这些特征则并不为语言学直接研究，比方：词为什么有意义；为什么同一个词在一个时期使用有意义，在另一个时期使用没有意义；意义与表达意义的语言符号具有怎样的关系；什么句子的意义是真的，什么句子的意义是假的；为什么一个句子要由规则组合，这些规则的基础是什么；一个句子要被人理解就存在一个翻译问题，翻译如何在本族语言中进行，又怎么将一种语言翻译成另一种语言，可能的依据是什么；语言有句法结构，句法结构存在的依据是什么；如果说语法是客观的，为什么一个句子在一个语言系统中是合语法的而在另一种语言系统中是不合语法的；语句的合法性依据是什么；等等。语言学研究的现有领域的好些问题，语言学家并没有去研究。一个可能是没有发现，另一个可能是发现了但似乎不是自己严格的既定目标所要研究的，或许还有其他可能。这些可以被语言学家研究但没有研究或不打算研究的或传统视野所不顾及的问题便部分地成为了哲学所关注的问题。

"结果归类"就是从现有的研究对象中认定一些基本问题为语言哲学的研究对象。有的学者指出，语言哲学研究自然语言及其作用机制，特别是关于语言意义和语言使用的哲学研究。当代语言哲学重点关注意义理论，也包括指称理论、真理理论、哲学语用学等。例如在研究意义理论时，语用哲学通常要研究下述问题："意义"一词本身的各种意义；意义的基本单位；意义的生成、发展和演变；意义的传达、表达与理解；检验意义的标准、途经与方法，以及现有的各种意义理论的批判性评价，等等。为此，语言哲学将要具体考察专名和通名的意义、摹状词的意义、语句的意义、言语行为甚至科学理论整体的意义。并且，它还可以从语义学、语用学、解释学等不同角度去研究所有这些问题。[①] 显然，这种语言哲学问题就是依据现行的语言哲学研究过程涉及的对象而确定的。

（三）语言哲学研究的学派特征

语言哲学通常分为人工语言学派和日常语言学派。有趣的是，目前为止的关于语言哲学的分类，并不是采用通常的逻辑划分，即不是按照同一个划分标准对同一个母项进行分类，而是同时运用了不同标准分出了两个不同的语言哲学流派。这种方法，与其说是划分，不如说是特

---

① 陈波：《哲学逻辑导论》，中国人民大学出版社 2000 年版。

征描述，即依据语言哲学研究结果所体现出来的不同特色，确定相应的语言哲学流派。正因为如此，目前确立的语言哲学流派并非必然对立之学派，只是各具自身特征的学派。

人工语言学派的研究特色在于运用人工符号对语言哲学问题进行分析，所以它又称符号语言学派。人工语言学派认为，寻找一种恰当的方法对语言进行分析，排除那些含混的成分，确切地理清语言之意义，便是哲学的神圣使命。那么，什么是恰当的分析语言的方法呢？他们发现数学演算过程中，数学符号的有规则的组合，数学表达式之间的推演严格且含义明确，于是便设想用人工语言来取代各门科学中的日常语言，并按一定的逻辑规则建立一个组合运算系统，这样就可以消除语言中的模糊因素。弗雷格之所以能够享有"语言哲学之父"的美誉，一个重要原因是除了看到了语言的哲学问题之外，他还最早认识到了语言"分析"的价值并且亲自实践了对语言进行人工符号分析，即用数理方法分析语言。弗雷格注意到，数字表达式同数本身是有区别的。他举例说：

$$2 \cdot 1^3 + 1$$
$$2 \cdot 4^3 + 4$$
$$2 \cdot 5^3 + 5$$

这 3 个数字表达式分别代表 3 个不同的数：3，132，255。从这 3 个实例中可以发现，表达式与数之间存在区别，但表达式与表达式之间却存在着共同的结构因素或者说有着共同的模式。就所列的 3 个表达式而言，其共同模式是：

$$2 \cdot X^3 + X$$

弗雷格认为，用变数 X 描写该模式仍不理想，因为在他看来，说"变数"容易使人误解，凡数应该是确定的，因此，他用空位取代变数。因此上述表达式的模式便是：

$$2 \cdot (\quad)^3 + (\quad)$$

两个圆括号内可以填入任意相同的确定的数。如果分别代入 1、4、5，就得到前面所列举的 3 个表达式 $2 \cdot 1^3 + 1$ 等。圆括号空位是自变元位置。当我们明确了表达式与表达对象之区别后，就不难知道在自变元位置所填的自变元符号 1、4、5 就是自变元的表达式。我们可以将任意自变元符号代入表达式：

$$2 \cdot (\quad)^3 + (\quad)$$

这样的常恒模式就是函数。一个函数与自变元结合便得到相应的数值。函数 $2 \cdot (\quad)^3 + (\quad)$ 代入 6 则得到数值 438。按弗雷格的分析，函数有两种这样的性质：首先，函数是一个不饱和或不完整的表达模式。所谓不饱和，是指函数表达式含有空位，它本身不能指示任何特定的数。其次，函数可以由不确定向确定性转化。也就是说，当将自变元符号代入不确定的函数表达式后，便可得到一个确定的数学表达式并由该表达式计算出一个确定的数值。为了明确数、函数、自变元和数值之间的区别，弗雷格在他的《函数与概念》中这样强调："函数根本不同于数。因为函数的本质是这样：一方面，虽然 $2 \cdot 1^3 + 1$ 和 $2 \cdot 2^3 + 2$ 代表不同的数，我们还是能够解释为什么能在这些表达式中发现同样的函数；而另一方面，尽管 $2 \cdot 1^3 + 1$ 和 $4 - 1$ 有着相同的数值，我们却在它们中找不到一个同样的函数。"并说"自变元是一个数，一个自身完全的整体，而函数却不是"。[①] 数学上，函数、自变元与数值间的关系本身并没有给人以耳目一新之感，弗雷格的分析也谈不上有多少与众不同，然而将这 3 个概念引入语言哲学，以此三者之间的关系去类比句子结构内部的关系便是空前的创见。

　　英文中，用 function 一词表示函数，用 argument 表示自变元。为了表示语言哲学或语义学中 function、argument 两词在语用上与纯数学用法有细微差别，习惯上将前者译为函项，将后者译为主目。弗雷

---

① M.K. 穆尼茨：《当代分析哲学》，复旦大学出版社 1986 年版，第 101 页。

格分析指出，句子表达式可以不同，却有其共同模式即函项，将主目代入函项便得到一个完整的语言表达式。主目与函项结合，正如自变元与函数结合可以得到数值一样，也可以得到语言的值。例如，就短语而言，"湖南的省会""山西的省会"作为短语表达式，含有共同模式"（　）的省会"，"（　）的省会"就是函项，"湖南""山西"就是主目，该函项代入确定的主目便形成饱和的完整的表达式，并且有其值。"长沙"是"湖南省会"的值，"太原"是"山西省会"的值。若以"河北"为主目，其值便是"石家庄"。如果是句子该怎么分析呢？弗雷格认为，一个句子也是由一个函项和一个或多个主目构成的。例如，我们可以说，"鲁迅是文学家""郭沫若是文学家"，其中鲁迅、郭沫若是主目，将主目抽出，那共同的模式"（　）是文学家"就是函项。句子的值是什么？弗雷格认为是句子的真假。由主目"鲁迅""郭沫若"代入函项"（　）是文学家"构成的语句，其值为"真"。如果从现代语义研究术语看，这里的函项大体相当于通常所说的"谓词"，弗雷格把这种语言成分称为"概念词"（Begriffswort）。前例中函项"（　）文学家"，就是一个概念词。弗雷格认为，概念词不同于概念，概念词是表达概念的语言形式，概念是可以通过语言表达的东西。从语义角度说，概念词必须有意义。同时，它要求主目应当指示一定的客体，因为，只有主目有所指，概念词有含义，构成句子才能够确定其值（真或假）。一个主目计算为一元，有些语言模式（函项）可以代入两个或两个以上的主目，这些函项就相当于二元谓词或三元谓词等。这些函项（谓词）是否也称为概念词呢？弗雷格的概念词仅限于"一元谓词"，像函项表达式"（　）战胜（　）"之类二元谓词，"（　）在（　）和（　）之间"三元谓词等，则均视为"关系"。

　　经弗雷格处理，一个包含单一主目和一位谓词的主谓命题，以及包含多个主目和多元谓词的关系命题，科学地统一于函项与自变元的关系之中，使传统意义上的"谓词逻辑与关系逻辑齐头并进"了。究竟如何统一？弗雷格这样说："如果在一个表达式中……一个简单的或复杂的记号出现在一个或更多的地方，并且我们认为它可以在一个或更多的这些地方替换某物，但在所有的地方都替换这个相同的东西，我们就可以称由此表现为不可改变的表达式部分为函项，称可以替换的部分为它的自变量。"依弗雷格的论述："所有人都是会死的"这个语句不是关于所有人的陈述，而是关于函项"如果 a 是一个人，那么 a 是会死的"的陈述，无论用什么替换自变元位置，这个函项都是成立的。"某些人是希腊人"也不是关于某些人的陈述，而是关于函项"a 是一个人而且 a 是希腊人"的陈述，用适当的主目代入变元位置，可以得到真的命题。

弗雷格认为函项与主目（自变元）的关系适用于处理语句内部关系，或者反过来说，整个句子形式都可以普遍适用于进行这种关系的处理。日常语言则不然。因为日常语言往往把全称语句看作是关于对象的陈述，而不是关于函项的陈述，它对非确定的位置缺乏合适的记法；它不能严格表达普遍性说法的范围。作为日常语言，它适合谈论我们需要在日常生活中交流的或多或少确定的事物，但它不适合严格地表达逻辑的和数学的原则。弗雷格用包含函项和自变元等数学公式化符号系统克服了日常语言本身的局限性。

弗雷格运用数学手段处理语言问题目的很明确。他写道："我发现语言的不足是一个障碍。这种不足使我提出了《概念文字》的想法。所以，它的首要目的是，帮助我们以最为可靠的方式确定推理链条的有效性，指出企图秘而不宣的预设条件。"在弗雷格看来，陈述的概念内涵在日常语言的表达中一般是不完善的，所以要构造一套能够用于表达概念内涵的符号记法，也即构造一套"纯粹思想的形式语言"。这种目的规定了弗雷格写作《概念文字》的根本任务。他说："这里提出的任务是，建立逻辑关系的记号，由此它们能够恰当地完全结合为数学的公式化语言，使得至少对一个领域而言，它们构成了完整的'概念文字'，这就是我的小册子所提出的观点。"① 的确，在《概念文字》中弗雷格第一次提出了一个全新的，包含有量词、变项以及否定、蕴涵、同一等概念的逻辑系统，把量词和变项符号直接用于任何原始谓词、关系词、名称以及函项等成分，使证明过程全部达到了形式化要求。依据形式化手段的特殊功效，弗雷格进一步对哲学任务提出了独到见解。他说："如果哲学的任务是打破语词对人类精神的统治地位，揭露几乎无法避免地出自普遍语言用法的关于概念关系的欺骗，把思想从仅仅受到语言表达方式性质的影响中解放出来，那么，我的概念文字可能成为哲学家们有用的工具。"应该说，认识到形式化手段的重要，并且将数理逻辑形式手段运用于语言分析正是弗雷格的卓越伟大之所在。他引用数理逻辑方法分析语言，这一创举导致了语言哲学研究史上一次方法论的革命。

M.K. 穆尼茨指出："弗雷格研究语言哲学的方法是一种语义学的方法。"② 日常语言学派用的是什么方法？事实上也是语义分析方法，只不过是用描写的方式来分析语义罢了。日常语言学派认为，人们思想错误的根源以及各种哲学争论，并不是因为静态的语词本身有什么问题，而是使用语言的人未能了解它的确切含义，没能正确地使用好语言。人们将物质、精神、存在、意识等语词用在不该用的上下文中，赋予它们某些超出它们原有意义的意义，这就导致了唯物主义与唯心主义的矛盾。克服这种弊端，人工语言是无能为力的，因为日常语言学派认为，人工语言不可能将日常语言确切地翻译为符号系列。消除语言混乱的唯一有效办法是对日常语言作语义分析，找出正确使用日常语言的规律，进而制定一套日常语言使用规则。人工语言学派和日常语言学派虽然在语言分析的操作方法上不同，但有一点是一致的，那就是要消除日常语言的含混就必须"分析"语言。

---

① 邱仁宗主编：《20世纪西方哲学名著导读》，湖南出版社1991年版，第430页。
② M.K. 穆尼茨：《当代分析哲学》，复旦大学出版社1986年版，第88页。

（四）先秦语言哲学的研究对象

对语言哲学究竟是什么有了初步认识之后，我们现在来谈谈先秦时代语言哲学的研究对象问题。胡适曾说："我渴望我国人民能看到西方的方法对于中国的心灵并不完全是陌生的。相反，利用和借助于中国哲学中许多已经失去的财富就能重新获得。更重要的还是我希望因这种比较的研究可以使中国的哲学研究者能够按照更现代的和更完全的发展成果批判那些前导的理论和方法，并了解古代的中国人为什么没有因而获得现代人所获得的伟大成果。"① 冯耀明说："中国哲学要在当前的历史、社会脉络上向前发展，寻找它的未来，首先必须从它的传统神话中解放出来，容纳多元的探索方式，发挥开放的对话精神。此外，中国哲学也必须于当前建立一种能与西方哲学对话的正常或共同话语。"② 胡适所谓中国人面对西方的方法不完全陌生，意思是说，我们中国也曾有过。冯耀明说必须从传统神话中解放出来，当然首先要看清传统的本来面目，尤其是要建立能与西方哲学对话的共同语言，无疑首先必须知己知彼。先秦语言哲学研究就是服从这样的目的。

先秦时代没有"语言哲学"一词。"语言哲学"作为学术术语源于近代西方。中国著名语言学家许国璋先生在 20 世纪 80 年起写过一些关于《说文解字》和《马氏文通》以及索绪尔、奥斯汀等的语言哲学思想方面的文章。③ 涂纪亮先生对西方语言哲学理论作过系统而颇具分量的

---

① 胡适：《先秦名学史》，安徽教育出版社 1999 年版，第 13 页。

② 李贤中：《先秦名家"名实"思想探析》，文史哲出版社 1983 年版，第 15 页。

③ 许国璋先生写过一些语言哲学方面的文章，比方：《语言符号任意性问题——语言哲学的探索》《从两本书看索绪尔的语言哲学》《从〈说文解字〉看许慎的语言哲学》《〈马氏文通〉及其语言哲学》《追寻中国古代的语言哲学》，还有其他并不直接用"语言哲学"进标题，但是涉及语言哲学内容的文章。但是，许国璋先生对语言哲学一词的使用是比较灵活的，就是说，他并没有以一个同一的确定内涵去看待或讨论语言哲学。他自己在《〈马氏文通〉及其语言哲学》中就说过："我这里所说的'语言哲学'，不同于现时西方流行的分析哲学的语言哲学，这一语言哲学出于形式语言学或逻辑语言学。本文所说的'语言哲学'出于文化语言学。我的另一文《从〈说文解字〉看许慎的语言哲学》则出于人类语言学。"见许国璋《论语言和语言学》，商务印书馆 2001 年版，第 229 页。

研究。① 从此，语言哲学研究在中国逐渐受到关注，并陆续出现了一些有影响的研究西方语言哲学的成果。但是，对中国语言哲学，包括中国先秦时代语言哲学的研究尚不多见。因此，在这里拟先说一说先秦时代到底有没有语言哲学。

先秦时代是我国古代学术的鼎盛时期。胡适说，中国哲学的最初阶段（公元前 600—前 210）是人类思想史上一个最重要和最灿烂的时代。这是老子、孔子、墨翟、孟子、惠施、公孙龙、庄子、荀子、韩非以及许多别的哲学家的年代。它的气势、它的创造性、它的丰富性以及它的深远意义，使得它在哲学史上完全可以媲美于希腊哲学从诡辩派到斯多葛派这一时期所占有的地位。② 罗光教授认为，"春秋战国时代，为中国历史上政治混乱，民生多难，道德沦丧的时代。但是在中华民族的思想史上，却是一个最灿烂的时期，学者常以百家争鸣来代表当时的思想活动，当时学者所鸣的，不仅是宣传各自的主张，并且各自的主张真正具有新的思想。"③

先秦学术昌盛时代所研究的问题广泛而综合，尽管涉及的问题也相对集中，但并不是像现在一样有清楚的学科分类。直到汉代始有人根据其讨论问题的主要倾向作出了大致的区分。最早是太史司马谈在《论六家要旨》中将先秦遗留下来的典籍依其论说特征分为阴阳、儒者、墨者、法家、名家、道家。之后司马迁又将这六家要旨转载于《史记·自序》。司马谈之后，班固《汉书·艺文志》列"诸子十家"，除上述六家外，又列有纵横家、杂家、农家、小说家。④

先秦之后学者对先秦诸子的学说进行系统的整理、归类，无疑为认识先秦学术提供了极大的方便。梁启超在《老孔墨以后学派概观》一

---

① 涂纪亮：《现代西方语言哲学比较研究》，中国社会科学出版社 1996 年版。
② 胡适：《先秦名学史》，学林出版社 1996 年版，第 11 页。
③ 李贤中：《先秦名家"名实"思想探析》，文史哲出版社 1983 年版，第 2 页。
④ 崔清田主编：《名学与辩学》，山西教育出版社 1997 年版，第 2 页。

文中说先秦并没有九流十家之称，但他肯定将先秦诸子归类的做法乃是学术研究上的一种进步。他说："夫对于复杂现象而求其类别，实学术界自然之要求。马、刘以流派论诸子，不可谓非研究进步之征也。"① 但从当时所分学说类型看，那些分类并非必然科学而且能够与当今学科名称相一致。在所列学派中，显然没有叫"语言哲学"名称的。那么，我们怎样判定先秦时代是否有语言哲学呢？我们认为，应当有客观公正的判定原则，那就是，从先秦典籍的实际内容中看其所讨论的问题是否与当今的语言哲学所研究的题材相类似。如果先秦时代出现了用哲学方法研究语言中的问题，那就表明已经有了语言哲学，包括语言哲学思想或语言哲学学说。

依据语言哲学内容的判定原则考察，我们认为，先秦典籍中存在不少语言哲学内容②，这主要体现在名家或名实理论之中。历史上最早出现"名家"一词记载的是在汉武帝建元元封之间（约公元前 140—前 110）司马谈的《论六家要旨》中，之前有"刑名之家"的提法。《战国策·赵策》云："夫刑名之家，皆曰白马非马也。"刑名亦作形名，刑与形，古通用。形名即是名实。名家涉及的范围比较广。胡适说："古代本没有什么'名家'。汉人所谓的名家战国时称为辩者或辩士。"③《庄子·天下篇》云："桓团，公孙龙，辩者之徒。"又云："惠施以其'历物之意'为大，观于天下而晓辩者，天下之辩者相与乐之。"郭沫若说："'名家'本是汉人所给予的称谓，在先秦时代，所谓'名家'者流每被称为'辩士'或'察士'，察辩并不限于一家，儒、墨、道、法都在从事名实的调整与辩察的争斗，故我们现在要求研讨这一现象的事实，与其限于汉人所谓'名家'，倒不如打破这个范围，泛论各家的名

---

① 李贤中：《先秦名家"名实"思想探析》，文史哲出版社 1983 年版，第 6 页。

② 许国璋先生说："中国不乏语言学论著，从中发掘它们的哲学思想（即一以贯之的思想）是大有可为的。"见许国璋《论语言和语言学》，商务印书馆 2001 年版，第 229 页。

③ 胡适：《中国古代哲学史》第二册，商务印书馆 1986 年版，第 43 页。

辩。"① 汪奠基亦云："实际上先秦道、儒、墨、法各家学说中，都具有'正名实'的重要理论。"②

名家所讨论的中心议题是名称（语言符号）与其自身的指称问题。"大道无形，称器有名"，"名者名形者也，形者应名者也"。③"制名以指实"④，"物莫非指"⑤之类，都属于这种研究。伍非百云：自墨子作《辩经》以来，形名之学，大昌于世。至惠施公孙龙，益以苛察缴绕，一"唯乎名"，使人检而失真。庄子承其间，更出以幽渺之辞，无端厓之言，超超名象，使人荡而失守。不有荀卿，谁知名之凝止哉？窃观荀卿所言，一洗微妙之言，归于平实。划玄学于名学以外。其功一也。不为苛察缴绕之言，使名足以指实，辞足以见极而止。过此则非所用。树名家之正轨，防诡辩之流转。其功二也。悯名实之淆乱，冀后有王者起，必将有作于新名，有循于旧名。正名百物，以明民智。示之范畴，以为依归。其功三也。上说下教，百家争鸣。窃其是非，必有窃要。而荀卿特明"名""辞""说""辩"四者之体用，使知言有术，发言有类。其功四也。正名之学，非仅专研于名辩者所能为功也。必也，内正其心，外正其物，而后乃能无所蔽。荀卿明道之要，解心之蔽，使内外交明，清浊并得。其功五也。虽然，卿亦有所蔽焉。凡人莫不好言其所善，而卿尤甚。谓"君子必辩。好言者上矣，不好言者下矣"。沿稷下之流风，承说士之余习。使"正名"与"好辩"不分，令驰说者得以借口。此其所蔽者一。"明贵贱""别同异"虽为古代名家之两大标的，然自有辩经以来，久已置"明贵贱"于不问，而所发明者，乃专在"别同异"一事。蔚然成为正宗，实有明察郭清之功。荀卿仍时时兼顾，使"明法"

---

① 郭沫若：《十批判书》，上海人民出版社 1954 年版，第 249 页。
② 李贤中：《先秦名家"名实"思想探析》，文史哲出版社 1983 年版，第 6 页。
③ 《尹文子·大道上》。
④ 《荀子·正名》。
⑤ 《公孙龙子·指物论》。

与"明辩"不分，令谈法术者得以为资。此其所蔽者二。因斯二蔽，弟子韩非，起而张之，弃其辩说之要妙者，而纳其名实之综核者，融'法术''形名'于一炉而冶之。"刑名"中绝，"刑法"代兴。斯则卿所不及料也。①

符号与指称问题是语言哲学的核心问题。依前所述，可以说，先秦名家所讨论的中心问题许多就是语言哲学范畴的问题。有的学者已经直接称名学所讨论的很多内容为语言哲学。李先焜在序《中国古代的逻辑和语言》中评价说，美国学者陈汉生（Chad Hansen）"对老子、孔子、孟子、墨子、后期墨家、庄子、公孙龙的语言哲学、逻辑学思想作了具体分析。"② 该书设有《后期墨家的语言哲学》专章讨论如下问题：《墨经》中的四个假定；《墨经》中语言的规定功能；《墨经》中的标注区别和以名举实；《墨经》中的约定论；《墨经》中的唯名论；关于"辩"：对庄子的反驳；《小取》中的代数论证；结束语：语词、观念与逻辑。

19 世纪末开始，"名学""辩学"往往用来指称逻辑学。那么，语言哲学与名学、辩学、逻辑学是怎样的关系？这要从不同角度看作些考察。第一，为什么将指称先秦学术的"名学""辩学"的名称与西方的逻辑学联系起来？第二，用"名学""辩学"指称西方的逻辑学是否必然意味着先秦的"名学""辩学"就是西方的逻辑学？第三，如果是，那么它是否有可能还包容其它科学，比方语言哲学，如果不是，那么它究竟是什么？关于第一个问题，崔清田先生有如下见解，他说：起初，"名学"与"辩学"被用作西语"logic"一词的汉语意译。19 世纪末，以李之藻《名理探》的刊布为标志，开始了西方逻辑输入我国的初始阶段。进入 20 世纪后，西方逻辑以更大的规模和更深的程度再次输入我国。这种输入的主要方式是汉译西方逻辑著作。在译介西方逻辑著作的

---

① 伍非百：《中国古名家言》，中国社会科学出版社 1983 年版，第 752、753 页。
② ［美］陈汉生 Chad Hansen：《中国古代的逻辑和语言》，周云之、张清宇、崔清田等译，李先焜校，社会科学文献出版社 1998 年版，第 2 页。

过程中，近代一些启蒙思想家为使"logic"一词之汉译名称能为学界及大众理解和接受，常"欲于国文中觅一、二字，与原文之范围同其广狭"。① 这时，他们很自然地想到了"名"与"辩"这两个词。这是因为西方逻辑缘起论辩，研究思维，兼涉语言；先秦时期对名、辩的讨论则是我国古代文化发展中较为侧重智者语言的一个方面；二者被认为有某些相同之处。于是，"名学""辩学"就被选作了西语"logic"一词的意译汉名。如，1824 年有人译西方逻辑书，书名就是《名学类通》；清末税务司译出的西方逻辑著作则称《辩学启蒙》；1905 年，严复译出英国逻辑学家弥尔（J.S.Mill）的《逻辑学体系——归纳与演绎》（*A System of Logic*，*Ratiocinative and Inductive*）一书，该书所用汉译名为《穆勒名学》；1908 年，王国维译出英国逻辑学家耶方斯（W.S.Jevons）的《逻辑基础教程：演绎与归纳》（*Elementary Lesson in Logic*：*Deductive and Inductve*），该书所用汉译名为《辩学》。②

如此，中国先秦的名学就一定是逻辑学吗？这就是紧接着必须回答的第二个问题。有人认为，用来指称西方逻辑的名学和辩学，就是指逻辑学。温公颐先生说：中国的逻辑学体系完成于先秦墨家一派，这是一般学者所公认的；但墨家的逻辑究竟只限于战国末期的后期墨家，抑或在战国初年为墨派奠基者墨翟本人即已创始了逻辑，学者们有不同意见。多数人的倾向，认为系统的逻辑学应从《墨经》开始。③ 温公颐

---

① 章士钊：《逻辑指要》，三联书店 1961 年版，第 274 页。

② 崔清田主编：《名学与辩学》，山西教育出版社 1997 年版，第 2 页。

③ 指《墨子》书中的《经上》《经下》《经说上》《经说下》《大取》《小取》六篇，亦称《墨辩》。《墨经》的作者为谁，又有不同意见。晋朝的鲁胜主张《墨经》是墨翟所著。他说："墨子著书，作《辩经》以立名本。"（《墨辩注序》）梁启超则认为："《经上》《经下》是墨子自作。……《经说》是经的解说，大概有些是墨子亲说，有些是后来墨家的申说。《大取》《小取》两篇，象是很晚辈的墨家做的。"汪奠基先生认为：《经上》和《大取》语经部分作于墨子，而《经下》《经说上下》及《小取》主要内容则是战国时期南北两派《墨辩》学者从科学实际认识中总结出来的成果。杜国庠、冯友兰和任继愈等则把《墨经》归为后期墨家的作品。（《中国逻辑思想论文选》，三联书店 1981 年版，第 215 页）。

先生结合诸多意见，结论说：尽管对《墨经》是否墨翟所作的问题有不同的看法，但认为墨翟本人对逻辑思想有贡献，是一致的。在《墨子》中，对于逻辑科学的各个方面都涉及到。逻辑推论的基本范畴、名词判断的分析，以及推理论证的各种形式都有所论述。墨子虽没有写出逻辑专著，但《墨子》本身确是一部重要的古代逻辑教材。按照伍非百先生见解，《墨子》的《经上》《经下》《经说上》《经说下》是保持了古籍原貌的逻辑经典著作。

为什么会将它看作逻辑学呢？有人认为与逻辑学的翻译引进有关。在西方逻辑著作被不断译介的同时，由于西方传统形式逻辑输入的刺激和诸子学的兴起，我国学术界的一些先驱者开始比照西方传统形式逻辑的模式，对先秦诸子，尤其是名家、墨家有关的思想予以新的诠释。通过这种诠释，中国古代的名、辩思想被认为与西方传统形式逻辑基本相同。因此，他们确认传统的形式逻辑不仅在西方存在，在中国古代也存在，甚至这种存在还先于西方。这样一来，"名学"与"辩学"又在中国思想史的研究中，被用来指称通过诠释而成的"中国古代逻辑"。1917 年，胡适的《先秦名学史》可说是以上述为据的代表著作之一。很明显，胡适在这里所用的"名学"不再是"logic"一词的意译，而是对"中国古代逻辑"的指称了。①

有人认为不是逻辑学。美国汉学家汉生认为，在中国哲学中存在逻辑学有着事实上的问题。问题在于：是否中国哲学家曾经从事过逻辑的研究，或者建立过逻辑理论。是不是中国哲学家阐述了如语句联结词（例如，"如果……那么……"，"并且……"）的推理结构的理论，或者它们的语言的真值函项或模态算子（"并非……"，"必然地……"，"所有……"，"有些……"等等），这是一个经验问题。如果在一定程度上他们这样做了，他们就有了逻辑理论。这个经验问题可以通过将古典哲

---

① 崔清田主编：《名学与辩学》，山西教育出版社 1997 年版，第 3、32 页。

学著作文集编成目录来解决，这样来看一看是不是有许多学说，按照合理的解释，在西方的意义上，它们是关于逻辑的。他说，作为西方逻辑而知名的系统，不是任何特殊的西方语言的逻辑，其本身乃是"人工"语言。这种语言的有效推理式并不是与任何一种特殊的自然语言相联系。英语的"并且"（and）不是经常可以交换的，而形式的 & 都是可以交换的："我脱掉衣服并且上床睡觉"，并不等于"我上床睡觉并且脱掉衣服"。英语的"如果……那么……"要求前件与后件相关，"如果月亮是奶酪做成的，那么我就是鲁道夫·努列叶夫"，这在英语中不能规范地被断定为一个真的条件句，而古典逻辑形式却可以。……我们正规地说到的那个逻辑并非任何特殊语言的逻辑。它经过翻译可以用来检验任何语言中的推理式。一旦我们承认了将一个英语语句翻译成逻辑形式，那么，我们就能检验其有效性。但是，这对德语、斯瓦希利语、法兰西语，以及汉语（古代的和现代的）都同样是真的。但汉生又说，逻辑是一个非常广泛的主题。它包括对具体化在名词、形容词、副词和时态的结构中的推理的研究，也包括对传统三段论以及标准的命题演算的研究。但是，关于中国哲学中的逻辑的争论并不表现为关于这样的细节方面，甚至也不是关于众多命题联结词，其他逻辑，部分整体逻辑或者类似于此。①

　　先秦名学、辨学不是逻辑学又是什么呢？崔清田说，作为称谓先秦学术思想的用语，"名学""辩学"不是古已有之，而是后人提出的。西方传统形式逻辑作为一种求取科学真理的"证明的学科"，"就其仅仅涉及形式，或更严格地说仅仅涉及完善的形式来说，是一种形式逻辑"而言，它与中国古代的名学与辩学是两回事。名学与辩学不是等同于西方传统形式逻辑的学问。② 这里显然是要否定名学为逻辑，只是并没有

---

① ［美］陈汉生 Chad Hansen：《中国古代的逻辑和语言》，周云之、张清宇、崔清田等译，李先焜校，社会科学文献出版社 1998 年版，第 15—20 页。

② 崔清田主编：《名学与辩学》，山西教育出版社 1997 年版。

进一步说名学究竟类似于其他别的什么科学。这似乎暗示"名学、辨学就是名学、辨学"这样一个永真的命题。

　　然而似乎还有人认为"名学"不是名学。罗光教授说："儒家重名，在于伦理方面的价值，名家重名，则以理则方面的意义为重。理则学各种学术之入门的门径，印度和希腊古代哲学家，都看重这门学术；然而中国古代的名学，却被看为诡辩，名家也被称为诡辩家，中国古代乃没有真正的名学。"①

　　概言之，关于名学、辨学有四说：一曰为逻辑，二曰非逻辑，三曰"名学即名学"，四曰"名学非名学"。我们认为，不能依据人们用"名学""辨学"称呼了什么，而要看它本来面目是什么，即实际上做了什么。这恰恰是语言哲学对待语言的应有的态度。因为，一个已有特定内涵的名称被用于指称另外的与原来内容相关的，或者与原来内容不相关的对象是完全可能的。因此，我们不能因为翻译引进西方逻辑的学者用了名学、辨学指称西方逻辑就断定原来名学辨学本身必然就是逻辑。而要看它本来的内容与用它称呼的西方的逻辑内容是否一致或相类似。衡量二者是否具有一致性，首先应当对用来衡量的标准有个明确的认识，即必须清楚西方的逻辑究竟是什么。对此，王路先生做过比较详细的考察。他说，应该有一个正确的逻辑观念，应该对逻辑这门学科的性质有一个正确的认识。要根据逻辑的内在机制认识逻辑。逻辑的内在机制就是指决定逻辑这门学科得以产生和发展的东西，而且这种东西在逻辑的产生和发展过程中必然是贯彻始终的；去掉这种东西，逻辑就会名存实亡。② 如果我们把《工具论》考虑在内，那么逻辑名称、逻辑教材和逻辑史著作的共同内容就是亚里士多德逻辑和现代逻辑。③ 显然，王路所认为的逻辑就是亚里士多德逻辑和现代逻辑。"从亚里士多德到现代逻

---

① 李贤中：《先秦名家"名实"思想探析》，文史哲出版社 1983 年版。

② 王路：《逻辑的观念》，商务印书馆 2000 年版，第 19、5 页。

③ 王路：《逻辑的观念》，商务印书馆 2000 年版，第 4 页。

辑，始终贯穿了一条基本的精神，这就是'必然地得出'。"① 当然，这种分析对于倡导明确逻辑内容，尤其是提倡掌握现代逻辑，具有积极作用。但是，作者自己没有一种从本质上规范一门学科研究对象的尺度，而是采用寻找"交集"的办法来确定逻辑是什么。这毕竟容易导致一门学科的根本目的和根本任务的游离不定。因为，一旦有人改变逻辑史的写法，便可能导致作者关于逻辑学科定义的改变，而这恰恰是本末倒置，史不决定什么，而只表现或描述什么。德国哲学家黑格尔（1770—1831）在 1812—1813 年发表了名著《逻辑学》。他认为逻辑研究的对象是思维和思维规律。但是以前的逻辑都是把思维的形式和内容分离开，把真与确定性分离开，这样的研究给人一种感觉，好像思维本身是空的，这样的研究所得出来的关于思维和认识本身的一些看法也是荒谬的，因此需要对逻辑进行全盘改造。这样他以"是""不"和"变"这样的概念为出发点，构造了他的逻辑体系。黑格尔的逻辑是思维形式的辩证法。恩格斯在《自然辩证法》中谈到它时，用"辩证的"这个形容词修饰黑格尔的逻辑。自那以后，又出现了一个新的名称，这就是"辩证逻辑"。② 逻辑史家完全可以描述黑格尔的逻辑，并且，不必然排除这样的可能，即在某个时期有较大数量的史家描述它，因而导致"共同内容"增加了。果真如此，该如何确定逻辑的范围或定义逻辑呢？人们公认亚里士多德是逻辑的创始人。公元前 1 世纪，古希腊哲学家安德罗尼科（约公元前 1 世纪—前 70 年）把亚里士多德的《范畴篇》《解释篇》《前分析篇》《后分析篇》《论辩篇》和《辩谬篇》六部著作编排起来，命名为《工具论》。随着"逻辑"这个名称的采用，《工具论》被看作是亚里士多德的逻辑著作。它所讲述的内容被称为逻辑。《工具论》六篇著作中属于"必然地得出"的究竟有多少呢？《范畴篇》主要

---

① 王路：《逻辑的观念》，商务印书馆 2000 年版，第 8 页。
② 王路：《逻辑的观念》，商务印书馆 2000 年版，第 213 页。

讨论的是实体、量、关系、地点、时间、位置、状态、活动和遭受这样十种范畴，探讨了同义词、多义词、词语在语言表达中的表达形式和组合形式，以及"对立""反对"等等一些术语的含义。《解释篇》主要探讨命题的形式和命题之间的关系，特别是探讨了命题的全称肯定、全称否定、特称肯定、特称否定的形式及其相互关系，探讨了直言命题和模态命题，还探讨了排中律的问题。《前分析篇》主要探讨了三段论推理，包括直言三段论和模态三段论，建立了三段论的演绎体系并且论述了这个体系的性质和特征。《后分析篇》主要探讨了有关科学证明的理论，特别是应用三段论的方法进行证明的理论。《论辩篇》主要讨论了四谓词理论以及两个人造论辩中如何应用这个理论。《辨谬篇》主要探讨了产生语言歧义和谬误的情况和根由，以及解决歧义和谬误的一些方法。① 可见，真正直接研究"必然地得出"的极少。

我们认为，"逻辑名称、逻辑教材和逻辑史著作的共同内容"只是研究结果，尽管这种共同的研究结果包含有"必然地得出"的研究，但正像《工具论》内容所显示的，它并不都是关于"必然地得出"的。这样，实际上运用了双重标准，一是著作内容标准，一是目标方式标准。当二者不一致时，便会导致逻辑范畴界定的无所适从。一旦坚持以寻找"必然地得出"规律为目的之标准，那么就必须部分地排除《工具论》，反之，一旦坚持认定《工具论》为逻辑，那么就不可能真正承认"始终贯穿必然地得出"的标准。尽管二者之中任何一个都可以成为衡量逻辑的标准，但不可能同时成为衡量标准。鉴于以"必然地得出"作为衡量界定逻辑的标准比较容易形成共识，因此可以以此为界标，确定凡以寻找"必然地得出"规律为目标而进行的一切研究都是逻辑研究。当然，必须看到，体现逻辑之"必然地得出"的最佳方式是将研究内容形式化，相应地能够形成"必然地得出"的形式系统的无疑是典型的逻辑。

---

① 王路：《逻辑的观念》，商务印书馆 2000 年版，第 4、8 页。

而此前有大量的工作，那就是如何将非形式的语言形式化。这种工作，严格说来是前逻辑研究。①

由此，我们可以说，先秦名学中有逻辑内容，但并不等于都是逻辑内容，那些涉及"必然地得出"的内容才是逻辑内容。实际上，被汉代人归入名家和墨家以及其他学派的思想中有逻辑内容，同时还有大量的其他内容。《墨辩》自身表明，它是以明辨是非、认识事物为目的的著述，涉及的内容甚广，包括自然、数学、力学、光学、政法、经济教学、伦理等。《庄子·天下篇》有论题"飞鸟之影未尝动也"。孙中原先生解释说："这是取运动的一个瞬间，认为这一瞬间曾在一个地方，连它的影子静止在那里，未尝动过。"② 由解释可见，这属于哲学内容。由于被先秦称为辩者、察士，被汉代人列其为名家、墨家的，并不是以研究目标与研究方式作为划分标准，而是以讨论对象（名）为依据的。以不同目的和方法讨论相同对象可以形成不同的学科特色，因此，先秦名学既可以有逻辑学，还可以涉及政治学、伦理学、哲学、语言哲学等诸多思想。名学研究专家几乎不能否认先秦的名学、辩学就其最直接的目的而言，它表现出明显的政治学伦理学倾向。先秦语言哲学可以说是用哲学方法研究语言问题以为政治正名服务的产物，因为政治目的促成一门学科思想的产生与形成，这并不必然妨碍作为该学科理论的科学性。

我们在认识了先秦典籍中名学、辩学、逻辑、语言哲学的联系之后，简单谈谈先秦语言哲学的研究目标。总的说来，先秦语言哲学的研究目标是：通过考察我国古代语言哲学的研究状况，认识先秦语言哲学的基本思想和基本理论，发现语言哲学思想的闪光点，准确认识中国古代语言理论价值，确定中国语言哲学思想的历史定位，发现自身的优势与不足，为今天研究语言哲学，认识语言哲学思想与语言规律、语言结

---

① 周建设：《中国逻辑语义论》，岳麓书社1996年版，第95页。
② 孙中原：《中国逻辑史》（先秦），中国人民大学出版社1987年版，第102页。

构与世界结构、语表结构与语义结构以及语言的语用意义提供历史参考，为在世界范围进行语言哲学对话以及推动认知语言科学发展提供依据。

当然，历史地考察语言哲学，还有一个十分重要的现实任务就是为当前语言哲学理论研究服务。怎样达到这样一个现实目的，我们认为，就是要在充分尊重历史的学术价值的前提下，找出可以促进当今语言哲学研究的理论和规律。这里所谓找，一是发现，即找出前人已有的研究成果；二是创新，即在前人研究的基础上提出新的语言哲学思想，或为人们提出更多的语言哲学思想奠定基础。

我们的研究将集中在如下范畴：含义与指称，符号的整体性与层次性，静态语义与动态语义，语义自显与语义理解，语义的生成与分解等等。这些范畴的确定，基于两个条件：一是西方语言哲学研究的基本范畴，二是先秦语言哲学实际状况。先秦语言哲学状况确定的依据是先秦典籍。汉人对于先秦诸子思想的理解，有其相当有利的历史条件，司马谈、司马迁、刘向、刘歆、班固等人，为何将某些人的思想归为一家、将某些载籍分为一类，应自有其标准，而他们所见之书及分类之理，恐非后世之人所能尽知，因此，对于汉代所定之"先秦名学"此一范畴，仍有值得参考之价值。根据班固汉志对名家人物及文献的说明："名七家，卅六篇"。七家的代表人物是邓析子、尹文子、公孙龙、成功生、惠子、黄公、毛公等，这七人中至今仍有书传世者，仅邓析、尹文、公孙龙三人而已，依考证："邓析二篇为后人改窜而成，尹文子一篇已亡（今尹文子为伪）另前乎公孙龙有惠子一篇已亡，只存天下篇所述历物十事。与公孙龙同时者有毛公九篇，已亡。后乎公孙龙者，有黄公四篇、成功生五篇，均亡。各家所存材料残而可信者，仅惠施历物十事，及公孙龙子数篇而已。"① 至于公孙龙子，汉志有 14 篇，至唐高宗咸亨

---

① 李贤中：《先秦名家"名实"思想探析》，文史哲出版社 1983 年版，第 7 页。

时则仅存6篇，并且其中迹府篇又为后人所撰。究其实，仅存公孙龙子5篇而已。在理解古汉语对待语言的态度方面，《墨子》的辩经篇章是特别重要的，因为这些篇章中标志在具有类似物质名词的语言中出现了明确的语义理论。语义理论的大部分被限制于词项和复合词项，后期墨学作者除了在以后的《小取》中最低限度的和依赖于例证的分析外，没有任何句子的理论，尤其他们似乎既没有句子（谓词和词项）功能元素的特征，也没有语义的真与假的特征。词项语义学就是简单的部分整体的唯名论。①

汉生认为后期墨家的语言哲学研究了语言的规定功能，以名举实，约定论，唯名论等。尤其是他认为《墨经》中含有关于语言的四个假定。他说《墨子》书中的一部分属于后期墨家的著作。这一部分包括《墨子》中的6篇。中国传统的注疏称这6篇为"墨辩"。书中隐含了有关语言的四类假定：一是关于语言功能的假定，也就是，语言的作用是什么。二是关于语言跟世界相联系的方式之假定，也就是，什么样的现实模型提供了对语言功能的说明。三是关于语言的起源和现状之假定，也就是，语言怎样出现以及我们要有何种知识才能知道怎样使用它们。四是关于语言跟心理的或抽象的对象（思想、意义、共相、类等等）之间的关系的假定中的各种各样的对比。汉生对此作了评论，认为语言的主要功能是规定性的，也就是说，语言是通过它对那些使用语言的人的情感、动机，以及评价判断等效果给行为以一种指导。约定性特征体现在名称的使用上创造出一个约定的和共同具有的评价模型。《荀子·正名》、儒家和墨家，以及道家对儒家的批评都反映了这个假定。早期墨家较之任一主要学派都更注意语言的描述模型。语义上与"名"相应的是"辩"。"辩"是描述，也是规定——它们确定什么可以看作"物"或

---

① ［美］陈汉生 Chad Hansen：《中国古代的逻辑和语言》，周云之、张清宇、崔清田等译，李先焜校，社会科学文献出版社1998年版，第128页。

"实"，以及因而我们应当如何回答那些应被辨别的东西。名称的系统"道""规定的话语"是一组辨别和反应的约定的实践，名实关系在有目的的语境中建立于区别的社会实践上。在讨论名称、语言和道"规定的话语"时，不需要提出抽象的或精神的实体的要求以解释名称的作用或含义。没有具备与概念、共相、理念、意义或性质作用相同的理论作为中介实体。

二、先秦语言哲学之语源论

语源论是关于语言来源的理论，包括语言意义的来源、语言符号的来源。这是语言哲学必须最先回答的问题。语言的起源问题，西方自古以来就有讨论。古希腊亚里士多德说：口语是心灵的经验的符号，而文字则是口语的符号。正如所有的人的书法并不是相同的，同样地，所有的人也并不是有相同的说话的声音；但这些声音所直接标志的心灵的经验，则对于一切人都是一样的，正如我们的经验所反映的那些东西，对于一切人也是一样的。① 中世纪，达尔加诺（Da1garno）提出，人类起初一直是用手势进行交际的，后来才产生了有声语言。20 世纪中叶，冯特（W. Wundt）强调，语言不可能突然发生，从无语言到有语言，经历了一个过渡阶段，过渡阶段的交际手段就是手势，人最早只是偶然地发出一些声音，这些声音后来慢慢获得了一定的意义。挪威精神病专家温格（P. Winge）1918 年提出，在有声语言产生之前，人们主要靠画图来相互交际。金纳肯（J. Van Ginneken）根据古埃及的象形文字和我国的殷商时代的甲骨文字，在 1939 年提出，人类学会讲话只有五六千年的历史，在此之前一直使用图画文字进行交际。

---

① 周建设：《西方逻辑语义研究》，武汉大学出版社 1996 年版。

我国先秦时代，关于语言的起源问题，有多方面的涉及甚至深入的探讨。

（一）"意""象"摹写论

许国璋先生说："对于语言的起源问题，中国古时哲人也是从书写形式着手的（事实上这也是最为可行的方法）。"[①] 先秦时代的书写形式是指汉字。先秦时代汉字称作"文""名""书"或"书契"。《左传·宣公十二年》：楚庄王说，"夫文，止戈为武。"晋杜预注："文，字。"《仪礼·聘礼》："百名以上书于策，不及百名书于方。"汉郑玄注："名，书文也，今谓之字。"《韩非子·五蠹》："古者仓颉之作书也，自环谓之私，背私谓之公。"《易·系辞》"上古结绳而治，后世圣人易之以书契。""书""书契"也都是指汉字。"文字"连称，始于秦代。据《史记·秦始皇本纪》所载，琅邪台秦石刻有"同书文字"之语。按许慎的说法，"文"为独体象形字，"字"指形声相益的合体字，"文字"连称指全部的汉字。[②]

"名""文""书""书契"何以产生？先秦有这样的见解："仰以观于天文，俯以察于地理，是故知幽明之故。"[③] 东汉许慎的理解比较全面，对先秦时代语言文字形成过程做过较详细的说明，他说：古者庖牺氏之王天下也，仰则观象于天，俯则观法于地，视鸟兽之文于地之宜，近取诸身，远取诸物，于是始作《易》八卦，以垂宪象。及神农氏结绳为治而统其事，庶业其繁，饰伪萌生。黄帝之史仓颉见鸟兽蹄远之迹，知分理之可别异也，初造书契。……仓颉之初作书，盖依类象形，故谓之文。其后形声相益，即谓之字。[④] 由此观之，古人先有"象"的认识，

---

① 许国璋：《语言和语言学》，商务印书馆 2001 年版，第 215 页。

② 黄德宽、陈秉新：《汉语文字学史》，安徽教育出版社 1994 年版，第 3 页。

③ 《易·系辞》，见夏剑钦主编《十三经今注今译》，岳麓书社 1994 年版，第 102 页。

④ 许慎：《说文解字·叙》。

而后才有关于象的刻画，象与画的关联，经过了一个中间环节，那就是人的大脑，象进入大脑便是"意"。《易》经记录的是天地事态存在与运行机理，易卦是"刻符式的准文字"。① 后来才有"书""契"的出现。"依类象形"，指按物的类来画它的形，不是按一件具体的物来画出它的形。所象之形是诸形的概括。"文"是一种抽象的符号②，也就是真正意义上的文字。

按许慎评价，先秦造字反映了事物的本来面目。"'文者，物象之本也。''文'是依类象形画出来的，一类的物象的本身是怎样，便是怎样。'文'是简化了的图形，汉字从象形变为象征，从图形变为笔划，从复杂变为简单，这个'文'已经大大不同于原来的图象了：它是物象中最本质的部分。'物象之本'的'本'即是此意。"③

物象之本与物象对应，形成具象与抽象。后来东汉许慎将早期文字分为指事、象形、形声、会意几类，这正好体现了文字反映意象的多样性。"象形"反映具象，"形声"是"象""声"结合，"指事"是"象""意"结合，"会意"便是"意""意"结合。文字反映的"意""象"关系，在孔子的言论中早已提到。《易·系辞》记载：子曰："书不尽言，言不尽意。"这里提到"书""言""意"三者关系。书是文字形式，物质形式，是言的物质外化，"言"是以声表意，是"意"的声波表现，也是一种"意"的一种物质形态。孔子的意思是，书写的文字，推广言之，书面语言，不能完全表达要讲的话，而讲的话又不能完全表达思想。那么，"意"究竟是什么？它是无法把握的神秘东西吗？孔子曰："圣人立象以尽意，立卦以尽情伪。系辞焉以尽其言。"④ 就是说，圣人通过立"象"立"卦"将"意"和一切情况加以表现，并用"系辞"把

---

① 周建设主编：《现代汉语教程》，人民教育出版社 2001 年版，第 96 页。

② 许国璋：《语言和语言学》，商务印书馆 2001 年版，第 213 页。

③ 许国璋：《语言和语言学》，商务印书馆 2001 年版，第 213 页。

④ 《易·系辞》，见夏剑钦主编《十三经今注今译》，岳麓书社 1994 年版，第 109 页。

所要讲的话讲清楚。由此可见，《易》、孔子之言论已经揭示："书"记录"言"，"言"表达"意"，"意"摹写"象"。语言来源于"意""象"。

古人的语言"意""象"来源观，对认识语言和利用语言认识事物起着积极作用。这种语言观认为，语言文字之于事物的关系，是反映、是映射、是摹写，文字复写着物象之本。这样，对语言的认识，就是对事物本身的认识。所以，先秦时代，国人教育小孩，把语言当成认识事物的桥梁，把识字看作是通向世界、增长知识的必由之路。《周礼》载：八岁入小学，保氏教国子，先以六书。一曰指事。指事者，视而可识，察而见意，上下是也。而曰象形。象形者，画成其物，随体诘诎，日月是也。三曰形声。形声者，以事为名，取譬相成，江河是也。四曰会意。会意者，比类合谊，以见指撝。五曰转注。转注者，建类一首，同意相受，考老是也。六曰假借。假借者，本无其字，依声托事，令长是也。① 这六书，其命名与诠释，都直接或间接表明了文字与事物的联系。

中国古代这种语言观，在西方文化中也有类似反映。玛雅人要反映事物，首先是画图画。图画有简有繁，由简到繁。有的起指称作用，表示一种事物，相当于名称；有的起陈述作用，反映一种事态，相当于语句或句群。这表明人类语言具有反映"意""象"的共同属性。②

（二）感知途径论

汉生说：我们在研究孔子的名学中了解到，名被看作是起源于先验的象，古代圣王用一种立法的权力把这种先验的象制成名；而"正名"的原则总是包含着道德上的赞成和不赞成。荀子是一个极端的人道主义者，并且总是追究历史的证据的，荀子否认名的神秘起源，代之以感

---

① 许慎：《说文解字〈叙〉》。

② John F Haaris, Stephen K Stearns：*Understanding Maya Inscriptions*，The University of Pennsylvania Museum of Archaeolog and Anthropology，1997.

觉经验和理智活动产生名这种理论。① 据汉生的观点，先秦关于名的意义来源主要有两种思想：一是先验思想，以孔子为代表，认为名是据意象制成的，意象则是先王先验演绎确定的；一种是经验论，以荀子为代表，认为名的语义来源于感官。

孔子认为"名"的起源的思想，前一节已经有过论述。汉生能够发现孔子对"象"的关注，无疑很值得肯定。当然，我们不排除有些内容存在先验成分，但是由此推断孔子关于语言起源的观念就是先验论，理由似乎并不充分。从现有材料看，应当说先秦的语言来源思想是唯物的。《易·系辞》云："天尊地卑，乾坤定矣。卑高以陈，贵贱位矣。动静有常，刚柔断矣。方以类聚，物以群分，吉凶生矣。在天成象，在地成形，变化见矣。是故刚柔相没，八卦相荡。鼓之以雷霆，润之以风雨。日月运行，一寒一暑。乾道成男，坤道成女。乾知太始，坤作成物。"② 如果仅仅从《易》卦发的占卜目的来看，似乎先秦关于"象"的理论是唯心的，先验的，可是，联系地看，所谓"方以类聚，物以群分"，"在天成象，在地成形"等等，都从"准文字"的卦爻和成熟的汉字得到的唯物展示。

荀子从另一个角度谈到语言的来源问题，尤其是语言内容的来源问题。荀子认为，各种各样的名称都有其所表达的内容，这些内容不是主观自生的，而是来源于人对事物的反映和认识。在这种反映和认识过程中，人的感官即"天官"起着重要作用，经过"天官"才使"物"与"人"相"通"。荀子对人的感官对事物的不同反映功能体察得十分细致。他说："凡同类同情者，其天官之意物也同，故比方之，疑似而通，是所以共其约名以相期也。形体色理以目异，声音清浊调竽奇声以耳异，甘苦、咸淡、辛酸、奇味以口异，香臭、芬郁、腥臊、洒酸、奇

① ［美］陈汉生 Chad Hansen：《中国古代的逻辑和语言》，周云之、张清宇、崔清田等译，李先焜校，社会科学文献出版社 1998 年版，第 184 页。
② 《易·系辞》，见夏剑钦主编《十三经今注今译》，岳麓书社 1994 年版，第 100 页。

臭以鼻异，病养、凔热、滑铍、轻重以形体异，说故、喜怒、哀乐、爱恶欲以心异。心有征知。征知，则缘耳而知声可也；缘目而知形可也。然而征知必将待五官之当簿其类然后可也。五官簿之而不知，心征之而无说，则人莫不然，谓之不知，此所缘而以同异也。"① 这里，荀子说明了名的不同类型形成于人的认识。人的认识依赖于人的感官。感官是区分认识事物的重要器官。不同的感觉器官具有不同的认识事物区别事物的功能。眼认识形体颜色，耳区别声音清浊，口品尝甘苦咸酸，鼻闻辨香臭腥臊，身体察轻重冷热，心领会情感缘由。他又说：散名之在人者，生之所以然，谓之"性"；性之和所生，精合感应，不事而自然者，谓之"性"；性之好恶喜怒哀乐，谓之"情"；情然而心为之择，谓之"虑"；心虑而能为之动，谓之"伪"；虑积焉、能习焉而后成，谓之"伪"；正利而为，谓之"事"；正义而为谓之"行"；所以知之在人者，谓之"知"；知有所合谓之"知"；所以能之在人者，谓之"能"；能有所合谓之"能"；性伤谓之"病"；节遇谓之"命"。② 荀子认为："凡以知人之性，可以知物之理。"③ 就是说，人用眼耳鼻舌身五官和心接触认识事物是人的能力属性，事物可以被认识是事物根本的性质。感官与事物的结合，各种各样被"名"称谓的内容就形成了。这就是荀子关于名的语义来源的普遍性认识。首先荀子相信事物是客观存在的；其次，他指出人的感知可以依感知功能区分的认识事物，进而达到以同与异分别命名。这种见地比较客观地反映了人类通过割断事物的联系来认识事物，进而更全面地把握事物联系的规律。这种规律，列宁曾有过论述。列宁说："如果不把不间断的东西割断，不使活生生的东西简单化、粗糙化，不加以割碎，不使之僵化，那末我们就不能想象、表达、测量、描述运动。思维对运动的描述总是粗糙化、僵化。不仅思维是这样，而且感觉

---

① 《荀子·正名》。

② 《荀子·正名》。

③ 《荀子·解蔽》。

也是这样；不仅对运动是这样，而且对任何概念也都是这样。"① 尽管不能因此认为先秦语言哲学已经具有如何高度的唯物论思想，但就认为人的感官可以"割断"联系进而分别认识事物，形成语言内容的观点是值得充分肯定的。

有趣的是，公孙龙同样持语义来源于感官的思想，但却长期遭到非议，有人认为他将感官对事物属性的区别作用绝对化了。公孙龙主张："视不得其所坚而得其所白者，无坚也。拊不得其所白而得其所坚，无白也。"② 公孙龙客观上承认了语义的获得依赖于感官。"白"颜色靠视觉获得，"坚固"的性质通过触觉获得。但他说"无坚"与"无白"时却招致了诸多否定，这似乎跟他讨论"白马非马"招致不少否定一样。公孙龙让人认为他将具体的石中之"白"与"坚"两种性质看作彼此分离的，离坚白就是他的命意。如果将公孙龙的讨论放在另一种场合去思考，他的语言观与认识论并非不对。之所以会导致争议，是因为他的解释缺少必要的限制，或许他认为没有必要作进一步的说明，故此让人误解。在语言范畴内"白"的含义指颜色的属性，它只能通过视觉才能获得；"坚"的语义，指称的是关于固体的属性，它只能通过触摸来感觉到。两个词的内容不一样，两者的外延自然就是不相容的。所以，"白"必然"无坚"。如果说，"白色的意思"包含"坚固的意思"倒会不能让人理解。但是，联系反映过程，其含义由人的感觉分离得到，恰恰反映了感觉的特殊作用。没有感觉的分离作用，人们就不清楚颜色与硬度的区分。动物不能凭视觉区分硬质物质，所以每每有狗误食顽石。人不能凭视觉区分酸甜，每每有人因果实之色美而贸然开口以致酸痛大牙。的确难以想象，一代"察士"公孙龙会仅仅为了玩弄文字游戏，却连石头

---

① 列宁：《黑格尔哲学史讲演录》一书摘要，《哲字笔记》，人民出版社 1963 年版，第262 页。

② 《公孙龙子·坚白论》。

既有颜色又有硬度这种常识都不懂。① 因此，我们认为，可以推断公孙龙是从语言哲学的角度讨论感觉对事物属性的分离作用，涉及的是语言意义的来源问题，而不是否定客体本身。

（三）符号约定论

语言是语义和语符的结合体。关于语言符号的形成，先秦时代有比较充分的论述。《墨子·经上》曰："君臣萌（民）通约也。"此言，今人有两种解释。先秦逻辑史家周云之先生说："君、臣、萌（民）通约也。"这就是说，什么人称谓"君"，什么人称谓"臣"，什么人称谓"民"，这些名词是社会共同约定的，这种约定当然不一定通过会议或法令的形式，而主要是依习俗使用而形成的。例如：人们可以共同约定把一国之最高封建统治者称为"君"，把替他统治的官员称为"臣"，把受他们统治的人称为"民"。君、臣、民这些名词本身并没有贵、贱、上、下之分。因此，不同的国家、不同的民族对同一对象完全可以用不同的词来称呼它，而且可以通过约定而改变对同一事物的名称。但是《墨辩》认为，名词一经约定就不能随意改变或否定，而必须以约定之词为是。"惟吾谓，非名也，则不可，说在仮。"② "吾谓"即不顾互相约定之名（词）而自己随意命名（词）。《墨经》认为人们不能不顾已经约定的名（词）而任意加以命名（词）之。如果人们已经约定把鹤之实称为"鹤"，而有人却不以"鹤"之名（词）称鹤之实，并且反对以"鹤"之名（词）称鹤之实，这是不可以的。伍非百先生则说："通，共也。君者臣民相约而立之。故曰'臣民通约也'。"显然，其句断必为"君，臣民通约也"。"君"不是像前者那样把它当作与"臣、民"并列关系来使用，而是一个被解释的词项。《经说上》对此作说明，曰："君，以若名

---

① 《公孙龙子·坚白论》。

② 《墨子·经下》。

者也。"谭戒甫先生注曰:"以,与'谓'同。若,义为顺。因为君臣萌一同其义即通约,约定而名自立,名立而上下皆顺。所以君臣萌就是顺名者,如不顺名,则约必败而异义滋多了。"[1] 谭戒甫先生是将"君臣萌"视为并列关系而释《经说上》之义的。周云之先生取此说,而伍非百先生不然,他说,《经说上》原文应为:"君,以后名者也。"并说:"后,通後。古者先有民而后有君。君以後得名,故曰'君以后名者也'。"表面上看,谭戒甫先生的训诂自然,尤其像与谭戒甫先生持同一观点的周云之先生的解释更符合逻辑研究者的口味。但是,我认为,从《经》的体例上看,"君"不宜看作与"臣、民"并列的语词,而是单列的被解释的语词。[2] 伍非百先生对《经上》的注释当更合原文本义。尽管各家注疏不一,但是我们认为,名称由大众约定而成的思想,这在《墨经》中是已经出现了的。

名称的约定论,到荀子说得更明确,以致其约定俗成之说几乎尽人皆知。他说:"名无固宜,约之以命,约定俗成谓之宜,异于约则谓之不宜。名无固实,约之以命实,约定俗成,谓之实名。"[3] 这里,首先说明给对象命以什么名称的问题。这涉及到一个名称之确立的几个阶段或过程:"约","成","宜"。"约"即约定,约定说的是给对象命名的方式。约定没有必然性,因而不排除命名者的主观因素。可以由此推想,如果是一个人给对象命名,可以参与该个人的想法而命名,如果是多个人为同一对象命名,则可以共同协商给予该对象名称。"成"即俗成,俗成说的是名称的可接受性。约定的名称,成与不成,即能否成为名副其实的名称,要看人们的使用情况。使之为人们习惯使用的称谓就

---

① 谭戒甫:《墨经分类译注》,中华书局 1981 年版,第 167 页。

② 参见《经上》上下文的句式:"举拟实也。""言出举也。""且言且然也。""君臣民通约也。""功利民也。"这些句子的结构都是主谓型,并且主语都是单个字。由此也可以推断断句在"君"之后是符合该表达风格的。

③ 《荀子·正名》。

成。"宜"即适宜，适宜是对名称存在的合理性的评价。只要是约定的，是人们习惯使用的名称，就是适宜的名称。其次说明什么名称用于什么对象的问题。荀子认为，名称没有确定指称的"实"，这也只要通过约定即可，即"约之以命实"。

尽管词项是意象与语符的统一体，但用怎样的具体符号与某种确定的意象相维系却是不必然的。这就是说，某种特定的意象命以什么样的名称并不受意象本身制约。对于意象 X 而言，可以名之以 A，也可以命之以 B，并且 A 或 B 仅仅标志意象 X 但不等于意象 X。故马克思指出："物的名称，对于物的性质，全然是外在的。"① 苏联学者也曾正确地指出："词能够引起而且已经引起说话人关于事物的表象，但对于表象的存在来说，词是完全不需要的。"② 概言之，1. 词项产生必须有意象作前提；2. 词项是语符与意象的统一；3. 以怎样的具体的语符标志意象、构成词项，是不必然的。

尽管名称指称事物是约定俗成的，但这并不排除命名过程本身的一定规则。尹文曰："名者名形者也，形者应名者也，然形非正名也，名非正形也，则形之与名，居然别矣，不可相乱，亦不可相无。无名故大道无称，有名故名以正形。今万物具存，不以名正之则乱，万名具列，不以形应之则乖，故形名者不可不正也。善名命善，恶名命恶，故善有善名，恶有恶名。"③ 名称就是给事物命名的，事物就是与被用来称呼它的名称相对应的，这是尹文子提出的具体要求，不妨称之为"名形相应原则"。为什么要有名形相应原则，是因为当万物具存之时如果没有与万物分别相应的确切的名称就会导致语言交际的混乱，思维的混乱，进而必然引起治理的混乱。如果万名具列，无数的名称却没有相对确定的分明的对象相随，则同样导致不同方面的混乱。怎样落实形名相

---

① 马克思：《资本论》第 1 卷，人民出版社 1956 年版，第 89 页。

② ［苏］高尔斯基主编：《思维与语言》，三联书店 1963 年版，第 218 页。

③ 《尹文子·大道上》。

应原则，尹文子用列举法说得明白：是善的对象就以善名命之，是恶的对象便以恶名命之。比方圣贤仁智就是用的善名，凶愚之类则是用恶名称谓的。

荀子的观点与尹文类似。荀子云："然后随而命之：同则同之，异则异之。单足以喻则单，单不足以喻则兼。单与兼无所相避，则共。虽共，不为害矣。知异实者异名也，故使异实者莫不异名也，不可乱也；犹使同实者莫不同名也。故万物虽众，有时而欲偏举之，故谓之物。物也者，大共鸣也。推而共之，共则有共，至于无共然后止。有时而欲偏举之，故谓之鸟兽。鸟兽也者，大别名也。推而别之，别则有别，至于无别然后止。"① 概括地说，荀子强调的原则主要有两个：一是同异相别。此所谓"同则同之，异则异之"。相同类的事物就用相类的名称命名。这跟尹文的思想基本一致，只是比尹文所说的"善名命善，恶名命恶"更有概括性。先秦命名的实际情形与荀子所说的也大体相似。例如，命名天地人就是如此。天有"苍、昊、旻、上"②，地有"郊、牧、野、林、坰"③，亲有"兄、弟、姊、妹"④，孙有"曾、玄、来、晜、昆、仍、云"⑤，时有"春、夏、秋、冬"，器有"契、镂、刻、切、磋、琢、磨"等等。⑥ 不言而喻，如果不遵循"同则同之，异则异之"的命名规则，必然导致名称的混乱。二是"单兼足用"。此所谓"单足以喻则单，单不足以喻则兼"。就是说，单名足以表示被命名对象就用单名，在单名不能足以表示对象时才用兼名。这也就是强调命名要简约，不能将简单的问题复杂化。

---

① 《荀子·正名》。

② 《尔雅·释天》：春为苍天，夏为昊天，秋为旻天，冬为上天。

③ 《尔雅·释地》：邑外谓之郊，郊外谓之牧，牧外谓之野，野外谓之林，林外谓之坰。

④ 《尔雅·释亲》：男子，先生为兄，后生为弟；男子谓女子先生为姊，后生为妹。

⑤ 《尔雅·释亲》：子之子为孙，孙之子为曾孙，曾孙之子为玄孙，玄孙之子为来孙，来孙之子为晜孙，晜孙之子为仍孙，仍孙之子为云孙。

⑥ 《尔雅·释器》：金谓之镂，木谓之刻，骨谓之切，象谓之磋，玉谓之琢，石谓之磨。

（四）基于先秦语源论的现代思考

非语言思维时代，思维的基本元素是意象。意象是反映在人脑中的尚未被语词符号称谓的形象或意念。①"形象"是指一切"实物"在人脑中形成的图像、映象。它既包括通常意义上的表象又包括在表象基础上抽象概括形成的较高层次的图像。一般说来，事物的表象是客体与人脑相互作用后在人脑中形成并留下的"整体"图式，它与被反映的客体具有一一对应的映射关系。表象基础上产生的新图像并非严格意义上的表象，即不等于表象，它是表象的综合与类化，这种类化的形象与被反映的客体不具有一一对应关系。孔子可以给人以孔子的表象，亚里士多德可以给人以亚里士多德的表象，但一般的不特指的人却不能如此"一对一"，而只能是孔子和孔子等表象的综合与类化。"意念"是人脑中除"形象"之外的一切意象，主要指性质和关系。尚未掌握语言的幼儿见到"客人"常常产生一定的意念。由于意念作用，小孩或乖乖地躲在父母背后，或天真地把门关上不让"客人"进屋，或者一见面就号哭。成年人常说："连自己也弄不清到底为什么我见到某某就想避开他。"这种连自己都弄不清的东西（实际上只是说不清而已），就是关于"某某"这个形象之外的被该形象刺激引起的情感方面的意念。

广义地说，意象近乎心理学意义上的"格式塔"（Gestalt）。"格式塔"是德文的音译，英文往往译为 form（形式）或 shap（形状）。严格说来，英语翻译并不符合格式塔的确切含义，因为前者偏指空间结构，后者偏指各部分的排列关系，而格式塔既不是指一般人所说的外物的形状，也不是一般艺术理论中笼统指的形式。鉴于此，中文一般将它译为"完形"，这比较接近原义。心理学史上首先研究格式塔问题的是艾伦费尔斯。他提出了所谓"格式塔性"（Gestalt quality）的理论。他的这一理论是对冯特的知觉说的一种修正。按照冯特的构造主义理论，知觉只

---

① 周建设：《思维活动元素剖析》，《心理学》1984 年第 6 期。

不过是感觉元素的一种复合体。艾伦费尔斯则认为，格式塔的知觉并不决定于感觉元素所组成的整体。例如，正方形是由四条直线组成的一种形式，这些直线的感觉是正方形知觉的基础，因此就一知觉而言，它们可以被称之为基因，这些基因结合起来，便组成一个基体。可是正方形的性质并不附着于任何元素性的基因之内，只有当它们结合为一个基体之后，正方形的性质才会出现。

按艾伦费尔斯的解释，格式塔有两个最基本的特征。第一，凡格式塔，虽均由各种要素或成分组成，但它决不等于构成它的所有成分的简单相加，格式塔是独立于这些成分的全新的整体。一个三角形是从三条线的特定关系中"突现"出来的格式塔，但它决不是三条交叉线之和。这种见解并不复杂，却能让我们对意象有进一步的认识。意象是一种具有高度组织水平的知觉整体，它从背景中清晰地分离出来并独立于其自身的构成成分。第二，凡格式塔均具有"变调性"。据艾伦费尔斯的见解，一个格式塔，即使在它的各构成成分，如它们的大小、方向、位置等均发生一定的改变的情况下，格式塔仍然存在，仍然不变。一个圆形，不论将它用线条画出还是用色彩画出，不管是用红的画出还是用蓝的画出，也无论是用木条构成还是用砖头筑成，它仍然是圆形。正如曲调，用胡琴演奏与用钢琴弹奏仍为同一曲调一样。

从艾伦费尔斯对格式塔两个特征的描述可以看出，格式塔乃是人脑中的一种组织或结构。这种组织或结构实现的是知觉整体性，知觉整体性除"形象"之外，推而广之，还包括"性质""关系"的整体性。有人认为，格式塔这种组织结构通常会有紧张、松弛、喜怒哀乐等意念相伴随，实际上就是对"性质"之类知觉整体性的通俗说明。由此观之，格式塔自然具有思维科学意义上的两种含义：形象和意念。一个格式塔实际上就是意象思维元素。

意象不能简单地理解为"形象"与"意念"的简单相加。一个形象，一个与形象密切相关的意念都可以分别地构成意象，构成格式塔。

即是说，只要是一个可以相对独立的知觉整体，无论是性质、关系还是别的包含在一个整体"形象"内的任何一个能够独立的成分，如"一个角"，都可以视为格式塔，视为意象。意象是人类进化史上最初出现的非语言思维的基本单位。据专家们考证，人类社会已有1400万年的历史，远在距今136万年的时候就开始了制造工具（曙石器），而语言只有几万年或几十万年的历史。有语言学家说："有声语言的历史大致有五万年至五十万年或者更长一些。"在语言产生以前，人类同样与自然界发生联系，人脑也必然反映自然，被反映到人脑中的自然界的形象、性质、关系就是意象。法国著名人类学家列维－布留尔指出，原始人之思维是"集体表象"思维。这种集体表象实质上就是意象。

经现代心理学家对不具有语词能力的人的研究，证明意象广泛存在于人的思维之中。盲人无法通过视觉直接输入形象性的意象信息，但是他们能够根据室内的脚步声和说话的声音断定房屋的大小以及室内是否是陈设家具，还能按喉音甚至脚步声准确辨认出人来。有的盲人可以按树叶的声响断定树木的种类，区分是白杨树还是橄榄树。盲人的断定是经过了思考的，这种思考是建立在意象基础上的思考。之所以能肯定白杨树的声响，是因为这种声响与别的声响不同。当通过听觉接收到当前新的声响信息后，迅速与其他类似声响作比较，排除"异己"，比较原来的关于白杨树声响的"模式""框架"，直至最后形成确定的判断。盲人的意象与正常人的有别。盲人的意象主要是通过视觉以外的听觉、触觉等感官获得，因此就不可能像正常人的意象那样全面、准确、清晰。同样知道世界上存在白杨树，盲人关于白杨树的意象不会像视觉健全的人获得的白杨树之意象那样色形俱全。

聋哑人没有语言，但他们却有意象。他们看到曾经痛打过自己的人，会表现出异常愤怒的神色，甚至采取一定的报复行为，因为"凶手"痛打他们的情景已经作为意象存于其头脑之中了。

即使是既聋又哑且盲的人，也同样不能否认其意象的存在，他们能通过嗅觉意象来辨认事物。根据不同气味，能认出已进屋的人，而且能断定不久前是否有他们熟悉的人到过这屋子里。顺着熟悉的街道行走时，他们能按气味断定正从什么房屋边走过。这些高超的辨别能力，不是初次接触事物就有的，必须是经过多次接触将嗅觉意象稳定建构于大脑以后才可能具有。

思维研究史上，有的心理学家把以意象为元素的思维专门列为思维的一个阶段。美国心理学家布鲁纳（J.S.Bruner）在《思维研究》（*A Study of Thinking*）一书中明确表示：意象是可以作为一种思维元素存在的。他把思维分为三个阶段：动作式（the active mode）思维、映象式（the iconic mode）思维和符号式（the symbolic mode）思维。布鲁纳认为，一个映象是一件事的表象的重现。一般地，它像一幅图画，但又并不完全一样。这种映象是精神的和操作的事物的储存，可以独立活动，即它能重现语言所代表的事物。① 显然，这里的"映象"就是icon，就是意象，就是格式塔。布鲁纳所谓的"映象式思维"就是以意象为元素进行的思维。

人脑中的意象可以通过"形象"因素得到直接证明。一般地说，形象因素是主体与客体直接作用获得的一种较原始的思维元素。康德在谈及形象因素时明确说，朱砂是红的，决不会顷刻之间变为黑色并一会儿轻一会儿重；有了"花果满山"的表象，也不会瞬间变成冰天雪地的山头或其他什么表象。②

人脑对于所获意象能够回忆或体验出来。神经生物学者在给病人作大脑手术时发现，用微弱电流对大脑的某些部位进行刺激会引起思维元素复现：病人会听到钢琴声，人们的说话声，有时病人还会用笑声回答再现的玩笑。有一个患者在受到颞叶区的刺激后，马上移开电极，他

---

① 陈孝禅：《普通心理学》，湖南人民出版社1985年版，第282页。

② 康德：《纯粹理性批判》，见《西方哲学原著选读》下卷，商务印书馆1982年版，第293页。

说:"那里有一架钢琴,有人在弹琴。你知道,我能听到这歌声。这支歌我以前唱过但记不清它叫什么歌名。"① 这里被刺激再现的钢琴、琴声和行为就是被试者本人体验到的意象。

意象是弗雷格所说的纯粹观念的东西。按照弗雷格的见解:观念是心理的、个人的,"你不能有我的观念正像你不能有我的头痛一样",并且认为,如果不经过一定手段转化,"那么一个人的观念与另一个人的观念之间的联系就是一个秘密"。② 这就是说,当人们仅有意象而没有别的传讯意象的物质手段时,交流思想就必然地存在困难。然而人的劳动是社会化的活动,社会化活动必须有协调的行动。恩格斯说:"劳动的发展必然促使社会成员更紧密地互相结合起来",一结合,人们就越来越意识到"彼此之间有些什么非说不可"。③ 于是,称谓意象、传讯意象的语言思维元素——词项,即先秦时代所说的"名"便作为语言的基本元素应运而生了。

词项从非语言思维领域突现出来,将人类思维从混沌状态推向清晰有序的新状态,使社会有了语言思维,应该说,这是思维发展史上的质变。然而,词项导致的思维质变并不是对非语言思维阶段意象元素的废弃,而是通过语词符号这种交际法宝把意象维系起来,使之飞跃到语言思维王国。这样,词项就自然地获得称谓意象的功能。托马斯·霍布斯(Thomas Hobbes 1588—1679)说,词项就是用来表示表象、观念、幻象的记号(Signa),揭示的就是词项的语符称谓特性。④

词项所称谓的意象与非语言思维阶段的意象元素是有所区别的。意象作为不附带任何物质载体、仅仅以其自身的本来面目充当思维活动的要素时,它是粗糙直觉、生动具体、栩栩如生的,近乎现实生活中的

---

① 《记忆和思维》,浙江温州市科技报编辑部 1981 年版,第 30 页。

② Susan Haack:*Philosophy of Logics*,p.240,Cambridge University Press,1978,New York.

③ 《逻辑史选择》,三联书店 1961 年版,第 75 页。

④ 陈孝禅:《普通心理学》,湖南人民出版社 1985 年版,第 265 页。

画，只是把庞大画面中连续不断的客体从背景中析取开来，成为单独活动的整体结构即格式塔而已，这也就是布鲁纳所说的映象（icon）。人们睡梦中的行为操作就是人脑的意象为主要元素的活动。词项承载的意象却并不能等同于原初的意象元素，它基于原初意象又高于原初意象，它是通过语符对原初意象的抽象与概括。这种抽象与概括自然地要舍弃原初意象中的一些无关紧要的成分，保留其最普遍的足以规定其类属共性和最特殊的足以区别类属中不同种的个性。认识实践中，人们称谓事物时，常常注意事物的形状而忽略其大小方面的细微差别，关心事物的颜色却不大考虑深浅的变化，就是以语符称谓意象、"裁剪"意象，使词项获得抽象性质的具体体现。抽象，本身意味着将虽然生动具体但却粗糙模糊的意象明朗化。故此，伊壁鸠鲁说，"每个东西靠那最初给予它的名称而获得它的明确性、力量、清晰性。"① 类似地，黑格尔也说："名称是一种普遍的东西，是属于思维的，它把复杂的东西变成简单的东西。"如果说，伊壁鸠鲁和黑格尔的"名称"并不能囊括一切词项的话，我们认为，列宁的论述将是包揽无遗的。列宁指出："任何词（言语）都已经是在概括"，"在语言中只有一般的东西。"巴甫洛夫通过研究大脑两个半球的生理特性，指出词的实质是一种具有内容的条件刺激物，正如实际的事物和现象一样，并且，人类的神经活动机制也因此有了特别的附加物。这就是说，"词是抽象化和概括化的现实，对于人来说，它是具体的事物的代替者，是一种条件刺激物。"② 可以说，这是巴甫洛夫对于语符称谓意象并抽象、概括意象所提供的科学说明。

将头脑中的意象传讯出去为他人所理解，变自我可感的非语言思维元素为公众的社会可接受的语言思维单位，这是词项的又一重要特

① 列宁：《哲学笔记》，人民出版社 1956 年版，第 299 页。
② 陈孝禅：《普通心理学》，湖南人民出版社 1985 年版，第 265 页。

征。已经获得猛虎伤人之意象的人，如果他尚未有与之相应的词项，深山遇虎是可以仅仅凭意象元素思考来决断自己行为的——或将虎打死，或者避开它。倘若要将这种见闻诉之于众，以防虎祸，仅有意象元素是无法恰当准确表达思想的。费尽心机作手势、绘图画或做其他任何动作来外显头脑中的意象，别人总是难以理会的。然而有了词项却能简单迅疾地将意象公之于众，成为社会可接受的信息。

词项的可接受性是词项产生的目的规定的。我们已经论及，词项是人们在劳动中达到彼此之间有些东西"非说不可"的地步时，创造的一种最理想的交际工具。词项的创造与诞生，目的不在于为私人而在于为他人、为社会将深藏于人脑黑箱之中的关于世界的意象标记下来，传递出去。传递是手段，让人理解是宗旨。因此，词项产生本身就规定了它必须具有可解释性即社会可接受性。意大利哲学家和社会理论家维科（Giovannibatlisla Vieo 1668—1744）认为，人们使用的语言形式和意象极为宝贵地显示了人们的心理过程和看法，因而他十分重视语言的可解释性。在维科看来，语言中所用的大量的词项，都根植于我们非常不熟悉的生活形式和经验中，对这些词项进行基本语义的研究，进行词源学考察，不仅可以发现以前几代人活动的环境条件，而且也可以发现他们对于这些条件的反应，因为言语和思想不可分割地相互联系在一起。①

三、先秦语言哲学之指称论

我们运用语言，最先接触到的无疑是语言符号，包括声音符号和文字符号。指称论就是关于语言符号的含义与指称的理论。

---

① 张汝伦：《意义的探究——当代西方释义学》，辽宁人民出版社 1986 年版，第 9 页。

（一）符号的指称功能

先秦时代已经有了明确的关于"语言符号具有指称事物的功能"的思想。《尹文子·大道上》曰："大道无形，称器有名。""无形"，即形而上，形而上者谓之道。道，指的是抽象义理。器，指的是具体事物。"称器有名"是说具体事物有名称来称谓它。也就是说，称谓具体事物是"名"的一种功能。这种认识自然地将语言与事物联系结合起来了，从而确定了语言符号的社会价值。人们要接触事物，认识事物，语言就是一种重要的媒介。

虽然名称具有称谓功能，但它并非万能，并非凡名称都能够称谓所有认识对象。尹文说，"大道无形"，"大道不称"，"称器有名"，"众有必名"。这里，尹文将认识对象分成了可以称谓和不可以称谓的两类。他认为大道是无形的，不可以用"名"来指称，而众多的存在物则可以一一别而名之。进一步，尹文发现，尽管名称不可以称谓"大道"，但并不意味着必然不可以称谓"无形"。虽然"大道"属于"无形"，不可以被称谓，但有些无形的对象还是可以称谓的。因此，他说"有形者必有名，有名者未必有形"。①

名称可以指称事物，名称依赖事物的存在而显示其价值，但反过来，事物并不依赖名称而存在。尹文子云："生于不称，则群形自得其方圆。"② 就是说，"名"是对"形"的称谓，如果人们不去称谓"形"，作为客体的"形"照样存在。具有方圆之形者，尽管不以"方""圆"名而称之，仍然不失为方圆之实际存在。这一思想与古希腊亚里士多德的论述相似。亚里士多德说："知识的对象看来是先于知识本身而存在的，因为通常我们总是获得那些已经存在着的东西的知识；要找出一门知识其开始存在乃是与它的对象的开始存在同时的，这件事如果不是绝

---

① 《尹文子·大道上》。

② 亚里士多德：《范畴篇》。

对不可能，也是很困难的。再者，虽然知识的对象一朝不再存在就会同时取消了作为它的相关者的知识，反过来却不然。如果知识的对象不存在，就没有知识，这是真的，因为将会没有什么东西可以被认识。同样这也是真的：如果对某物的知识不存在，此某物却很可以存在着。"这里，"某物的知识不存在"，"某物却很可以存在着"与"生于不称，则群形自得其方圆"为同一道理。

（二）对象的受指功能

指称与被指称是矛盾的两个方面。尹文比较充分地阐明了符号"名"的指称功能，那么作为"名"指称的对象能否被指称，也就是说，"名"到底能不能与事物相联系？先秦哲人指出，事物是可以被指称的。公孙龙曾在《指物论》中明确断言："物莫非指。"[1] 何谓"物"？物就是天地之所有。何谓"指"？东汉许慎《说文解字》曰："指，手指也，从手旨声。"手指常常用来指点事物，指点事物的过程就是人们意谓事物的动态过程，因此，"指"便有了"指谓""指称"这些双音节词出现。现代语义学术语"指谓""指称"其意义就是公孙龙所谓的"指"。"指"亦同"旨"，相当于"意旨""意义"。孟子曰："言近而指远者，善言也"，就是在这种意义上使用的。庞朴先生指出：《公孙龙子》是诸子书中最难读的一本，而《指物论》又是《公孙龙子》中最难读的一篇，要从现代汉语中找到对译《指物论》的文辞有困难。庞朴先生分析，"指"有二义，作动词为"指示""指出"，作名词为"意"。我们认为这种理解比较切合原作之义。这样，从动态意义上理解"指"，可用的译名共有四个，到底取庞朴"指示""指出"之说，还是用"指称""指谓"为好？我觉得译为"指称""指谓"较为妥当。理由是："指示""指出"仅仅突出了动态性，却忽视了其称谓性，容易将"指"仅仅理解为指指

---

① 《孟子·尽心》。

画画的动作，而与符号（语词）割裂开来；"指称""指谓"则兼而有之。

从动态方面考察，先秦时代已经严格区分了"指称名称"和"指称过程"这两个重要的观念。公孙龙曰："物莫非指，而指非指。""物莫非指"的语句意蕴前面已经作了分析，"而指非指"说的是什么？前后两个"指"，意即"指称"或"指谓"。这句话的意思是说："但指称本身不是指称。"也就是说，如果把人手指向与被指向的万事万物通过人的感官联系起来这一动态过程称为"指称"，那么这个"指称"称谓却不等于"指向——感官——事物"三者动态统一过程的本身。正如我们可以说，"犊莫非长，而长非长"，"星莫非移，而移非移"一样，同一个"长"和同一个"移"，用法不一样，意义也不一样。前句是说，"小牛没有不是生长的，但生长不生长"。第一、三个"生长"意为具体对象"小牛"的生理发育，第二个"生长"意指"生长"这个名谓，当然从来没有一个"生长"的名称是能有生理发育的。后句是说，"星斗没有不是移动的，但移动不是移动的"。第一、三个"移动"是指物理空间的位置变动，是一种客观规律的反映；第二个"移动"是称谓，作为名称称谓的"移动"是永远不可能发生由天体运动规律支配的物理空间位置变化的。通过类比证明，公孙龙所谓的"指"意即"指称"，在用法上体现了他两个重要的语义观念，即指称名称观念和指称过程观念。

指称过程说的是动态指称，这种观念就是在现代也很引人注意。罗素关于逻辑专名"这""那"的研究就是证明。罗素研究动态的"指"是在考察"逻辑专名"的工作中进行的。逻辑形式语言很讲究命题形式结构。研究命题形式结构必然涉及充当各种结构成分的词项功能。罗素认为主谓形式命题其主词只能由逻辑专名来充当。什么是逻辑专名，他认为，不是摹状词，也不是简化或缩写的名词，在这种意义上的专名只有"这"或"那"。"这"可作为一个专名用以代表人们在当时亲知的殊相。罗素分析：有人说"这是白的"。如果你认可了这句话，就表明你看见了这个"这"，那么你就是把"这"当作了专名。但是如果你想理解人们在说"这是白的"时所表达的命题，那么你就不是把"这"看作专名。如果你用"这"指一支作为物理客体的粉笔，你也不是在使用一个专名。仅仅在你极其严格地使用"这"来联系一个实在的感官对象时，这个"这"才真正是一个专名。而且在这一点上，它作为一个专名有一种奇特的性质，那就是它几乎不能连续在两个时刻指同一个东西，几乎不能对说话者和听话者指同一个东西。在罗素看来，虽然那被严格使用的"这"是一个模糊的专名，可它仍然确确实实是一个专名，而且它几乎是能想到的唯一能恰当地、在他所谈论的那个逻辑意义上可当作专名的词。罗素揭示了逻辑主项"这"在语用中有三种功能：或者思想上"理解"这个"这"，即被理解功能；或者等同于"粉笔"，即物化功能；或者亲眼看见，即亲知殊相。罗素认为，只有"亲知其物"的"这"才是真正意义上的专名。亲知某物并且通过感官感觉到"这"对象，事实上就是相当于公孙龙所说的人指示对象的动态过程。

（三）物、名、指

当人们开始考察指称问题时，就必然涉及到"指称""名称""事物"一些相关概念。先秦哲人认为，"指""名""物"三者之间有联系有区别。公孙龙在《指物论》中以主客对辩形式对此进行了探讨。文中以客方口吻曰："天下无指者，生于物之各有名不为指也。不为指而谓之指，是无不为指，以有不为指之无不为指，未可。"公孙龙对曰："以'指者天下之所无'。天下无指者，物不可谓无指也；不可谓无指者，非有非指也。非有非指者，物莫非指。指，非'非指'也，指与物，非指也。"客方的意思是说：天下没有指，因为物都有各自的名称，而名称不是指。不是指却称为指，那么就没有不是指的了。把不是指当成没有不是指，这是不对的。公孙龙回答说：你认为"天下没有指"。天下虽然没有指，但不可以说物没有指。不可以说物没有指，是因为没有不可以指。没有不可以指的，就是物没有不可以指。指，不是非指，指对于物则不是指。

公孙龙试图讨论"名""指"与"物"之间的关系。虽然形式上是主客双方对辩，但此处并没有表现出对立的观点，只是通过对答方式对"物""名""指"作说明。其基本观点是："物"不同于"名"和"指"，是相对独立于"名""指"的对象，是天下之所"有"；而"名""指"仅仅是对"物"的一种关联，"名"是称谓"物"之符号，此所谓"生于物之各有名"，"指"是联系事物的过程，也往往借助符号来表现。因此，二者都不是一种存在，不是天下之所"有"，故公孙龙曰"指者天下之所无"。公孙龙无疑清楚，物就是物，名就是名，指就是指。为什么要说"指非指"？他说，本来"指非非指也"，只是"指与物"，即"指"相对于"物"而言才是"非指"。可见，公孙龙既承认"名""指""物"之间的联系，更承认彼此间存在的区别。

这种区分在语言哲学研究史上具有开创性意义，两千多年后的今天仍值得借鉴。这种意义可以在现代语义理论高度重视"符号""指称"和"事物"三者之间的区别中得到印证。"数理逻辑领域最杰出的思想者"，"第一个现代哲学家"，"语言哲学之父"德国数学家、逻辑家、哲学家弗雷格有一种代表性说法。他认为"名称"是符号，即物理形式；名称有"意义"和"指称"两个方面。弗雷格用的两个主要概念是"Sinn"和"Bedeutung"。Sinn 为"意义"，Bedeutung 为"指称"。Bedeutung 一词，弗雷格在三种意义上使用：一为名物关系，即指一个名称与其所代表的东西、人物之间的关系；二指语词符号代表某一特定东西这一事实；三指语词所代表的东西本身。刘福增先生将 Bedeutung 的部分意思译为"称指"和"称目"。认为一个专名表示（expresses）其意思，代表（stands for）或"称指"（designates）其"称目"。① 我

---

① 刘福增：《语言哲学》，东大图书公司 1981 年版，第 7 页。

们认为，弗雷格所用 Bedeutung 的三个意思：第一义相当于公孙龙动态意义的"指"，动态过程正是反映关系或指向与被指对象发生联系的过程，现代汉语译为"指称"（动词）；第二义相当于公孙龙静态意义上的"指"，即人们名谓事物这一客观事实，现代汉语同样译为"指称"，只是词性不同（名词）；第三义相当于公孙龙的"物"，即客体本身或认识对象。有时，名实关系中的"实"不表示名称意谓中的主观反映的实，而表示客观实在，这个意义上的实与弗雷格 Bedutung 第三义同。汉语对 Bedeutung 一般宽容地译为"指称"。同样，我们将公孙龙的"指"宽容地译为"指称"。李先焜先生就是持这种宽容态度的。他说：中国先秦诸子关于名实问题的探讨，以及古代词典与训诂学的发展，都包含有语义学的理论问题。从孔子开始，尔后为孟轲、荀子、韩非所继承的正名主义逻辑，更多涉及的是语义的问题。① 墨经中提出"以名举实"这个"举"字，就相当于现代语义学中所谓的"指称"。公孙龙在《指物论》中所说的"物莫非指，而指非指"，以及荀子《正名》篇中所说的"名足以指实"，"制名以指实"，其中的"指"也都有"指称"的

---

① 很多情况下，谈论语义学也就是谈论语言哲学。这在业内人士看来并不难理解。这一点，吴一安先生一段话可作参考。他说："语义学的研究对象是语言的意义，理应和语言的音系、形态、句法等研究一样，构成语言学范畴中一个相对独立的研究层面。但这在实际上至少有两个困难：一个是意义无所不在，涉及语言的许多方面，例如：我们说话的声调可以影响意义，词语形态和句子结构的变换也影响意义，同一个单词用在不同的语境中在意义上也往往会有差异，等等；另一个相关的问题是，语义研究一定会涉及到语言与思维的关系、语言与客观世界的关系，这给界定语义学的研究范围造成困难。事实上，除语言学外，哲学、逻辑学、心理学、人工智能、认知科学等学科也都把语义作为本学科的重要研究课题。这里要注意的是，不同学科研究语义的目标和角度不同，例如：意义是语言哲学（the philosophy of language）研究的中心议题，这是因为语言哲学家们认为，对语义的研究是我们认识自己和客观世界的关键；心理学者也对意义感兴趣，他们研究意义的心理表征（mental representation）形式，研究儿童如何在语言发展中习得意义等，目的是要了解人类心智的构造及其发展过程。语言学范畴针对语义学与语言学的研究总目标一致，在于认识语言本身的结构和功能。语义研究最早并非起始于语言学，而是哲学，可以说，没有语言哲学就没有语义学。"（John I. Saeed：Semantics，p.16，外语教学与研究出版社、布莱克韦尔出版社 2000 年版）

意思。①

弗雷格的"符号"多指专名，或者说主要涉及了专名。在弗雷格之前，英国著名逻辑学家穆勒（J.S.Mill）认为专名只有指称（称目、外延 denotation）而没有含义（signification）。如果照此分析，那么，"启明星＝启明星"和"启明星＝金星"就没有任何区别，前一命题表达启明星自身同一于自身，后一命题表达的称目与前一命题一样。"启明星＝启明星"这是不需要任何经验就可以肯定为真的命题。由此可见，认为专名只有外延（指称）没有含义是无法解释客观存在的复杂的语义现象的。弗雷格指出，具有相同指称（对象）的表达方式可以有不同的含义，他列举的著名的关于"交点"的表述方式就是最有说服力的例证。设 abc 是一个三角形。线 a 连接角 A 顶点和边 BC 的中点 m1，线 b 连接角 B 顶点和边 AC 的中点 m2，线 c 连接角 C 顶点和边 AB 的中点 m3，这样，线 abc 相交于点 0。如何使人们认识点 0，这里必然涉及到符号（表达式）的含义和指称问题。可以说：a 和 b 的交点；也可以说：a 和 c 的交点。这两个表达式是不同的，因此人们会毫不犹豫地说这两个表达式具有不同的含义。这两个不同含义的表达式指称的是同一对象 0。由此，弗雷格清楚地揭示出了表达式、含义与指称间具有这样的关系：承载不同含义的不同的表达式，可以有相同的指称对象。反过来，同一对象可以由含义不同的表达式来指称。

这种区分对于一些语义难题有明显的解释力。语义解释中，常常遇到类似罗素所谈的难题：

> 乔治四世想知道司各脱是否《威弗莱》的作者（乔治四世想知道是否 a＝b），
>
> 司各脱是《威弗莱》的作者（a＝b），

---

① 王维贤、李先焜、陈宗明：《语言逻辑引论》，湖北教育出版社 1989 年版，第 34 页。

所以，乔治四世想知道司各脱是否司各脱（乔治四世想知道是否 a＝a）。

推论过程似乎没有问题，结论却难以使人接受。原因何在？弗雷格这样解释：同一替换律没有问题，问题在于语句中存在间接行文。出现在间接行文中的语词表达式不指称普通指称物，而指称普通含义。尽管客观上"司各脱"与"《威弗莱》的作者"指称同一个对象，但它们的含义却是不同的，因此不能据同一律去替换这两个不同的表达式。

联系地看，我们发现，公孙龙关于"名""物""指"的区分思想对于深入认识语言的特征具有重要意义。先秦时代公孙龙的语义思想是以实实在在的理论形式流传下来，而且与当代语言哲学之父弗雷格的上述"指称"思想类似，这不能不说它正体现了中国古代语言哲学思想的重要价值。

如果采用现代语义学术语，将公孙龙的"指"对应地译为"指称"，将公孙龙关于"指"的语用功能思想，译出几个子名称："动指""名指""所指"：动指是动态意义上的指称或指示动作、过程；名指是以名称指称或指示对象（包括自名指谓）；所指是由指示动作直接涉及的客观对象本身，这样，公孙龙的"指""名""物"的联系和区别均可以通过相应的语言符号表示出来。人是主体，物是客体，人与物构成反映与被反映的关系，联系这种反映关系表现在语义学上便是指称关系。

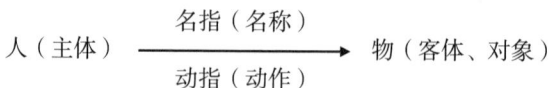

$$人（主体）\xrightarrow[动指（动作）]{名指（名称）}物（客体、对象）$$

"名""物""指"关系示意图

公孙龙区分了"指""名""物"，但对"名"与"指"之间联系的论述却很少，远远不如关于"名"与"实"关系的论述。具体地说，公孙龙突出了动指（体态行为指称）的可行性地位，注意了名指（以名称指称对象）的谓物功能，但没有强调名称的指称工具性地位。现代语义学认为，阐明语词与事物之间的联系是自身的一项中心任务。词语与事物之间的联系就是指称。比方，"哈佛大学"这个语词与客观上的那所大学相联系，就是说"哈佛大学"被人用来指称相应的学校了。一个词语被用来指称对象，显然主体是人，客体是人意指的对象，语词是指称的工具，指称过程是人在起作用，没有人便没有指称活动。由于人的主导作用常被表达者省略，不说"人用语词指称对象"，而说"某语词指称某对象"。正如 L. 林斯基（Leonard Linsky）在《指称》一文中所说：讨论确定摹状词、指称表达式和专有名称时，人们常犯一些错误，因为没有分清通常所说的指称与哲学家所谓的指称。最重要的是要注意：是使用语言的人在指称，而不是他们所用的语词在指称，除非用于转义。① 林斯基强调的是两点：一是人为主体，二是语词为工具。除此之外，公孙龙子还强调了行为指向，即非语词指称，这比现代语义学家观察得更细致。

意义与指称问题在西方特别引人关注。I.M. 波亨斯基研究指出，在前亚里士多德时代，人们对语法，后来对语义学作了比逻辑更专门的研究。开罗的普罗狄哥斯（约生于公元前 460 年）一直关心"语词的正确使用"，阿伯得拉的普罗塔哥拉斯（学术鼎盛期公元前 444—前 443 年）对语言表达式作了分类，包括区分名词的种类和句子的种类，比方将句子区分为祈使句、疑问句、回答句和命令句。柏拉图讨论过语言与思维的关系，安提西尼考察过谓词的性质。沙夫在《语义学引论》中专章讨论了指号的语义，并认为这种研究很有价值。他说，在人类交际过程中，某种理智的、认识的内容，通过这一些或另一些指号在人们之间传递。说话、写字、做手势，产生一些指号，这些指号同它们所指示的对象之间有类似性，或者它们代表某些抽象，当人们发出一些通过约定而

---

① 参见徐烈炯《语义学》，语文出版社 1991 年版，第 6 页。

建立的信号时，在所有这些情形中，特定的指号总是和一定的理智内容相联系的，并且一个人应用这个特定的指号为的是要在另一个人身上产生同样的内容。换句话说，在交际过程中，指号对于交际的人们具有相同的意义，而且交际过程就是用指号来传递意义的。究竟什么类型的指号出现在人的交际过程中，这些指号的性质到底是什么？沙夫说，每一个物质的对象，这样一个对象的性质或一个物质的事件，当它在交际过程中和交际的人们所采用的语言体系之内，达到了传达关于实在即关于客观世界或关于交际过程的任何一方的感情的、美感的、意志的等等内在经验的某些思想这个目的的时候，它就成了一个指号。① 这是沙夫在综合分析大量语言学家、逻辑学家以及哲学家关于指号理论的基础上提出的一个具有代表性解释。

纵观起来，不难发现，自前亚里士多德时代起到现代的语言学家都重视公孙龙子在《指物论》中涉及的问题，但对比起来，可以说，《指物论》所确立的基本观点以及论证方法都比西方之论深刻得多。

（四）能指与所指

"能指""称指"（即"指称"，有时为了词语结构对称性之需要，我们采用刘福增先生的这一说法）与"所指"是语义学研究的骨架内容。"指称"问题，公孙龙子在《指物论》中作了深刻论述。公孙龙云：

> 天地与其所产焉，物也。物以物其所物而不过焉，实也。实以实所实而不旷焉，位也。出其所位，非位，位其所位焉，正也。以其所正，正其所不正；不以其所不正，疑其所正。其正者，正其所实也；正其所实者其，正其名也。其名正，则唯乎其彼此焉，谓彼而彼不唯乎彼，则彼谓不行；谓此而此不唯乎此，则此谓不行，

---

① ［波兰］沙夫：《语义学引论》，商务印书馆 1979 年版，第 176 页。

其以当不当也。不当而当，乱也。故彼彼当乎彼，则唯乎彼，其谓行彼；此此当乎此，则唯乎此，其谓行此，以其当而当也。以当而当，正也。故彼彼止于彼，此此止于此，可。彼此而彼且此，此彼而此且彼，不可。夫名，实谓也。知此之非此也，知此之不在此也，则不谓也；知彼之非彼也，知彼之不在彼也，则不谓也至矣哉，古之明王，审其名实，慎其所谓，至矣哉古之明。①

这里，公孙龙探讨了"能指"与"所指"这两个概念自身的性质以及两者间的关系。"能指"是一种语义符号。语言学界有语符、语符学之说。语符是语言分析中确立的基本单位，比方，语素就是一种语符。语符学指的是丹麦语言学家叶姆斯列夫（1899—1965）建立的一种语言分析方法。他追随索绪尔，主张必须把语言看作某一时期内一种独立配套的自足体系，而不是语文事实的混合物。因此，语言学就是一个独立于其他学科的"内在的"学科，它有自己的方法论和术语体系。语言学家应该从完整的语言材料出发，在形式（内部语法关系）、实体（外部物体范畴）、表达（词语或文字中介）和内容（意义）的框架内，按照组合成分的聚合（Paradigmatic）关系和组合（Syntagmatic）关系对话语进行分析。这种分析的目的之一在于得出基本不变的语符单位。"能指"之所以是一种语义符号，是因为它是"能够指称对象的符号"，这种解释表明，能指与符号的关系是种与属的关系。凡能指皆语符，但并非凡语符均能指。能指的衡量标准，据现代语义学的一般看法，可以这样说，一个能指之为能指，一必须是符号，二必须有所指向。在逻辑论域内，由于形式化趋势，词项往往由人工符号代替，当人工符号经常地代表某类词项时，纯粹人工符号也具有确定的指向，这种指向可能不像专名（如公孙龙、齐宣王）那样有对应的客体，但它仍被有意义地

---

① 《公孙龙子·名实论》。

使用，这样的符号也被称为能指，其意义便是它的指向。"所指"，意为"所指的东西"，通常理解为客观对象或对象或物。弗雷格说，凡要陈述一件事，显然总要有个前提：简单的、复杂的专有名称都必须有所指的对象。如果说"开普勒悲惨地死去"，其前提是"开普勒"这一名词必须有所指。牛津学派奠基人，日常语言哲学代表人物，言语行动理论倡导者奥斯汀（John L.Austin）的观点随弗雷格。但科恩（L.Jonathan Cohen）有所不同。他指出奥斯汀将"意义"分为"所指和意思"是不妥的，而应该将言语（不限于名称）分为"所指"和"意义"，"意义"中再分"意思"和"言谓之势"两种。

公孙龙的"名"就是"能指"，"实"就是"所指"。公孙龙是怎样认识"名"能指的内涵的？公孙龙曰："夫名，实谓也。"意思是"名就是对实的称谓"。对实的称谓究竟是些什么语符呢？《名实论》篇没有直接举例说明。阅《公孙龙子》诸篇，论述中例说到的"名"有"马""牛""羊""鸡""石""白""青""黄"等等。这些语词有两个类型："马""牛"等属于直接表示物体的名词，也即公孙龙所谓的物名；"白""青"之类属于不直接表示物体的词，它们表示的是物体的性质，是否也是公孙龙所说的"名"，没有原原本本的关于其归属的论述，从行文分析，我们认为应属于公孙龙的"名"之列，即所谓"通称"。如果这样归类成立的话，那么"名""能指"外延就该既包括现在所谓的实体名词，还包括形容词。相应地，又得由此审慎地对待"所指"即"实"了。"实"是什么？公孙龙说："物以物其所物而不过焉，实也。"即"物用来形成它自己而不过分的那个本体，叫做实。"庞朴先生注释说："实，同寔。"《诗·大雅·韩奕》曰："实墉实壑，实亩实藉。"郑笺云："实当作寔，赵魏之东，实、寔同声。寔，是也。"寔，即今语之"本质"。公孙龙于"物"之外又别为"实"，则此"实"非"物"可知。通观全书，此"实"字亦无"实际""实在"等义，而应如《坚白论》所谓之"不坚石物而坚"的坚自体，故定为"寔"之借字。"寔"

即后来所谓"真际"。① 按庞朴先生理解，"实"指的是"真际"或"本质"。无论是借鉴前人之说，还是参照庞朴先生的意见，有一点似乎是明确的，那就是"实"不是具体物，而是物之属性。这种解释是否符合原作实际？如果说"实"即为"本质"或"真际"，那么怎么理解"夫名，实谓也"之说？"马"是名，也是实之谓，能说"马"之名就是关于马的本质（或真际）的称谓吗？显然不宜这么说，因为几千年前就有了"马"名，但并非就有了马的本质的认识。伍非百先生重在释"物"，通过释"物"达到释"实"。庄子曰："凡有声色相貌者，皆物也。物与物其何以相远，是色而已。"又曰："可以言论者，物之粗也。可以意致者，物之精也。言之所不能论，意之所不能致者，不期精粗焉。"此以"凡有声、色、象、貌可言可意者，皆谓之物也"，唯超言意之表，为诸声、色、象、貌者之根，而又不可以声、色、象、貌求者，始不得谓之为物焉。荀子曰："万物虽众，有时而欲偏举之，故谓之物。物也者，大共名也。"这与《墨经》的所谓"物，达也，有实必得之名也"大体相同，物为达名，凡有实皆谓之物。据此，伍非百先生说"实者，物之本体"，"譬如'马'，马之形即马之实。若言白马，则为白马之实，而非马之实。今言马而兼含白，是过。又如'石'：石之状，即石之实。若言'坚白石'，则为坚白石之实，而非石之实"。我们认为，相比之下，伍非百先生之语义分析较庞朴先生符合公孙龙子原文面貌。尽管开篇便导出"物"而后导出"实"，俨然是两个完全独立而不相兼的东西，其实，公孙龙是从两个不同角度阐述同一对象的，甚至还可以说是从"物""实""位"三个方面说明同一对象的。第一句说明物是天地与其所产者，表明物的存在性，存在于宇宙空间，实际上说的是物的宏观处所。第二句从物体的自身结构方面说明处于宇宙间的万物是不空虚的，它有可感触的要素。第三句从微观处所方面谈，实在之物是有其相

---

① 庞朴：《公孙龙子研究》，中华书局 1982 年版，第 47 页。

应的"位置"的。如果联系起来理解开篇三句，意即：天地存在万物，万物自身不空，而且有着恰当位置。这样将三者统一起来，是公孙龙对"物"的认识，也是他"正"名的理论基础。"物""实""位"三者缺一不可，有物必有实，有实物必有其位。正因为如此，我们认为，公孙龙子正确认识到了"名实"关系：名是实之谓，而实必为物之实，并且一物之为该物必由其"不过"之实构成，在这个意义上，实即物。名是实之谓，也就是物之谓。反过来，却不能说"夫物必名也"，因为，当人们尚未认识某物之时，名是不可能呼及其物的。

有的学者并非如此认识公孙龙对"名实"即"能指与所指"关系的含义，却说：因为名是对事物的称谓，正其"名"即正其"谓"；"名"为实的称谓，而"谓"则为思想所指的是，两者同为"谓"的形式，所以公孙龙说的是："夫名实，谓也"，而不是"夫名，实谓也"。什么叫"名实，谓也"，就是说：在逻辑思维上所有称名的，皆以谓实，而实的所指，也就是称名的所在。这里所说的"谓"，即是举拟名实所指的对象。[1] 我们认为，这曲解了公孙龙的"能指""所指"（名实）关系思想。断句在"实"后（多次出现，当不属笔误或印刷错误），"谓"为"思想所指的是"，而"名"和"实""两者同为谓的形式"，与原文之意相去甚远。

先秦认识到"名"对"形"有规范制约作用，或者说，对被命名对象具有检校作用，即"名"可以"正形"。尹文曰："名也者，正形者也。"名可以"别彼此而检虚实"，即可以使事物彼此相区别，也可以检验名所称谓的对象之虚与实。检校的目的就是要使一定的名称指称相应的对象，以达到真正的名副其实。如何检校，那就是使名称彼此有别，虚实有度，分明有界。伍非百先生说：若夫抽象之名，本无实体可指。因观念而造成名词，更因名词以系住观念。展转相生，往复相依。除去

---

① 汪奠基：《中国逻辑思想史》，上海人民出版社 1979 年版，第 89 页。

名词则观念历久而消失。且无以自增其缘，更无以相说以解。故抽象名词之得以相持而存在，相说而共喻者，不外以观念构成观念，名词解释名词而已。此种名词若不确定界说，严加分析，则远而失，流而离本，倘恍迷离，不可究诺矣。故言："名而不形，不寻名以检"，则往往生出差误也。① 尹文认为，如果不能"形名相应"，那么就会出现名不副实的错误。这种错误表现为"因名而失实""因名而得实"。尹文列举了两个通俗的例子说明这种语言使用的错误情况：

> 宣王好射，说人之谓己能用强也，其实所用不过三石。以示左右，左右皆引试之，中阙而止。皆曰："不下九石，非大王孰能用是！"宣王悦之。然则宣王用不过三石，而终身自以为九石。三石，实也；九石，名也。宣王悦其名而丧其实。齐有黄公者，好谦卑，有二女，皆国色。常谦辞毁之以为丑恶，丑恶之名远布，年过而一国无聘者，卫有鳏夫，时冒取之，果国色。然后曰："黄公好谦，故毁其子不姝美。"于是争礼之，亦国色也。国色，实也。丑恶，名也。此违名而得实矣。②

当然，尹文的例说显得不能令人满足。正如储泽祥先生所说："中国古代语言学不是没有哲学理论，但又确实感到'理论'的不足。为什么会有这种矛盾的心态？我想主要原因是古人没有把语言哲学理论作为一种专门的学科独立出来，而是溶于实践之中。因此，可以这样认为，中国古代语言哲学是一种'实践性哲学'，其理论也是一种'实践性理论'。"③ 就是说，如果我们仅仅把尹文的例说看成为一个普通民间故事，当然不能说与语言哲学有什么关联，但是，必须注意，这里实际上触及

---

① 伍非百：《中国古名家言》，中国社会科学出版社 1983 年版，第 475 页。
② 《尹文子·大道上》。
③ 参见于根元等著《语言哲学对话》，语文出版社 1999 年版，第 264 页。

到了语言哲学的本质，因为语言哲学的根本任务之一是通过语言认识世界。尹文的例说在提醒人们准确认识语言的能指在认识事物过程中的重要作用。

四、先秦语言哲学之类型论

认识了符号与指称的理论，对符号的性质有了基本了解之后，这一章我们探讨先秦语言哲学的符号类型观念。符号类型问题在语言哲学中的地位重要，是因为类型问题是分门别类认识名称的一个认识论和方法论问题。从类型角度认识语言，能够依据某个或某些特征掌握一类语言的特性，因为任何一个类的归并必然有决定于该类成立的本质属性，因此，甚至可以说，认识类型是认识语言特性的重要途径。当然，我们不单是认识现有的类型，更重要的是要研究先秦时代人们是如何认识名称的类型的，依据是什么，目的是什么，效果怎么样。当时的类型思想与古希腊学者的观点是否有相似之处，甚至与当代语言哲学研究理论有何相通的地方。

（一）治术类型

先秦时代，名称的治术类型，指的是从国家治理的角度划分的名称类型。用于国家治理的法术，在名称使用上必须有相应的体现。荀子对此作了清楚的分类。他认为名称有刑名、爵名、文名以及散名四类。刑名是法律刑罚名称；爵名是官职地位名称；文名是知识教化名称；散名指的是万物之名，或者说是除刑名、爵名、文名之外的一切名称。名称该如何确定，荀子认为有沿用和创新两种方式。他说："若有王者起，必将有循于旧名，有作于新名。"为什么要说"有王者起"，这是由荀子讨论名的目的决定的。荀子探讨名的直接目的是为了启示统治者如何运用名来规范称谓，实行名副其实的、名正言顺的统治。"故王者之制名，名定而实辩，道行而志通，则慎率民而一焉。"这样才能避免"名守慢，奇辞起，名实乱，是非之形不明"的混乱局面。如何"循于旧名"，荀子不是主张兼收并蓄，而是提倡有所选择。他赞成"刑名从商，爵名从周，文明从礼。散名之加于万物者，则从诸夏之成俗曲期。"荀子进一步指出，散名不能散。也就是说，散名作为万事万物的名称固然是非常广泛的，但其命名也必须有所依据，不可纯粹想当然，而阻碍"远方异俗之乡，则因之而为通"。他以性情之命名为例说明了命名必须有所依据的道理。他说，散名之在人者：生之所以然，谓之"性"；性质和所生，精合感应，不事而自然者，谓之"性"；性质好恶喜怒哀乐，谓之"情"；情然而心为之择，谓之"虑"；心虑而能为之动，谓之"伪"；虑积焉、能习焉而后成，谓之"伪"；正利而为，谓之"事"；正义而为谓之"行"；所以知之在人者，谓之"知"；知有所合谓之"知"；所以能知足人者，谓之"能"；性伤谓之"病"；节遇谓之"命"。① 一句话，每一个名称的确立都有一定的依据。

（二）性质类型

依据事物性质给名称分类，尹文是代表人物之一。尹文说"名有三科"，"一曰命物之名，方圆黑白是也。二曰毁誉之名，善恶贵贱是也。三曰况谓之名，贤愚爱憎是也。"②

尹文将名分为三类，即命物之名、毁誉之名、善恶之名。这种分类特点有二，其一是重内涵轻外延，即注重"名"所指称对象的属性，而不是重点从量（类）的角度来划分。这一点，在尹文说明"命物之名"时尤为明显。因为他所说的"方圆黑白"都是"物"自身具有的性

---

① 《荀子·正名》。

② 《尹文子·大道上》。

质。正因为性质是物的性质，所以以性质为具有该性质的事物的名称自然是天经地义的了。这种语言哲学问题，在当代语言学界仍然受到重视，比方，直到现代，关于"雄""雌""西式""中式"甚至对最为常见的"男""女"等词语仍然存在如何分类的理论问题。如果类比先秦的观念，不难看出这些词语也就是命物之名。换句话说，就是以属性命名具有该属性的事物的一种事物名称。当今有的语言学家将这类词语排除在名称（名词）之外，看来并非有严格的语义理论依据。① 其二是重治术轻结构，即关心"名"所称谓的对象对治理权术的关系，故强调要特别分清"善恶贵贱"，不可混淆"贤愚爱憎"，但并没有重点考虑不同类的"名"在语句构造中的作用。因此，这种分类与词项的句法类型、逻辑类型（如数量、集合与非集合等）要求并不吻合。具体地说，《尹文子》关于"名"的颇具特色的分类，既非体现于"名"的逻辑结构功能，也非体现于"名"的语言结构功能，而是体现在名称内容性质上，而这性质的揭示又以服从法理治术伦理道德的宣教为目的。荀子也持有同样的思想。他说："异形离心，交喻异物，名实玄纽。贵贱不明，同异不别。如是则志必有不喻之患，而事必有困废之祸。故知者为之分别，制名以指实。上以明贵贱，下以辩同异。贵贱明，同异别。如是，则志无不喻之患，事无困废之祸。此所为有名也。"②

"名"有抽象与具象两类不同性质。尹文曰："有形者必有名，有名者未必有形。"③ 这涉及到两种情况："有形者"之名和"未必有形者"之名。有形者之名，指的是指称具体事物之名。这一类"名"直接与人的感官相关，即通常情况下，这些"名"指谓的对象可以由感官接触到。"太阳"是有形者之名，虽不能触摸其指称物，却可以由肉眼视之而觉其实。"未必有形者"之名，指的是抽象"对象"之名。伍非百先

---

① 有一种语言理论认为该类词是区别词，不能是名词。参见部分大学现代汉语教科书。

② 《荀子·正名》。

③ 《尹文子·大道上》。

生说：若夫抽象之名，本无实体可指。因观念而造成名词，更因名词以系住观念。展转相生，往复相依。除去名词则观念历久而消失。且无以自增其缘，更无以相说以解。故抽象名词之得以相持而存在，相说而共喻者，不外以观念构成观念，名词解释名词而已。此种名词若不确定界说，严加分析，则远而失，流而离本，倘恍迷离，不可究诘矣。故言名而不形，不寻名以检，则往往生出差误也。[①] 具体名词，其指谓对象的具体可感，通常被视为第一层次；抽象名词往往源于客体又高于客体，是关于客体属性之抽象而形成的名词，通常视为第二层次。尹文子没有使用明显的层次术语标示"名"的层次性，但他的划分已经清晰地表现出了层次认识。正因为层次区分清楚，所以他在提出检验名词时分别指出两种方法：检验具体名词，则是"名以检形，形以定名"；检验抽象名词，则要"名以定事，事以检名"。

古希腊，关于名词指称对象的层次性论述与尹文子的思想有相通之处。亚里士多德认为名词表述的对象有第一性与第二性之分。他说：实体，就其最真正的、第一性的、最确切的意义而言，乃是那既不可以用来述说一个主体又不存在于一个主体里面的东西，例如某一个个别的人或某匹马。但是在第二性的意义之下作为种而包含着第一性的实体的那些东西也被称为实体；还有那些作为属而包含着种的东西也被称为实体。[②] 亚里士多德所说的"实体"应该说与尹文"方圆白黑之实"中的"实"是相同的。亚里士多德所说的"第一性实体"与尹文子所说"有形者"之名所指谓的"形"相同，至少可以确定无疑地说，亚里士多德的第一性实体包含于有形者之"名"的"实"。亚里士多德的"第二性实体"是否等同于未必有形之"名"所指谓的"实"，尹文子没有明确说出这类"名"的外延。仅据字面分析和伍非百先生的理解，尹文子

---

① 伍非百：《中国古名家言》，中国社会科学出版社1983年版，第475页。

② 亚里士多德：《范畴篇》，2a。

关于第二层次的"实"多指属性概念之类的"实",故不能完全与亚里士多德的第二性实体等量齐观。比较看来,亚里士多德与尹文子在区分"实"的层次时所采用的方法有差别。亚里士多德采用的是类的关系判别法,或者说是逻辑结构功能判别法,而尹文子则是采用符号指谓判别方法。

按照词语所表示的事物内容的自然性质进行分类,主要反映在《尔雅》中。《尔雅》是一部汇集解释各种古籍中词语意义的著作,也可以说是我国最早的一部大致按照词义系统和事物分类而编撰的词典。"尔"是近的意思,"雅"是正的意思,指雅正之言,合乎当时规范的共同语。《尔雅》一书命名之意是以雅正之言解释古语词、方言词,使之近于规范。① 《尔雅》的成书年代不很确定。"有的说周公所作,成于西周;有的说孔子或其门徒所作,成于东周;有的说是秦汉间学者所作;有的说是从战国中期到汉初的儒者陆续编纂增补而成;有的说是西汉末年刘歆伪撰而成,等等。"② 有人认为,《尔雅·释山》篇中释五岳,称霍山为南岳,称嵩山为中岳,这都是汉武帝时的事,这一条显然是汉人增添的。③ 我们之所以要在研究先秦语言哲学时讨论它,是因为我们相信,即使是稍晚于先秦的作品,关于语言的研究内容多是先秦时代就已经确定了的。

《尔雅》分释诂、释言、释训、释亲、释宫、释器、释乐、释天、释地、释丘、释山、释水、释草、释木、释虫、释鱼、释鸟、释兽、释畜 19 篇。这也就是该书对"名"的分类结果。除诂、言、训 3 种,其余亲、宫、器、乐、天、地、丘、山、水、草、木、虫、心、鱼、鸟、兽、畜 16 类,很明显其主体内容是就名反映的自然事物之属性进行分类的。这种分类与荀子关于"名"的分类大不相同。荀子给名分类,首

---

① 夏剑钦主编:《十三经今注今译》,岳麓书社 1994 年版,第 1951 页。

② 郭成韬编著:《中国古代语言学名著选读》,中国人民大学出版社 1998 年版,第 12 页。

③ 夏剑钦主编:《十三经今注今译》,岳麓书社 1994 年版,第 1951 页。

先是按统治法术的需要进行的，故列有"刑名""爵名""文名""散名"四大类。解释不同名称的来源时，他从感官认识角度看待名称之间的分别。而《尔雅》则是从解释词语意义的角度划分名的类型，基本上依据的是事物的种群特征。人，归属于"亲"，与人居住相关的归入"宫"，与人使用器物相关的归入"器"，等等。这种分类，对于通过语言认识事物是有积极意义的。当然，由于事物特征千差万别，仅仅用十余个类型将事物类型分具体比较困难，所以该分类显得有些粗糙。比方，"一达谓之道路，二达谓之歧旁，三达谓之剧旁，四达谓之衢，五达谓之康，六达谓之庄，七达谓之骖，八达谓之崇期，九达谓之逵"归为《释宫》；"谷不熟为饥，蔬不熟为馑，果不熟为荒，仍不熟为荐"归在《释天》。其类属关系不清楚，或者说，比较牵强。

（三）关系类型

按照"名"与"实"的表达关系，先秦区分了"同实之名"和"异实之名"。"同实之名"指的是多个名称符号表达同一指称。《经说上》曰："同，二名一实，重同也。"《经下》曰："知狗而自谓不知犬，过也，说在重。""狗，犬也。而杀狗非杀犬也，不可，说在重。"所谓"二名一实"指的是两个指号指称同一对象。"狗"与"犬"是两个指号，其所指是相同的客体。中国学者有"同义词"的习惯说法。二名一实，被认为是同义词。从语义学上看，严格说来，这种观点并不严密。比方，弗雷格所列著名例子"晨星"与"暮星"，按中国习惯说法，它们是同义词，实际上是不同义的，差别恰恰在于语义上。两词中"星"这一语素意义是相同的，但前者的限定语素是"晨"，常含"启明"之意，故又称之为"启明星"，后者的限定语素是"暮"，常含"长夜"之意，故又名"长庚星"。然而这类词在《墨经》上就属于"二名一实"，"一实"就是"同一个对象"而不是"同一个意义"，可见，先秦时代的语义分析比现代人严格一些。"异实之名"是指一个符号表达多种指称。譬如，

"且，言然也"。① "且，自前曰且，自后曰且，方然亦且。"② "且"可以指某事发生之前的情形，此所谓"自前曰且"。《小取》篇中说："且读书，非读书也。……且入井，非入井也。……且出门，非出门也。"在这里，"且"是将要的意思，将要读书，并未读书；将要入井，并非入井；将要出门，尚未出门。"且"又可以指某事发生之后的情形，此所谓"自后曰且"。例如："病且不起"就是指患病了不能起床。"且"还可以指事件发生同时发生的情形，此所谓"方然亦且"。例如："且歌且舞"，即在唱歌的同时又跳舞。由此可见，先秦墨家已经比较清楚地意识到了语言指号的多义性问题，即同一个语词在不同的场合可以具有不同的语义。

先秦时代这种语言哲学讨论在古希腊也有，这可以从一个侧面看到中西语言认识的同步性。亚里士多德在承认名称可以指称事物的基础上，探讨过符号与所指的关系。首先他注意到了"同名同义"现象。他指出："当若干事物有一个共通的名称，而相应于此名称的定义也相同的时候，则这些事物乃是同名同义的东西。"③ 亚里士多德举了这样的例子来说明上述观点：例如一个人和一头牛都是"动物"，它们是被同名同义地加以定名的，因为两者不仅名称相同，而且与这个名称相应的定义也相同。如果有人要说出在什么意义之下这两者各是一个动物，则他所给予其中之一的定义必定完全同于他所给予其中另一个的定义。这就是说，亚里士多德所说的"同名同义"指的是一个关于类的名称所指谓的语义与该类中的每一对象的名称所指谓的语义具有共性，类名为动物，类中的分子也可以称为动物，这是同名。两者均指称动物，自然具有相同的语义，这是同义。值得注意的是，亚里士多德的"同义"与现代语言研究者通常所说的同义是不同的。前者重在揭示表达或指称范围

---

① 《墨子·经上》。

② 《墨子·经说上》。

③ 亚里士多德：《范畴篇》，1a。

上的同一或同类，后者则重在反映内涵的一致。其次，亚里士多德注意到了"同名异义"现象。他说："当若干事物虽然有一个共通的名称，但与这个名称相应的定义各不相同时，则这些事物乃是同名而异义的东西。"① 如果将"共通的名称"看作类名的话，那么"若干事物"就是类的成员。亚里士多德研究发现，语言中有一种并不严格的归类习惯，比如"一个真的人和一个画里面的人像，都可以称为'动物'"②。但是，事实上他们的本质属性并不相同，因而揭示内涵的名称与笼统的类名称相应的定义也各不相同，因此这种符号指称的关系被亚里士多德称为"同名而异义"。

（四）外延类型

先秦典籍中从外延角度给名称分类，比较明确的是《墨辩》。《墨子·经上》云："名：达、类、私。"就是说，名可以分为达名、类名和私名三类。对此，《经说上》有进一步的解释："名：物，达也，有实必待文名也命之。命之马，类也，若实也者，必有是名也。命之臧，私也，是名也，止于是实也。""达名"指最一般的名称，即哲学上称为范畴的"名"，如"物"之名，是泛指一切客观存在的实，在它之上没有更高的类。类名是指一类具体事物所共有的"名"，如"牛""马""动物""生物"等等，不论类大类小都是"类名"，"类名"既为一类事物所共有，必然反映一类事物的共性。"私名"是"止于是实"之名，即专指某一个体之名，如"太阳""地球""长江""黄河"等等专有名称。不过，《墨辩》并没有把"止于是实"的"私名"明确规定为专有名词，只是以某个人的姓名为例作了说明。荀子的思想与此相类似。他说："万物虽众，有时而欲徧举之，故谓之'物'。'物'也者，大共名

---

① 亚里士多德：《范畴篇》，1a。

② 亚里士多德：《范畴篇》，1a。

也。推而共之，共则有共，至于无共然后止。有时而欲徧举之，故谓之'鸟'、'兽'。'鸟'、'兽'也者，大别名也。推而别之，别则有别，至于无别然后止。"① 《墨辩》中将物之名归为"达"名，荀子称物为"大共名"，因为它可以表示最大范畴，即"至于无共然后止"。荀子的"大别名"相当于《墨辩》中的"类"名，"鸟"和"兽"都是指称一类事物的，"大别名"就是同类事物中的种的名称。为什么荀子仅仅将名称分为两类呢？因为他谈这段话的目的并非对名称进行全面的分类，而是在谈名"举"实的作用时顺便提及的。意思是说，虽然万物众多，但人们还是可以分别称谓它们。从大处说，可以称谓到最大的事物，直到"无共"，即大到不能再大为止；就小而言，人们也可以分门别类称谓之，可以称一个类，譬如"鸟"，还可以称更小的范围，直到"无别"，即到不能再分别小的对象为止。那么，"止于无别"的事物是什么，荀子没有给出特别的说明，我们认为，当是指个体的事物，即《墨辩》中所谓"私"名所指称的对象。

先秦关于名称的外延分类既反映了人们的认识规律，又比较客观地揭示了名称的语义层次特征。"名"所指称的"实"首先是对客在实体的反映，人们认识实体，往往是由认识个体开始的，这就有了关于个体的名称，即"私"名；由认识一个一个的具体实物扩展开来，才认识到一种事物，这就有了关于相应的事物种类的名称，即"类"名；再进一步才认识到具有更广泛意义的一类事物，这就有了关于更大类的名称，即"达"名。如此，我们可以发现先秦的语义层次思想。第一层是个体之实，即所谓"私"，其特征在于"是名也止于是实也"，即只能用于指称那个唯一的实体，不可用之于反映别的实体。第二层是特殊之实，逻辑学上通常称为"种""类"。《墨经》中也称之为"类"，比方《墨经》曰"命之马，类也"。"类"的语义层次较高，因为它是对个

---

① 《荀子·正名》。

体的抽象。第三层次是最高语义层次，那就是"达"的层次。之所以为最高，是因为它的反映对象是无所不包的"至于无共然后止"的天地万物。

先秦这种语义层次思想与古希腊亚里士多德的论述几乎一样。亚里士多德说：实体，就其最真正的、第一性的、最确切的意义而言，乃是那既不可以用来述说一个主体又不存在于一个主体里面的东西，例如某一个个别的人或某匹马。但是在第二性的意义之下作为种而包含着第一性的实体的那些东西也被称为实体，还有那些作为属而包含着种的东西也被称为实体。例如：个别的人是被包含在"人"这个种里面的，而"动物"又是这个种的属，因此这些东西——就是说"人"这个种和"动物"这个属——就被称为第二性实体。① 除第一性实体之外，任何东西或者可以用来述说一个第一性实体，或者存在于一个第一性实体里面。"动物"被用来述说"人"这个种，因而就被用来述说个别的人，因为如果没有任何可以用它来述说的个别的人存在，那它就根本不能被用来述说"人"这个种了。再者，颜色存在于物体里面，因此是存在于个别的物体里面的，因为如果没有任何它得以存在于其中的个别的物体存在，那它就根本不能存在于物体里面。可见除第一性实体之外，任何其他的东西或者是被用来述说第一性实体，或者存在于第一性实体里面，因而如果没有第一性实体存在，就不可能有其他的东西存在。第一性实体之所以能够最得当地被称为实体，那是由于这样的事实：即它们是其他一切东西的基础，而其他一切东西或者是被用来述说它们，或者是存在于它们里面。存在于第一性实体与其他一切东西之间的关系，也同样存在于种与属之间：因为属对于种的关系，正是宾词对于主体的关系，因为属被用来述说种，反之种却不能用来述说属。这样，我们就有了断定种比属更真正的是实体的另外一个根据。在第二性实体里面，种

---

① 亚里士多德：《范畴篇》，2a。

比属更能真正地称为实体，因为种与第一性实体更为接近。当人们说明一个第一性实体是什么的时候，说出它的种比说出它的属更贴切。例如，描述一个个别的人时，说"他是人"比说"他是动物"更自然，因为前一种说法在更大的程度上指出了述说对象的特性，而后一种说法则过于一般化。再譬如，谈论一株树时，提出"树"这个种比用"植物"这个属更清楚和恰当。当谈论第二性实体时，例如说到"人"或"动物"，从语言表达式上似乎给人一个这样的印象，认为该表达式也是指"某一个东西"，其实严格地说这是不确切的，因为一个第二性实体并不是一个个体，它并不像一个第一性实体那样是单一的、个别的，而是具有某一性质的一类东西，它可以用来述说一个以上的主体。①

亚里士多德论述到的几个重要概念"实体""第一性实体""第二性实体""种""属"，先秦都已经涉及到了。第一性实体在《墨经》中就是"私"名所表达的实体；第二性实体就是"类"名所指称的实体。不同的是，亚里士多德在"第二性实体"中又区分了两个层次即"种"和"属"，并且"种"是比"属"低一层的"实体"，它"比属更真正的是实体，因为种与第一性实体更为接近"。《墨经》中，相对于个体实体分出的第二层次便是"类"，其中并未再区分"种"与"属"，但是，《墨经》特别提到了最高层次的"实体"，那就是"达"名指称的"物"。亚里士多德却没有这样的分析。在这一点上说，先秦的类型理论比亚里士多德的语义层次理论更全面和更有概括性。

应当注意，《墨经》中的"实"并不是有的研究者所认为的只是反映本质或属性，而是既指称对象又反映性质。这一点与亚里士多德的研究接近。亚里士多德说，属和种也不是像"白色"那样单单表示性质；"白色"除性质之外不再表示什么，但属和种则是就一个实体来规定其性质：属和种表示那具有如此性质的实体，并且属比种包含更大的范

---

① 亚里士多德：《范畴篇》，3b。

围。譬如说"动物"比说"人",前者用的就是一个外延较广的词。颜色词除表示性质之外不再表示什么,意思是说它不表示实体。而实体词却不同,它除了表示实体本身之外,还可以表示该实体自身具有的一些性质。譬如"白马",除反映对象还反映"白色"性质。

(五)同时代的希腊类型论

我们考察了先秦的符号类型思想与具体做法之后,不妨看看古希腊学者当时是如何看待词语类型的。亚里士多德把语词的不同语义看作是对客观事物的不同方面的反映,通过精心地对这些语词进行分析归类,形成了著名的十范畴理论。

在《范畴篇》中,亚里士多德对范畴理论作了这样的说明:每一个不是复合的用语,或者表示实体,或者表示数量、性质、关系、地点、姿态、状况、活动、遭受。接着他用具体例词作了清楚的解释。他说,指实体的如"人"或"马",指数量的如"2 丘比特长",指性质的如"白的""通晓语法的"等,"2 倍""较大"等等属于关系范畴,"在市场里""在吕克昂"等等属于地点范畴,"昨天""去年"等等属于时间范畴,"躺卧着""坐着"等等则是指示姿态的语词,"穿鞋的""着装的"等等属于状况,"施手术""针灸"等等表示动作,"受针灸"等属于遭受范畴。他认为范畴词在言语表达中具有重要作用,它们都可以作为述说主词的词。正因为有这样的认识,所以他在《论辩篇》中干脆将范畴词均看作宾词,并且明确指出,宾词的种类一共有 10 种,即本质、数量、性质、关系、地点、时间、姿态、状况、活动、遭受。任何事物的偶有属性、固有属性、类、定义总属于这些范畴,因为通过这些范畴形成的一切命题总是意指某事物的本质或性质或数量或宾词的其他类型。

亚里士多德认为,表达命题的语言形式可以划分为两部分:主词和谓词。主词代表被述说的对象,谓词是对主词的述说。谓词可以分为 4 类:定义、固有属性、属、偶性。亚里士多德说"定义是指明某事物的短语"。这就是说，从符号学的角度看，定义就是一个语言符号串、一个语言表达式，离开语言形式就没有定义。从语义角度看，定义是必须涉及事物的本质的，定义所揭示的关于事物的本质构成定义的语义内容。一个定义是语形与语义的有机结合体。

关于固有属性，亚里士多德是这样解释的："固有属性是一谓词，它不表示一事物的本质，却是此事物专门具有的，并且可以和它互相换位述说。"① 也就是说，语形上固有属性是一种表达式，并且处于述说主词的位置。语义上，它不是事物本质属性的语义载体，它仅仅表示某事物专门具有的那种性质。比如说，"能学习语法"是人的固有属性，因而它可以成为主词"人"的谓词。然而，人的固有属性很多，例如"懂得计算"便是其诸多固有属性之一。所谓可以互相换位述说，意思是：如果甲是一个人，那么他是能学习语法的，反过来可以说，如果他是能学习语法的，那么他是一个人。倘若是一个直言命题，固有属性可以与其主词互相换位述说，可以这样理解：对于命题"S 是 P"而言，如果P 是 S 的固有属性，那么就可以说"P 是 S"。关于属，亚里士多德说："属是对一些不同种的事物的本质范畴的述说。"② 现代研究家习惯于对属作纯粹外延的考察，其实亚里士多德所研究的属的含义非常丰富。他习惯于将属、种差、种三者结合起来认识。他说，属和种不是像"白色"那样单纯地表示性质。"白色"除性质之外不再表示什么，但属和种则是就一个实体来规定其性质的，具体地说，属和种表示的是那具有如此性质的实体。属和种指称实体，但所指称的实体必须是同时蕴涵着一定性质的实体。这种陈述有意识地突出了属是外延与内涵的统一体。这也就顺理成章地说明了为什么属能够成为述说主词的谓词。亚里士多德进一步论述到：属的外延宽于种的外延。种参有属，但属不参有种。

---

① 亚里士多德：《论辩篇》，102a。
② 周建设：《西方逻辑语义研究》，武汉大学出版社 1996 年版，第 19 页。

种所能陈述的东西，也应当是属所能陈述的东西。属应该使对象的范围明确，并能以此区别其他一般事物，而种差则可以使对象与同属下面的其他事物区别开来。据亚里士多德的分析，属可以对种作语义解释，或者说，"属可用来陈述一切属于它的种"。关于偶性，亚里士多德作过两种解释。首先，他认为偶性是属于主词或事物的一种属性，但它不是属于主词或某物的定义、特性或者类。其次，他认为偶性是可能属于也可能不属于任何相同事物的属性。比如"坐的姿势"就可能属于也可能不属于某一事物。"白色"也如此，因为没有什么东西能够阻止同一事物在某一时间为白，在另一时间为非白。两种解释之后，亚里士多德作了比较，认为第二种解释比较好，因为如果要采用第一种解释，并且要真正地了解它，就必须首先认识什么是"定义""类"和"特性"。而第二种解释不需要这样的预备知识，其解释本身就足以告诉人们关于偶性一词的基本语义。

纵观起来，我们认为，先秦时代关于名的类型思想相当丰富。丰富的名称类型思想与当时认识研究名称的目的有着十分密切的关系。首先，我们看到当时为政治目的为名进行分类，结果有刑名、爵名、文名和散名之分。服从于伦理目的，实际上也是政治目的，针对名称内容性质，区分了命物之名、毁誉之名和况谓之名。从命名对象的具体与抽象情况看，区分了有形之名和无形之名。从被反映对象的自然属性上分，区分了亲、宫、天、地、山、水、禽、兽等等。针对名称符号与其所指称，区分了多名一实与一名多实两类关系。从名称反映事物范围的广狭，区分了达名、类名、私名。我们发现，先秦区分名称类型所运用的诸多划分依据中，真正直接表现出了政治目的的有一种，伦理目的的有一种，其余基本上是就名称论名称的，只是所观察和讨论的角度不一样而已。

相比之下，西方古希腊亚里士多德关于名称的分类目的与先秦的分类思想有所相同也有所不同。他将词语分为十个范畴，其分类依据是词语自身的性质，这与先秦的许多分类做法相同，尽管结果不完全一样；但进一步，他将十范畴词称为宾词。针对命题的构成成分，他将词分为主词和谓词两类，谓词中又分出了四种谓词。这与先秦名称分类思想有较大差别。先秦对名称分类基本上是为了确定一定的特征去认识名称所表示的一类事物，而亚里士多德多是为了认识各类词在命题或在句子表达中的性质与作用。

（六）类型理论的现代思考

在考察先秦关于"名"的类型理论基础上，拟谈谈我的类型观。之所以谈这个问题，基于两个原因，第一，先秦哲人的类型思想的启发，二是语言哲学现代发展的需要。先秦类型理论的启发意义在于告诉我们，作为反映客体的"名"可以从不同角度依据不同特征划分出不同的类型，反过来，人们可以从特定角度，根据名称特征去认识事物进而认识世界。受先秦思想启发，我也试图从一个新的角度，去发现"名"的类型特征。

现代语言哲学为了将语言哲学认识世界的目的明朗化，往往直接将语句认知为基本聚焦点。这其中最典型的当属维特根斯坦的语言图像论。因此，我认为，可以以语句构造为着眼点，看看"名"的语句构造类型。由于我们的研究旨在为现代语言哲学提供参考，所以，行文时将"名"依现代说法，称作"词项"。

先秦语言哲学思想中已经清楚论述到，词项是语符与意象的统一体。[①] 这种双重统一关系，西方学者奥卡姆曾作过这样的解释：事物的标志是"映象"，映象的标志是词项。[②] 就是说，词项不是意象与事物的统一，而是意象与语符的统一。正因为如此，所以列宁在阅读费尔巴哈

---

① 参见"先秦语言哲学之语源论"及尹文公孙龙等的有关论述。
② 《逻辑史选译》，三联书店 1961 年版，第 2 页。

《对莱布尼兹哲学的叙述、分析和批评》一书中，特别摘录了这样一段话："感性的知觉提供对象，理性则为对象提供名称。凡是存在于理性中的，没有不是先存在于感性知觉中的东西，只是名义上名称上存在于理性之中。……名称是什么？名称是用来区别的符号，是某种十分明显的标志，我把它当作表明对象的特征的代表以便从对象的整体性来设想对象。"① 这就是说，理性是感性的延续与升华，作为理性阶段的名称，不仅是感性认识发展的结果，而且它又以代表对象特征的特殊身份体现着语符与意象的统一。巴甫洛夫依据科学的生理试验结果对词项的语符与意象之统一性作过无可辩驳的说明。他说："如果我们关于周围世界的感觉与表象，对于我们说，乃是现实世界的第一信号，具体的信号，那么言语，特别首先是那种从言语器官达到大脑皮质的动觉刺激物，乃是第二信号，即信号的信号。"② 巴甫洛夫所说的作为"动觉刺激物"的"第二信号"，实质上就是词项语符，并且用"信号的信号"来明确表示它是与现实世界的映象紧紧相随的。

词项为思想交流而产生，自然其首要功能就是充当传讯意象的物质载体。反过来说，意象也就自然地成了词项语符的基本内容，即通常所谓的词项的意义。意象是人脑对世界的反映。尽管世界纷繁复杂，但是，大而言之不外乎三类：一是事物，二是事物自身具有的各种性质，三是事物与事物之间的各种联系。相应地意象的基本成分就有"形象""性质""关系"三种，因此词项的具体内容也就有三个方面：对象、性质、关系。词项所反映的"对象"是指被思维主体人脑认识的"实体"。实体类型有二：一是不依人的主观意志为转移的真实存在的实物；二是凭主观想象或构拟出来的，直至构想时为止现实世界尚未发现的，或不可能存在的"对象"。词项所反映的"性质"指实体具有的属

---

① 列宁：《哲学笔记》，人民出版社 1956 年版，第 353—354 页。
② 《巴甫洛夫选集》，科学出版社 1955 年版，第 177 页。

性，它既可以是实体内部"隐含"的性质，又可以是实体表现于外部的状态、行为方式、技巧功能等。词项反映的"关系"是实体与实体、实体与性质乃至性质与性质之间的联系。

对象、性质、关系三者在客观上是绝对依存的。恩格斯指出："当我们深思熟虑地考察自然界或人类历史或我们自己的精神活动的时候，呈现在我们眼前的，是一幅由种种联系和相互作用无穷无尽地交织起来的画面。"① 这就是说，客观世界里，对象。性质，关系永远水乳交融。对象必定是具有性质的对象，性质必定是对象所具有的性质，关系本身就是依赖于对象或性质才得以产生与存在的联系。一句话，任何对象与性质都必须同时并存，任何关系也必须与两个或两个以上的关系对象"相依为命"。

对象、性质、关系客观上的绝对依存性，在词项里则表现为相对独立性。首先，对象、性质，关系作为词项内容，它们是彼此独立的。即当指称对象时，可以重点关注其"形"，而忽略（但不等于绝对排除）其"性"；指称性质时，可以着眼其"性"而忽略其"形"；指称关系时，则可以注重联系本身而不管发生这种联系的关系项。这就是词项内容的独立性。客观上，"软""白"不可能脱离实体独立存在，正如声音不能离开发声体独立存在一样。然而在言语活动过程中，它们的绝对依存性却不是那样形影不离，因为在它们接受人脑反映，开始由纯粹客观王国向主观世界跃进的同时，就已经受到了人们感官与思维的"分立"，将孕育它们的那些具体的对象降落到了非常次要的位置上，以致最后当人们思考"软""白"词项时，几乎全然不知道它们的对象究竟是什么。其次，词项内容的独立性是相对的。这种相对性表现为：当指称"对象"时，同时也可以蕴涵对象的"性质"；指称"性质"时，并不排除反映具有该性质的"对象"；指称"关系"时，也不排除涉及赖以产生

---

① 《马克思恩格斯选集》第3卷，人民出版社1956年版，第60页。

关系的关系项。在这种意义上说，反映在词项中的对象、性质和关系具有相容析取关系。

对象、性质、关系由客观上的绝对依存性向词项语义的相对独立性转化，是人脑对客观世界能动反映的结果。人们要在斑驳陆离的世界画面中认识事物，就必须在明确的认识目的支配下，理清认识头绪，确定反映焦点，"割断"事物绝对依存的千丝万缕的联系，把握其需要认识的相对独立的方面。正如墨西哥学者 T.A. 布罗吉所说："我们可以忽略几乎整个宇宙，可以把我们的注意力集中于我们感兴趣的那些因素上。"① 这种以分解整体为手段认识事物的辩证运动，就是认识能动性的具体体现。列宁认为，人类没有能动的认识运动就不可能真正认识世界。他说："如果不把不间断的东西割断，不加以割碎，不使之僵化，那么我们就不能想象、表达、测量和描述活动。"这显然表明：事物是联系的，思维能够把握联系，但是思维要把握联系必须依靠思维的能动性暂时"割断"联系，以暂时割断联系求得最终认识联系。因此，词项或反映对象，或反映性质，或反映关系，恰切地体现了人类语言上的主观能动性。

词项内容由客观上的绝对依存性向主观范畴的相对独立性的转化，可以通过"关系词项"得到进一步证明。以往有些词项理论由于过分注重客观依存性，忽视独立性，因而将"关系"都视为事物自身的"属性"并一律归之于"对象"。其典型代表是布拉德雷（Francis Herbert Bradley）。他认为，关系 R 不是独立的项，而是关系项 A、B 的内在属性。譬如，A 爱 B，一方面说明 A 具有"爱"的精神状态，另一方面表明 B 具有值得"爱"的因素。这就是布拉德雷有名的"内在关系说"。与布拉德雷相反，罗素认为关系是外在的。他指出，关系有两种：

---

① ［苏］Ф.B. 拉札列夫 M.K. 特里伏诺娃：《认识结构和科学革命》，中国社会科学出版社 1985 年版，第 61 页。

一是对称关系，二是非对称关系，即指"一关系与其逆关系不相容的性质"。在罗素看来，"内在关系说"把一切包含关系的命题归结为主谓项命题，如"A 爱 B"归结为"A 是爱 B 的"，"爱"这种关系只是 A 的内在属性。这对于对称关系还说得通，但对于大量存在的非对称关系就不能自圆其说了。像"A 比 B 大"这一关系命题，即使还原为主谓命题"A 是比 B 大的"，其中"比 B 大"仍然包含着一个关系。于是"我们迟早总会走到一种关系，这种关系不能再化为相关的项的形容词"。由此，罗素断言，内在关系"这个公理是伪的"，关系是外在的。

比较此针锋相对之观点，不难发现：布拉德雷的内在关系说只看到了关系与关系项的绝对依存性，却忽视了人在形成词项时"割断"联系的主观能动性。罗素则注意到了人的主观能动性，注意到了关系的依存性向独立性的转化，比布拉德雷的内在关系说合理成分多一些，但他过分强调"独立性"，只相信关系是外在的，走向了另一个极端并不妥当。

词项基本内容的相对独立性还可以在 PL 非形式语义学理论中得到进一步的解释。PL 的原子语句是谓词与个体常项构成的复杂表达式。PL 语句的真值条件依赖于论域的选定和每一个在语句中的谓词和个体常项的被解释，因此，"解释"成了 PL 非形式语义学的重要概念。就 PL 语句"Fa"而言，如果把"F"解释为"…是红色的"，"a"解释为"太阳"，整个语句则是真的，"a"解释为"月亮"，整个语句则假。对于 R (x，y) 来说，当 R 确定为"…大于…"，R (x，y) 的真则完全依赖于 x，y 的解释，并且 y 必定小于 x，比如，x 为 5，y 为 3。对任一 PL 语句，在谓词确定的情况下，其真假取决于个体常项的解释，这一事实表明，词项所反映的内容是相对独立的。怎样的对象具有谓词所表达的性质，哪些对象之间具有谓词所表达的关系，从谓词本身即从对象或性质或关系自身是表现不出来的。如果对象、性质、关系在词项中也是绝对依存的，那么人类只要认识性质或认识关系就能把握对象了，这样，人们一旦了解"柔软"，便能了解宇宙中一切柔软的东西，即能自然地找到谓词"柔软"的一切个体。遗憾的是，思维实际中人们不能完全找到这种个体。

人们能动地"割断"对象、性质、关系，形成具有相对独立的基本语义的三类词项，也有其认知生理机制为条件。人的神经系统有两个子系统：周围神经系统和中枢神经系统。周围神经系统具有两大职能，一是由感受器接受外界的和内部的刺激，并将刺激信号传向中枢神经系统输入大脑，目的是由大脑对这些信息进行加工改造编码储存。二是由效应器执行由输出神经传出的大脑指挥信号，采取相应的行动。中枢神经系统构成成分很多，最高部分是大脑两个半球，大脑半球的主要职能之一就是储存信息。周围神经系统的传入神经受到刺激信号的刺激达到感受阈限便立即引起神经兴奋，产生生物电流，这种电流又沿着其他神经细胞扩散到大脑皮层，由核糖核酸（RNA）分子将信号作为思维元素储存下来。神经系统的这种生理机制与反应过程，奠定了词项以"割断"方式反映世界的生理基础。客观上，声音与发声体绝对依存，然而人们却可以能动地调用一定的感觉神经系统，抑制另一部分神经系统网络之兴奋，将它从发声体中"分离"开来，形成相对独立的声音意象。这种生理功能以及人们在认知目的支配下凭借生理通道形成词项基本语义的过程，洛克做过这样的议论，他说：刺激各种感官的各种性质，在事物本身虽然混合着，但是经过感官单纯地并不混杂地在心中产生观念。例如看见颜色，手感到蜡的柔软，在一块冰上感到冷和硬，在心中都是独立的观念。洛克是词项观念论者，这里的观念，用词项承载下来的话就构成词项的意义，这种语义是经过生理机制分离获得的。古人尚没有科学实验手段，但他们已经经验地认识到了这种原理，荀子关于"天官意物"之说就是很好的证明。

五、先秦语言哲学之语用论

先秦时代，对语言符号"名"使用的重视程度，在中国历史上可以说达到了顶峰。这其中有促成形成这种局面的客观原因，主要是政治背景的影响。由于对名讨论的广泛与深入，自然也少不了有些语言哲学思想同时被提出来。这一章探讨先秦关于语言的使用理论，尤其是关于语言符号"名"的使用的一些见解。

（一）语用价值论

先秦哲人认为语言符号的使用直接体现着重要的政治价值。孔子是典型代表。《论语·子路》记载，子路问孔子："卫君待子而为政，子将奚先？"孔子曰："必也正名乎！"子路曰："有是哉，子之迂也！奚其正？"子曰："野哉，由也！君子于其所不知，盖阙如也。名不正则言不顺，言不顺则事不成，事不成则礼乐不兴，礼乐不兴则刑罚不中，刑罚不中则民无所措手足。故君子名之必可言也，言之必可行也，君子于其言，无所苟而已。"意思是：子路对孔子说：卫君等着您去治理国政，您准备首先干什么？孔子道：那一定是纠正名分上的用词不当吧！子路说：您的迂腐竟到了如此地步吗！这又何必纠正呢？孔子说：你怎么这样粗野！君子对于他所不懂的，大概采取保留态度（而不是像你这样论说）。用词不当，言语就不能顺理成章，言语不能顺理成章，事情就不能办好，事情不能办好，国家的礼乐制度就举办不起来，礼乐制度举办不起来，刑罚也就不能得当，刑罚不得当，百姓就会无所适从。所以，君子用一个词，一定可以说得出他的道理来，而顺理成章的话也一定行得通。君子对于措辞说话要没有一点马虎的地方，才肯罢休。① 显然，孔子将正名摆在政治的极重要的地位。怎样才是名正？《论语·颜渊》篇对此作了回答。齐景公问政于孔子，孔子对曰："君君、臣臣、父父、子子"。意思是，被尊为"君王"的应当行使君王的职权，被称为"臣民"的应当履行臣民的义务，被叫作"父亲"的应当有父亲的作为，被名为"儿子"的应当尽儿子的本分。当然，孔子没有也不可能穷举一切名称的例证，他只是用"君君、臣臣、父父、子子"表明他对当时政治统治、稳定社会的一种看法，那就是名分清楚规范，人人各司其职。② 类似地，荀子亦曰："故知者为之分别，制名以指实。上以明贵贱，下以辩同异。贵贱明，同异别。如是，则志无不喻之患，事无困废之祸。"③

尹文、邓析、公孙龙等同样认为名的正确使用具有重要意义，并且在强调正名的政治意义上他们与孔子基本一致。他们认为正名是国家最高统治者的一种职责，"循名责实，君之事也。"④ "政者，名法是也；以名法治国，万物所不能乱。"⑤ 同时，还认为名称的使用是否得当合理是衡量国家治乱与国君能力的标准。"仁、义、礼、乐、名、刑、法、赏，凡此八者，五帝三王治世之术也。"⑥ 邓析子云："位不可越，职不可乱，百官有司，各务其形，是循名督实，下奉教而不违，可谓治世。"⑦ 如果做到了这一点，就可以称得上极其圣明的君王。"至矣哉，古之明王！审其名实，慎其所谓。"⑧ "循名责实，察法立威，是明王也。"⑨

---

① 夏剑钦主编：《十三经今注今译》（下册），岳麓书社 1994 年版，第 1915 页。
② 李贤中：《先秦名家"名实"思想探析》，文史哲出版社 1982 年版，第 21 页。
③ 《荀子·正名》。
④ 《邓析子·无厚》。
⑤ 《尹文子·大道下》。
⑥ 《尹文子·大道上》。
⑦ 《邓析子·无厚》。
⑧ 《公孙龙子·名实论》。
⑨ 《史记··太史公自序》。

尹文认为"名"的使用像使用度量衡甚至法律一样，是衡量事物虚实的尺度。他说："人以度审长短，以量受少多，以衡平轻重，以律均清浊，以名稽虚实，以法定治乱，以简治烦惑，以易御险难。以万事皆归于一，百度皆准于法。归一者，简之至，准法者，易之极。如此，顽嚚聋瞽，可与察慧聪明同其治也。"① 同时，准确地使用名称，还能够避免争斗限制私欲。"名定则物不竞；分明，则私不行。物不竞，非无心，由名定，故无所措其心；私不行，非无欲，由分明，故无所措其欲。然则心欲人人有之，而得同于无心无欲者，制之有道也。"②

换个角度看，如果不正确使用名则会如何呢？"自古至今，莫不用此而得，用彼而失，失者由名分混，得者由名分察。"③ "今万物具存，不以名正之则乱；万名具列，不以形应之则乖。"④ 就是说，不正确使用名分就会导致混乱。

先秦时代对名这种语言符号的使用如此高度重视，有其特殊的历史原因。西周后期，奴隶制已经出现危机。春秋时期，随着封建生产关系的出现，奴隶制加速崩溃。在奴隶社会内部，封建主义的经济形式发生并日益成熟，新生地主阶级的政治代表陆续登上政治舞台。奴隶社会的一套典章制度逐渐土崩瓦解，代表奴隶主阶级的天子、诸侯的权威不断丧失，政权一步一步下移，诸侯不听天子的，大夫不听诸侯的，出现了所谓"陪臣执国政"的局面。奴隶社会的宗法等级制不断破坏，违礼僭越的现象普遍发生，到处是"君不君，臣不臣，父不父，子不子"的现象。世袭制动摇了，不少奴隶主贵族没落了，丧失了原有的世袭特权，有的甚至"降在皂康"。据司马迁说："春秋之中，弑君三十六亡国

---

① 《尹文子·大道上》。

② 《尹文子·大道上》。

③ 《尹文子·大道上》。

④ 《尹文子·大道上》。

五十二，诸侯奔走不得保其社稷者不可胜数。"① 在奴隶制面临全面崩溃的形势下，出现了以孔子为代表的儒家学派。孔子是奴隶主阶级的思想家。为了恢复奴隶制，他提出了一套以"仁"为核心的政治伦理思想。"仁"的标准是"克己复礼"。"礼"是奴隶社会的礼仪规范和伦常秩序，是奴隶社会中宗法等级制度的集中反映。孔子强调"克己复礼"，就是要把人们的视听言行严格限制在礼的范围以内，不要破坏奴隶社会的规范和秩序，自觉维护奴隶社会的宗法等级制度。为了"复礼"，孔子又主张"正名"，就是用奴隶社会关于等级名分的规定去纠正那些违礼僭越的事实。

孔子对正确使用名称之重要价值的认识也有其渊源关系。具体地说，他也是继承了前人的认识。在周文王时，文王与太公就有过关于名与实的对话：

> 文王问太公曰：君务举贤而不获其功，世乱愈甚，以致危亡者，何也？太公曰：举贤而不用，是有举贤之名也，无得贤之实者。文王曰：其失安在？太公曰：其失在好用世俗之所誉，不得其真贤。文王曰：好听世俗之所誉，何也？太公曰：好听世俗之誉者，或以非贤为贤，或以非智为智，或以非忠为忠，或以非信为信。君以世俗之所誉者为贤智，以世俗之所毁者为不肖，则多党者进，少党者退，是以群邪比周而蔽贤，忠臣死于无罪，邪臣以虚誉取爵位，以是世乱愈甚，故其国不免于危亡。文王曰：举贤奈何？太公曰：将相分职而各以官举人，案名察实，选才考能，令能当其名，名得其实，则得贤人之道。②

---

① 夏甄陶：《论荀子的哲学思想》，上海人民出版社 1979 年版，第 14 页。
② （唐）魏征、萧德言：《诸子治要》（卷一）之《六韬·文韬》，世界书局 1962 年版，第 4 页。

由此可见，周文王时，太公就已经注意到"名"的正确使用对于国家治理的重要意义，并且这一观念得到了文王的充分肯定。

顺便说说，先秦这种正名以服务于政治的观念对后来产生了较大的影响。近代学者章炳麟（太炎）云：古之为道术者，"以法为分，以名为表，以参为验，以稽为决，其数一二三四是也。""《周官》《周书》既然，管夷吾、韩非犹因其度而章明之。其后废绝，言无分域，则中夏之科学衰。悲乎一二三四之数绝，而中夏之科学衰。"章太炎继而感慨道："嗟乎！赫赫皇汉，博士黯之。自宋以降，弥又晦蚀。来者虽贤，众寡有数矣。不知新圣哲人持名实以遍昭国民者，将何道也？又不知齐州之学，终已不得齿比于西邻邪？"① 可见，近代仍有学者对先秦正名思想的高度重视。

从人际交往的角度，先秦也重视语言的实际作用。子曰："君子居其室，出其善言，则千里之外应之，况其迩者乎？出言不善，则千里之外违之，况其迩者乎？言出乎身，加乎民，行发乎迩，见乎远。言行，君子之枢机，枢机之发，荣辱之主也。言行，君子之所以动天地也，可不慎乎？"意思是，孔子说：君子住在他的房子里，讲出来的话好，千里以外的人都会响应，何况那些近处的人呢？讲出来的话不好，千里以外的人都反对，何况那些近处的人呢？话从口里出来，进入别人的耳朵，行动从本身表现出来，远处的人也会看见。讲话和行动是君子的重要行为，它的表现是光荣和耻辱的重要根据。讲话和行动是君子用来感天地的，所以不能不慎重。

（二）语用原则论

初接触先秦诸子典籍，或许会认为先秦对名的使用原则或要求很

---

① 章炳麟：《訄书·学蛊第九》，第 149 页，《訄书·王学第十》，三联书店 1998 年版，第 150、152 页。

多。比方，孔子的"名正言顺"之说，尹文的"以名稽虚实"，邓析子的"循名责实，察法立威"，公孙龙的"审其名实"，墨子的"以名举实"，荀子的"制名以指实"以及"同则同之，异则异之。单足以喻则单，单不足以喻则兼"等等。但仔细分析，那大多是从命名、正名、检名等不同方面提出的原则或要求。就名称在语言交流中的原则与要求而言，主要是荀子和公孙龙子提出的。他们提的语用原则或要求主要有三个：一是"合心"，二是"喻实"，三是"慎谓"。原则是就规范性而言的，要求是就愿望而言的，这里将"要求"和"原则"合二为一，是因为要求离不开原则，无规范的要求人们无所适从；原则也离不开要求，不要求付诸现实的原则不是真正的原则。

"合心"指的是言语所表达的内容要与被表达的内容相一致。这是荀子提出的语言使用原则。荀子云："心合于道，说合于心，辞合于说。正名而期，质情而喻。辩异而不过，推类而不悖。听则合文，辩则尽故。以正道而辩奸，犹引绳以持曲直。是故邪说不能乱，百家无所窜。有兼听之明，而无夺矜之容。有兼覆之厚，而无伐德之色。说行则天下正，说不行则白道而不冥穷。是圣人之辩说也。"① 荀子将言说关系分成三个主要部分："道""心"以及"辞说"。道是客观事物之理或规律，是被心反映和认识的对象；辞与说是言语活动；心既是对道的反映，又是辞说的内容，因而它是联系道与言语活动的桥梁。言语的目的是要表达被反映的对象。怎样保证所说的与想说的达到一致，其间桥梁非常重要。首先，作为桥梁的"心"必须与"道""合"一致，其次，"辞说"必须与"心""合"一致。中国文化中一直强调"口"与"心"的统一，反对口是心非，这一点在荀子的语言使用原则论述中已经有了明显的体现。

"喻实"指的是"名闻而实喻"。这是荀子关于名称使用的又一原

---

① 《荀子·正名》。

则与要求。他说："名闻而实喻，名之用也。"① 听到一个名称就能够明白该名称指称什么，这是名的使用要求，只有这样，才能体现名称自身的作用。这种要求具有明确的针对性。荀子对名的使用中出现的混乱现象深有感触，他说："今圣王没，名守慢，奇辞起，名实乱，是非之形不明；则虽守法之吏，诵数之儒，亦皆乱也。"如何乱？荀子列举了三种表现。一是以名乱名。"见侮不辱"，"圣人不爱己"，"杀盗非杀人"，此惑于用名以乱名也。二是以实乱名。"山渊平"，"情欲寡""刍豢不加甘，大钟不加乐"，此惑于用实以乱名也。三是以名乱实。"非而谒""楹有牛""马非马"，此惑于用名以乱实者也。荀子认为这三种现象就是名称使用中的谬误。他说："邪说辟言之离正道而擅作者，无不类于三惑者矣。"荀子之所以为正名如此操心，是因为荀子和所有的儒家一样，认识到名是知识和社会交际不可缺少的工具。名是重要的交际手段、表达手段、文化媒介、教育工具和治理社会、国家的工具。因此，荀子说："王者之制名，名定而实辩，道行而志通，则慎率民而一焉。故析辞擅作名以乱正名，使民疑惑，人多辩讼，则谓之大奸；其罪犹为符节度量之罪也。……故其民悫，悫则易使。"②

"慎谓"意思是"慎其所谓"③。这句话是公孙龙在赞美古代圣明之王时说的。在公孙龙看来，古代圣明之王知道考察名实关系，慎重地使用事物的称谓，是高明的。这就是公孙龙通过对古人的赞誉向人们提出的关于名称的使用原则要求，如何"慎谓"，他认为要做到"知此之非此也，知此之不在此也，则不谓也；知彼之非彼也，知彼之不在彼也，则不谓也"。什么"可谓"，什么"不谓"必须十分谨慎对待。知道"此"不是此，不能谓"此"，知道"此"不在此也不能谓"此"；同理，知道"彼"不是彼，不能叫"彼"，知道"彼"不在彼也不能谓"彼"。

---

① 《荀子·正名》。

② 《荀子·正名》。

③ 公孙龙《名实论》曰："至矣哉，古之明王！审其名实，慎其所谓。"

"名"有约定性，但以名谓实之"谓"则常随表达者观念的转换而有"同名异谓"或"异名同谓"的情形出现，故公孙龙强调"唯谓"的思想，亦即一名专用于一实，其《名实论》云："其名正则唯乎彼此焉，谓彼而彼不唯乎彼，则彼谓不行。谓此，而此不唯乎此，则此谓不行。"

针对此原则，公孙龙提出了一套评价标准，概括地说便是两个字：名正。名正就是名要合实物之位，即通常所说的名实相符，亦即"能指"必确切地指称其"所指"。做到名正，就得懂何为"正"。对此，公孙龙解释曰："位其所位焉，正也。"万事万物总有其自身处所，该处所就是事物的位置，事物占有空间自不必说，物自身具有的性质同样有其"位置"，正因为有这"位置"才决定了某物之为物。"出其所位，非位"。设想某物，包括其属性，如果偏离本属于该物及其性质的正常的"位置"，那就不是其本来面目了。为了使人清楚理解"正"，进一步，公孙龙结合"名"最为常见的指谓用法作了解释："其名正则唯乎其彼此焉"，"彼彼当乎彼，则唯乎彼，其谓行彼。此此当乎此，则唯乎此，其谓行此。以其当而当也，以当而当，正也"。又说："彼彼止于彼，此此止于此，可。"这里，公孙龙从正面说明，"名"是否"正"可以依彼此衡量。在语言运用中，也就是说在"名"被实际地用来称指事物之时，要做到以"这名"来恰当地称谓"这实"，以"那名"指称"那实"，只要如此恰当使用了，那么就"位正"了，"位正"了，名也就"正"了。怎样使用"名"又是不行的？"谓彼而彼不唯乎彼，则彼谓不行。谓此而此不唯乎此，则此谓不行"，"彼此而彼且此，此彼而此且彼，不可"。"以其当而不当也，当而不当，乱也"。这些论述是从另一方面对正确使用"能指"的补充说明，告诫人们应该除懂得何谓"可"之外还应懂得何为"不可"。如果称谓"这"，而实际上又不合于客观上的真正的"这实"，称谓"那"，又不合于客观上真正的"那实"，就是"能指"与"所指"不相应，这是不当的，用不当的"能指"来指称"所指"就是"乱"。

如果"名"不正又该如何？那就得主动去正名。公孙龙言："以其所正，正其所不正；不以其所不正，疑其所正。"① 这里，"不以其所不正"句中的前一个"不"，有的版本没有，庞朴先生《公孙龙子研究》引文为"以其所不正，疑其所正"。伍非百先生冠"不"于前，并注曰：原文"以"字上似脱一"不"字，今以意补。② 虽然看起来，庞朴先生与伍非百先生的理解差距甚远，其实，并不矛盾。庞朴先生未冠一"不"字，是因为他说《公孙龙子》各篇设主客对辩，即"以其所不正"（客难）"疑其所正"（主说），"以正名实而化天下"之实例。既然将此二句作客难主说对辩，无一"不"字自然顺理，但伍非百先生不明显分别主客方，据意补"不"，庞朴先生评价说：伍非百改为"不以其所正"亦可通。③ 尽管注释家说法有别，但对公孙龙的基本思想是有共识的，即于"不正"之名应以"所正"正之。

为清楚认识名，准确使用名，公孙龙分析了"物""实""位""正"四个重要概念。公孙龙曰："天地与其所产者，物也；物以物其所物而不过焉，实也；实以实其所实而不旷焉，位也；出其所位非位，位其位焉，正也。"④ 这里所谓"物"就是产生、存在于宇宙之间的万物。所谓"实"指物之所以成为物的要素，实际上还是物，只是对该物的整体的相对稳定性作了严格限制。言下之意，其规范自身的整体如果变了就不可能还是原来的物了。所谓"位"，即事物自身本来的位格，实际上就是实体所具有的相对稳定的性质，原来的性质仍然"各就各位"就是真正的位了。所谓"正"，指的是事物自身的一致。公孙龙给要讨论的或要用到的几个范畴下了定义。通过定义，明确"物""实""位""正"的本质，物之所以为物，必有其本质属性，其本质是两个方面：实和

---

① 《公孙龙·名实论》。
② 伍非百：《中国古名家言》，中国社会科学出版社 1983 年，第 514 页。
③ 庞朴：《公孙龙子研究》，木铎出版社 1982 年版，第 48 页。
④ 《公孙龙·名实论》。

位。通俗地说就是内容和结构。物是内容和结构的统一体，特定结构充填特定内容便构成特定事物。"正"实际上是对物之统一体的评价。弄清了这些内涵有利于了解"名正"的问题。名正就是说使用名称与其所指称的"物""实""位"相统一的"对象"达到一致。① 在《名实论》中，公孙龙从正反两方面讨论"名"的使用问题，从正面谈到了如何正确使用"名"，从反面谈到了如何"矫正"不正之"名"。"知此之非此也，知此之不在此也，则不谓也"，"慎其所谓"，说的就是关于"名"的正确使用，也即"指称"如何确切地称谓事物的问题；"审其名实"，"以其正，正其所不正"等，是就"名"的校正而言的，说的是如何防止"指称"符号使用的错误。

(三) 因材施言

因材施言是指使用语言要看对象。《论语·先进》记载的孔子言论很好地体现了这一点。子路问："闻斯行诸？"子曰："有父兄在，如之何其闻斯行之？"冉有问："闻斯行诸？"子曰："闻斯行之。"公西华曰："由也问闻斯行诸，子曰：'有父兄在'；求也问闻斯行诸，子曰：'闻斯行之'。赤也惑，敢问。"子曰："求也退，故进之，由也兼人，故退

---

① 汪奠基说：这里所说的"物"就是名所指的客观对象。没有"物"，就没有名实的对象，也就没有什么名实问题。当然，他所谓名实对象的"物"并不是真正"物质"的物，而只是指物论之物，即是依主观精神表现的东西。所谓"实"即名物如其真的意思；过物之名则不实，譬如说"白马"就是"白马"，如以"白马"之名呼"马"，则是兼物之名而过其实了。所谓"位"，即控名责实，不得虚名旷位；凡形色各有实位，没有不分黑白的色，也没有不具形、色、味的物。譬如旷橙、黄、圆、香、甘，就没有橘的实，没有橘的形，因而也就没有橘的概念之名了。所谓"正"，即谓主宾（名实）两概念相合，不得过位，亦即名实相合，不得旷位。"白马"不得任意称为"马白"，而应称为位其位之"正"。（汪奠基《中国逻辑思想史》第 88 页）其中有些分析值得商榷。比方，汪文认为，公孙龙所谓名实对象的"物"并不是真正"物质"的物，而只是指物论之物，即是依主观精神表现的东西。所谓"正"，即谓主宾（名实）两概念相合。我们认为其解释不合原意。

之。"意思是，子路问："听到了就干起来吗？"孔子说："父亲哥哥还健在，怎么能听到就干起来呢？"冉有问："听到了就干起来吗？"孔子说："听到就干起来。"公西华说："仲由问听到了就干起来吗，您说'父亲哥哥还健在'，（不能这样做）。仲由问听到了就干起来吗，您说'听到就干起来'。我被弄糊涂了，便大胆地来问问您。"孔子说："冉求平时做事退缩，所以我给他打气，仲由却有两个人的胆量，所以我要给他泼点冷水。"①

说话者要善于根据听众的不同特点确定说话内容与说话方式。对此，邓析有明确主张："夫言之术，与智者言依于博，与博者言依于辩，与辩者言依于安，与贵者言依于势，与富者言依于豪，与贫者言依于利，与勇者言依于敢，与愚者言依于说，此言之术也。"② 当然，我们不能说邓析提出的每一种说话技巧都很合理，但其基本思想是值得肯定的，那就是说话必须注意策略。智者通常深谋远虑，如果试图以深刻打动对方，未必可行，不如以"博"言之，既可拓其视野，亦可益其深入，此所谓"与智者言依于博"。"愚者"常常缺乏思想，因此说服开导十分重要，故曰"与愚者言依于说"。

（四）因俗施言

语言使用要注意习俗对语义的制约作用，考虑心理、地域习惯对语言的影响。尹文通过典型事例说明了这种语用技巧。他说：

> 庄里丈人，字长子曰"盗"，少子曰"殴"。盗出行，其父在后追，呼之曰："盗！盗！"吏闻，因缚之。其父呼殴喻吏，遽而声不转，但言"殴、殴"，吏因殴之，几毙。康衢长子，字僮曰"善

---

① 夏剑钦主编：《十三经今注今译》（下册），岳麓书社 1994 年版，第 1910 页。
② 《邓析子·转辞篇》。

搏"，字犬曰"善噬"，宾客不过其门者三年。长者怪而问之，乃实对，于是改之，宾客复往。郑人谓玉未理者为璞，周人谓鼠未腊者为璞，周人怀璞，谓郑贾曰："欲买璞乎?"郑贾曰："欲之。"出其璞视之，乃鼠也，因谢不取。①

三个例证，分两个方面。第一二例说明，"名"表达的"实"依伦理规范标准和生活情景习俗而具有相应的感情色彩。这种感情色彩一旦形成便会影响人的行为取向，并且这种语义特性不会因某一个人的力量而轻易改变。"盗"这个"名"指称的对象是以不道德的不合法的手段秘密窃取财物的人，这种人受世人唾弃。人们一听到此"名"便会联想到偷窃之人而生厌恶之情，因为此"名"习俗已经赋予了它贬义色彩。作为父亲，名子为"盗"，主观上自然不想用之为贬义，但俗成的语言符号是不可能因人而变的。因此，父亲称呼儿子"盗"，官吏并没有想到其特殊用法，而是依习惯理解将"盗"贼逮住。同理，"搏"斗拼杀，令人生畏，毒咬吞"噬"，危及人身。试想，谁敢接近"善搏"之人和"善噬"之犬呢? 所以"宾客不过其门三年"也是情理之事。尹文以此二例表明"名"的使用不得不注意经社会习俗形成的语义感情色彩。第三例则表明了另一个语义原理：一名多实。地域对名实关系有一定的制约作用。同是"璞"这一个"名"，在郑则指称"未理之玉"，在周则指谓"未腊之鼠"，地域不同语义也截然不同。尽管并非地域不同，所有"名"的语义都不同，但毕竟存在着不同的现象，因此，按尹文子的阐述，言语活动之时应该高度重视不同地域内形成的语用习俗对"名形"关系的影响。

① 《尹立于·大道下》。

（五）因法出言

言语使用要考虑对象，注意习俗，还必须关注言语结构自身的规律，即语法语义构造法则，这叫作"因法出言"。违反基本句法和语义结构法则的言语不能收到好的表达效果。先秦学者注意到具有相同语法结构的句子，有一部分可以说，有一部分不可以说。《墨辩·小取》曰："白马，马也；乘白马，乘马也。骊马，马也；乘骊马，乘马也。获，人也；爱获，爱人也。臧，人也；爱臧，爱人也。此乃是而然者也。获之亲，人也；获事其亲，非事人也。其弟，美人也；爱弟，非爱美人也。车，木也；乘车，非乘木也。船，木也；入船，非入木也。盗，人也；多盗，非多人也，无盗，非无人也。奚以明之？恶多盗，非恶多人也；欲无盗，非欲无人也，世相与共是之。若是，则虽盗人，人也，爱盗非爱人也；不爱盗，非不爱人也；杀盗，非杀人也。无难矣。……此乃是而不然者也。"这里，从两个方面说明了问题：一方面是"是而然者"。意思是，有些词项习惯上可以替换搭配使用。书中重点考察了那些具有类属关系的词。比方，"骊马"与"马"有类属关系，或者说有真包含于关系，当一动词与外延较小的词项可以构成恰当的搭配关系时，该动词与其外延较大的词项同样可以构成恰当的搭配关系，这样由"乘骊马"进而可以说"乘马"。这里提及的搭配替代关系只是"属"去替换"种"，却没有说由"种"去替换"属"，即只允许以"马"去替换"骊马"，说"乘骊马，乘马也"，却不可以用"骊马"去替换"马"，即不能说"乘马，乘骊马也"；允许以"人"去替换名叫"获"的人，说"爱获，爱人也"，却不可用"获"去换"人"，说"爱人，爱获也"。另一方面是"是而不然者"。意思是，有些词项习惯上不可以替换使用。这里分两种情况。第一，虽然有些词项之间有属种关系，但是搭配之后发生属性转移，因此不能替换。尽管"弟"是"美人"，"盗"是"人"，但是"爱弟"者并非必然"爱美人"，可能爱的是一种宗室关系，或弟所具有的其他属性；"多盗"也不必然"多人"，前者可以指"盗的总数多"或"盗的现象多"，突出的是"盗"这种属性。"多人"却习惯上理解为"人的总数多"，由"多盗"到"多人"，语义发生了根本变化，故不合替换习惯。第二，有些词项指称的对象之间具有整体与部分的关系或要素与成品的关系，如果替换使用则会发生指称对象转移，因而也不能任意替换其搭配关系。我们知道，"船，木也"，如此说并不错，因为船是木（构造）的，木质的。可是，说"入船"就是"入木"则是不可以的。因为"入木"中的"木"据认知规律很难让人理解它是指船。这样，以"木"去替换"船"，人们会依语义认知习惯去理解，并使指称对象发生转移。《墨经》列举了"是而然者"和"是而不然者"两种语用现象之后，进一步从理论上作了分析。它这样阐述："爱人，待周爱人而后为爱人。不爱人，不待周不爱人。……'乘马，不待周乘马然后为乘马也。"这里从量的方面解释了词项在语用中的受制约性。由于有"一周而一不周"的语义差别，所以不能在搭配上任意替换。《墨经》中列举了很多复杂的语言现象，蕴涵着重要的语言哲学思想。比方"桃之实，桃也；棘之实，非棘也"，反映的是语言的借代用法。"桃树"之"桃"代指"桃实"之"桃"，而"棘"没有这种借代习惯，故不能滥用。"问人之病，问人也；恶人之病，非恶人也"涉及到施事与受事关系。问病，必然涉及到人，并且是通过问人而后及病。"人"是受事者，为什么恶人之病却不是恶人呢？因为恶直接涉及到的是病，受事对象是"病"。此外，"马之目大而不谓之马大"，"牛之毛众，不谓牛众"等等都从不同侧面反映了语言使用的一定的内在规律，从而警示人们必须遵循它。

《墨经》这种语用观与古希腊亚里士多德的很相似。亚里士多德认为，有些宾词结合可以使一些独立的宾词联系成为一个"单一的宾词"，意即成为一个相对完整其语义比各个独立的宾词更丰富的较大的宾词。在什么情况下使用是可能的，在什么条件下又是不可能的呢？亚里士多德认为，多个独立的宾词结合以后能够恰当地述说原来的同一个主词，则是可能的；如果结合以后不能准确述说原来主词的属性，则是不可能的。他说过，我们可以用两个独立的命题分别说"人是一个动物"和"人是一个两足东西"。我们也可以把两者结合起来，实际上就是将两个不同的宾词结合起来述说原来的相同的主词，说"人是一个两足动物"。但是如果一个人是鞋匠，并且此人不错，我们就不能造成一个两结合的宾词来述说原来共同的主词，说"他是一个不错的鞋匠"。针对这种情况，亚里士多德说："如果每当两个独立的宾词真的属于一个主词的时候就推论说由它们的结合所得的宾词也真的属于主词，则就有许多荒谬的结果发生。"他研究发现有些词项至少在三种情况下不能结合成一个整体来使用主词。第一，宾词结合形成语义修饰对象转移，比方由"人是鞋匠""人不错"，结合为"人是不错的鞋匠"，以"不错"来修饰"鞋匠"，这就将指称人品的修饰语用在人的技艺方面了，因而发生语义潜移，改变了原来的语义。第二，有些宾词，虽然可以述说同一主词，但是分别表达主词所指称主体的偶有属性，或者一宾词相对另一宾词所表达的也是一种偶然性，这样的宾词也不能结合为新的宾词统一体，表达语义的统一性。亚里士多德说："某些宾词……如果它们对于同一个主体来说乃是偶然的，或彼此之间乃是偶然的，就不能结合成一种统一性。"① 比方，"人是白脸色的和有教养的"这个命题，"白色的"和"有教养的"结合并不能形成一种统一性，因为它们只是偶然地属于同一个主体。退一步说，就两个宾词而言，即使勉强说"那白的东西是有教养的"，其中"有教养"和"白"也不会形成一种统一性，因为一宾词揭示的语义并非必然地属于另一宾词指称对象。第三，如果一个宾词与另一个宾词具有包含关系，那么这些宾词同样不能形成一种统一性。"动物"这一宾词与"两足的"这一宾词所揭示的语义已经包含在"人"的语义范围之中，如果我们说"一个动物人"或"一个两足的人"都是不

---

① 亚里士多德：《解释篇》，20b。

恰当的。

比较来看，先秦所涉及到的句法搭配的语用理论与古希腊亚里士多德所论述的基本一致。

当然，先秦时代对语用问题的关注远远不限于前述这些，除了正面探讨应当如何表达言语外，还从反面注意到了不应当说什么的问题。比方，邓析子云："非所宜言勿言，非所宜为勿为，以避其危。""恶言不出口，苟语不留耳，此谓君子也。"[1] 不该说的就不说，以免遭到危害。这是因为言语既有鼓舞人的力量，同时也有伤害人的弊端。既然可以伤害人，那么被伤害者则可能报复，反过来伤害言语者。当然，至于那些不宜说的秘密，如果说了，其危害更是不可预料，倾家荡产，或亡族亡国都不是没有可能。

（六）语用论的现代思考

句子的产生之所以可能，是因为有构成句子的材料——词项的存在。词项又是怎样形成句子的呢？通常的答案是因为有语法规则。这似乎毋庸置疑。但是，为什么有些句子形成以后，在一种语言系统中被认为是合语法的，在另一种语言系统中被认为是不合语法的？比如："李先生喝烟"（方言，汉语普通话认为它"述宾搭配不当"）、"周さんは日本语を话すてとがきでます"（正确的日语句子，句法结构为"主语—宾语—述语"，与现代汉语习惯不一致）、"khon²（人）sa：m¹（三）khon²（人）"（泰语，三个人）。[2] 为什么即使是同一语言表达式，也是在同一个语言系统中，一个时候被认为不合语法，另一个时候被认为合语法？例如："实现任务""最……之一""ABCD 等 4 组"。[3] 为什么有些表达式其语法形式并不一样，有的甚至很"出格"，可是人们却都可以理解？

①　《邓析子·转辞篇》。
②　李宇明：《拷贝型量词及其在汉藏语系量词发展中的地位》，《中国语文》2000 年第 1 期。
③　邢福义：《"最"义级层的多个体涵量》，《中国语文》2000 年第 1 期。

例如，汉语中的"我—吃—饭、我—饭—吃、饭—我—吃"甚至"吃—我—饭"。由此看来，人们有理由对"将词项组合成句子的依据是语法规则"的说法产生怀疑，因为，就现在人们对语法的狭义的解释，语法实际上只能管由词项组合成的语句在形式上符合不符合习惯，却解释不了由词项组合成句子的内容上的依据，以及这种组合的句子正确不正确。句子确实是由词项组成的，并且也确实存在着组合正确与错误的问题，这是不争的事实，那么，其组合的依据究竟是什么，为什么会有正确与错误之分别？要解答这些问题，就必须透过表面形式从构成语句的材料——词项自身去认识。

我们认为，之所以句子的语法形式可以变化多样甚至完全不同而语句意义却基本不变，能够互相理解，彼此翻译，是因为有词项的语义之间的彼此关联作保证。总的说来，词项语义关联的客观依据在于：客观世界，事物、性质、关系的原子事实的关联构成客观事态，对应地反映于人脑中的意象拷贝着客观事态，指称意象的词项组合成语句描述着客观事态。从客在的事物、性质、关系到意象的事物、性质、关系再到语言的事物、性质、关系，三个阶段，第一阶段是基础，第二阶段是中介，第三阶段是表达。表达的过程是描写意象，表达的目的是刻画客观事态，因此表达自始至终受意象与客在的双重制约，也就是说，客在事态与主观意象始终是语句意义的基础保证。表达同时又是技术过程，表现为词项的技术排列，这种排列有先入为主性，追求从众性，约定俗成性，同时又有个人习惯性，因此就有了技术构造结果——句子语表形式的多样性。但只要描写的客观事态是同一的，人脑中的意象就是一致的，语句意义就不会因技术差异而受到大的影响。

严格说来，词项仍然是一个抽象的"套箱"，其中可以代入任何具体的语词符号。从认知发生规律上看，词项的产生仅仅是语言思维运动的一个起点环节。如果将人对客体的反映作为全部思维运动的开端，以句子的输出为终点，词项（名）的静态面目和动态形式可以从下列"词项产生及词项输出机制”图解中得到说明。

客体	意象	词项		言词

$$
\begin{array}{cccc}
\text{客体} & \text{意象} & \text{词项} & & \text{言词} \\
& & & \text{语符} & A_4,A_5,A_6,A_7\cdots A_n \\
A_1 & A_2 & A_3 & & \\
& & & \text{意象} & \\
& & & \text{意象} & \\
B_1 & B_2 & B_3 & & \\
& & & \text{语符} & B_4,B_5,B_6,B_7\cdots B_n \\
\text{客体} & \text{图像} & \text{命题} & & \text{句子}
\end{array}
$$

词项产生及词项输出机制图

透过图表，我们可以清楚地认识到，一个词项可以转化为不同的言词。按照索绪尔的语言观，严格地说，词项就是 terms of languages（语言的词项）；言词，严格地说是 parol terms（言语的词项）。言词是词项的具体运用，是具体化了的词项。[①] 当然，假设世界上只有独一无二的语言，那么言词和词项便是等同的。语言研究者几乎普遍注意到——一个词项可以用不同的言词来表达，同一个言词可以表达不同的词项（“注意到”，仅指逻辑家在著述中隐含着这样的思想，但迄今并无明确采用“言词”与“词项”的严格区分意义的理论陈述），但对于究竟为什么会具有这种关系，却很少寻根究底，因而不免给词项与言词之间关系的理解带来几分朦胧与神秘。然而，“词项产生及输出机制”图表则勾勒出了它们之间错落转换的线索：即是说，词项的语符是个抽象的框架，正如逻辑变项一样，可以依据不同民族或同一民族的不同区域的言语习惯注入具体的符号。具体地说，对于客体 A_1 B_1 而言，可以相应地产生意象 A_2 B_2，A_2 B_2 进入语言思维领域便形成相应的词项 A_3 B_3。词项 A_3 可以转化为言词 A_4，A_5，A_6，$A_7\cdots A_n$，同时还可以转化为言词 B_4，B_5，B_6，$B_7\cdots B_n$；词项 B_3，既可以转化为 B_4 B_5 B_6 $B_7\cdots B_n$，又

---

① ［意］乔利奥·C.莱普斯：《结构语言学通论》，中国社会科学出版社 1986 年版。

可以转化为 $A_4 A_5 A_6 A_7 \cdots\cdots A_n$。设 $A_n = 4$，$B_n = 4$。这样，同一个词项可以通过 8 个言词形式输出。反过来，同一个言词形式也可以代表两个彼此不同的词项，如言词 A_4，可以传讯词项 A_3，又可表达词项 B_3。

词项的言词转化功能同时也为我们理解命题与语句的复杂关系提供了重要参考。这一点我们可以通过数学运算得到严格说明。"词项产生及输出机制"揭示：客体与客体的结合仍为客体，意象与意象的组合成为图象，词项与词项联结产生命题。言词与言词搭配输出句子。现在，设词项 $A_3 B_3$ 之间具有 R 关系，那么命题"$A_3 R B_3$"就可以有如下数目的句子输出：

设 R = 对称关系

S = 句子

据 $S = C \dfrac{N}{M}$

则 $S = C \dfrac{1}{8} \cdot C \dfrac{1}{4} \cdot C \dfrac{1}{3} = 96$

这就是说，言词 $A_4 A_5 A_6 A_7$ 和 $B_4 B_5 B_6 B_7$，依据确定的 R 关系，可以形成 96 个句子来表达同一个命题 $A_3 R B_3$。

词项组合的核心支柱是词项所反映的"关系"。词项基本语义类型有三种：对象词项、性质词项、关系词项，其中的关系项就是词项结合描写的黏合剂。设关系词项为 R，那么词项结合描写的程式就集中表现为给"R（ ）"的空位上填补一定的元目。这样一来，词项的结合描写过程就完全转化为词项的逻辑建构过程，以关系词项为轴心构造的关系式（注意：这里"关系式"含义不同于传统逻辑意义上的用法，它的内容更丰富）就成了全部复合词项或命题的最深层的逻辑基础。由此演绎，人类言语生成基础和彼此翻译的真实依据，就会从无数语言学家、哲学家、逻辑学家、心理学家的种种猜测中摆脱出来。我们可以仅以二项语义关系为例略作说明：

$$
R(a,b)\left\{
\begin{array}{l}
aRb\left\{\begin{array}{l} S_1 \\ S_2 \end{array}\right. \\[2mm]
Rab\left\{\begin{array}{l} S_3 \\ S_4 \end{array}\right. \\[2mm]
abR\left\{\begin{array}{l} S_5 \\ S_6 \end{array}\right.
\end{array}
\right.
$$

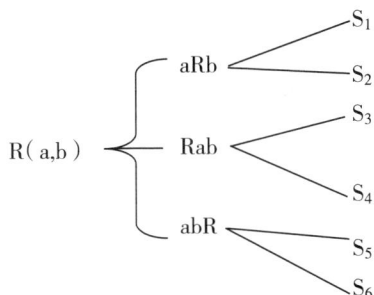

逻辑关系式　　样逻辑表达式　　言语表达式

言语生成基础模型

我们把上述图表称之为"言语生成基础模型"。其中 a、b 表示关系项，它可代表可组成复合词项或命题的一切元目，包括词项和命题。R 代表关系。R（a，b）称为逻辑关系式，aRb 一列称为表达逻辑关系的逻辑表达式，S_1，S_2……称为言语表达式，S 可以是言词，也可以是句子。该模型表明，一种逻辑关系式可以生成多个不同的逻辑表达式，每一种逻辑表达式又可以转化出多个不同的言语表达式。一个相对封闭的言语生成子系统，逻辑关系式是唯一的，逻辑表达式是多样的，言语表达式更是灵活的。自然地，逻辑关系式就是言语生成的逻辑基础。

词项关系是逻辑形式等值转换的深层基础。罗素为什么能将一个词项（主要指他已分析过的确定摹状词）转化为几个命题形式？一个命题形式为什么能转换为等值的其他命题形式，以往的语言学家、哲学家、逻辑家对此并未引起足够的重视与研究。"言语生成基础模型"从根本上揭示出，制约这种转换的"坚强后盾"是词项所反映的关系。设 a、b 之间有 R 条件关系，其逻辑表达式可以表示为：

$$
R（a,b）\left\{
\begin{array}{l}
a\rightarrow b \\
b\leftarrow a \\
\sim b\rightarrow\, \sim a \\
\sim a\vee b \\
\sim（a\wedge\sim b） \\
\cdots\cdots
\end{array}
\right.
$$

这就是说，之所以逻辑表达式经过多次转换却能万变不离其宗，奥秘在于：它们都毫无例外地受着逻辑关系的保障。

言语生成原理能够揭开人类语言翻译机制的神秘面纱。乔姆斯基（Noam Chomsky）认为，语言具有深层结构（Deep structures）和表层结构（Surface structures）两个层次。各民族语言均有不同的表层结构，但所有民族语言都有共同的深层结构。正因为它们有共同的深层结构，各民族语言才得以互相翻译。这里所谓各民族共同具有的深层结构到底是什么呢？它"是看不见听不见的，是语言学家根据语言材料、说话人的语感等等假设出来以便解释种种语法现象的抽象结构"①。尽管这种假设"是引人入胜的"，但是怀疑者并不少。有人公开责难说："深层结构好像生活在深海底层的一种神秘的鱼，当你把它捉到水面上来观察时，由于压力的变化太大，它会马上爆炸，结果什么也没有看到，使你非常懊丧。"②乔姆斯基为了摆脱深层结构理论实际运用中遇到的困难，便借助心灵主义解释，认为"语言的深层结构不是来自经验的而是先验的。"③恰恰相反，言语生成基础模型表明，人类语言之所以能翻译，其基础不是"神秘的鱼"，更不是先验的，而是可以分析的逻辑关系。这种逻辑关系是人脑对事物之间联系认识的必然结果，是词项句法语义关系的具体体现，是句子构造的语义基础。

六、先秦语言哲学之解释论

语言哲学的解释理论中有两个概念即"理解"和"解释"，略有区分。理解是就个人而言的，指个人对语言问题的认识，存在个人与语言

---

① 郑锦全：《语言学》，台湾学生书局 1980 年版，第 23 页。
② ［美］J. 艾奇逊：《现代语言学导论》，福建人民出版社 1986 年版，第 114 页。
③ 夏基松：《当代西方哲学教程》，上海人民出版社 1987 年版，第 596 页。

的二项关系；解释是对理解的陈述，是向他人说明语言的意义，存在着个人、语言意义与他人三方关系。理解可以是心理的，意会的或非语言的；而解释通常是外在的，清晰的和表述的。解释包含理解的意思，并且解释必须以理解为前提。因为如此，我们在使用解释一词时允许其兼表理解认识之意。解释面临的问题包括语言形成过程的认识，语言系统自身特性以及言语意义的理解。语言形成过程的认识理解，指如何看待语义的产生，语义符号的形成，由个体符号组成符号串即成为短语和句子的原理等；语言系统自身特性的解释，涉及到形式结构与语义结构的关系，语义结构与世界的关系，单义与多义的特征等；言语意义的解释涉及到意义单位，说话人与语义，语境与语义的关系，语言翻译与语义，语句的真假等等。一个语言信息传输的全过程包括语言信息的发出和语言信息的接收。"接收"不只是"听到"或"看到"的问题，严格地说它必须包括理解。理解了，而且是正确理解了话语的意思才是真正的接收。由此可见，解释理论涉及到诸多方面。

先秦时代，解释思想比较丰富。现就其中几个主要方面做些探讨。

（一）语义结构解释

语义结构解释就是从分析词语的内部结构入手解释词语意义。尹文说：

> 语曰"好牛"，不可不察也。"好"则物之"通称"，"牛"则物之"定形"，以通称随定形，不可穷极者也。设复言"好马"，则复连于马矣，则好所通无方也。设复言"好人"则彼属于人矣。则"好"非"人"，"人"非"好"也。则"好牛"、"好马"、"好人"之名自离矣。[①]

---

① 《尹文子·大道上》。

从这段文字可以看出，尹文子已经注意到作为语言符号整体"名"的内部具有一定的语义结构关系，要认识其意义"不可不察"这种关系。整体符号由各成分构成，各个成分自有其特殊的语义性质。按现代话说，尹文此处的例子涉及到"AN"结构，即"形容词加名词"结构。尹文子清楚地看到"好"（A）这一词为"物之通称"，具有普遍属性，而"牛"（N）之类词为"物之定形"，具有特殊性。命形之"名"可以受"通称"修饰，即所谓"通称随定形"。推而广之，他认为这种结构可以构成无穷无尽的"名"。"好"今人依区分词性之标准定为形容词，古代没有关于词性分别的多种专门术语。从引文看，尹文把"好"也归于称物之"名"，只不过它是"物之通称"罢了。今人所言具体事物之"名词"，古人则说是"物之定形"之名。回顾前面提到尹文所谓"未必有形"之名，"好"应属其列。文中明显提到"好马"一词，自然使我们想到古希腊亚里士多德的词项语义结构分析的一段话："所谓一个名词，我们的意思是指一个由于习惯有其意义的声音，它是没有时间性的，它的任何一部分离开了其他部分就没有意义。在'好马'这个名词里面，单独'马'这个部分本身并无意义，不像在'优良的马'这个短语里面那样。但在简单的名词和复合的名词中间，是有一种差别的，因为在前者里面，部分是绝对没有意义的，在后者里面，部分对于整体的意义有所贡献，虽然它没有一个独立的意义。'盗船'中，'船'一字仅只具有那种作为整个词的一个部分时所具有的意义。"① 两千余年前的古代中国、希腊的两位不同学者，同在讨论"名"这一符号语义时列举到同一个例子"好马"，阐明相近的语义观。这是不是巧合呢？科学史家加·米诺（G.Milhallaud）在《论希腊科学的渊源》一书中指出：毕达哥拉斯数形观念的认识与中国《周易》的演绎推论形式上有关联。② 由

---

① 亚里士多德：《解释篇》，16a。

② 汪奠基：《中国逻辑思想史》，上海人民出版社1979年版，第2页。

此看来，这种现象实际应该说是科学研究、人类对语言的认识基本同步发展的必然反映。

（二）事物属性分析

先秦学者注意到通过分析事物的属性了解释语言的意义。"若牛马四足，惟是，当牛马。数牛数马，则牛马二；数牛马，则牛马一。若数指，指五而五一。"① 意思是说，几种属性聚合成的一个整体，如牛和马属于四只脚的兽，单独的实体，当是指牛和马本身。分开来，数牛、数马，那么牛和马是两种实体，合起来数牛马，那么牛马属于四脚兽这一个群体。好比数指头，分开数指头有五个，合起来就只是手指这一个整体了。为什么会出现这种情况呢？因为事物的属性制约着指号的语义。就"四脚兽"这一语义共性而言，牛和马属于一类，即"牛马一"。如果不依此来考察，那么，"牛马二"，即牛就是牛，马就是马，而不宜说是一类对象。符号形成了语义整体去指称特定对象之后，就不可任意分解，任意分解就会造成语义混乱。《墨子》曰："牛马非牛也未可，牛马牛也未可。""牛不二，马不二，而牛马二。则牛不非牛，马不非马，而牛马非牛非马。"② 这段话是说，对于"牛""马"这两个符号组合的符号整体"牛马"，说该整体指"牛"不可以，说不是指"牛"也不可以。牛不是两种实体，马也不是两种实体，但牛马这个整体却是两种实体组成的。牛就是牛，马就是马，但牛马既不是牛也不是马。《墨经》论述的思路是明晰的。先预设两个种组成更大的属之后，依其中的一个种及其否定来称谓该属，是允许的，或者依其中的一个种及其否定来称谓该属不是允许的。接着便指出，事实上无论允许之称谓还是不允许之称谓都是不可以的，为什么？因为两个种组成的整体毕竟是二合一的，并不

---

① 《墨子·经说下》。

② 《墨子·经说下》。

是其中的某一个"一"。既如是，其中的任何一个"一"都不能代替合起来的"一"。具体地说，一个种不能代替一个属。

（三）定义与列举

定义法是先秦用得最多的一种解释"名"的语义的方法。《尹文子》的《大道上》和《大道下》两篇绝大部分篇幅是直接讨论"名"的，涉及到命名、名形关系，名的语用以及道、器、形的称谓等问题。文中没有直接从理论上阐述关于"名"的释义方法，但是行文过程却体现了其多样的被现代语义理论所公认的重要的语义诠释法。定义是从符号承载的关于事物的性质方面来明确语义的方法。逻辑学上说，定义是揭示概念内涵的逻辑方法，其中"内涵"大体相当于语义领域所谓的"词的含义""语词符号的意义"。谈到名，尹文曰："名也者，正形者也。""名称者，别彼此而检虚实者也。"这是从名的规范制约功能方面进行定义。前者重在"正形"，后者重在"检虚实"。"正名"与"检虚实"各具功能，相互补充。"名者，名形者也。"这是从名的称谓功能进行定义。从定义表达形式上看，基本格式是"……者……也"，其次是"所谓……"，例如，西周的姜太公向武王定义几个"名"用的就是这种格式。太公谓武王曰："所谓大者尽得天下之民，所谓众者尽得天下之众，所谓强者尽用天下之力，所谓安者能尽得天下之欲，所谓天子者，天下相爱如父子也。"[①]

列举法是从"名"所涉及的范围上揭示语言符号的语义。如果说定义是侧重在质的方面认识"名"指称的对象的话，那么列举法则是侧重从量的方面来认识的。这种方法用得很广泛。比方，武王问太公有哪些将之道，太公用了列举法进行解释，太公曰：将有五才十过。所谓五

---

① （唐）魏征、萧德言：《诸子治要》（卷一）之《六韬·犬韬》，世界书局 1962 年版，第 13 页。

才者，勇智仁信忠也。用勇则不可犯，智则不可乱，仁则爱人，信则不欺人，忠则无二心。所谓十过者，将有勇而轻死者，有急而心速者，有贪而喜利利者，有仁而不忍人者，有智而心怯者，有信而喜信于人者，有廉洁而不爱民者，有智而心缓者，有刚毅而自用者，有懧心而喜用人者。①

将定义列举合并使用也是先秦释名常用到的方法。即既用定义法又用类举法释同一个"名"的义，使人既从质上又从量上全面认识语符意义。譬如说："凡国之存亡有六征：有衰国、有亡国，有昌国、有强国，有治国、有乱国。所谓乱亡之国者，凶虐残暴不与焉；所谓强治之国者，威力仁义不与焉。君年长，多腾姿，少子孙，疏宗强，衰国也；君宠臣，臣爱君，公法废，私欲行，乱国也；国贫小，家富大，君权轻，臣势重，亡国也。凡此三征，不待凶虐残暴而后弱，虽曰见存，吾必谓之亡者也。内无专宠，外无近习，支庶繁字，长幼不乱，昌国也；农桑以时，仓廪充实，甲兵劲利，封疆修理，强国也；上不胜其下，下不能犯其上，上下不相胜犯，故禁令行，人人无私，虽经险易而国不可侵，治国也。凡此三征，不待威力仁义而后强，虽曰见弱，吾必谓之存者也。"② 这里，用的就是定义列举并用法，先类举六征：衰、亡、昌、强、治、乱，而后一一定义之。

（四）等值替换证明

等值替换证明是用一个表达式去代替另一个表达式，从而说明两者的意义的同异。语言哲学研究界通常认为，语言哲学之父弗雷格是最先使用该方法于语言解释的学者。据我们对先秦语言哲学思想的研究，发现公孙龙早就有类似的思想。公孙龙这种思想是伴随着那被西方

---

① （唐）魏征、萧德言：《诸子治要》（卷一）之《六韬·犬韬》，世界书局1962年版，第9页。

② 《尹文子·大道下》。

人称为怪论的"白马非马"的命题提出来的。直接体现公孙龙"白马非马"思想的论述不过五百言，但由于论述方式复杂，含义晦涩，因而在中国文化研究史上一直被认为是个语义难题。因此，我们不妨先看看原论：

"白马非马，可乎？"曰："可。""何哉？"曰："马者，所以命形也。白者，所以命色也。命形者非命色也。故曰'白马非马'。"曰："有白马，不可谓无马也。不可谓无马者，非马也？有白马为有马，白之，非马何也？"曰："求马，黄、黑马皆可致。求白马，黄、黑马不可致。使白马乃马也，是所求一也。所求一者，白马不异马也。所求不异，如黄黑马有可有不可，何也？可与不可，其相非明。故，黑黄马一也，而可以应有'马'，而不可以应有'白马'，是'白马之非马，审矣。"曰："以马之有色为非马，天下非有无色之马也。天下无马可乎？"曰："马固有色，故有白马。使马无色，有马如已耳，安取白马？故白者，非马也。白马者，马与白也。马与白，马也？故曰'白马非马'也。"曰："马未与白为马，白未与马为白。合白与马，复名'白马'，是相与以不相与为名，未可。故曰'白马非马，未可。'"曰："以有白马为有马，谓有白马为有黄马，可乎？"曰："未可。"曰："以有马为异有黄马，是异黄马于马也。异黄马于马，是以黄马为非马。以黄马为非马，而以白马为有马，此飞者入池，而棺椁异处，此天下之悖言乱辞也。"曰："有白马不可谓无马者，离白之谓也。不离者，有白马不可谓有马也。故所以为有马者，独以马为有马耳。非以白马为有马，故其为有马也，不可以谓马马也。"曰："白者不定所白，忘之而后可也。白马者，言白定所白也。定所白者，非白也。马者，无去取于色，故黄黑马皆所以应。白马者，有去取于色，黄黑马皆所以色去，故唯白马独可以应耳。'无去者，非有去'也。故曰白马非马。"①

该文的焦点在于论证"白马非马"命题。

对公孙龙的论证，有人几乎持彻底否定态度，说：从思想方法的角度看，公孙龙的客观唯心主义的体系在于他形而上学地割裂了一般和特殊的联系，把一般和特殊的差别加以片面夸大。《白马论》说："求马，黄、黑马皆可致，求白马，黄黑马不可致。"这里的论证，公孙龙有意制造了混乱。他只说"求马，黄马、黑马皆可致"，他故意不说"求马，黄马、黑马，白马皆可致"，因为他如果说"求马，白马可致"，就达不到"白马非马"的结论了。如果公孙龙的"白马非马"这个命题仅仅说明"白马"这一概念不是"马"的概念，是可以成立的。但是，他把这种差别绝对化了，认为二者既然存在着差别，因此，也就没有必然的联系。他说"故所以为有马者，以独马为有马耳，非有白马为有马"，又说"马固有色，故有白马。使马无色；有马如已耳，安取白马"。这是说，即使没有具体特殊的马（如白马），还有一个马一般独立地存在着。这样，又将"马""白""白马"这些概念都理解为全是孤立的，不仅认为在任何情况下，"白马"与"马"是绝缘的，而且应用到主宾辞式的逻辑推论中，又彻底割断了"特殊"和"一般"之间的内在联系，从根本上反对了唯物主义认识论，从而又导致了白马根本不是马的诡辩。公孙龙的"白马非马"这一命题最后所以陷于诡辩和客观唯心主义，显然是由于他的荒谬的形而上学的宇宙观所造成的。②

我们认为，并不能如此否定公孙龙的思想。公孙龙的"白马非马"命题涉及的是符号的含义与指称问题。他论说中体现出来的语义分析思想与方法，同当代语言哲学大师弗雷格的语义思想和方法有异曲同工之

---

① 《公孙龙子·白马论》。

② 任继愈主编：《中国哲学史》，人民出版社 1979 年版，第 177 页。

妙。① 首先，公孙龙注意到了语言符号之含义的区分，即注意到了不同的语言符号具有不同的语义。白马为什么"异于"马？公孙龙抓住了两者含义的不同。而这种含义的差别又是由不同语言符号的表意功能造成的。"马"对于颜色不存在取舍，或者说它舍弃了"色"这种语义，而"白马"则对"色"有明显取舍，它将"白"这种性质附于"马"，因而含义就不一样了。这种指号与含义差别的关系弗雷格同样是强调的。弗雷格认为，表达式、含义与指称间具有这样的关系：承载不同含义的不同的表达式可以有相同的指称对象。反过来，同一对象可以由含义不同的语词表达式来指称。这种思想早在先秦公孙龙子著作中就存在了。其次，利用等同关系思想理解语义。为了证明具有同一指称对象的表达式并非必然具有人们可以接受的等同关系，弗雷格设计了"相等"形式的证明。客观上，"长更星"与"启明星"指称同一对象，但是人们能够普遍接受"长更星是长更星"的命题，因为它是分析的，但是不能普遍地接受"长更星是启明星"的命题，因为它是综合的，需要凭经验断定。公孙龙《白马论》中同样运用的是"等同"原理来证明其论点。公孙龙说："求马，黄、黑马皆可致。求白马，黄、黑马不可致。使白马乃马也，是所求一也。所求一者，白马不异马也。所求不异，而黄黑马有可有不可，何也？可与不可，其相非明。故黑黄马一也，而可以应有'马'，而不可以应有'白马'，是'白马之非马'，审矣。"公孙龙是如何运用等同原则的呢？首先，明确了指称对象。在公孙龙对符号、指称、物三者关系的全面论述的系统的语义理论著作《指物论》和《名实论》中，他已经有了关于"能指""所指"的关系的深刻论述。公孙龙认为"名"是指称"实"的，作为"名"指称的"实"，即指号指称的所指，是有层次区别的。其次，进行替换验证。习惯看来，语义问题似乎总是定性分析的问题，是与非似乎没有什么明显的界限，公孙龙则实

---

① 参见"语言研究的哲学视野"部分。

际上创造性地运用了量化方式的等值证明，来避免了判定上的模棱两可。我们不妨将他的论证部分形式化，并用等量式衡量。

依原文设 A 代表"马"，B 代表"白马"。如果 A 无异于 B，根据同一替换律，在任何条件下，以 B 代替 A，其表达式的真值不发生改变，那么 A＝a＋b＋n 也等于 B＝a＋b＋n。即是说，如果"马"与"白马"是同一的则两等式相同，即命题"马等于黄马加黑马等"与命题"白马等于黄马加黑马等"等同。事实上，这两个命题是截然不同的，所以"白马"不能同一替换"马"，故"白马非马"。公孙龙的等值含义证明的解释方法是具有逻辑力的。

（五）语义真值观念

先秦时代涉及到了语义的真实问题。真实问题通常与"是非"问题相提并论。无论用语怎样有异，但真实、是非问题的本质特性却是确定的。真，指的是与客观事实相符合，不真（假、非）则与客观事实不相符合。与语言表达式结合起来，那就是：凡表达的语义与实际一致，便是真的语句，不一致则是假的语句。尹文说："凡天下万里，皆有是非，吾所不敢诬，是者常是非者常非，亦吾所信。"[①] 尹文的观点是：天下有是非，并表示相信"是"就是"是"，"非"就是"非"。他没有说明何以为是，何以为非，判别是非的标准是什么，但能够确定地表明相信有是非，应该说这是唯物论的。说尹文子未给出"是非"的判别标准，指的是他没有明确的理论阐述，不等于他本人分不出孰是孰非。这种观点与古希腊哲学家关于语言的真实性的思想相似。一个假的句子是这样的："它指非存在的事物是存在的和存在的事物是不存在的。"（柏拉图）亚里士多德研究发现，无论命题的主词多么不同，宾词多么有异，所有命题均有着共同的语义特征，即真或假。"凡以不是为是，是

---

① 《尹文子·大道上》。

为不是者就是假的，凡以实为实，以假为假者就是真的。"① 命题的真假实际上取决于命题语义与客观实在的关系。如果一个命题所承载的语义正好与客观实在相符合，那么该命题就被认为是真的，反之则为假。比较来看，尹文与柏拉图、亚里士多德判断语言的真假是与非的观点在本质上是一致的。

真假概念之所以是命题的语义解释的重要概念，这是由命题自身的特征决定的。从语义角度看，命题有双重性：一方面，任何命题本身必定表达一定的意义，这种意义是诸词项组合的语符串产生的，是命题自身承载的信息。另一方面，命题有真假。命题的真假在某种意义上说是人们对命题本身承载的语义或信息的再认识和评价。词项的指称性和组合功能构筑了命题信息语义的基础，命题传达的信息是否可以作为客观规律的反映，成为人们必须了解的知识，并非人人都心中有数。语义解释引入真假概念，对命题作进一步的语义阐释，明确真值语义的命题，分清思想的正确与错误，正是命题所要完成的神圣使命。

顺便说说，先秦时代对语义真假的判定的能行性产生怀疑。比方，庄子与惠子之辩。"庄子与惠子游于濠梁之上。庄子曰：夫游鱼出游从容，是鱼之乐也。惠子曰：子非鱼，安知鱼之乐？庄子曰：子非我，安知我不知鱼之乐？惠子曰：我非子，固不知子矣。子固非鱼矣，子之不知鱼之乐鱼之乐全矣。庄子曰：请寻其本。子曰'汝安知鱼乐'云者，既已知吾知之而问我；我知之濠上也。"② 尽管庄子与惠子的辩论不是为了讨论语言本身真假的判定问题，但内容涉及到这一点，即语言的含义能够被人知道，而含义的真实性如何，似乎并不可断定。

---

① 亚里士多德：《解释篇》，20b。

② 《庄子·秋水》。

（六）同时代希腊类似的解释理论

同时代的西方，亚里士多德解释理论与先秦类似，这体现在他给词项作解释的方法上。亚里士多德的词项解释主要在四个方面：内涵解释、外延解释，关系解释和功用解释。词项语义包括内涵和外延两个方面。以词项的内涵为诠释重心所作的语义解释是内涵解释。亚里士多德是如何进行内涵解释的呢？我们可以通过他对"可能"一词的解释加以说明。他说，"可能"一词有多种含义。在一种情况之下，它被用来指事实，指那已现实化了的事物发展的趋势。例如说一个人发觉步行是可能的，因为这个人是在步行着；一般说来，当一种能力实际上已现实化了而把该种能力赋予一件事物的时候，我们就是在使用这个意义下的"可能"一词。在另一种情况之下，"可能"一词则用来指某一种能力，这种能力在一定条件下是能现实化的。例如我们说一个人发觉步行是可能的，因为在某种条件之下他会步行。这后一种可能性只属于那能运动的东西，前一种则能够存在于那没有这种运动能力的东西那里。对于那确在步行着并且是现实的东西，以及对于那有这种能力虽然不一定现实化了这种能力的东西，都能正确地说它并非不可能步行。简言之，"可能"一词语义有二：一表状态，二表趋势。"他会写字是可能的，因为他已经写了字。"这里的"可能"则表达了状态，表达了绝对必然性。"他可能会写字。"这里的"可能"表达的是一种趋势，这种趋势仅仅是对事物的推测，并不是用可能一词表达绝对必然性，因为它并没有转化为现实。①

以词项的外延为诠释重心所作的语义解释是外延解释，亚里士多德对量项的解释运用的就是这种方法。他说："全称的，我指的是这样的一种陈述，即：某事物属于另外某事物的全体分子或无一分子。特称的，指的是：它属于其中的一些，或不属于其中的一些，或不属于其全体。"②

---

① 亚里士多德：《解释篇》，23a。

② 亚里士多德：《前分析篇》，24a。

显然，这里的类解释揭示了词项的外延。在《解释篇》中，他的外延解释运用得更明显。他举例说："'人'是一个全称的，'卡里亚斯'是一个单称的。"值得注意的是，亚里士多德并不总是将内涵解释和外延解释分别独立地使用，将二者结合起来作词项语义解释也被他运用过。这跟先秦的定义列举法极其相似。关系解释指的是通过揭示词项与词项之间的外延关系来说明词项的语义。三段论是亚里士多德的极为引人注目的研究成果。这种杰出成果的取得离不开亚里士多德对构成三段论的诸词项之间语义关系的深刻认识。一个三段论包含三个名词，即大词、小词和中词。亚里士多德说，就其主要的前提来说，每一个三段论都是由一种偶数的前提和一种奇数的名词组合而成的，而结论的数目是前提数目的一半。这些名词是怎样发生语义联系的呢？亚里士多德作了这样的分析：如果三个名词彼此间存在着这样的关系，即最后的名词包含在中间的名词之内就像在一个整体里一样，而这中间的名词或是包含在第一个名词之内就像在一个整体里一样，或是被排斥其外就像离开了这个整体一样。其自身被包含在另一个名词之内而又包含着另外一个名词于其自身之内的这个名词，亚里士多德称之为中词。位置上，它出现在中间。两个端词指的是包含在另一个名词之内的那个名词和那个包含着另一个名词的名词。用 ABC 分别代表小词、中词和大词，三个名词间的关系就是：如果 A 被断定为 B 的全体分子的属性，并且 B 被断定为 C 的全体分子的属性，A 就必然被断定为 C 的全体分子的属性。同样地，如果 A 被断定为 B 的无一分子的属性，而 B 被断定为 C 的全体分子的属性，那么必然地没有任何 C 是 A。关系解释的直接作用不在于对单个词项的语义认识，而在于认识词项与词项之间的语义联系。词项是构成语句的基本细胞，词项有机组合成的语句表达命题，命题与命题之间有机联系起来可以构成推理，即由若干已知命题推出新的命题。亚里士多德发现，一个命题同另一个命题相联结，已知命题向未知命题过渡，词项起了关键的媒介作用，没有词项的桥梁作用，就没有三段论推理形式的存在。可见对词项之间彼此关系的语义认识是在更广泛的天地里考察词项，这有利于让彼此独立的静止的词项在无限的思想交流空间里活跃起来。

功用解释指的是通过说明语词的具体语言运用所表现出来的语义功能来认识词项语义。亚里士多德在语言的具体运用中考察词项的表义功能，与前面提到的关于词项的关系解释有相同之处，即功用解释与关系解释均须将被解释的词项置于言语活动之中，离开语言的具体使用便不能获得相应的正确解释。但不同之处也是明显的：关系解释是在诸多命题的有机整体中，具体地说是在三段论中来了解词项与词项之间的类关系，是在跨语句间寻找词项的语义特征，进而为语句（或命题）的关联、过渡乃至新语句（新的命题）的产生提供语义依据。而功用解释则是针对一个语句内部来考察诸词项在同一语言链上的位置及彼此的搭配问题。如果说一个语句表示一个相对完整的语义，那么该完整语义有赖于构成该语句的诸要素即词项的语义要素的结合。词项语义搭配合理、紧凑，语句的整体意义则明确凝炼。

由此反观先秦时代的语义解释理论，不难发现，像亚里士多德理论一样，它具有明显的方法论特色。

七、先秦语言哲学的体系构架

（一）立论基点

从语言研究角度看，语言就是语言，当然，语言研究也就是语言研究，这怎么能与哲学联系起来呢？这是语言在管哲学的闲事，还是哲学在抢语言的地盘呢？这些在西方似乎不必赘述的问题，在中国，尤其在中国当前语言学界有必要说一说。

本课题的研究首先聚焦于语言，从语言的本质着眼，看看人类社会发展对语言自身的要求。社会的进步，促使人类对语言提出越来越高的要求，人们迫切希望从多角度，多方面解开语言的面纱，解剖语言的奥秘。于是，必然地出现了语言研究的多种趋势。传统的研究，仍然必不可少、经久不衰，那就是对语言现象进行描写。但是，人们本质上不情愿在语言的迷雾中对语言的表象说三道四。"语言学中积压了一大堆也许永远也没有答案的问题。诸如：语言的意义的本质是什么？形式和意义的关系怎样？深层结构有没有心理现实性？语言和心智（mind）的关系怎样？"①人们总爱问一问关于语言本身的问题，即使是那些所谓"也许永远也没有答案的问题"也要去揭一揭，挖一挖，因为弄清了语言的本体，才有利于利用它，这样就出现了语言研究的哲学趋势。从另一个角度，人们怀疑自然语言的语句延展的必然性，企图找到能基于推演或证明语句关联的逻辑链条，这就出现了语言的形式研究趋势。信息科学对语言的要求最直接，它要人们告诉它机器怎样才能识别和理解语言，于是所有一切关于语言的理论认识都在一根尺度上被挑剔、检验、磨合、接受与进行技术转化。这就是语言的计算研究和人工智能趋势。多元研究趋势的出现，意味着语言的全球攻关的势头的萌芽。这当中有研究得较充分的，有研究得不充分的，也有刚刚起步研究的。语言哲学研究之在中国，属于刚刚起步，因此，先秦语言哲学的研究在这种情况下承担着一份责任。

当确定了研究的学科领域之后，应该对该学科有清楚的认识，即要知道语言哲学究竟是什么。西方人，包括我前面提到的马蒂尼奇，认为回答不回答并不重要，似乎问房子是什么，能不能回答并不重要一样，关键的是要能够造出很好的房子。这样的思维当然无可厚非。但是，中国人大多习惯在进行研究之前明确核心的概念是什么。于是，我们力图为主体概念定义，哪怕它不完善，抛砖引玉总是没有坏处的。因

① 袁毓林：《语言的认知研究和计算分析》，北京大学出版社1998年版，第66页。

此，我们提出：语言哲学是用哲学方法研究语言的哲学问题的学问。语言的哲学问题是语言现象背后之"根底"的问题。哲学方法主要是思辨认识方法。思辨认识方法通常离不开逻辑手段如推理证明等，手段或方式是方法的具体运用。换句话说，语言哲学是运用思辨认识方法，借助逻辑手段，对语言现象背后的根本问题进行研究的学问。有了关于学科领域的宏观认识，接下来的具体研究才不会迷失方向。

（二）内在逻辑

先秦语言哲学主体内容的逻辑安排，基于这样的认识：人是社会交往的主体，社会交往需要语言，语言是言语的集合，言语是词项的链接，词项是意象的载体，意象是客体的映射。

在此认识链条中，如果从后面往前看，人们会提出这样一些问题：客体如何与意象相联系，意象如何与词项相联系，词项如何与言语相联系，说话者怎样使用语言，听话者又怎样理解语言。所有这些，以及其他与语言相关的各个层面的问题，只要是用哲学方法去讨论的，都是语言哲学问题。这些问题在先秦名家和墨家载籍中有比较集中的反映。我们把这些问题集中起来，分为五个方面。"语源论"居首，因为它涉及到语言本体，是语言认识的基础；第二是"指称论"，它涉及到在语言产生之后如何认识语言符号与语言符号所反映内容的关系；第三是"类型论"，它涉及如何分门别类地从宏观上认识指称符号；第四是"语用论"，它考察说话人与符号使用的关系；最后是"解释论"，它涉及到听话人与语言符号关系。五方面内容又可以归为两部分，前三方面"来源""指称"与"类型"是关于语言符号自身特征的考察。作为语言符号的"名"（词项）是构造语句的元素，是机器的零件，对元素认识不清，就等于不知道机器的部件的作用。因此，这是基础性研究。后两点"使用"与"解释"是关于人与符号关系的考察。语言符号是为人所用和被人理解的，不为人所用和不为人所理解的符号就不是语言符号。

认识人与符号的关系，就是让死的符号活起来，成为真正的交际工具。

先秦语言哲学之语源论，从认知角度看，已经涉及到关于语言来源的三个主要方面。第一，语言产生于人的认识对客观世界的摹写。这里回答的是，语言内容是怎么来的。先秦将这部分内容分成了几个部分：客体，意象，文字。天地之所产者为物。物象由"天官"所"意"，便产生意象。记录意象者为文，"文者，物象之本"。这些认识，其重要价值在于表现了语言产生的唯物论思想，突出了认识、语言与事物的联系，揭示出了语言对世界的反映功能，以及语言的认知功能。反过来，从语言角度看，实际上已经确定了语言的认识论地位，也意味着人们可以从关注语言去关注世界的状态。① 这种认识，也是当代语言哲学十分关注的。第二，语言内容与生理反应途径息息相关。这主要是荀子"天官意物"的精辟见解。他突出了人的感官对认识和获取语言内容的重要作用。当然，语言内容不全是直接来源于感官，它还有赖于人的认识的创造功能，比方，模型设计，艺术创作，都是如此。这在先秦论述中极少论述到。第三，除了对语言内容的来源的论述，先秦对作为语言物质外壳的符号也有明确而又深刻的论述。语言由符号表达，但是，符号与语言内容并没有先天的必然联系，它需要语言使用者给予命名。什么内容给予什么名称，本质上是约定的。这就是荀子所说的"名无固宜，约之以命，约定俗成谓之宜"。"名"约定俗成不等于随心所欲，要遵循一定的原则，一要"名形相应"；二要"同异相别"，做到"同则同之，异则异之"；三要"单兼足用"，"单足以喻则单，单不足以喻则兼"。总的说，从语言内容的产生到语言符号的形成，先秦已经有了比较全面的语源观。

先秦语言哲学论"指称"，如果孤立地看个体言语，似乎是零散的，但是，当我们比较全面地综合诸多哲人的看法之后，发现先秦已

---

① 这在一系列正名思想中可以得到证明。

经形成了比较完整的指称理论。先秦已经认识到："名"的最大功能是指称事物，即"称器有名"，"众有必名"。"名"与"物""指"有联系有区别。"名"是称谓"物"之符号，"生于物之各有名"；"物"，是相对独立于"名""指"的对象，是天下之所"有"，"名""指"仅仅是对"物"的一种关联；"指"是联系事物的过程，往往借助符号来表现，用来表现或称谓指称对象者就是指称名称。指称名称是能指，相对于能指的是所指，所指是能指涉及的对象。能指含有指称过程，但它不具有所指的特性，即"指非指"。"名"除了具有指称功能之外还对"形"有规范制约作用，即"名"可以"正形"，"名也者，正形者也"，或者说，名对被命名对象具有检验作用，"别彼此而检虚实"，即既可以使事物彼此相区别，也可以检验名所称谓的对象之虚与实。如果不能形名相应，则会出现名不副实的错误。这种错误表现为"因名而失实"与"因名而得实"。邢福义先生谈语言哲学时提到语言有四种属性，其中一个是"系统属性"。他说："特定声音和特定信息的联系是相对稳定并且形成系统的，而不是杂乱无章和随时变动的。从静态看，或者说从共时平面看，声音和信息的联系形成语言稳定的符号系统；从动态看，或者说从历时平面看，语言总是在稳定中发展，在发展中求稳定，不断地形成新的规范。"① 我们认为，先秦语言哲学对"名"的"指称"研究在某种程度上已经揭示了语言指称功能的系统属性。

从宏观上认识语言符号"名"的诸多群体特征，这就形成了先秦语言哲学的"类型"理论。他们发现，有一类"名"是反映国家治理的法术属性的。比方，荀子看到有刑名、爵名、文名以及散名。刑名是法律刑罚名称；爵名是官职地位名称；文名是知识教化名称；散名指的是万物之名，或者说是除刑名、爵名、文名之外的一切名称。有的"名"是反映事物性质的。从这个角度，尹文曾将"名"分为三类，即命物之

---

① 转引于根元等著《语言哲学对话》，语文出版社 1999 年版，第 117 页。

名、毁誉之名、善恶之名。"名"还反映抽象与具象两类不同性质，即"有形者必有名，有名者未必有形。"① 按照"名"与"实"的表达关系，先秦注意到了有"同实之名"，即指多个名称符号表达同一指称，以及"异实之名"，即指一个符号表达多种指称，例如"且，自前曰且，自后曰且，方然亦且。"② 从外延角度，先秦看出了"名"有"达、类、私"三类。达名就是指最一般的名称，即哲学上称为范畴的"名"，如"物"之名，是泛指一切客观存在的实，在它之上没有更高的类。类名是指一类具体事物所共有的"名"，如牛、马、动物、生物等等，不论类大类小都是"类名"，"类名"既属于一类事物所共有，必然反映一类事物的共性。私名是"止于是实"之名，即专指某一个体之名。

为认识"名"的群体特征来给"名"划分出不同的类型，应该说是认识语言的整体特征的一个重要方法。在已经注意到的几个名称类型中，治术类型居第一，是因为先秦研究语言首先重视的是语言的社会治理作用。接下来关于名称的性质、关系、外延的认识，既是关于语言自身性质的认识，同时也是对语言的社会治理功能认识的补充，或者说，是探讨名称的社会群体特征的认识结果。

先秦的类型观，其出发点和归宿与西方并不一样。西方是立足于语言来研究名称或词项类型的，考察词项在句子中的功能。古希腊亚里士多德将词语分为十个范畴，初看起来，其分类依据也是词语自身的性质，这与先秦的许多分类做法没有什么区别，但进一步，他将十范畴词称为宾词。针对命题的构成成分，他将词分为主词和谓词两类，谓词中又分出了四种谓词。这就与先秦名称分类思想有较大差别。先秦对名称分类基本上是为了确定一定的特征去认识名称所表示的一类事物，而亚里士多德最终是为了认识各类词在命题或在句子表达中的性质与作用。

---

① 《尹文子·大道上》。

② 《墨子·经说上》。

研究先秦，参照西方，目的是对语言的本来面目有更真切的认识。我认为，无论先秦还是西方，对词项的分类都有待完善。因此我提出了一种新的类型，即语义句法类型，就是将词项分为对象、性质、关系三类。词项为思想交际而产生，自然其首要功能就是充当传讯意象的物质载体。反过来说，意象也就自然地成了词项语符的基本内容，即通常所谓的词项的意义。意象是人脑对世界的反映。尽管世界纷繁复杂，但是，大而言之不外乎三类：一是事物，二是事物自身具有的各种性质，三是事物与事物之间的各种联系。相应地，意象的基本成分就有"形象""性质""关系"三种，因此词项的具体内容就也有三个方面：对象、性质、关系。词项所反映的"对象"是指被思维主体人脑认识的"实体"。实体类型有二：一是不依人的主观意志为转移的真实存在的实物；二是凭主观想象或构拟出来的，直至构想时为止现实世界尚未发现的，或不可能存在的"对象"。词项所反映的"性质"指实体具有的属性，它既可以是实体内部"隐含"的性质，又可以是实体表现于外部的状态、行为方式、技巧功能等。词项反映的"关系"是实体与实体、实体与性质乃至性质与性质之间的联系。

语言具有重要的使用价值，这种具有重要价值的语言，有一定的使用原则。言语者除遵循语言使用原则，还要讲究语言使用技巧。这些思想构成了先秦语言哲学的语用论。先秦时代对语言符号"名"使用的重视程度在中国历史上是前所未有的。这主要体现在孔子将"名"的使用与国家治理、礼乐兴衰联系起来，认为如果"名"不能得到正确使用，民众将不知所措，无所作为，即所谓："名不正则言不顺，言不顺则事不成，事不成则礼乐不兴，礼乐不兴则刑罚不中，刑罚不中则民无所措手足。"尹文、邓析、公孙龙在强调正名的政治意义上和孔子一致。他们认为正名是国家最高统治者的一种职责，"循名责实，君之事也。"①

---

① 《邓析子·无厚》。

同时，还认为名称的使用是否得当合理是衡量国家治乱与国君能力的标准。

使用语言符号要"合心""慎谓""喻实"。"合心"是首要原则，因为它要求言语符号所表达的内容与被表达的内容相一致。荀子云："心合于道，说合于心，辞合于说。"荀子将言说关系分成三个主要部分："道""心"以及"辞说"。道是客观事物之理或规律，是被心反映和认识的对象；辞与说是语言活动；心既是对道的反映，又是辞说的内容，因而它是联系道与语言活动的桥梁。言语的目的是要表达被反映的对象。怎样保证所说的与想说的达到一致，其间桥梁非常重要。首先，作为桥梁的"心"必须与"道""合于"一致；其次，辞说与"心""合于"一致。如果将"心"理解为事物在人脑中的反映，那么，"合心"与公孙龙关于"位正"思想类似。公孙龙曰："位其所位焉，正也。"万事万物总有其自身处所，该处所就是事物的位置，事物占有空间自不必说，物自身具有的性质同样有其"位置"，正因为这"位置"才决定了某物之为物。"出其所位，非位"。设想某物，包括其属性，如果偏离本属于该物及其性质的正常的"位置"，那就不是其本来位置了。

第二个语用原则是"慎谓"，谨慎准确地称谓事物。这一原则旨在提醒人们使用时要注意特定的语境以及其他因素。尽管做到了语言符号与所反映的事物一致，这并不意味着永远如此，一成不变。于是先秦又有了又一个原则那就是"实喻"，指的是"名闻而实喻"。这是为听话者向说话者提出的要求，要让听众听到一个名称就能够明白该名称指称什么，这是名的使用要求，只有这样，才能体现名称自身的作用。

先秦认为说话时要注意对象、民俗、语法等语言技巧。"因材设言"就是说话必须看对象。"因俗设言"就是说要注意，"名"表达的"实"依伦理规范标准和生活情景习俗而具有相应的感情色彩。这种感情色彩一旦形成便会影响人的行为取向，并且这种语义特性不会因某一个人的力量而轻易改变。"因法设言"是说言语使用要考虑对象，注意习俗，关心效果，在服从一般原则要求的前提下还必须注意言语结构自身的规律，即语法语义构造法则。违反基本句法和语义结构法则的言语同样不能收到好的表达效果。先秦学者注意到具有相同语法结构的句子，有一部分可以说，有一部分不可以说，并对其中谓语与宾词的组合现象作了许多例解。

语言交流是一种双向过程。双向交流的另一方是听话者。对听话者理解语言问题的探讨，便形成了先秦语言哲学的解释论。

理解语言首先要进行事物属性分析。因为语言毕竟是事物属性的反映。反过来说，事物的属性制约着指号的语义。语义总是通过符号反映的，语言符号总是有序排列的，排列总是具有一定的结构，因此通过分析符号的结构规律理解和解释语义，便形成了结构语义解释方法。先秦没有关于词性的说法，但是已经在实践中注意到了词在结构中的特性。先秦没有从理论上阐述被现代语义理论所公认的重要的定义解释法，但行文过程却体现了这种方法的具体运用。定义是从符号承载的关于事物的性质方面来明确语义的方法。与此对应，先秦还广泛运用了列举法，从"名"所涉及的范围上揭示语言符号的语义。有时还将定义类举合并使用，即既从质的方面，又从量的方面来解释词项的语义。

现代语言学中，语言形式的同义解释是重点，也是难点。先秦时代早有这方面的讨论。之所以是重点，又是难点，是因为人们需要经常使用形式不同的语言符号表达相同的语义，以使语言活泼，这当中必须确认不同的语言形式确实具有相同的含义，而不同的语言形式究竟是否具有相同的含义，以允许互换使用，却很难找到确切的办法来证明。为了说明语言形式之间的等值关系，公孙龙结合"白马非马"命题做过证明。这种证明基本上是依据同一律的原理进行的。其哲学思想与方法论意义与当代语言哲学大师弗雷格的语义等值证明思想相似。可以说，这是先秦语言哲学思想闪光点之一。

当人们对言语要素进行解释之后，自然要进到对整个句子的解释。

关于语句的解释，重点是其真实性问题。语言交际的一方发出语言信息，另一方就要接受该信息。接受信息，就要按照语言的要素，理解其含义。当人们理解了一个语句的意思之后，是否相信该语句所传达的意思，这需要对语言的真实性作判定。人们必须知道一个语句意义的真假，然后才可以决定是否接受它。先秦时代，已经有了这种语义思想。尹文说："凡天下万里，皆有是非，吾所不敢诬，是者常是非者常非，亦吾所信。"

（三）学术定位

先秦语言哲学的学术地位首先是先秦鼎盛的学术背景决定的。研究古代语言哲学思想，集中研究先秦时代，原因就在这个阶段学术思想被公认具有代表性。除胡适等学人持的见解外，吕思勉的说法也很有代表性，他说："吾国学术大约可分七期，先秦之世，诸子百家之学，一也，两汉之儒学，二也，魏、晋以后之玄学，三也。南北朝、隋、唐之佛学，四也。宋、明之理，五也。清代之汉学，六也。现今所谓新学，七也。七者之中，两汉、魏、晋，不过承古人；佛学受诸印度；理学家虽辟佛，实于佛学入之甚深；清代汉学，考证之法甚精，而于主义无所创辟；最近新说，则又受诸欧美者也。历代学术，纯为我所自创者，实止先秦之学耳。"① 尽管吕思勉的说法并不一定很准确，但是，先秦时代的学术思想，代表中国古代学术水平应该说是没有问题的。虽然不能由先秦学术之鼎盛逻辑地推导出先秦语言哲学必然具有突出地位，但是，前面的研究本身已经证明，古代学术鼎盛时代的先秦，孕育了语言哲学的学术内容，因此历史赋予了它的重要地位。可以这样说，当我们向人们展示先秦哲人的语言哲学思想的同时，就已经向人们展示了中国的古代文化、古代文明，反映了古人的智慧；当我们接触先秦语言哲学理论

---

① 吕思勉：《先秦学术概论》，东方出版中心 1996 年版，第 3 页。

时，就已经感到，先秦哲人对世界语言哲学理论的贡献。

语言哲学与其他一些语言现象的研究不一样的地方在于，它是关于语言与事物关系的普遍思考，关于人与语言关系的普遍思考，关于语言自身功能的普遍性思考。它没有民族性，它显示的是人类关于语言的普遍规律。这种规律对于人类认识语言具有普遍的认知意义。马蒂尼奇说："语言哲学在 20 世纪一直是英语国家的哲学家的重要研究领域。""语言哲学取得成功的一个标志在于下述事实：它一直对近来认知科学取得的极大进展发挥重要作用。这是由于，当哲学搞得出色时，它就有助于科学的产生。亚里士多德的工作使生物学得以诞生，布伦坦诺和詹姆斯的工作使心理学得以诞生，弗雷格的工作使逻辑哲学和数学哲学得以诞生，蒯因和歌德曼的工作使转换语法得以诞生。类似地，语言哲学使认知科学得以诞生。"①"语言哲学使认知科学得以诞生"的断言，充分说明语言哲学的特殊地位，也表明了语言哲学的重要价值。因为"认知是人脑最高级的信息处理过程，它贯穿于问题求解、概念形成和语言理解等最复杂的人类行为中。认知活动最本质的特点是利用知识来指导人们当前的注意和行为，它涉及：信息的获取、表征并转化为知识，知识的记忆（贮存和提取），运用知识进行推理等心理过程。对于语言理解来说，认知过程的主要环节是语义的记忆和利用知识进行语义推导，从而从语言形式获得正确的语义解释。"②

认知科学成为当今世界的前沿科学。由于先秦语言哲学研究的是语言获得、交流中的普遍规律，这种普遍规律历经千年并不会有大的改变，因为语言规律渐变的速度是极其缓慢的。所以，这种研究，对于认识现代语言自身规律，了解语言的认知规律，尤其是基于此而进一步对语言哲学学科体系的建立，无疑具有积极意义。或许可以说，那些对普

---

① A.P. 马蒂尼奇：《〈语言哲学〉中译本序言》，见 A.P. 马蒂尼奇《语言哲学》，牟博、杨音莱、韩林合等译，商务印书馆 1998 年版，第 7 页。

② 袁毓林：《语言的认知研究和计算分析》，北京大学出版社 1998 年版，第 25 页。

通语言理论研究者看来高深莫测的人工智能，机器对语言的识别，同样需要用到语言哲学理论。比方，语法结构的线性排列与语义结构的非线性组合规律的认识，对人工智能处理语言就具有指导价值。

我们认为，先秦语言哲学的研究为我们进一步研究语言哲学，建立语言哲学理论体系，提供了指导。基于此，我们拟谈谈语言哲学系统建构的设想。

（一）理论体系

进入先秦语言哲学主体内容研究之前，我们交代了关于语言哲学的初步观念，特别谈到了语言哲学的界定标准，语言哲学怎么区分语言学，又怎么区分哲学。语言哲学之所以能区分语言学，是因为它不研究语言要素的表面形式，而是研究这些形式背后的因素；之所以区分于哲学，是因为，尽管它用的是哲学方法，但其对象不是世界的普遍性问题，而只是语言方面的"根"和"底"的问题。根据这种界定，我们展开了对先秦语言哲学思想的历史考察并形成了一般认识。这种认识可以看作语言哲学理论体系雏形。

语言哲学理论体系的建构问题之所以被提出，基于这样的考虑，那就是任何学科要成为比较成熟的学科都应当有其自身较为完整的理论系统。历史地看，语言哲学思想，以及关于语言哲学思想的研究，古今中外都有①，但是从理论体系的建构以及理论体系的完整性看，至今尚没有一套完整的语言哲学理论体系。西方研究语言哲学的历史与现状是如此，中国的语言哲学研究更是如此。② 从中西方学者的研究中，我们只能从已经研究的问题中知道哪些是语言哲学问题，但是哪些尚未研究的也会是或者必然是语言哲学问题却不清楚，因为缺乏确定的学科理论

---

① 周建设：《西方逻辑语义研究》，武汉大学出版社 1996 年版。

② A.P.Martinich：The Philosophy of Language，Oxford University Press，New york，2001.

体系的定位依据。任何学科，一旦缺乏必要的理论判别依据，就容易滋长研究的随意性，造成理论混乱，更有甚者是容易出现研究盲区，忽视一些本该认真深入研究的问题。

学科理论体系建构的初始问题是为什么要有该门学科。为什么要有语言哲学这门学科，是因为"有"语言哲学问题需要进行研究。有研究则有理论，有理论则有系统，有系统才有学科。什么能够统领语言哲学这门学科？我认为要坚持两个基本原则：一是语言对象原则，二是哲学功能原则。语言范畴内语言学理论本身并不继续深入研究，需要依靠哲学追根问底给予解答的问题是语言哲学问题。语言是人类重要的交际工具，运用这种工具的目的就是传达语义，语言交际实际上就是语义交际。在这个意义上说，以语义为核心存在的语言学本身不能回答而又往往需要经过哲学进行解答的问题就是语言哲学问题。

"语义"是语言交际的核心问题，自然也是必须从哲学上予以关注的核心问题。以语义为核心，要考察语义出现的初始规律，因此，"词项"研究是第一内容。词项研究涉及到"客体"，客体反映为"意象"，意象转化为"词义"，词义传达必须用到"符号"。进一步，要完整表达思想，就要研究词项与词项的"组合规律"即"语法"，同样多的词项可以形成不同的言语来表示，这又涉及到词项"转换"和句子"转换"。一个表达式进入语言使用会表现出灵活的语义变化，这又得有关于"语用"规律的探讨。从意象的产生到词项的出现，完成了原初的语义要素的产生阶段，原初意义的组合便形成了句子，这是基本语义或静态语义的形成阶段，静态语义进入交际才获得传达与交流功能，这是句子的交际语义或动态语义。语义产生与形成的目的是传达给另一方即听众。听众获得语言表达式之后的首要任务是"理解"句子意义，因此，"理解"与"解释"是语言交际的最后阶段。

由此，我们可以确定构成语言哲学体系的几类基本范畴。从认识进程上说，有"客体与意象""意象与词项""词项与言词""言词与句子""语义组合与语义解释"等。从言语交际进程上说，包括"语义生成""语义传递""语义解释"等。从要素之间关系上说，有"含义与事物""含义与命名""含义与符号""符号与指称""符号与语用""语义与歧义""语义与解释"等。从方法运用上说，涉及到的概念有"哲学""逻辑""形式""证明""演算"等。语言哲学体系是网络式的，概念与概念之间具有密切联系。如果我们以言语交际为切入点，要研究的问题很多。

语言意义的形成过程中，客体与意义，意义与符号等问题，比方，一个符号，一个语言表达式，它的意义究竟是什么，是指称的对象，还是指称的意念或图像，人们的语言交际，语言符号履行交际职能，第一步就是将符号组合成符号串，一个符号串，承载一个相对的语义。因此，语言哲学要关注符号组合的依据，比方，为什么既可以说"人来了"，又可以说"来人了"，而为什么可以说"人开门"却不可以说"门开人"，这里的规律是什么。可见，句子语义生成阶段的基本理论问题中，同样蕴涵着与认识论密切相关的语言哲学问题。

语言意义的传递，从手段上说，包括语义的音传系统和语义的形式符号传播系统。无论是什么系统，什么手段传播，在传播过程中总有意义传播的省耗与冗余、外部语境与意义传递的关系的问题。也就是说，语义传播涉及到语义传输效果，这其中直接涉及到语言符号与使用该语言符号的人的关系，必须回答同一个符号在不同的场合传达出去会有不同的意义等。这是第二阶段的语言哲学问题。

语义理解是由符号向意义的转化，也就是依据符号破译语义的过程。包括符号的单一性静态破译，重点在于了解一个语言符号的意义究竟有多少，每次解释到什么程度才可以认为是对该符号有了基本正确和基本全面的理解。符号的动态（多样性）破译，重点在于研究单一符号与语义多样性的关系。比方，同一个词语，除它的静态语义之外，在具体的语用中，往往可以超越其静态语义产生适应特殊语言交际需要的意义，包括活用语义、修辞意义、特殊的文化意义、心境意义等等。符号的假借性与语义的临时性，重点在于解释如何借语言符号表示临时意义。符号组合的常规性与语义结构的逻辑性，重点在于解释语法结构与语义结构的一致性。符号组合的灵活性与语义结构的多样性，重点在于解决单一形式的多义结构分析，非规范组合的语义问题分析等等。这是第三阶段的语言哲学问题。

（2002 年博士论文主体内容）

语 言 智 能

智能时代的语言学研究

1956 年，"人工智能"概念首次在达特茅斯会议上提出，至今已有 60 余个年头。中国工程院院士李德毅认为，人工智能是"探究人类智能活动的机理和规律，构造受人脑启发的人工智能体，研究如何让智能体去完成以往需要人的智力才能胜任的工作，形成模拟人类智能行为的基本理论、方法和技术，所构建的机器人或者智能系统，能够像人一样思考和行动，并进一步提升人的智能。"当今中国，传统的人口红利、劳动红利正逐渐消失，劳动工具正在向基于数据、信息、知识、价值和智能的智力工具转化。

今天，语言文字事业已成为关系国家核心利益的重要因素，不只与国家经济、文化、科技发展紧密相关，甚至会直接影响到社会的和谐稳定与国家的综合安全。语言能力也已经成为国家综合实力的重要组成部分之一。如何在智能时代特色下开展语言学研究，是当今语言学者无法回避的问题。

一、人工智能影响语言学研究

在人工智能席卷社会各个领域的技术浪潮下，语言学也无法置身事外。如何做到让计算机真正理解自然语言，精准分析语言内部语法语义层次结构，实现从语言表面形式结构到内部意义的合适映射等问题不仅引起了语言学者的深思，同时也激发了计算机科学、数学等领域专家的极大兴趣。

自然语言处理与自然语言理解作为人工智能的四大内涵之一（包括：脑认知基础、机器感知与模式识别、自然语言处理与理解、知识工程），和语言学有着不可分割的密切关系。然而，从 20 世纪七八十年代开始，自然语言处理的研究方法出现了根本性的转变，从以语言学提供的形式理论和计算方法为主转向以基于统计方法的研究为主。人工智能领域的相关工程技术人员普遍认为，不论是多么前沿的语言学理论，在实际的自然语言处理中也起不到多少实际作用。在这种观点的影响下，作为计算机的重要信息处理对象，自然语言因为其自身的特殊性逐渐被工程技术人员淡化。

半个世纪以来，语言学家们过于关注语言本体相关领域的研究：注重语法/语义相关规则的抽取，热衷于从一类语言现象出发来描述语言对象的性质，寻找解释范围更广的语言规律；某种程度上忽视了除语言符号本身之外的其他非语言本体知识的作用，也忽视了具体的语言使用个例。

二、人工智能引领语言学研究

人工智能时代下，科技更迭迅速，引领社会飞速发展的同时也不断催生各种语言相关的需求。人工智能领域学者逐步开始关注人类学习语言的过程，研究热点涉及底层逻辑构建、规则专家系统、深度学习、自然语言理解等。这其中，规则系统、自然语言理解等方向的进一步发展都需要语言学家给予相关理论、知识、资源和专业技术等层面的支持。

语言学研究应做到找准自身优势，更好地和自然语言理解等人工智能技术深度融合。要实现人工智能的终极理想——机器真正理解自然语言，仅靠目前自然语言处理领域取得的工程上的进步远远不够。因此，语言学研究前进的方向要充分体现智能时代的特征，以大数据为支撑，凸显智能化优势，以服务国家战略为最终目标。

三、大数据为语言学研究提供支撑

正是由于互联网的广泛普及，大规模语言数据的生成成为可能，以统计方法为主导的自然语言处理研究才逐渐成为主角。

智能时代，语言资源比以往任何时候都更为丰富，也更容易获得。在强大的计算能力和科学统计模型的双重辅助下，蕴藏在海量鲜活语言样本中的规律就有可能被挖掘出来。基于大规模数据概括出的语言规律更加符合实际使用情况，不仅能够增强自然语言处理能力，同时也对语言学理论研究产生了促进作用。反之，语言学研究也可以充分利用人工智能已有的研究成果，在构建大规模语言工程的同时检验既有语言学理论，联合自然语言处理相关领域。

四、人工智能为语言学研究提供便利

在大规模数据的基础上，语言学研究不但要有数据、模型，还需要充分发挥人工智能技术手段、多学科深入互动等智能化优势，结合人工智能研究热点，从认知角度入手，深入挖掘，探索语言学研究新领域。

智能时代背景下的语言学研究应该在加强心理学、神经科学、脑科学、认知科学等多学科研究深入互动的前提下，把注意视角从语言本身转向语言的实际使用规律、语言背后的语义及其组合机制等领域。

基于统计方法的自然语言处理研究虽然取得了显著的进展，但在深层语义理解等问题面前仍然束手无策。近年来，计算语言学等人工智能领域将语义分析中的指代、隐喻、情感分析等研究方向作为突破口，以解释自然语言处理过程中的语义理解等问题。越来越多的人工智能学者和语言学者意识到，真正解决语义理解问题，还是要依靠传统语言学的理论成果，单纯依靠统计方法无法继续取得跨越性的突破。

人工智能特别关注脑认知技术、技术感知、自然语言理解、知识共享等领域的研究。主要有如下几个方向：以机器理解为主的自然语言理解相关理论研究、以认知模式为基础的新型语义学研究、语用学研究等。未来，在"智能科学与技术"的迅猛发展中，研究将由知识工程走向认知工程，以语言为中心，聚焦于脑认知的研究和利用，语言学者可以在人工智能已有成果的基础上深入发掘，结合人工智能技术优势，提升语言学研究成果的应用价值。

五、语言学研究要服务国家战略

今天，语言已成为重要的战略资源，各国通过培养专业人才、增强资源储备、提高分析技术等途径来实现国家语言实力的提升。西方国家不仅使用语言输出、语言分析等手段来进行文化侵略和情报搜集，而且开始在全球范围内开展语言竞争，从政治、经济、文化、安全等关系国家安全的各个领域渗透入侵。

从人工智能领域来看，我国可侧重于应用层面的开发研究，在自然语言处理等领域弯道超车，争创世界领先。这一重要战略举措将有利于中国在新一轮人工智能全球竞争中抢占先机，迅速占领人工智能新技术的战略高地。

智能时代的环境下，语言学与其他学科的交叉融合拥有了更便捷的技术条件和学科优势。语言学研究应该突破传统禁锢，开阔思维视野，不仅在研究内容上要有新的拓展，在研究方法上也要紧跟时代步伐，充分利用众多学科的前沿理论成果。语言学家既可以沿用传统方式去挖掘有理论价值的语言事实，给出详尽合理的解释，也能够针对大数据技术手段，挖掘、整理海量语言数据知识，并将这些知识应用到自然语言处理等人工智能领域中。

语言学家不仅可以通过自己的努力为人工智能提供理论和实践等角度的建议，也应该更加主动关注、主动对接国家战略，以服务国家战略为目标，凸显智能化特点，突出实用取向，顺应提升国家语言能力的重大现实需求。在人工智能高速发展的浪潮下，走出更加实际的语言学研究之路。

（《中国社会科学院报》2018 年 9 月 16 日）

什么是语言智能

什么是语言智能？通俗地说，语言智能（Language Intelligence）就是机器模仿人说话的科学。人机对话是语言智能，计算机题诗作对写文章是语言智能，机器批改文章指导写作还是语言智能。

严格说来，语言智能是研究人类语言与机器语言之间同构关系的科学。同构关系是指结构关系的一致性。人类语言与机器语言之间同构关系表现在两个方面：一是意识层级的同构关系；二是符号层级的同构关系。意识属心智范畴，符号属物质范畴。这样，语言智能研究必然涉及脑语智能和计算智能两个领域。脑语智能研究基于人脑言语生理属性、言语认知路径、语义生成规律，依据仿生原理，构建面向计算的自然语言模型。计算智能研究基于语言大数据，利用人工智能技术，聚焦自然语言模型转化为机器类人语言，设计算法，研发技术，最终实现机器写作、翻译、测评以及人机语言交互。

语言智能研究与自然语言信息处理，在语言符号处理层面基本相同，但最大的不同在于，语言智能必须深入研究脑语智能。就是说，虽然语言智能同样需要处理语言符号，但它的符号计算必须完全基于人脑自然语言的语义和情感表达规律，否则，机器语言就会变成机械语言，而不是类人语言。正因为如此，语言智能研究需要融合多学科，包括神经科学、认知科学、思维科学、哲学、逻辑学、心理学、语言学、计算机科学等。

作为人工智能范畴的"语言智能"概念是周建设教授在2013年正式提出来的。这一思想酝酿、术语提出与概念形成大致经历了三个阶段:(1)语言来源认识阶段,探究语言与思维的关系,从思维活动的基本元素入手,认识语言组织单位产生的根源及其在思维活动中的依存地位;(2)语言结构认知阶段,探索汉语词项与言语生成的基本规律,构拟汉语词项生成模型和语句生成模型,揭示汉语表达结构的组织原理;(3)语言智能实现阶段,聚焦人机意识同构关系,探索机器表达汉语的智能模型、全信息测评模型、主题聚合度计算模型和情感分析四维模型,实现从言语智能生成到文章智能测评的计算机全自动操作。

2013年6月北京市语言文字工作委员会批准建立了北京语言智能协同研究院。2016年国家语言文字工作委员会批准建立了中国语言智能研究中心,由教育部语言文字信息管理司直接领导。同年,教育部批准中国语言智能研究中心设立国内首个语言智能博士点。作为国家新兴学科,语言智能研究集中在三个方向,即语言智能理论、语言智能技术和语言智能应用,目标是发展语言智能科技,培养语言智能人才,推进语言学科教育智能化,促进教育高质量发展,助力国民语言能力和人文素养提升。

语言是音义结合体。语音层面的智能化研究,科大讯飞取得了诸多成就,为我国普通话推广、语音智能社会服务作出了卓越贡献;语义层面的智能化研究,北京理琪科技的研究颇具影响,其智能写作训练系统被日本工程院任福继院士评价为"达到国际领先水平",并广泛应用于我国高校,反响良好。广西大学2018年起全校本科学生开设写作智能训练课,2021年荣获广西壮族自治区本科一流课程。

(第五届中国语言智能大会,主题报告要点,2020年)

语言智能研究渐成热点

语言智能（Language Intelligence），是语言信息的智能化，是运用计算机信息技术模仿人类的智能，分析和处理人类语言的过程。作为人工智能范畴的专门术语"语言智能"，由首都师范大学教授周建设 2013 年在北京语言智能协同研究院成立大会上首次正式提出。

2016 年人工智能得到飞速发展，震惊世界的 AlphaGo 再度引起世人对人工智能的关注。作为人工智能的重要组成部分及人机交互认知的重要基础和手段，语言智能研究在 2016 年也取得了令人瞩目的成就。

一、机器翻译

在"互联网＋"时代，资讯在不同语言之间即时翻译转换成为越来越迫切的需求。机器翻译运用计算机程序，快速实现大规模的一对一、一对多、多对一和多对多等不同语言之间的互译。目前，谷歌翻译能支持 103 种语言之间的互译。2016 年 9 月底，谷歌推出"神经机器翻译系统"，标志着机器翻译领域取得又一重大技术突破，大大提升了翻译的准确率。目前国内有包括百度在内的多家公司和高校科研团队致力于机器翻译研究，并在中文相关翻译上取得一定的领先优势。深度神经网络（DNN）的运用，极大提升了机器学习的质量。积极探索 DNN 的软件"神经元"效能，为多语种机器翻译提供策略保障。我国机器翻译当务之急是要建设高质量的以汉语为中间语言的多语言平行语料库，重点建设文化、经济、政治等重点领域的数据库，同时构建相应的句法、语义、语用的模型，加强对模糊结构和语义的识别能力，提高翻译质量。

二、语音识别与语音合成

语音识别和语音合成是实现人机语音通信、建立有听说能力的口语系统所必需的两项关键技术。科大讯飞公司已经掌握了世界顶级的相关技术，并连续多年在诸多全球顶级专业赛事中证明了自己的过硬实力。语音智能核心技术不仅在中文语音识别方面保持绝对领先，在英语语音识别方面同样达到国际领先水平。目前，科大讯飞已推出多种产品，可以满足从大型电信级应用到小型嵌入式应用、从电信金融等行业到企业和家庭用户、从 PC 到手机到 MP3/MP4/PMP 等不同应用环境。智能语音系统的另一个重要组成部分——语音评测技术，是通过机器自动对发音进行评价，对发音偏误进行定位和分析的软件系统。科大讯飞的语音评测系统是目前业界唯一一个通过国家语委鉴定并达到实用水平的语音评测系统，已经运用于普通话水平测试和英语四六级口语测试，对提高汉英口语教学水平发挥了重要作用。

三、智能写作

智能写作是利用人工智能技术，由机器创造性地生成自然语言的过程。从 2014 年开始，包括美联社在内的美国多家媒体已经开始采用智能机器人自动写作的新闻稿件。2015 年 9 月，腾讯财经、新华社股票新闻等也陆续上线发布"机器人写手"的文章。首都师范大学中国语言智能研究中心于 2016 年 5 月发布了自主研发的汉语智能写作系统。该系统能够自动收集大数据文档，并进行整理、提取、过滤、筛选、组装，最后生成相关文章，可以完成 NBA 体育赛事新闻、运动会开幕词和高校学术活动总结等受限语体写作。未来汉语智能写作将向金融新闻、多种类型应用文书及中小学生辅助写作等领域扩展延伸，成为语言智能领域的"新高地"。

四、智能批改

20 世纪末，基于统计和人工智能的英语作文自动批改技术在自动评改系统中得到应用，其中 E-rater 技术更是广泛运用于美国的 GRE、TOEFL 等大型考试以及中小学作文测试，在信度和效度方面取得了长足的进步，在某些方面可以比人工评阅做得更好，效率更高，更客观。北京语言智能协同研究院主导开发的英语作文批改系统，以全国大中小学学生英语作文为评测对象，截至 2016 年 12 月已批改英语作文 2.83 亿篇，服务 6000 多所学校，1300 余万学生。

2016 年 12 月 11 日，中国语言智能研究中心推出了自主研制的汉语作文智能测评系统和汉语写作教学综合智能训练系统。汉语作文智能测评系统具有"打分、评级、纠错、范例"四大功能，坚持"规则＋统计"的交互式作文自动批改和反馈，针对国内小学生汉语作文、海外华裔学生汉语作文和留学生汉语作文进行自动批改。汉语写作教学综合智能训练系统高度重视写作教学过程中的师生交互，重视写作过程的管理、监测和指导。自动批改系统客观高效、不受时空限制，既适用于辅助教师教学，也适用于学生自主学习。

五、智能问答

智能问答系统是应用信息检索和自然语言处理技术自动分析用户提问、辨识用户意图并提供精准答案的系统，是对使用搜索引擎通过输入关键词进行搜索的传统方式的突破。智能问答系统需要多项自然语言理解技术，从问题分类到需求解析，从网页检索到知识库查询，从信息抽取到答案排序，每一个环节都需要达到很高的精度，才能使得最终搭建起来的问答系统准确地理解问题并给出答案。

IBM 研发的问答机器人 Watson 在美国智力竞赛节目 Jeopardy 中战胜人类选手，苹果公司研发的 Siri 系统在智能手机中的应用取得了良好效果。近年来，以智能问答技术为核心的智能聊天机器人发展得如火如荼，除了已面世的微软公司的"小冰"、百度公司的"度秘"和华为公司的"小诺"等问答系统外，其延伸产品也研发成功，如陪读机器人、陪聊机器人等。

中国语言智能研究中心已完成支撑智能问答的理论和技术的研究并运用于产品研发，2016 年 10 月发布了儿童陪伴教育智能机器人"薄言豆豆"，自主研发的语义解析技术让豆豆能够准确理解对话意图，实现情景对话和知识问答融合的多轮对话。

语言智能已经成为人机交互的重要手段，有力地促进了语言教学、语言学习的智能化。语言智能拓展了语言学研究的新领域，在未来科技、教育发展中将发挥越来越重要的作用。

（《中国社会科学院报》2017 年 2 月 7 日，

《新华文摘》2017 年第 9 期转载）

推动科技创兴　发展语言智能

发展语言智能是推动语言文字信息技术创新，扶持语言产业发展的重要任务，也是语言科技工作者的神圣使命。

一、增强创新意识

语言智能是语言文字信息技术创新发展的时代产物。发展语言智能必须增强科学意识，深刻认识语言智能的科学原理，深入研究语言智能。语言智能基于人脑生理属性、言语认知路径、语义生成规律，利用大数据与人工智能技术，对语言信息进行标注、抽取、加工、存储和特征分析，构拟人机语义同构关系，让机器实施类人言语行为，即让机器说话、写作、翻译、评测，实现人机语言交互。

语言智能研究应当类脑智能和计算智能二者兼顾。从语言智能角度研究类脑智能，应研究言语神经元特性、神经回路与大脑功能、神经元运作生理属性；探索人脑对语言符号的加工、记忆、联结、言语情感激发和言语输出规律；研究言语活动的问题与言语障碍治理。从人脑角度研究语言智能，难度很大，需要生命科学、脑科学、认知科学、心理学、医学、语言学等多学科交叉协同攻关。

从计算角度研究语言智能，应研究语言的符号标注、语音处理、文字识别、语块叠加、句子生成、篇章生成、语义分析、情感计算、语言理解、机器翻译、语言测评等。研究难点在于语义计算和情感计算。语义计算需要突破静态语义多义素选择与动态语义的不确定性计算难题，情感计算需要对多样态语音、个性化文字、面部表情表征颗粒以及脑电心电反应特征等进行结构化处理与精准计算。

资源库建设是语言智能研究的基础，需要依据国家语言文字发展战略，围绕语言智能发展目标，确定资源建设任务，做好顶层设计，评估建设难度，协同多方力量，分步组织实施。只有经过科学加工的语言数据才能有效助力语言智能研究，提升语言智能研究品质。

二、注重成果转化

资源建设、理论研究和技术研发成果，最终要转化成语言智能产品，为社会提供语言智能服务。

我国通用语言文字推广普及工作取得了巨大成效，但一些偏远贫困地区的普通话水平仍不理想，与外部地区仍存在交流困难，影响先进信息的接受，妨碍地区经济发展。这就需要语言智能，尤其是智能语音技术，辅助提升普通话推广的精度、速度和效率。

语言能力是人的认知力、思维力、逻辑力、创造力和表达力的综合体现。如何提高语言能力，是对语言智能提出的挑战性问题。这需要采集相应数据，科学分析个人的知识基础、学科倾向、思维类型、能力潜质，分析经验积累和知识摄取状况，通过智能技术手段，测评实际水准，推荐个性化知识学习内容，并辅助个性化语言能力训练。

语言智能具有文化传承的服务优势。语言是文化载体，语言精神反映民族精神。从浩瀚的古典文献中精选优秀传统文化素材，从当下日新月异的语言信息洪流中洗练文化精华，传递给当代国人，需要语言智能独特的算力。从既有的语言文字数据中分析发现文化素养和家国情怀，精准实施优秀文化教育，可以成为语言智能的常态服务。

目前，语言智能服务仍处于细分领域的单点突破阶段。发展语言智能，不但要贡献当下，更要关注未来。应当在基础理论、关键技术、产品研发及场景应用上持续发力，不断开发用户体验良好、优质高效的语言智能产品，广泛服务社会，服务全人类。

（《光明日报》2020 年 10 月 17 日，
《新华文摘》2021 年第 1 期转载）

加快科技创新　攻关语言智能

语言智能是当前人工智能研究中需要集中攻关的关键核心技术之一，其基础理论与关键技术研究的突破对我国发展人工智能具有重要意义。

人工智能是引领未来的战略性技术，世界主要发达国家近年来都把发展人工智能作为提升国家竞争力、维护国家安全的重大战略，加紧出台规划和政策，围绕核心技术、顶尖人才、标准规范等强化部署。从我国发展现状来看，语言智能是当前人工智能研究中需要集中攻关的关键核心技术之一，其基础理论与关键技术研究的突破对我国发展人工智能具有重要意义。

简单来说，语言智能，就是语言信息的智能化，是运用计算机信息技术模仿人类的智能，分析和处理人类语言的科学。语言智能是语言文字信息技术创新发展的时代产物，它基于人脑生理属性、言语认知路径、语义生成规律，利用大数据与人工智能技术对语言信息进行标注、抽取、加工、存储和特征分析，构拟人机语义同构关系，让机器实施类人言语行为，即让机器说话、写作、翻译、评测，实现人机语言交互。语言智能是人工智能的重要组成部分及人机交互认知的重要基础和手段。

近年来世界各国纷纷加强对语言智能的研究和应用，在机器翻译、语音识别与语音合成、智能批改、智能写作、智能问答等方面都取得了一系列突破。我国在语言智能研究方面已经有了一定优势，比如在机器翻译领域，一些公司和高校科研团队在中文相关翻译上取得一定的领先优势。再比如在语音识别和语音合成领域，科大讯飞公司的相关技术已经达到国际领先水平。国家、行业和地方相继建立了语言智能研究平台，我国语言智能研究与学科建设具备了一定的基础。

在语言智能这个前沿领域，当前急需广大科技工作者加快科技创新，坚定不移地走自主创新、自立自强之路，在基础理论、关键技术、产品研发及应用场景上持续发力。一旦语言智能实现关键技术上的突破，跟它同属认知智能的知识和推理就会得到长足的发展，从而带动整个人工智能体系的发展。

研究语言智能，需要集聚多学科力量协同攻关，构建开放协同的人工智能科技创新体系。要做到让计算机真正理解自然语言，精准分析语言内部语法语义层次结构，不仅涉及语言学科、计算机、数学等领域，还需要生命科学、脑科学、认知科学、心理学、医学等多个学科。首先要突破语言的认知计算难题，研究言语神经元特性、神经回路与大脑功能，探索人脑对语言符号的加工、记忆、联结、言语情感激发和言语输出规律等。其次是要精准处理语义情感的符号计算，面向中文的语言智能研究比形态标志性语言难度更大。

加快发展语言智能，还要重视成果转化，强化创新链和产业链深度融合。理论研究和技术研发成果最终要转化成语言智能产品，为社会提供语言智能服务。目前，我国的语言智能服务还处于细分领域的单点突破阶段，这些需要产学研密切结合，在理论与技术突破的基础上，不断开发用户体验良好、优质高效的语言智能产品，广泛服务社会，满足人们日益增长的美好生活需要。

（《人民日报》2020 年 12 月 21 日）

面向语言处理的计算与认知取向

近 30 年来，中国语言学研究取得了很大成就。自 20 世纪 80 年代始，学者重视汉语各种语言现象的观察分析，深化了语言现象的特征描写，强化了汉语类型属性的认识，撰写了一批有影响的语言学论著及教材。改革开放使一些从事外语教学与研究的学者、具有国外经历经验的留学人员，引介了大量国外语言学著述。国内的本体研究与国外的理论研究的结合研究，取得了丰硕的成果。学科交叉研究开启了语言研究新路向，语言学与哲学、逻辑学、心理学、认知科学、第二语言习得以及计算机科学等融合，既拓展了语言学理论的研究空间，又使语言的应用研究展现出勃勃生机。

尽管我国语言学研究取得了可观成就，但与未来社会需求相比，尚存较大差距。这种差距，首先表现在信息科技发展要求上。信息科技发展的一个重要方面是关于自然语言信息处理。这需要理论语言学对语言本体深入研究，以便为自然语言信息处理提供语言本体知识资源和语言学理论支持，为计算科学专家将语言理论转化为机器实现的运算规则与程序设计服务。自然语言信息处理涉及的内容十分丰富，包括计算机与语料库、计算方法与语言处理技术、语言的计算机表征、计算语法与语法分析、计算语义学、机器翻译等等，这些研究恰恰是我国语言学研究的"短板"。其次，表现在认知科学的要求上。语言认知与大脑神经机制密切相关。目前世界神经认知研究领域，语言加工的脑成像研究，包括诱发电位、语言功能磁共振成像、脑磁图、视觉成像、成像映射句法学等研究，均涉及母语和第二语言习得理论以及语言学习效果。我国语言学界在这方面研究不够深入，甚至有学者认为，作为第二语言的汉语教学研究，我们的语言研究者"集体失语"。[①]

　　造成这些差距的根源在于：第一，价值定位不明确。能够认识到语言信息处理和语言认知对于推动信息科技进步和人文素质提高的学者太少，所以也就不清楚如何研究这些问题以及最终要达到什么目标。第二，学科基础不宽厚。我们的研究者大多局限于固有而单一的学科知识基础，对于新知识的接触和摄取欠缺时代感悟。对同样的研究对象，以传统的单一学科视野去观测，很难发现事物的丰富特征，这必然影响高质量研究成果的产出。第三，研究方法不丰富。很多情况下，语言结构分析是靠经验辨别，认识语言习得规律靠自身内省。较少结合语料库方法研究语言的运算规律，也较少采用科学实验，尤其是通过大脑神经科学实验来探索神经认知语言学机理。

一、语言研究的计算取向

　　语言研究的计算取向，指理论语言学面向自然语言信息处理的需求进行语言研究。自然语言信息处理包括自然语言理解与生成。关于自然语言理解，俞士汶认为："假如计算机能够理解我们说的话或写下来的文章，让机器人听我们的，帮我们做家务，当我们的外语翻译，那该多好！"[②] 我们可以称之为"语言理解的目标"。关于自然语言生成，参

[①]　王建勤：《中国语言学在语言教育中的话语权问题》，《中国语言资源动态》2010 年第1 期。

[②]　俞士汶：《语言随计算齐飞》，《当代语言学》2009 年第 2 期。

照俞先生的说法，我们提出："假如计算机能够说出我们想说的话，写出我们想写的文章，让机器代表我们做演讲，搞教育，帮助人类增长知识，提高素养，那该多好！"① 我们可以称之为"语言生成（表达）的目标"。语言理解与语言表达相辅相成，理解是生成的基础，只有计算机理解给定的语言符号信息，才能以形式化的方式或自然话语的方式将语言表达出来。

自然语言理解与表达的技术设计基于两种知识：专家分析的规则依据和计算机的统计学依据。统计可以节省大量人力投入，但统计原理并不能穷尽语言规律，很多语言现象还需要通过人工分析。面向自然语言处理的人工分析，语言学家具有强大优势，其工作核心是建立语言知识本体资源库，包括词汇语义网、句法语义网等。任何词项都承载语义信息，词汇语义网就是将词项语义信息按照一定的原则提取形成的系统。该系统描述事物间的关系，而且包含语义信息，有利于计算机的自动处理。词汇语义网可以描述词位与它的涵义的同形关系、多义关系、同义关系和上下位关系，也描述词项的语义特征等。词汇语义网以本体知识为基础。作为本体知识的初始概念可以划分为事物、时间、空间、数量、行为状态和属性等类型。词汇语义范畴十分丰富，每一个概念都需要人工进行详细描述。从目前的 ONTOL-MT、WORDNET、HNC 概念层次网络、HowNet 知网、CSD 现代汉语语义词典等来看，仍然具有巨大的研究空间需要语言学家参与。②

"语言表达目标"关注的核心是语法语义网络建设。语法语义网络系统有两个部分：词项—语句语义网络系统和语句—语篇语义网络系统。前者指的是适用于从词到句子自动生成处理的语义系统。从运行程

---

① 2010 年国家社科基金重大项目"自然语言信息处理的逻辑语义学研究"（10ZD073）关于"面向表达目标的词项句法语义衍含系统构建"开题报告。

② 冯志伟：《词汇语义学与知识本体》，http://www.lingviko.net/feng/ontolgy/.pdf，2011 年 8 月 4 日。

序上说，主要指单个语句合理生成的词汇语义系统。语句自动生成分为两个阶段：内容决定阶段和表示层生成阶段。语句生成的理论基础主要是 N. Chomsky 形式文法理论、J. J. Katz 的语义标式、C. J. Fillmore 的格文法（case grammar）、L. Tesniere 从动词的"配价"理论到"语义单元"理论以及胡玥等的 LRSGS 自然语言句子合理生成系统。[①] 支持句子生成的技术主要有模板生成技术（template based generation）、模式生成技术（schema based generation）、短语 / 规则扩展技术（phrase/plan expansion）、属性特征生成技术等。在该系统建设中，谓词—论元结构、题元角色、事件结构分析等需要语言学家积极参与。后者主要指自然语言的语篇生成系统。该系统基于词项—语句语义网络系统生成原始语句之后，根据主题需要，通过范畴约束，生成连续语句，直到形成一个表达相对完整的事件语义的语篇。语篇生成的基本思路是：以词项—语句语义网络系统生成的单个语句为原始语句或前提语句的基础，充分分析并提取前提语句的语义蕴涵，再结合事件情景词汇语义系统中与前提语句提取的语义要素的关系，选择可能进入新语句的词项（论元），再选择恰当的反映新选择的词项之间语义关联的谓词串联成新语句。

　　语篇生成系统的构建难度很大。该系统试图以机器代替人表达鲜活的自然语言，也就是代人说话或称人机对话。因此，该系统的设计与建设需要具备更丰富的条件，如事件情景词汇语义资源网，事件情景谓词—论元资源网络，话语意图，范畴约束条件等等。目前，Deb Roy 提出的视觉接地技术是比较接近"语言表达目标"的技术系统，其实现过程包括数据准备、词语类聚、特征选择、建立语义模型，最后产生物体描述语言。[②] 胡玥等的 LRSGS 可以作为视觉接地技术的合理句子生成的补充。

---

① 胡玥、高小宇、李莉、高庆狮：《自然语言合理句子的生成系统》，《计算机学报》2010 年第 3 期。

② 参考刘华 2011 年 2 月关于"自然语言生成理论与技术理论评述"（交流文稿）。

　　语篇生成系统构建过程中，保证前提语句产生合适的新语句的事实依据是事件情景和话语意图，理论依据是前提语句的衍含语义与词项语义网络相关词项语义关联的逻辑性，以及逻辑语义蕴涵推理的规则。这些都是需要语言学家和逻辑学家甚至认知心理学家等投入大量精力进行深入研究的重要课题。

　　无论词汇—语句语义网络系统还是语句—语篇语义网络的构建都不能离开语言规律和神经认知规律。这主要是因为大脑先天具有贮存词汇—语句语义结构的神经网络系统；自然语言语句表现的句法语义结构是由诸多语句成分即词项构成的语义网络结构；词项序列构成的自然语言语句是词汇—语句语义网络的选择性关联形式；选择性动力源于话语意图驱动，即说话人对可能进入语句的词项语义要素按照意图进行提取和组合；提取的词项语义要素关联而形成语句，承担关联作用的词项是具有将语句论元串起来的谓词，汉语性状词项往往直接作谓语，关联词项通常被省略，但不等于谓词语义被删除；词项—语句语义结构网络与人脑神经贮存的句法结构网络，理论上相匹配，具有一致性。这是人类语言由词项串联生成语句的语言学原理和神经操作原理。

　　世界情景由诸多要素构成，进而形成情景网络。情景网络的任何一个要素，都可以是人脑反映的客观对象，被反映的情景网络元素成为人脑中的意象，情景意象由词项标记成为词项语义。情景网络对应于语言范畴便是概念语义网络。语句语义具有语义延伸的潜在功能，这就是句子的语义蕴涵。新语句的产生，有赖于前提语句的知识衍含。知识越多，衍生的语义就越多。新语句语义的产生是前提语句既存概念之间语义关系的关联。如果诸多词项语义关联，形成新的语义集，这种语义集正好可表现另外一种完整意义，那么，表达新知识的语句便由此生成。这种语义关联规律也反映了命题知识（语句意义）的生成原理，即建立在已有概念之上又不同于原来概念的新概念，新概念是智力活动的结果，也是对客观对象新的反映，因为思维对既有概念语义的关联必须与概念指称对象的客观事态关联相对应、相一致。知识越多，机器发现语言的关联就越多，组合新的语言结构的可能性就越大。这种语句生成规律既符合事件语言学原理，又符合逻辑语义学原理。人工智能的自然语言信息处理中语句—语篇生成，就是依据语言学理（或统计规则）和逻辑蕴涵经过计算工程编程后的机器实现。机器实现能力越强，机器代替人的语言表达能力就越强，如从事小说创作、按照主题进行大会发言，而不只是局限在狭义的专家系统。要实现这样的语言智能目标，建设面向计算的语义本体知识库，"做汉语语言学的人应该是大有作为的"。①

二、语言研究的认知取向

认知科学是探究人脑或心智工作机制的前沿学科，重点研究智能实体与其环境相互作用的原理，发现心智的表征和计算能力以及它们在人脑中的结构和功能表示。神经科学、心理学、语言学、哲学、人类学、计算机科学等跨学科联合探索，已经成为推进认知科学发展的基本态势。

兰盖克（R. W. Langacker）认为，认知语言学研究的最基本问题是意义的本质以及意义心智模型的构建。雷可夫（George Lakoff）和约翰逊（Mark Johnson）等认为，意义的产生不仅来自以脑和中枢神经所代表的心智，而且来自身体的其他感官。我国学者顾曰国认为："研究语言可以不研究人脑吗？也可以不研究人体吗？这两个问题今天听起来像是外行提出来的。"② 由此看来，凡研究语言不可不研究人脑，不可不研究人体。从语言角度研究人脑和人体，主要是研究人脑人体与语言认知的关系。语言研究的认知取向是当代语言学研究的一个重要走向。

---

① 袁毓林：《中国语言学在信息科学的话语权》，《中国语言资源动态》2010 年第 1 期。
② 顾曰国：《当代语言学的波形发展主题二：语言、人脑与心智》，《当代语言学》2010 年第 4 期。

人脑生理结构与功能实验研究表明，大脑内部不同的区域具有处理不同语言信息的功能。中央后区颞叶和韦尼克区主管语音系统，听觉输入的语言信息由听皮层传至角回，然后至韦尼克区，再传到布洛卡区。视觉输入的语言信息直接从视觉联合皮层传至布洛卡区。布洛卡区主管句法系统，额叶主管动机谋篇的概念系统，语词概念分散分布在多个区域。语言信息系统分概念、语法和语音多个层次。语言生成过程是从概念经过语法到语音的实现过程；语言理解则倒过来，是从语音到语法最终达到概念语义。理论上，大脑应当具有与语言信息层次相匹配的生物结构以及语言生成与理解的操作路径。然而，大脑语言处理通路以及语言认知的神经运作方式，现在还没有精确的科学手段加以确证。有学者预测，语言操作最终应该能够找到生物上的证据，比如人脑解剖上的某些部位，相关的中枢神经网络的调用，遗传基因的编码等。目前研究发现，名为 FOXP2 的基因组与人类的语言功能密切相关。人脑以外的人体是否与认知有关，近些年来备受关注。传统意义上，人们认为语言认知是人脑内部生物神经与语言信号的关系。而随着涉身性（embodiment）和嵌入性（embeddedness）、身构意义（embodied meaning）、实景认知（situated cognition）等概念的出现，以及"认知不局限在头脑中"和"心灵可延展到世界"等论题的提出与热烈讨论，语言与认知的关系被认为不只是在人脑内部，还与人脑之外的物理世界相关。① 对人体与认知关系的考察开启了心智操作过程研究的新思路。

语言研究的任务不仅仅在于认识语言本身，还在于认识语言的心智运作。语言心智模型构拟是语言认知关注的基本问题。兰姆认为，"几个世纪以来人们一直对语言的迷恋甚深，许多学者创立各种理论试图解释语言是如何操作的。与此同时，人们同样对心智发生了极大兴趣，并思索着心智的操作过程。语言是人类心智的产物，认识语言应

---

① 刘晓力：《延展认知与延展心灵论辨析》，《中国社会科学》2010 年第 1 期。

该有助于认识心智"。① 人脑心智运作的基本元素是意象和词项。以语言为载体的心智活动，其基元主要是词项。② 词项语义获取是掌握语言认知规律的初始条件。词项语义获取源于感官对事物的认知和心智对语言的加工，是基于人脑的生理结构与机能反应。经验显示，感官具有语义提取功能：视觉感官，舍枝节，取轮廓，成事物形状意象；听觉感官，舍声韵，取音节，成语流声音意象；触觉感官，验软硬，辨冷暖，成物体性质意象。词项是对意象的符号标记，是语言的基本细胞。以此为基础，更高层次的心智活动，则是提取事物的本性。诚如隐喻是人类日常语言活动中的必须认知能力，语言的创建、学习及运用，基本上都能够通过认知加以解释，因为认知能力是人类知识来源的根本能力。认知语言学研究构词法和对词项进行语义分析，分析语言组织结构并归纳语法规则，范畴化理论、原型理论、隐喻及转喻理论等是关于词项基元认识的理论成果。

语句生成是词项之间的关联，词项关联需要经过语句构造的神经操作。语句神经操作的基础材料是标注事态情景要素的词项，即心理词典。根据心理词典选择或指派语句谓词和论元，在此基础上根据表达意图选择句子构式，最后将具体言词代入句法槽位；超句法的陈述、疑问、祈使、感叹等命题态度通过语气配置给句子。句子构式源于事态关系。这种断言尚需要严格的生物神经科学实验进一步确证。但是，认知语法概念结构网络形成路径的内省实验随时可以做到。这种内省揭示的神经路向是：人脑之外的客观事态结构关系→人脑对事态结构关系的认知反映→心智对事态构成元素进行词语标记→事态关系元素的词语标记→事态情景要素词项的综合贮存（记忆）→认知意图驱使下的命题认知图像构建→命题认知图像的词语标记→指称词项与关联词项的链接→自

---

① 悉德尼·兰姆（Sydney Lamb）：《认知语言学概论·序》，程琪龙编《认知语言学概论》，外语教学与研究出版社 2001 年版，第 1 页。

② 周建设：《语义、逻辑与语言哲学》，学苑出版社 2006 年版，第 181 页。

然语言句子的形成→词项语音配置与语气配置→语句输出。这种认知路向表明，人脑以客观事态结构关系为对象进行整体认知，分析事态构成元素并用词项标记，认识事态构成要素之间的关系并用词项标记，进一步将词项标注后的事态构成要素和关系要素综合起来形成认知图像贮存于人脑。这种认知图像的词项联接便是句子，词项序列结构就是语法结构。这是一种知识构成性认知活动，是人类积累世界本体知识的重要途径。知识积累需要人脑记忆，人脑关于语句（命题）的记忆就是贮存用符号表示的事件情景及其语义知识，也就是关于世界的知识。

从认知角度研究语言习得的神经运作路向，根本目标之一就是解释语言的心智路径。以最少的精力获得最大的语言信息，是人类积累知识提高素养的重要追求。语言认知就是运用人脑神经操作获取知识。这分为概念提取认知和事态本质联系认知。概念语义提取的媒介是词项。词项认知有输入性认知和激活性认知。词项输入性认知，是感知活动，是初始信息获取。激活性认知是通过激活词项语义网络，建立特定的信息关联，从而建立特定对象的知识系统。激活性认知需要借助信息媒介，刺激神经元，引起相关链接。语音信息刺激可能激活对应的文字，文字信息刺激可能激活对应的图像（意象），意象刺激可能激活其他贮存的语义，直到使事态情景网络被激活。词项输入性认知，以什么方式感知和输入词项语义，并且在人脑中留下记忆？词项激活性认知，以什么作为刺激信息源才能以最快速度、最少精力投入获得所需要的信息？这些都是词汇语义认知研究的重要课题。词汇语义知识库作为心理词典是人类认识世界的知识基础，作为计算语言学的知识本体资源库是自然语言信息处理的信息基础。

语句认知分原型认知和推导认知。原型认知是以情景事件语义为语句意义原型的语句认知。前面所述的词项关联神经通路是语句认知的基本路向。一般将这种认知称为语句理解，认为语句理解是基于语句中基本概念和基本关系的认知。语句认知的经典解释是：如果一个句子包含基本概念和基本关系，就可以通过认识这些基本概念和基本关系直接理解句子意义。"猫在垫子上"（The cat is on the mat）包含两个基本概念："猫"和"垫子"及一个基本关系"在……上"。认识了这两个表示对象的词项和一个表示关系的词项，该语句便获得理解。[①] 语句认知基础是人脑所反映的事件情景图像，即事物要素及其关系，语句只是情景图像的词项标记和顺序排列。汉语的图像元素位置与词语排列出来的概念结构基本一致。语法结构在大脑图像中是一种认知网络。这种网络结构，像个体事物在大脑中以形象、声音、文字等形式贮存一样，也是贮存在大脑的。如果有猫在垫子上的客观情景，当我们激活其中一个要素，比方"猫"，其语法认知概念结构"猫在垫子上"同时会被激活。推导式认知是依据原始语句或前提语句内部以及语句之间的语义蕴涵，发现新知识的语言认知活动。语句的推导认知是认知的高级阶段，需要借助哲学、逻辑学等学科参与。语句认知存在很多研究空间。人脑记忆语句是记忆整个语句还是记忆句式？句式向语句转化的神经认知操作遵循什么路向，以什么方式激活语句成分以及激活什么成分能最有效激活语句？语句的语义衍含怎么被推出？这些语句认知规律值得当今语言学深入探究。

语言学研究的计算取向旨在通过机器的言语行为减轻人的言语负担，而认知取向则旨在通过认识脑的神经机制解决人的语言认知困惑，这些都是21世纪对语言学科提出的新任务。这些任务的完成需要多学科优势力量的联合，语言学家在传统语言研究的范式下，应当更新研究思路和研究方法，与其他学科协同努力，促进语言计算与语言认知的发展。

（原载于《中国社会科学》2012年第9期，

《新华文摘》2013年第1期转载）

---

① 　石毓智：《〈女人，火，危险事物——范畴揭示了思维的什么奥秘〉评介》，《国外语言学》1995年第2期。

基于大数据的汉语表达
智能模型及其理论基础

大数据使语言智能化成为可能。依据大数据、云计算，紧紧围绕中国人学外语、外国人学汉语这两个重大的公益性问题和国际文化战略问题，研究出具有国际领先水平的智能化语言产品，为人才培养和社会生活提供优质服务，是时代赋予国人的使命。目前，英语作文智能批改已经让我国数百万学生体验到语言智能化对于减轻学习负担提高英语书面表达能力的强大魅力。但是，汉语表达与作文批改的智能化，目前少有成熟的系统研究。让机器"写"汉语以及批改汉语作文，其智能化要求极高。本文拟对汉语表达智能模型与专门数据资源库的建立及其理论基础做些探讨。

一、大数据与汉语表达智能模型

大数据具有三个重要特性。第一，"基因"的储存性。每一个数据都是事物属性的记录。体温数据储存着是否发烧的"基因"，考试成绩储存着知识或技能的"基因"，降雨量储存着地区旱涝"基因"，等等。第二，规律的蕴涵性。当数据积累到一定量级之后，其事物变化规律则可以从数据变化中显示出来。长期记录一个人说话，可以按其声音分贝发现其声高与情感表达的关系，长时间关注汽车动力的声响，可以从中了解车况，等等。第三，趋势的预测性。大数据储存的事物"基因"反映事物的变化规律。因此，根据基因变化规律，可以预测事物未来的发展趋势。例如：谷歌公司曾经把5000万条美国人频繁检索的词条和美国疾病控制中心在2003年至2008年间流感传播的数据进行了比较，考察流感在时间和空间上的传播关系，总共处理了4.5亿个数学模型。预测结果与2007年、2008年美国官方记录的实际流感病例数据的相关性高达97%。2009年甲型H1N1流感爆发时，谷歌数据成了及时有效的监测指标。

大数据的特性使语言表达智能化逐渐成为现实。计算机作对联和写作诗词等一些高级言语智能活动就是最好的证明。实验表明，当人工给出上联"苏堤春晓秀"，计算机则可对上"平湖秋月明"下联。人工给出上联"网上购物红红火火"，机器则对上"电子商务热热闹闹"下联。中国人工智能学会理事长李德毅院士说：将李白诗句"机械切割"成字串，在"悲情"意境下，分别按照平仄韵律构成数据集，依据数据集，软件结合毛泽东生日1893年12月26日的信息做出了五言诗："秀玉竟不还，西湖哀苦寒。凤楼留不住，夜郎醉不眠。"可见，语言规律蕴含于大数据。

如果将杜甫的诗按照一定的规则构成数据集，同样可以提取"基因"组合出新诗文。例如："迟日江畔独寻花，黄鹂翠柳沐晚霞。剑外春夜时节雨，锦城丝管岐王家。"这首诗就是从杜甫八首诗的"基因"符号组合而成的。"迟日"出自《绝句》"迟日江山丽，春风花草香。泥融飞燕子，沙暖睡鸳鸯"；"江畔独寻花"出自"黄师塔前江水东，春光懒困倚微风。桃花一簇开无主，可爱深红爱浅红？"以及"黄四娘家花满蹊，千朵万朵压枝低，留恋戏蝶时时舞，自在娇莺恰恰啼"；"黄鹂翠柳"出自《绝句》"两个黄鹂鸣翠柳，一行白鹭上青天。窗含西岭千秋雪，门泊东吴万里船"；"剑外"出自《闻官军收河南河北》"剑外忽传收蓟北，初闻涕泪满衣裳。却看妻子愁何在，漫卷诗书喜欲狂。白日放歌须纵酒，青春作伴好还乡。即从巴峡穿巫峡，便下襄阳向洛阳"；"时节雨"出自《春夜喜雨》"好雨知时节，当春乃发生。随风潜入夜，润物细无声。野径云俱黑，江船火独明。晓看红湿处，花重锦官城"；"锦城丝管"出自《赠花卿》"锦城丝管日纷纷，半入江风半入云。此曲只应天上有，人间能得几回闻？""岐王家"出自《江南逢李龟年》"岐王宅里寻常见，崔九堂前几度闻。正是江南好风景，落花时节又逢君"。若要教学生"一口气说出杜甫的几首诗"，大数据的价值就不言而喻了。

无论是计算机作对联还是写诗词，要像人一样围绕主题自如表达，尚存在较大差距。计算机写作纪念毛泽东诞辰的五言诗表明，每一句诗的平仄韵律是规范的，因为大数据建立了规范数据集。但是，将四句联合起来看，尽管限定了"悲情"意境，但语义表达的准确性不尽如人意。机器依据上联的词性、结构、韵律，配对下联，是依葫芦画瓢和框架式填充。要接近人一样自如写作，显然还需要构建接近人的汉语表达智能模型。

汉语表达智能模型是使用人工智能和计算语言学的方法和技术，基于词项语料，通过执行一定的语义和语法规则，选择关键信息及其相应的表达形式，自动生成自然语言文本。该模型也可以称为汉语生成智能模型、汉语写作智能模型。

汉语表达智能模型有两个子系统，一是词项—语句语义网络系统，二是语句—语篇语义网络系统。前者的基本任务是实现从词到句子的自动生成，可以借鉴的理论与技术有形式语法、语义标式、格语法以及模板生成技术、短语/规则扩展技术、属性特征生成技术等。后者的基本任务是实现自然语言语篇的自动生成，即以词项—语句语义网络系统生成的单个语句为原始语句或前提语句为基础，分析并提取前提语句蕴涵的语义，再结合事件情景词项语义系统中与前提语句提取的语义要素的关系，选择可能进入新语句的词项（论元），再选择恰当的反映新选择的词项之间语义关联的谓词串联成新语句。

汉语表达智能模型的实现，其过程是：根据主题意图，从语言元素的某一模板集及规则系统出发，通过有限步骤的运算，伴以语义范畴约束，生成连续合格的句子，直到形成语义相对完整的语篇。

二、汉语表达智能模型的专门数据资源库建设

汉语表达智能模型的实现必须依赖于大数据资源库建设。机器写话，必须给它提供写话的材料和依据。话语的最基本的材料是词项模板，词项模板生成合适语句的依据是规则。因此，词项模板资源库和语言规则库建设是汉语智能表达的基础工程。

词项源于本体认识。非语言思维，基本元素是"意象"。意象是反映在人脑中的形象或意念。"形象"是指"实物"在人脑中形成的图像。它既包括通常意义上的表象又包括在表象基础上抽象概括形成的较高层次的图像。事物的表象是客体与人脑相互作用后在人脑中形成的"整体"图式，它与被反映的客体具有一一对应的映射关系。表象基础上产生的新图像是表象的综合与类化，这种类化的形象与被反映的客体并非必然具有一一对应关系。"意念"是人脑中"实体"图像之外的意象，主要指事物的抽象性质及关系。语言思维，必须依赖表达意象的词项。尽管世界纷繁复杂，但是，大而言之不外乎三类，一是事物，二是事物自身具有的各种性质，三是事物与事物之间的各种联系。相应地，词项的具体内容也就有三类：对象词项、性质词项、关系词项。对象词项有两种：一是表示真实存在的实物词项；二是表示虚构"实物"的词项。性质词项所反映的性质，既可以是实体内部"隐含"的性质，又可以是实体表现于外部的行为方式、技巧功能等。关系词项所反映的关系是实

体与实体、实体与性质、性质与性质之间的联系。

基于汉语智能表达的语料库是汉语造句模板库。所谓"模板"是指适用于机器汉语生成的语言符号单位。"模板"有三个等级：单词、短语、句子。它们都是汉语表达的"建筑材料"。"模板"视野下的语料库分三类，即单词模板语料库、短语模板语料库、句子模板语料库。

单词模板语料库就是由所有汉语中的单词集成的语料库，包括实体词项语料库和媒介词项语料库。实体词项库主要指对象词项库、性质词项库、关系词项库。在汉语造句中表示句法结构关系的单词，称为媒介词项。媒体词项库是由媒介词项集成的语料库。

短语模板语料库是由汉语短语集成的语料库。短语模板分两类，即自足短语模板和非自足短语模板。自足短语模板是结构完整、语义自恰的短语模板，比方人名、地名、成语等。非自足短语模板指成分缺省、语义不完整的短语模板，比方"（　）是湖南省会""向雷锋同志（　）""洞庭湖在（　）以南"。这些短语模板框架是完整的、合适的，但是成分有缺项，因而其语义也就不完整。针对非自足短语模板，代入相应词项，则形成成分完整、语义自足的短语模板。如代入"长沙""学习""长江"，这三个非自足短语模板就成了"（长沙）是湖南省会""向雷锋同志（学习）""洞庭湖是（长江）以南"三个自足的短语模板了。非自足短语模板形式多样，主要是因为词语的搭配关系复杂，特定词语与另外词语搭配，其匹配形式可以是一对一，一对多或者多对一，因此，词项的非自足短语模板，可以表现为单论元缺省、多论元缺省，或者单谓词缺省、多谓词缺省等模板形式。比方，性质词项为主体的非自足短语模板是缺省单论元的短语模板：动宾搭配短语模板缺省宾语，主谓搭配短语模板缺省主语等；关系词项为主体的非自足短语模板是缺省单论元或多论元的短语模板，比方，一元关系词项短语模板缺省单个论元，多元关系词项短语模板则缺省多个论元等；对象词项为主体的非自足短语模板是缺省谓词的短语模板，比方，天体类对象词项，其短语模板往往缺省运动变化类谓词。

如果用谓词逻辑 PL 原子语句来描述非自足短语模板，其构式就是谓词与个体常项构成的表达式。PL 语句的真值条件依赖于论域的选定和每一个在语句中的谓词和个体常项的语义匹配。

就 PL 语句"Fa"而言，如果"F"被代入性质词项"……是红色的"，"a"代入对象词项"太阳"，整个语句则为真。"a"代入对象词项"月亮"，整个语句则假。对于 R（xy）来说，当 R 确定为"……大于……"，R（xy）的真则依赖于 x 和 y 的代入词项，y 必定小于 x，比如，x 为 5，y 为 3。对任一 PL 语句，在谓词确定的情况下，其真假取决于个体常项的语义类型。这一事实表明，什么对象具有谓词所表达的性质，哪些对象之间具有谓词所表达的关系，不能单纯从对象词项或性质词项或关系词项自身表现出来，而必须通过填充缺省词项形成完整的结构和自足的语义才能体现。

基于汉语表达的语言模板库建设难点主要在两个方面：一是词项模板的语义特征分析，二是词项模板的义类范畴判定。词项模板的语义特征分析，所要解决的核心问题在于明晰并刻画一个模板与另一个模板结合的"结构合适性"和"语义自洽性"。机器实现汉语智能表达，就是要求机器依据任意一个词项模板能够自动生成"结构合适""语义自洽"的新模板（短语模板、句子模板）。显然，要穷尽刻画并集成这样的语料库，其难度无疑是巨大的。词项模板的义类范畴判定，所要解决的核心问题在于给机器提供词项义论域。就是说，当非自足短语模板需要填充另外的成分词项时，能够提供特定明晰的词项模板的义类范畴。给出多少词项模板义类，每一个词项模板义类又可以分多少层级，是词项义类模板库建设的难点。由于事物类型极其复杂，每种事物类型都可以被人类反映形成相应的词项语义类型，但是，这些被反映并且由语言符号记录的词项模板，并不会自显其语义类型，为了适应汉语智能表达需要，必须按照人类认知习惯、思维习惯、生活习惯、表达习惯等，通过人工辨别其不同义类。人们通常将世界万物分为自然、人类、社会三大类。自然义类可分为天文、地理、生物等；人类义类可分为不同生物进化时期的人类等；社会可分为不同体制的社会等。

语义类型库给汉语智能表达提供话语论域，以便将话题限定在特定语义领域内布局谋篇、组织语句，避免让机器写出来的话语偏离主题。依据话题内容的广狭，义类语料越细越全面越有利于汉语话语表达。目前，L.J Parser 可以从海量文本集的自动分类，自动抽取专业词汇，比方从 500MB 文本抽取近 10 万专业词条，并给出计算依据和语用环境特征。这些可以成为语义类型库建设的辅助手段。

语言模板库，包括单词模板库、短语模板库和句子模板库，与义类资源库有联系又彼此区别，各自履行自身任务。语言模板库主要充当句子成分，是结构材料；义类库，尽管同样需要以言语符号模板为载体，但是，它最终代表的是特定的语义范围。比方，同样是"高屋建瓴"一词，从语言模板意义上说，既是性质词项模板，又是单论元缺省的短语模板"（ ）高屋建瓴"。从语义类型上说，属于认知义类。这两种语料库结合起来才能够给出该词项在汉语表达智能系统中的角色定位。如：语言模板库储存信息为"能充当谓语""能与人搭配"等，其语义类型库归于"认知类，或思维类，或思想类"等。机器在语料库中依据词项的结构功能和语义类型才可以串联新的语言模块或新语句。

句子模板库是由所有符合汉语表达习惯的语句集成的语料库。句子模板作为一个完整的句法单位，可以从两个方面来建设：一是建设日常交际汉语语句库，二是建设特殊的汉语语句库，比方诗歌体语句库等。这些都是地道的汉语语句库。将两类句子区分开来的意义在于引导机器辨别语句的语体风格，以便在特定语体中选择生成合适的句子。

句子模板还是汉语文本自动批改的重要标准。句子模板库越丰富，丰富到足以穷尽汉语语句的全部形式时，该模板库就能够为所有汉语文本进行评阅和检测，并准确判定被评阅的文本是否为地道的汉语自然语言。

规则库是与语言模板库相匹配的资源库，包括句法规则库和语义衍含规则库。语言模板库主要提供解决造句的材料与语义范围。这些材料如何结构成句子、组成语段，进而形成语篇，是需要句法规则的。句法规则库由词项生成句子的规则、句子生成语段以及语段生成篇章的规则集成。语义衍含规则是语句的逻辑延伸规则。语义衍含规则库是从语言的某一集合开始，根据各个元素的性质，确定元素之间的关系，进而用演绎的方法建立起来的语义衍含的规则系统。语义衍含分两个层次：一是句内词项义类衍含，二是语句义类衍含。词项义类衍含是指句中词项所蕴含的语义，比方，东方出了个毛泽东。其词项义类衍含包括："东方"衍含着"方位"以及该方位的属性，"出"衍含着"诞生""从无到有"以及相关属性，"毛泽东"衍含着"是一个人"以及关于这个人的一系列属性。句内词项义类衍含是新语句生成的语义素材，也是保证新语句与前提语句形成语义关联，不偏离话语的语义论域。语句义类衍含是指整个语句所蕴含的语义。比方，全称语句就衍含着特称语句，三段论中，结论就是大前提、小前提语句的语义衍含。

句法规则库建设和语义衍含规则库建设主要有两个途径：一是理论分析，二是大数据提炼。理论分析主要依赖于演绎，大数据提炼主要基于统计学方法的归纳，二者都是对汉语生成规律的抽象概括。

三、汉语表达智能模型的理论基础

汉语表达智能模型的建立有其理论基础。这可以从世界结构与语句结构的关系来认识。维特根斯坦在《逻辑哲学论》中有类似深刻论述。维特根斯坦说："世界是事实的总和"，"事实的结构由事态的结构组成""事态是对象（事物）的结合""对象在事态中像链环一样相互连接"，"对象在事态中相互处于一定的关系中"，"对象在事态中关联的方式就是事态的结构"。① 维特根斯坦在区分事实、对象（事物）、事态几个概念基础上，使用了一个极其重要的概念——关系，并明确强调事态中对象是通过一定的关系相互依存的。没有关系，对象永远仅仅为简单的孤立的对象，彼此不可能粘合起来。由此，我们可以简单地勾勒出这样的线索：对象之间相互关联才构成事态，事态之间相互关联才组成世界。为了使抽象的世界结构的思想形象化，维特根斯坦提出了著名的图像理论。维特根斯坦认为，图像就是实在的模型。"图像的构成在于其元素以一定的方式彼此关联。""图像所表现的是它的意义"。图像是由元素构成的，而作为图像组成成分有其相应的对象（元素）；或者，反过来说，作为世界组成部分的对象进入图像范畴便成为图像的元素。图像元素按照一定方式关联组合便形成图像的结构。图像的结构就是图像的描画形式。每个图像都能够描述实在，实在就是图像的基础，实在的形式也就是逻辑形式，即逻辑形式与实在同构。

汉语表达智能模型与客观事实之间的关系，如同数学上的抽象直线与具体直线之间的关系。我们将维特根斯坦思维范畴的逻辑形式，纳入语言范畴进行考察，将语句形式视为逻辑形式的语言表现，这样，世界结构与语言结构的同构性就可以一目了然。世界结构由诸多要素构成事态网络。事态网络的任何一个元素，反映到人脑形成思维元素，被语言符号标记形成词项语义。事态网络对应于思维范畴便是概念网络，进入语言范畴便是语义网络。逻辑形式是逻辑谓词与个体词项结构体，反映世界对象（元素）的逻辑依存关系，基本句式是逻辑形式的摹写，表现为关系词项（性质词项）与对象词项的结合体。事态要素复杂的组织形态，在语义范畴形成多种多样关系群，原子语句描述原子语义关系，语句系列描述事态要素关系集。

---

① 邱仁宗主编：《20 世纪西方哲学名著导读》，湖南出版社 1991 年版。

汉语句子的多样性都离不开事态关系。就原始语句而言，汉语语句具有句点、句联、句焦、句式、句体五个表达要素。句点是思维对事态要素的分析性认识，标记形式就是对象词项；句联是事态要素之间的联系，标记形式是关系词项；句焦是话语者最先关注的句点，往往处于汉语句子的前列位置；句式是话语人排列句点的框架（结构模式），是事态要素词项的序列。一个原子关系的基本句式具有唯一性，相应的变化句式，借助句法则变得丰富多样；句体是话语人遣词造句表现的话语风格。就衍生语句而言，汉语子句（新语句）的产生，都离不开客观世界知识的蕴涵特性。新语句的产生是前提语句既存词项语义（事态要素）之间关系的关联。事态知识越多，衍生的语义就越多。同理，机器发现语言的语义关联越多，生成新语句的能力就越强。

参考文献

[1] 维克托·迈尔·舍恩伯格、肯尼思·库克耶：《大数据时代：生活、工作与思维的大变革》，浙江人民出版社 2013 年版。

[2] 邱仁宗：《20 世纪西方哲学名著导读》，湖南出版社 1991 年版。

（《首都师范大学学报》2014 年第 5 期，

《新华文摘》2015 年第 1 期转载）

语言智能评测理论研究与技术应用

——以英语作文智能评测系统为例

一、引　言

人工智能是引领未来的战略性技术，世界主要发达国家把发展人工智能作为提升国家竞争力、维护国家安全的重大战略，加紧出台规划和政策，围绕核心技术、顶尖人才、标准规范等强化部署，力图在新一轮国际科技竞争中掌握主导权。语言智能"是人工智能皇冠上的明珠，如果语言智能能实现突破，跟它同属认知智能的知识和推理就会得到长足的发展，就能推动整个人工智能体系，有更多的场景可以落地。"[①] 语言问题是人工智能研究中需要集中攻关的一大屏障，语言智能基础理论与关键技术研究的突破对于实施人工智能国家战略具有重大意义。

（一）语言智能发展的必然性

作为人工智能范畴的专门术语"语言智能（Language Intelligence）"，是语言信息的智能化，是运用计算机信息技术模仿人类的智能，分析和

---

① 周强：《MSRA 副院长周明：语言智能是人工智能皇冠上的明珠》，http：//m.sohu.com。

处理人类语言的科学（周建设等，2017）。

人类已经进入智力集成时代，人机交互必将成为常态。语言智能将大幅度代替人类自然语言实时进行人机交流。这是人类社会科技进步的重大标志，也是人类科技发展的必然。

我国语言智能概念提出虽然不早，但是实质性的语言智能研究具有明显优势。清华大学、北京大学、中国科学院、哈尔滨工业大学、北京理工大学、科大讯飞等科研院所和企业已经取得了辉煌业绩，诸多项目处于世界领先水平。国家、行业和地方相继建立了语言智能研究平台，2015 年，北京市将语言智能纳入高精尖创新中心建设；2016 年，国家语委批准建立了首都师范大学中国语言智能研究中心，中国人工智能学会批准成立了语言智能专业委员会，教育部批准在首都师范大学设立语言智能二级学科博士点；2017 年，中国人工智能学会与中国语言智能研究中心召开了第四届中国语言智能大会，中国计算机学会与中文信息学会联合召开第二届语言与智能高峰论坛。这标志着我国语言智能研究与学科建设具备了一定的基础。

（二）大数据为语言智能评测创造条件

大数据时代给社会带来三大变革：思维变革、商业变革、管理变革。各行业将大数据纳入日常配置已成必然之势。大数据包括结构化、半结构化和非结构化数据，非结构化数据越来越成为数据的主要部分。据 IDC 的调查报告显示：企业中 80% 的数据都是非结构化数据，这些数据每年都按指数增长 60%。[①]

大数据为语言智能化发展创造了前提条件，这是因为大数据具有三个重要特征：一是"基因"的存储性。每个数据都是事物属性的记录。考试成绩存储着知识或技能的"基因"等等。二是规律的蕴含性。

---

① 《非结构化数据"飞"入云中　企业如何应对》，CSDN，2011 年。

当数据积累到一定数量级后，其事物变化规律则可以从数据变化中显示出来。长期记录一个人语言数据，可以按其声音分贝发现其声高与情感表达的关系。三是趋势的预测性。大数据存储的事物"基因"反映事物的变化规律。因此，根据基因变化规律，可以预测事物未来的发展趋势。大数据的特性使语言智能评测得以成为现实（周建设等，2015）。

二、语言智能评测的基础理论

人工智能范畴内语言智能术语的提出，并不是突发奇想，跟研究者长期关注人脑语言的运行机制密切相关。[①] 这一思想酝酿、术语提出与概念形成大致经历了三个阶段：（1）语言来源认识阶段，探究语言与思维关系，从思维活动的基本元素入手，认识语言组织单位产生的根源及其在思维活动中的依存地位；（2）语言结构认知阶段，探索汉语词项与言语生成的基本规律，构拟汉语词项生成模型与语句生成模型，揭示树立汉语表达结构的组织原理；（3）语言智能实现阶段，探讨机器表达汉语的智能模型、全信息评测模型和情感分析四维模型，实现从言语智能生成到文章智能评测的计算机全自动操作。

（一）语言智能评测研究现状

语言智能评测是指利用计算机评测文章（作文）。目前，文章机器评测的基本思路是通过各种自然语言处理技术，从待评测文章中提取文

---

① 周建设基于对语言计算特征的长期思考，在人工智能范畴提出"语言智能"概念。从 1984 年的《思维活动元素剖析》（《心理学》1984 年第 6 期）到 2001 年教育部重大课题"语言逻辑及其在人工智能中的应用"，到 2012 年的国家社科基金重大课题成果《面向语言处理的计算与认知取向》（《中国社会科学》2012 年第 9 期），到 2015 年的《基于大数据的汉语表达智能模型及其理论基础》（《新华文摘》2015 年第 1 期转载），这些成果反映了这样的探索历程。

本特征，用机器对文本特征与分数之间关系进行学习，通过所得文本特征与分数之间的关系进行自动评分。这种方式是采用一个整体回归公式得到最终的评分结果。这样得到的评分结果，往往存在与人工评分结果拟合度不高的问题，要给出详细的批改建议也很不容易。

语句相似度是评测的重点，它研究如何制定语句之间相似度的衡量机制，按照不同的分类原则，可以分为按匹配单元分类、按分析深度分类①，或者按动态规划的相似度计算方法分类②。计算相似度时，基本上可分为相似程度计算和距离程度计算两类。代表性的有："切块＋匹配＋重组"方法③和同时依据句子的表层结构和内容计算相似度的方法④。

（二）全信息语言智能评测模型

全信息语言智能评测模型基于文本语义离散度表示和多知识融合方法，构建包含词汇、句法、语义、篇章等多维度的全信息语言评测模型，实现词汇级、句子级、段落级和篇章级等不同粒度的点评、建议和综合评分，解决机器评测与人工评测拟合度不高的难题。

该模型首先对待评作文进行词汇分析、句子分析、篇章结构分析和内容分析，得到关于词汇、句子、篇章结构和内容的子维度。每个维度与作文的最终评分结果具有线性相关性、单调性、独立性、牵制性和

①　穗志方：《语句相似性研究中的骨架依存分析法及应用》，北京大学计算机科学理论专业优秀论文，1998 年。

②　高思丹：《语句相似度计算在主观题自动批改技术中的初步应用》，《计算机工程与应用》，2004 年第 14 期。

③　Nirenburg，etc：*Two Approaches to Matching in Example-Based Machine Translation*，in Proceedings of the Fifth International Conference on Theoretical and Methodological Issues in Machine. Translation TMI，1993，page（47-57）.

④　Cranias，etc：*A matching technique in Example-Based Machine Translation*，Conference on Computational Linguistics Association for Computational Linguistics，1994，page（100-104）.

平衡性；然后根据每一个维度，对待评分文章进行评分计算，得到多个评分结果；接着对多个评分结果进行加权处理，获得待评分作文的最终评分结果。从每一个句子中提取语言点，将语言点与语料库中的语言点进行匹配，给出针对句子中该语言点的点评，根据多个句子的点评给出所属段落的点评，根据多个段落的点评给出整篇作文的点评。其中，语言点为作文中的一些相对稳定的元素，如搭配、词块、句型模式等。通过这些相对稳定的元素归纳出错误语言点的基本类型，如单词误用、词组模块的误用、搭配不当、固定搭配模式的误用等。语料库中包括了所有文章的语言点和句段库，语料库可以实时持续更新。当给出最终评分结果时，给出的相关点评（包括句评、段评和总评）也实时持续更新，学习者可据此点评提高语言能力。

（三）主题聚合度计算理论

智能评测理论所说的主题，主要是从外延意义上界定的。主题就是篇章指称的对象。篇章涉及的对象有具体对象，也有抽象对象。具体对象，可以是个体对象，也可以是个体对象组成的类（集合）。当一篇文章仅仅涉及一个对象时，这个对象就是文章的主题；当文章涉及一类对象时，这个类就构成文章论域（domain），这个论域实际上就是该类中诸多个体的上位概念，这个类、论域或上位概念，就是该篇文章的主题。抽象对象是指事物的属性，包括事物的性质，事物之间的关系。思想是抽象概念，可以成为篇章的对象，即篇章的主题。爱好是抽象概念，表示事物之间的关系，也可以成为篇章的对象，即篇章的主题。

主题聚合度理论是通过设计一种算法来综合评价行文与文章主题之间关联程度的理论。主题聚合度计算是北京语言智能协同研究院研究人员于 2015 年取得的机器评测作文的一项重大理论突破和关键技术突破。经过 60 亿字规模语料的检测，证实评测效果显著，获得国内外同行高度评价。目前，篇章主题聚合度计算作为中国语言智能研究中心语言智能领域的一项核心产品已经广泛用于作文评测。

三、英语作文智能评测系统发展及规模

自 20 世纪 60 年代以来，国外已开发出多个作文自动评分系统，并应用于 GRE、GMAT 等大型考试中[1][2][3]。国内，梁茂成[4] 和北京语言智能协同研究院分别研制了适合中国英语学习者的作文自动评分系统并取得了良好的效果，其中首都师范大学主导研发的英语作文批改系统得到广泛应用。在翻译领域，一些研究机构也对学生汉译英的自动评分进行了有益尝试[5][6]。目前，针对英语作文的自动评分研究已有一定的积累，相关产品也日趋成熟。

（一）同类型评测产品对比分析

历史上第一个作文自动评分系统是 1966 年研制的 PEG[7]。20 世纪 90 年代以后，IEA、E-rater、IntelliMetric、MY Access 等系统相继出

---

① Dikli，etc.：An Overview of Automated Scoring of Essays，Journal of Technology Learning and Assessment，Vol.5（1），2006.

② Quellmalz，etc：Technology and Testing，Science，323：75-79，2009.

③ Williamson，etc：A Framework for Implementing Automated Scoring，Paper presented at the annual meeting of the American Educational Research Association and the National Council on Measurement in Education，2009，（2）.

④ 梁茂成：《中国学生英语作文自动评分模型的构建》，外语教学与研究出版社 2011 年版。

⑤ 王金铨：《中国学生汉译英机助评分模型的研究与构建》，外语教学与研究出版社 2010 年版。

⑥ 王金铨等：《中国学生大规模汉译英测试机助评分模型的研究与构建》，《现代外语》2009 年第 2 期。

⑦ Shermis，etc：Automated essay scoring，A cross-disciplinary perspective，Lawrence Erlbaum Associates Inc，2003.

现①。本文在江进林②研究的基础上，进一步丰富各类系统的特点形成表1，以对比反映各类型自动评测系统的相关情况。现有作文自动评分系统在评分步骤、主要技术和变量挖掘方面对机器自动评分研究具有重要启示。

表1 主要作文自动评测产品特点对比

	PEG	IEA	E-rater	梁氏作文评测	批改网
测量对象	语言	内容	语言、内容、结构	语言、内容、结构	语言、内容、结构、主题
评分方法	变量提取、多元回归、计算作文分数	根据文本相似度进行机器评分	变量提取、多元回归、计算作文分数	变量提取、多元回归、计算作文分数	变量提取、多元回归、计算作文分数、多维融合
主要技术	统计技术、自然语言处理	潜语义分析	统计技术、自然语言处理、向量空间模型	统计技术、自然语言处理、潜语义分析	统计技术、自然语言处理、潜语义分析
主要变量	表层形式特特征（如文本长度）	语义相似度	句法结构、连接词、内容相关度	流利度、地道性、复杂度变量；语义相似度；连接词	流利度、地道性、复杂度变量；语义相似度等192个维度
验证方法	机器/人工评分的相关度	机器/人工评分的相关度	机器/人工评分的相关度和一致性	机器/人工评分的相关度和一致性	机器/人工评分的相关度和一致性

（二）英语作文智能评测系统助力语言产业发展

促进语言事业的发展，包括促进语言产业的发展③。广州大学屈哨兵教授提出"语言产业、职业、行业、基业：语言服务四业并论"。2010年，语言智能评测系统批改网上线试用，实现了对英语作文在线

---

① Burstein，etc：The e-rater scoring engine：Automated essay scoring with natural language processing，M.d.shermis and J.c.burstein，2003（113-121）.

② 江进林：《近五十年来自动评分研究综述》，《现代教育技术》2013年第6期。

③ 贺宏志：《发展语言产业，创造语言红利》，《语言文字应用》2013年第6期。

快速批改。目前，批改网日均批改作文 30 余万篇，已经积累形成了 60亿例句的地道英语大数据、3.42 亿篇中国学生作文语料库，并且定期更新美国英语作文、SCI 摘要等 17 种英文类型库，形成了国内最大的英语学习语料库，为中国语言产业拓展了新领域。

作文批改由智能化向教学过程的渗透，也触动了传统教学模式，不少名校竞相与批改网合作，探讨信息化时代教学模式的改革创新。2016 年 3 月，中国人民大学附中主动联系批改网，与其共同开展英语写作创新教学活动；2017 年 3 月，湖南省长沙市教育科学研究院、长郡中学主动邀请批改网联合举办了长沙市普通高中课堂教学改革优秀课例展示研讨活动。此类"智能课堂"活动在全国各地相继展开，受到师生和教育主管部门广泛好评。

以 2016 年 1 月为例，北京市朝阳区有 52 所中学使用批改网，当月教师布置作文题 713 个，学生提交作文 22460 篇，累计修改次数达到160599 次，平均每人每篇修改 7.1 次，63% 的学生至少提交了 2 次作文，修改 5 次以上的学生约占 25%，1.2% 的学生修改次数超过 50 次。经统计，使用批改网的朝阳区农村薄弱校，中考英语作文平均分超过了朝阳区平均分。

（三）产业规模及效益分析

目前，英语批改网已服务 2000 多所高校、4000 多所中小学，其中清华大学、北京大学、南京大学等多数 985 高校已经使用服务。系统现已服务教师逾 15 万人，学生逾 1700 万，基本覆盖国内英语作文智能评测市场。作文批改主要是公益服务，若以批改作文的普通标准价格 20元/篇计算，其惠民经济效益逾 68 亿元。

中国港澳台地区和日本、韩国、新加坡等国家已有部分大学付费使用批改网，显示出国际市场拓展优势。计算机辅助的在线学习模式，打破了传统课堂模式，实现随处是课堂、随时可学习。语言智能评测可快速找出学生薄弱点，提高学习效率。清华大学给出如下评价：(1) 批改网的"形成性评估"模式提高学生自主学习能力；(2) 辅助英语教学，提高教师工作效率，充分体现教师价值；(3) 传统教育与现代技术结合，创新教学形式。南京大学的反馈报告说：近年来国外的自动评分系统取得了实质性的进步，比如美国 ETS 的 E-rater 系统就应用 GMAT 等考试。但是国外的系统对于中国学生来说有两个缺点：(1) 主要侧重于评分，没有具体语言和内容上的反馈；(2) 主要针对英语本族语学习者，对外语学习者的写作特点照顾不周。而批改网考虑并切实解决了上述难题。

四、大数据的产业数据挖掘

2014 年开始的"百万同题英文写作"活动，至今累计吸引全国 9000 多所学校，学段覆盖大学、高职、高中、初中和小学高年级，师生参与量累计超过 450 万人次，为中国英语教学与研究提供了大量真实语料数据。[①]

（一）用户自主学习行为分析

在 2017 年"百万同题英文写作"活动中，全国 32 个省市地区提交了 1408626 篇作文，参与人数前三名的地区分别为四川省（140840 人）、广东省（112455 人）和山东省（107301 人）。不同的学段参与人数中，本科学生最多，占比达 89.61%。作文自动评测技术不仅极大解放了教师的人工评阅压力，也极大激发了学生自我学习的内驱力。2017 年的

---

① 该活动每年举办，依托 2013 年成立的北京语言智能协同研究院和中国高校英语写作教学联盟，以智能评测产品批改网为技术操作平台，是覆盖中国全学段、多地区英文学习者和教学者的特色线上学习、交流活动。

同题作文写作，从数据反馈可以看出学生的自主学习行为改善主要表现在以下几个方面：

1. 修改行为

学生共提交作文 1408626 篇，累计修改提交作文 11222309 次，平均每人每篇作文修改 7.97 次，约 75% 的学生都对自己的文章进行过多次修正，超过 10% 的学生修改作文达 20 次以上（详见图 1），学生整体修改表现良好。

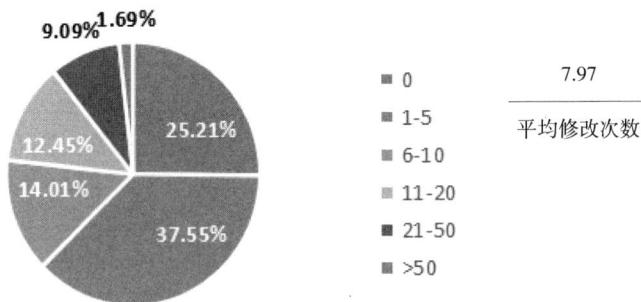

图 1　人均每篇作文修改次数分布统计

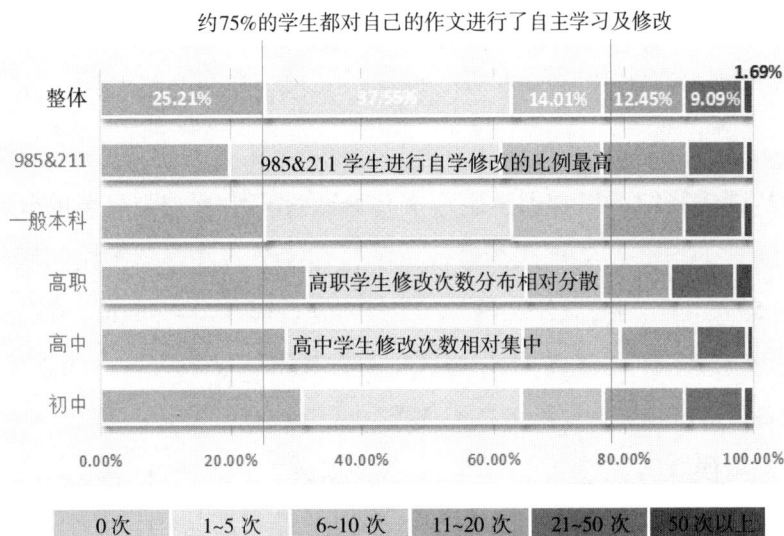

图 2　各类院校作文修改次数分布情况

图 1 和图 2 反映了各类院校作文修改次数的分布情况。其中，985 和 211 院校学生的自主修改比例最高，80.2% 的学生都在写作过程中进行了自主修改；高职学生在未修改及修改 20 次以上区间内占比均较高，修改次数分布相对分散；而高中学生修改 10 次以上的比例在各类院校中最小，学生修改次数普遍相对集中。整体上来看，约 75% 的学生都对自己的作文进行了自主学习及修正。

2. 分数变化

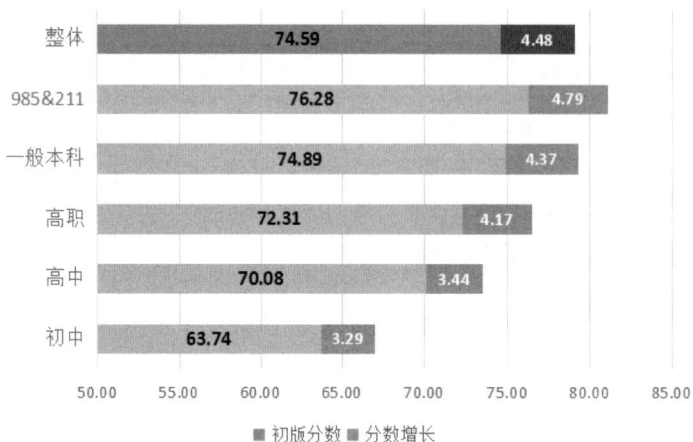

图 3　各类院校使用评测系统对成绩的提升效果分析

注：为使数据可比，统一采用原始机器分作为统计对象，未受不同学段打分公式影响，满分制为100 分。

从图 3 我们可以看到学生作文在修改过程中有较为显著的分数提升。通过平均每人 7.97 次的修改，学生作文分数在整体上由初版作文的 74.59 分上升到终版作文的 79.07 分，分数提升了 4.48 分。在各类院校中，985 及 211 院校学生在修改中分数提升幅度最大，达到 4.79 分；其他各类院校也完成了有效的自主学习，分数有所提升。

3. 错误修正

图 4 显示各类院校学生作文语法错误修正率情况（不计书写错误）。学生累计修改错误超过 40%，各类院校作文错误均有 20% 至 60% 的修

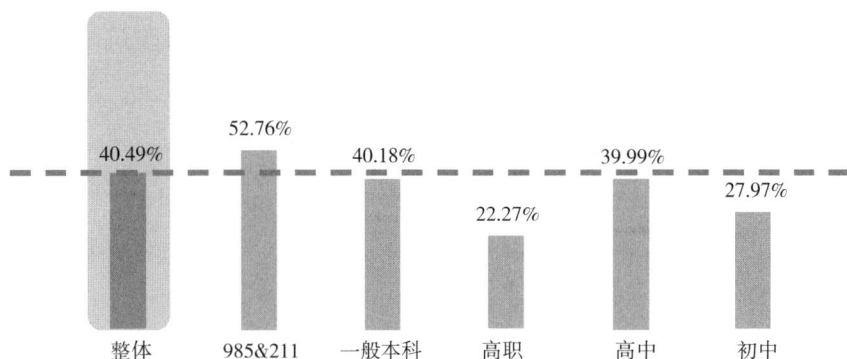

图 4　各类院校学生作文语法错误修正率分析

正，其中，985 和 211 院校修正率最高，达到 52.76%。

4. 修改过程

这里从五个类型的学校各抽取 10000 篇作文为样本，对作文的第一版、第二版、中间版本、倒数第二版以及最终版进行分析。通过版本间的数据变化，从中可以看出学生自主修改过程中的一些特点。

表 2　修改过程前后段作文数据值变化

修改过程前后段 数据值变化	985 & 211	一般本科	高职	高中	初中
拼写	＋28.78%	＋19.87%	＋15.32%	＋24.27%	＋15.16%
词性误用	＋10.24%	＋2.96%	－3.20%	＋8.25%	－6.84%
动词	＋15.11%	＋4.55%	－2.38%	＋11.56%	＋13.16%
冠词	＋14.64%	＋7.25%	＋1.23%	＋19.29%	＋12.72%
名词	＋15.00%	＋8.66%	＋4.25%	＋17.03%	24.82%
介词	＋17.29%	＋11.03%	＋7.26%	＋14.97%	＋11.52%
搭配	＋10.00%	＋1.10%	－8.95%	＋11.97%	－0.28%
主谓一致	＋18.60%	＋11.27%	＋0.74%	＋19.61%	＋8.15%
成分冗余	＋19.59%	＋12.61%	＋1.13%	＋16.42%	＋13.38%
成分缺失	＋1.07%	－5.26%	－8.24%	＋5.22%	－1.11%
整体（除标点符号）	＋16.24%	＋8.63%	＋3.71%	＋15.98%	＋7.04%

注：＋表示修改前后正确率增加，－表示修改前后正确率减少。

由表 2 可以看到，学生的修正大多集中在前半段修改过程中，特别是拼写类错误，前半段的修正率均高出后半段 15% 以上。部分院校对成分缺失、词性误用、搭配错误的修正更多集中于修改过程的后半部分，大概与这几类错误修改难度相对较大有关系。985 和 211 院校以及高中学生对于错误的修正较明显地集中于前半段，语法自我修正的进度较快，高职院校及初中对部分高频错误的修正相对集中于后半段，语法自我修正的进度相对慢一些。综上所述，可以得知，学生自学过程的前半段修改更为高效。学生修改过程前期主要进行基础语法错误修正；修改过程后期，学生会对修改难度相对大的句子结构类错误给予更多关注和修正；对词汇与句型的调整会在整个自学过程中循序渐进地进行。

（二）语言写作技能提升分析

自主修改过程中分数出现一定提升的作文可称为有效修改作文。对有效修改作文进行分析，有助于了解学生在英语人机互动写作中的有效修改行为的特点。这里取用的数据样本为各类院校随机抽取的 10000 篇作文中提升分数达到 5 分以上的作文。

完成一篇写作需要 30 分钟，修改一篇作文需要 20 分钟，参与活动的学生，平均一篇作文花了近 3 个小时，作文分数提升了约 4.5 分。

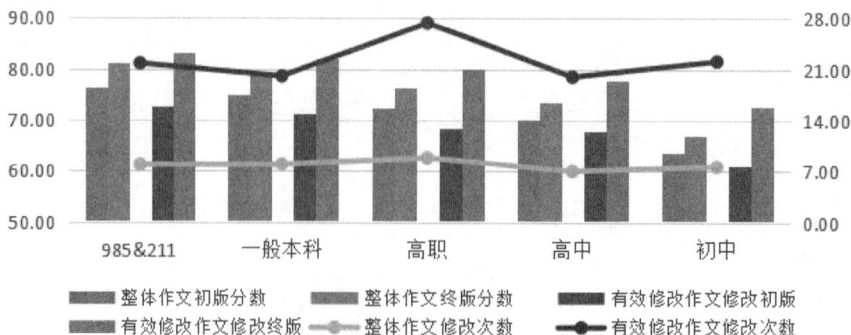

图 5　平均修改次数与分数变化图

表3　有效修改效果与整体修改效果的对比

学校类型	整体作文			有效修改作文		
	初版分数	终版分数	修改次数	初版分数	终版分数	修改次数
985和211高校	76.28	81.07	7.91	72.81	83.22	21.76
一般本科	74.89	79.26	7.94	71.33	82.11	20.01
高职	72.31	76.48	8.87	68.39	80.10	27.33
高中	70.08	73.52	7.02	67.97	77.66	19.94
初中	63.74	67.03	7.65	61.19	72.60	22.07

图5和表3表明，各类院校学生有效修改作文的修改次数基本在20次以上，分数提升基本在10分左右，修改行为较为频繁且效果显著。相较于整体作文的普遍修改情况，有效修改作文的初版作文分数普遍更低。这说明，基础较差的学生也能够通过人机互动在自主学习过程中出色实现自我提升。从修改效果上看，中学生及高职学生有效修改效果与整体修改效果的差异较大，说明该学段的学生通过人机互动学习，自我提升的空间更大。

五、未来发展趋势及影响

（一）语言智能评测产业的未来发展趋势

语言智能评测是教育产业对人工智能技术的必然要求。该评测领域未来发展将呈现如下趋势：

1.应用普及化

语言智能评测将成为一种常规的语言评测技术辅助手段被应用和普及。一方面，使用人群不再局限于在校全日制学生，也可以应用到继续教育领域，直至终身自我学习；另一方面，评测内容不再仅限于学校教学中的命题作文，还将应用于所有篇章语言评测中。

2. 人机拟合同质化

目前，精度最高的英语智能评测（批改网）的人机拟合度超过90%，随着技术进步，拟合度将进一步提高，甚至达到与人工评阅的准确度基本一致。

3. 语种多样化

国内语言智能评测率先在英语测试中得到应用并且已经商业化，下一步将攻破汉语作为第二语言，甚至汉语为母语的评测，以及国家重点战略部署需要的其他语言，比如日语、法语以及"一带一路"沿线国家的语言评测等。

4. 产业国际化

语言智能评测技术不仅仅服务于国内需要，也可以进一步服务于国际需要。目前批改网已经在新加坡、马来西亚、中国台湾等国家和地区初步投放使用，国际合作有着更广阔的空间。

（二）语言智能评测系统对教育领域的重要影响

语言智能评测系统以其评测拟合度高、反馈速度快且教育成本低等优势在母语学习和二语学习过程中对语言技能训练和语言能力提升起到重要作用，因而必然有广阔的应用前景。作为教育辅助技术手段，智能评测顺应时代要求，满足省力、快速和精准评测语言的需要，从而推动教学内容、教学方法、学习方法以及教育研究等一系列的教育改革的深入。以"批改网"为关键词搜索，2012 年有 6 篇论文，到 2017 年7 月已经有 201 篇相关文献，递增趋势超乎想象。语言智能评测通过信息技术与教学服务、教学管理的融合，使优质教学资源和教师资源得到系统整合和深度开发，促使教育质量的最大提升，实现优质教育的均衡发展。

参考文献

[1] 周强：《MSRA 副院长周明：语言智能是人工智能皇冠上的明珠》，http：//m.sohu.com。

[2]《非结构化数据"飞"入云中　企业如何应对》，CSDN，2011。

[3] 穗志方：《语句相似性研究中的骨架依存分析法及应用》，北京大学计算机科学理论专业优秀论文，1998 年。

[4] 高思丹：《语句相似度计算在主观题自动批改技术中的初步应用》，《计算机工程与应用》2004 年第 14 期。

[5] Nirenburg，etc：Two Approaches to Matching in Example-Based Machine Translation，in Proceedings of the Fifth International Conference on Theoretical and Methodological Issues in Machine Translation TMI，1993，page（47-57）.

[6] Cranias，etc：A matching technique in Example-Based Machine Translation，Conference on Computational Linguistics Association for Computational Linguistics，1994，page（100-104）.

[7] Dikli，etc.：An Overview of Automated Scoring of Essays，Journal of Technology Learning and Assessment，Vol.5（1），2006.

[8] Quellmalz，etc：Technology and Testing，Science，323：75-79，2009.

[9] Williamson，etc：A Framework for Implementing Automated Scoring，Paper presented at the annual meeting of the American Educational Research Association and the National Council on Measurement in Education，2009，（2）.

[10] 梁茂成：《中国学生英语作文自动评分模型的构建》，外语教学与研究出版社 2011 年版。

[11] 王金铨：《中国学生汉译英机助评分模型的研究与构建》，外语教学与研究出版社 2010 年版。

[12] 王金铨等：《中国学生大规模汉译英测试机助评分模型的研究与构建》，《现代外语》2009 年第 2 期。

[13] Shermis，etc：Automated essay scoring，A cross-disciplinary perspective，

Lawrence Erlbaum Associates Inc，2003.

[14] Burstein，etc：The e-rater scoring engine：Automated essay scoring with natural language processing，M.d.shermis and J.c.burstein，2003（113-121）.

[15] 江进林：《近五十年来自动评分研究综述》，《现代教育技术》2013 年第 6 期。

[16] 贺宏志：《发展语言产业，创造语言红利》，《语言文字应用》2013 年第 6 期。

（周建设、张凯：《语言战略研究》2017 年第 5 期）

基于逻辑图像理论的机器智能辅助阅读定量模型构建及其验证

一、导　言

作为获取信息的重要来源，阅读是近年来政府重点关注的公民基本素质提升的主要途径之一。阅读能力的增长呈现出复杂的非线性趋势（周建设，2017）[①]。在数据量爆炸式增长和人工智能飞速发展的今天，机器智能辅助阅读的发展势不可挡（张文彦、张凯，2018）[②]。如何更好地发挥机器智能辅助阅读系统的功效，提升阅读能力评测效果（Perfetti C A，1991）[③]、（Perfetti Chailes，2007）[④]，是阅读定量模型研究的主要方向。

智能辅助阅读以大数据为基础，以读者为主体，运用人工智能技术，提高阅读效率，精选阅读内容，打造出个性化阅读服务的新型阅读模式。从智能阅读的应用侧重来看，主要包括如下几点：阅读能力测评

---

①　周建设、吕学强等：《语言智能研究渐成热点》，《中国社会科学报》2017年2月7日。

②　张文彦、张凯：《中文智能阅读的困境与突破》，《语言战略研究》2018年第4期。

③　Perfetti CA. Automatic phonetic activation in silent word reading：evidence form backward masking. Journal of Memory and Language. 1991：27（1）：59-78

④　Perfetti Charles. 2007. Reading ability：Lexical quality to comprehension. Scientific Studies of Reading 11（4），357-383.

功能、阅读数据库建设、阅读内容个性化推荐和用户阅读数据汇总。大多数在线阅读产品停留在阅读数据库建设和用户阅读数据汇总等功能阶段，少数产品涉及阅读能力评测和阅读内容推荐功能。关于定量推荐方面的研究仍是空白。

本文通过采集学生阅读学习过程中的数据，拟合出信息获取过程中阅读速度和信息获取总量之间最优的函数关系，以提高机器辅助阅读过程中自动定量推荐配比的精准性。利用成人数据的采集和拟合结果设定学生阅读速度的生长曲线，在机器自动定量推荐中实现函数逼近，从而达到基于信息量的内容推荐。

二、基于逻辑图像理论的阅读模式

阅读是人们认知世界的方式之一，认知的途径和效果的衡量是阅读教学活动中最难把握的环节。逻辑图像理论对于人类的认知过程和阅读效果的衡量有着具象的分析。机器智能辅助阅读定量模型正是基于逻辑图像理论而提出的。

（一）逻辑图像理论

逻辑图像理论认为，人们对于外部对象的认知过程必须经历三个阶段：第一是根据已有经验，在大脑中对外部对象形成简单的图像，也可称之为关于外部对象的记号或心像①；第二是结合自己掌握的相关知识，运用逻辑推演等方法，对大脑中第一阶段形成的外部对象的心像或记号做进一步推导，从心像衍生出更多相关知识；第三是返回外部世界

---

① 个体有时会对同一个对象的认知产生两个不同的心像，经过取舍或者合并后，最终会留下一个。取舍的原则是看哪个心像反映了较多的关于该对象的本质关联，或者说哪个心像在意识中的呈现更清晰。

进行实践，在实践中验证衍生知识的正确性（维特根斯坦，1985）[①]。作为信息量的一种特殊表现形式，心像获取信息量反映了个体对于外部对象认知程度，简单来说，就是读者对于文本蕴含信息的获取程度。

(二) 阅读学习模式

从认知角度看，阅读的过程和语言表达相反。如果说语言表达是将人们观察或感受到的事物（或状态）通过特定的语言规则并利用特殊的文字符号表现出来[②]，那么阅读则是从文字符号出发，运用读者掌握的语法、语义、语用等语言规则，以及写作目的、知识背景等工具，尽可能理解作者所观察到或感受到的事物（或状态）。

在理解的过程中，掌握的知识越多，越有助于接近作者的写作本意。不仅仅是篇章的技法、字词义等基本信息，文字中透漏出的情感倾向、哲学思考，甚至于作者的个人经历、写作背景等相关知识，都是帮助读者理解文章真意的有力工具（张必隐，2004）[③]。某些角度来看，后者甚至比表层句法、单位语义等更有助于理解文章的深层意义（Jackson MD，1982）[④]。

(三) 逻辑图像理论如何指导阅读

理论上，从感受外部对象到转化为内部心像，然后运用掌握的语法、语义等规律对内部心像进行描述，就是表达的过程。这个过程中依次涉及维特根斯坦的逻辑图像理论、列维－斯特劳斯的语义理论、乔姆

[①] 维特根斯坦：《逻辑哲学论》，郭英译，商务印书馆 1985 年版。

[②] 不同的表达方式会有不同的表达理论，和阅读相关的表达方式是写作，本文重点关注的是写作表达理论。

[③] 张必隐：《阅读心理学》，北京师范大学出版社 2004 年版。

[④] Jackson MD，Meclelland JL. Orthography and Word Recognition in Reading. London：Academic press Inc.1982.

斯基的句法结构理论、J L Austin 的言语行为理论（皮亚杰，1984）[1] 等。阅读则是反向回归。第一步先形式判定写作的最终表现形式——语言表达，借助语法、语义规律对语言表达进行解析，将其所要描述的心像重新构建出来，再将读者重构的心像和作者构建的心像以及外部对象做比对。如果读者重构的心像和作者构建的心像分毫不差，就可以说读者完全读懂了作者的意思；如果读者或作者构建的心像和外部对象不一致，则可以说读者或者作者对外部对象的认知有偏颇。

根据逻辑图像理论对阅读过程的分析结果，可以实现对内部心像建立过程的干预。首先解决个体怎么看、看多少的问题。再到句法、语义分析，并结合阅读心理、阅读习惯等外在规律（Smith F，1971）[2]、（Seymour PHK，1993）[3]，判定一篇文章合适哪些个体（张文彦、张凯，2018）[4]。

三、阅读定量模型构建

阅读内容积累是阅读能力提升必不可少的过程（Coleman，2010）[5]。影响阅读效果的因素有很多，如文本内容、读者状态等。关于阅读定量模型中主要特征的研究尚为空白。为提出具有普遍适用性的阅读定量模型，本文暂时不考虑读者个体状态这一不可控素[3]，重点讨论

① 皮亚杰：《结构主义》，倪连生、王琳译，商务印书馆 1984 年版。
② Smith F. Understanding reading. New York：Holt，Rinehart & Winston. 1971.
③ Seymour PHK. Sources of individual differences in reading acquisition. Journal of Educational Psychology. 1993：76（4）：1309-1324.
④ 张文彦、张凯：《中文智能阅读的困境与突破》，《语言战略研究》2018 年第 4 期。
⑤ Coleman Chris，Jennifer Lindstrom，Jason Nelson，et al. 2010. *Passageless comprehension on the Nelson-Denny Reading Test：Well above chance for university students*. Journal of Learning Disabilities 43（3），244-249.

在符合认知规律的前提下，阅读速度、阅读时长和个体的心像获取信息量之间的关系。

认知科学认为，对个体而言，阅读速度和阅读时长都会有最佳范围（Haidee Kruger and Jan-Louis Kruger，2017）[①]。同等阅读时长条件下，适度范围内的阅读速度和阅读时长提升有助于心像获取信息量的增加，过快的阅读速度和过量的阅读时长反而导致心像获取信息的缺失、饱和，甚至被遗忘。

（一）定量特征

通过对北京市八一小学 290 位学生阅读活动表现的观察（为期两周），总结出阅读定量模型的主要特征：

特征一：每个个体都有最佳阅读速度（记为 v_b）和（单次）最佳阅读时长（记为 t_b）。个体最佳阅读时长和体力、聚焦能力等生理因素以及字词熟悉程度等知识储备密切相关。记为：任给 $h \in H$，存在 $P(h, v_b) \wedge P(h, t_b)$。

特征二：个体在不超越最佳阅读速度的前提下，阅读时间越长，心像信息获取量越多。深度阅读速度（记为 v_s）不超过最佳阅读速度的情况下，个体单次阅读时间（记为 t_s）越长，信息获取量（记为 q）越大。深度阅读速度（记为 v_s）超过最佳阅读速度的情况下，心像信息获取速度（记为 v_x）会受影响。分别记为：$q = v_s \otimes t_s$；$v_x = \iota(v_s)$。

特征三：个体在单次阅读时长（记为 t_s）不超越最佳阅读时长（记为 t_b）的前提下，深度阅读速度（记为 v_s）恒定。超过单次最佳阅读时长后，深度阅读速度（记为 v_{s+i}）会减慢，直至达到心像信息获取量的饱和。分别记为：$t_s \leqslant t_b \rightarrow (q = v_s \otimes t_s)$；$t_b \leqslant t_s \rightarrow (v_{s+i} < v_s)$。

[①] Haidee Kruger and Jan-Louis Kruger，The Handbook of Translation and Cognition，United Kingdom，Wiley-Blackwell，Wiley，2017.

特征四：文本熟悉度和喜爱度会影响个体最佳阅读速度及个体最佳阅读时长。面对熟悉的文本，个体深度阅读速度（记为 v_s）自然而然会加快。面对喜爱的文本，个体阅读时长（记为 t_s）会延长。分别记为：$v_s = \eta\,(v_b)$；$t_s = \iota\,(t_b)$。

（二）形式语言 $\mathcal{L}$RS

结合上文对于阅读速度、阅读时长、文本信息量等阅读相关因素的分析，阅读定量模型的语法定义如下：

RS- 初始符号

h 是阅读主体变元，ω 是文本变元，t 是时长变元，q 是文本信息量变元①，v 是速度变元，¬ 和 → 是联结词，是技术符号。γ、η、ι、ϑ、⊗、⊛、⊕、⊖ 是算子，分别是文本信息量算子、文本喜爱阅读时长算子、文本熟悉阅读速度算子、心像信息获取量算子、乘法算子、除法算子、加法算子、减法算子。≤、P、~ 是二元谓词符号，分别表示小于等于关系、拥有关系、衔接关系。$\mathcal{L}_{RS}$ 的任一有穷符号序列称为 $\mathcal{L}_{RS}$- 表达式。

1.项的形成规则

（1）单独一个变元是项。

（2）如果 x_1 是文本变元（项），x_2 是阅读时长变元（项），x_3 是阅读速度变元（项），x_4 是文本信息量变元（项），则 $\gamma\,(x_1)$、$\eta\,(x_2)$、$\iota\,(x_3)$、$\vartheta\,(x_4)$ 分别是文本信息量项、阅读时长项、速度项和心像信息获取量项。

（3）如果 x_1、x_2 同为阅读时长变元（项）、文本信息量变元（项）或阅读速度变元（项），则 $\oplus\,(x_1,\ x_2)$ 是项。

（4）如果 x_1、x_2 同为阅读时长变元（项）、文本信息量变元（项）

---

① 特征1—6 的形式表达详细解释见后，形式语言 RS 部分。

或阅读速度变元（项），且 $x_2 \leqslant x_1$，则 $\ominus$ (x_1, x_2) 是阅读时长项、文本信息量项或阅读速度项。

（5）如果 x_1 是阅读速度变元（项），x_2 是时长变元（项），则 $\otimes$ (x_1, x_2) 是文本信息量项。

（6）如果 x_1 是文本信息量变元（项），x_2 是时长变元（项），则 $\circledast$ (x_1, x_2) 是阅读速度项。

2. 公式形成规则

（1）如果 x_1、x_2 同为时长变元（项）、文本信息量变元（项）或速度变元（项），则 $\leqslant$ (x_1, x_2) 是公式，表示 x_1 小于等于 x_2。

（2）如果 x_1 是阅读主体变元，x_2 是速度变元（项）或时长变元（项），则 P (x_1, x_2) 是公式（文本相似公式），表示 x_1 拥有 x_2（阅读速度或阅读时长）。

（3）如果 x_1、x_2 同为时长变元（项），则 $\sim$ (x_1, x_2) 是公式。

（4）若 φ 是公式，则 $\neg\varphi$ 也是公式。

（5）若 φ、ψ 是公式，则 $(\varphi \rightarrow \psi)$ 也是公式。

定义一：p 是 $\mathcal{L}_{RS}$- 公式，当且仅当，p 是有穷次使用 $\mathcal{L}_{RS}$- 公式形成规则得到的 $\mathcal{L}_{RS}$- 表达式。

公式例：$\leqslant$ (q_1, q_2)，$\neg\varphi$，$\varphi \rightarrow \varphi_1$……

（三）公理、规则

本文的公理、初始规则遵循传统谓词逻辑相应的公理模式（周北海，1993）[①]，新增加的内容为初始规则 TS（拆分规则）。

1. 公理

A1 $\alpha \rightarrow (\beta \rightarrow \alpha)$

A2 $(\alpha \rightarrow (\beta \rightarrow \gamma)) \rightarrow ((\alpha \rightarrow \beta) \rightarrow (\alpha \rightarrow \gamma))$

---

① 周北海：《模态逻辑导论》，北京大学出版社 1997 年版。

A3 $(\neg\alpha\rightarrow\beta) \rightarrow ((\neg\alpha\rightarrow\neg\beta) \rightarrow\alpha)$

2. 初始规则

MP（分离规则）$\vdash\alpha\rightarrow\beta,\ \vdash\alpha\Rightarrow\vdash\beta$

TS（拆分规则）：$\alpha\leftrightarrow\alpha_1\oplus\alpha_2\oplus\alpha_3\oplus\cdots\cdots\oplus\alpha_{n-1}\oplus\alpha_n$，其中 $\alpha_{i-1}\sim\alpha_i$，$0\leqslant i\leqslant n,\ n\in Z$。

有了定量阅读模型的语法定义，就能实现对阅读相关因素及其重要关系的形式表达。

（四）心像信息获取量

心像信息获取量是影响定量阅读的重要因素之一。固定时间内，在不同的阅读速度下，个体的心像信息获取量不同。从阅读定量语义模型角度来看，最佳阅读速度并不是最大阅读速度，而是能实现最大心像信息获取量的速度，记为 v_b。固定速度、不同阅读时长的条件下，个体的心像信息获取量也并非均衡。从阅读定量语义模型角度来看，最佳阅读时长并不是最大阅读时长，而是能保持单位心像信息获取量最高的时长，记为 t_b。

遇到难度不匹配的文本，文本信息量和读者获取的心像信息量之间会有差异。机器智能辅助阅读的首要功能是推送适合个体能力的阅读内容，也就是说，在机器智能辅助阅读的场景下，能够确保阅读主体所读的都是与其阅读能力相匹配的文章。因此，在机器智能辅助阅读的技术支持下，可以实现文本信息量和心像信息获取量相等。

根据前文定义，在机器智能辅助阅读定量模型中，心像信息获取量 q_H 和实际阅读速度 v_{Sn}、实际阅读时长 t_{Sn} 等要素之间的关系如下：

If $0<v_{Sn}\leqslant v_b$，$0<t_{Sn}\leqslant t_b$，then $q_H=v_{Sn}\otimes t_{Sn}$

If $v_b\leqslant v_{Sn}$，$0<t_{Sn}<t_b$，then $q_H=\iota(v_{Sn})\otimes t_{Sn}$

If $t_b<t_{Sn}$，$0<v_{Sn}\leqslant v_b$，then $q_H=v_{Sn}\otimes t_b\oplus v_{Sn+1}\otimes(t_{S1}\ominus t_b)\oplus v_{Sn+2}\otimes(t_{S2}\ominus t_{S1})\oplus\cdots\cdots\oplus v_{Sn+i}\otimes(t_{Sn}\ominus t_{S(n-1)})$

If $v_b < v_{Sn}$, $t_b < t_{Sn}$, then $q_H = \iota\ (v_{Sn}) \otimes t_b \oplus \iota\ (v_{Sn+1}) \otimes (t_{S1} \ominus t_b) \oplus \iota$ $(v_{Sn+2}) \otimes (t_{S2} \ominus t_{S1}) \oplus \cdots\cdots \oplus \iota\ (v_{Sn+i}) \otimes (t_{Sn} \ominus t_{S(n-1)})$

可以看出，正常阅读过程中的心像信息获取并不是恒定匀速的。一个完整的单次阅读时长范围下，个体从开始阅读到进入深度阅读需要时间，深度阅读状态的维持也是有限的时间，伴随着时间的延长，阅读的速度逐渐减慢，直到阅读活动结束。

四、模型验证

实际阅读过程中，影响心像信息获取量的因素同样很多，包括文本熟悉度、读者偏好、个体知识差异等。为控制文本熟悉度因素，本文实验特意选取实验对象均未接触过的文章来进行测评，保证测试文章的信息对于全体实验个体都是全新信息。本文选取北京市八一学校三年级290名学生作为阅读评测对象，在综合记录了290名学生阅读数据的前提下，提取全体样本的速度均值，最大程度减少读者偏好、个体知识差异等因素影响。

本文共设计三组实验：1. 为测量全体样本的平均阅读（包括默读和朗读）速度，并基于测量数据，选择居中区域的精选对象作为第二组实验的深度测量对象集合，设计实验1来测量全体样本的速度均值。2. 使用精选样本进行深入的阅读曲线拟合工作，按照心像信息量获取及智能辅助阅读定量模型理论构建阅读曲线函数。基于阅读曲线函数，设置普适智能辅助阅读定量模型的实现函数。在计算机进行系统的定量推荐过程中，构建差异化的阅读曲线来指导定量内容的推荐工作。3. 使用50名高校在校生作为智能辅助阅读的定量模型的成人训练样本，构建成人阅读拟合曲线函数。通过与精选样本阅读曲线进行对比，分析成人阅读模型构建后与样本集合模型的差异性，从而验证本文方法的有效性。

（一）均值阅读速度的区段测量

本实验选择 290 名学生作为测量对象，组织为期两周的阅读教学课程的跟踪测量。经统计可得各班级阅读速度（见表 1），并形成图 1 的阅朗读速度区段测量统计分布。由图 1 可知，整体样本阅读速度在 200—250 字 / 分钟、351—400 字 / 分钟区间的人数分布相对集中。

表 1　各班默读速度统计表（字 / 分钟）

速度 ＼ 班级人数	三（1）	三（2）	三（3）	三（4）	三（5）	三（6）	三（7）	三（8）
601—650	1	3	2	6	2	2	1	2
551—550	3	4	3	1	4	3	2	2
451—500	1	6	4	3	4	3	2	2
401—450	4	3	6	4	6	5	6	3
351—400	7	4	6	4	4	4	4	8
301—350	5	6	3	4	4	3	4	4
251—300	4	2	4	4	5	6	3	5
200—250	6	3	8	7	5	5	8	3
200 以下	5	4	2	3	3	4	6	7
合计	36	37	36	36	37	36	36	36

为准确把握单个样本在单次完整阅读过程的分析描述，构建智能辅助阅读定量推荐模型的精准数学表达，特挑选阅读速度在 351—400 字 / 分钟的测量对象若干（以保证心像信息量最大程度的获取），共同参与实验 2 的关于心像信息量的获取及智能辅助阅读定量推荐模型的函数模型函数验证过程。

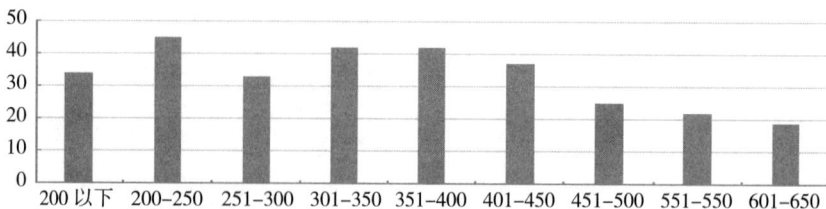

图 1　阅读速度区段测量统计分布

（二）基于均值样本采样的深度阅读曲线拟合

心像信息的获取是对阅读内容的重构过程。为了便于本文智能辅助阅读定量模型的构建，由语文老师选择了与本实验对象相适应的阅读难度的内容，以便在阅读中顺利实现重构过程。实验2全程记录阅读场景，采用定期采样的方式记录阅读进展，单次实验直到所有测量对象主动提出停止为止。经统计得到信息采样均值点（如图2所示），经过曲线拟合得到各段时间分布拟合曲线。其中横坐标代表时间（单位为"秒"），纵坐标代表心像信息量获取（文中用"字"作为单位）。

考虑到阅读文体对测量样本的影响，此实验设计分别对议论文、记叙文两种文体组织测量分析，图2是议论文文体的心像信息量获取采样和拟合过程。由曲线拟合可知，本实验全过程被分为三个阶段，[0，30] U [30，880] U [880，1720] 对应不同时段的拟合函数为：

$$y = \begin{cases} 7.2571x & x \in [0,30] \\ 8.7373x + 121.44 & x \in [30,880] \\ 288.54x^{0.4842} & x \in [880,1720] \end{cases}$$

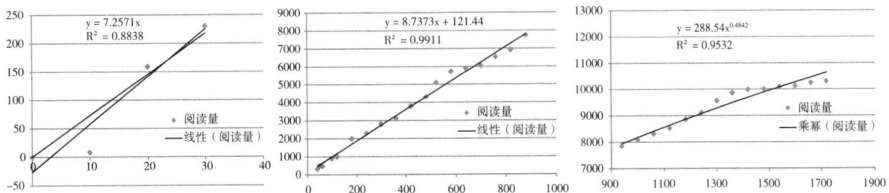

图2　第1组心像信息量获取采样拟合曲线图

图3是阅读记叙文文体的心像信息量获取采样和拟合过程。曲线拟合可知，本实验全过程被分为三个阶段 [0，25] U [25，1020] U [1020，2040]，对应不同时段的拟合方程为：

$$y = \begin{cases} 4.1886x - 1.1905 & x \in [0,25] \\ 8.9752x - 124.37 & x \in [25,1020] \\ 106.76x^{0.653} & x \in [1020,2040] \end{cases}$$

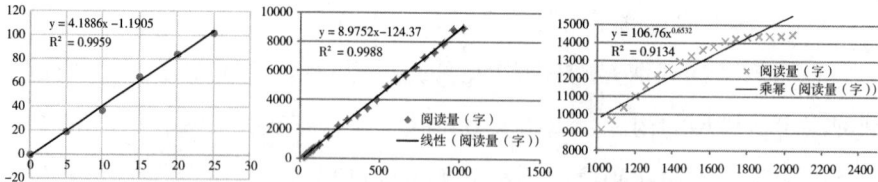

图3　第2组心像信息量获取采样拟合曲线图

由两组心像信息量获取拟合函数可知，不同文体的智能辅助阅读的定量推荐函数不同。图3显示记叙文文体的代入感更强，容易让实验对象增加阅读量。与图2对比，图3显示出记叙文体在最先开始的阅读速度上更有优势，但在正式进入阅读状态后两者的阅读速率相差不大。通过数据分析可知，不同文体的智能辅助阅读定量推荐是满足一定函数关系的。在不考虑文体差异的情况下，可以分别按照线性函数和幂函数来准备基础推荐函数模型，在使用该基础阅读模型一段时间后，机器可以自动按照不同个体的阅读情况形成差异化的定量推荐生成函数模型。

（三）基于成年人记叙文体采样的深度阅读曲线拟合

根据美国的阅读能力评价体系要求（Nelson-Denny Reading Test），年龄对于阅读速度等能力有着直接影响（Coleman Chris，et al. 2010）[①]，结合前文关于心像信息获取量和阅读速度的拟合函数可以推断出，年龄对于心像信息获取量也有重要影响。为能够定制个性化智能辅助阅读模型的生长曲线，本文以北京市2018年重点分数线作为基准采样标准，选取50名大学一年级在校生进行样本采集（如表2所示），其均值数据如图4所示。在测量中增加成人心像信息量采样曲线分析，对应不同时段的拟合方程为：

[①] Coleman Chris，Jennifer Lindstrom，Jason Nelson，et al. *Passageless comprehension on the Nelson-Denny Reading Test：Well above chance for university students*. Journal of Learning Disabilities 43（3），244-249. 2010.

$$y = \begin{cases} 14.4x - 5.333 & x \in [0,10] \\ 25.65x - 138.6 & x \in [10,2040] \\ 491.3x^{0.486} & x \in [2040,2940] \end{cases}$$

表 2 成人默读速度统计表

速度 \ 人数 \ 分数段	532—551	552—571	572—591	592—611	612—631
1101—1200（字／分钟）	3	1	0	0	0
1201—1300（字／分钟）	5	4	4	2	0
1301—1400（字／分钟）	2	4	5	6	6
1401—1500（字／分钟）	0	1	1	2	3
1500（字／分钟）以上	0	0	0	0	1

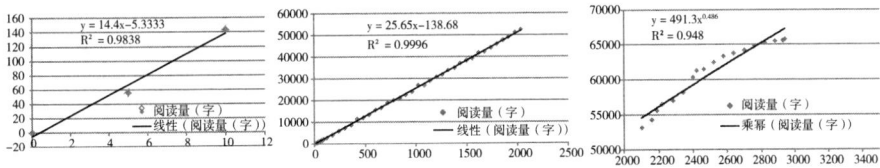

图 4 成年人记叙文体心像信息量获取采样拟合曲线图

由拟合曲线分析可知，成人在阅读开始进入持续阅读状态的时间更短，仅用 10s 就能够进入深度阅读状态，且在时间持续性方面有良好表现。因此，按照差异化的阅读对象制定个性智能辅助阅读定量推荐模型后，机器可以逐步调整曲线函数，使其向成人的曲线变化生长。

五、总　结

本文从维特根斯坦的逻辑图像理论出发，构建了关于阅读的认知途径，并在深入分析阅读主要特征的基础上，探索给出适用于机器智能辅助阅读系统的定量模型。心像信息获取量是阅读定量模型所关注的重中之重，采用形式的方法推导出心像信息获取量和阅读速度、阅读时长等相关因素之间的语法、语义关系，有助于清晰展现心像信息获取量的详尽构成，为下一步的数据验证提供依据。

本文依据学校的真实测量样本数据，利用采样统计的方法完成阅读过程数据的整体采样。借助心像信息量获取和时间关系，分别拟合生成智能辅助阅读定量基础模型和目标函数，最终得到实验相关结论。数据结果显示，通过初步阅读测量制定基于文本类型的个性化智能辅助阅读定量初级模型，并借助智能辅助阅读平台逐步训练学生阅读向成人阅读模型生长，最终能够达到提升阅读能力的目标（Strickland，D.，C. et al. 2002）。[①]

本研究的最终目的是通过智能辅助手段，渐进式、差异化提高单个个体的阅读能力，采用智能辅助手段帮助学生实现阅读能力提升目标。阅读定量模型并非孤立使用，它还需要在阅读定向模型、阅读定位模型、阅读定级模型、阅读定质模型、阅读定效模型等其他五个模型的配合下（简称"阅读六定模型"）共同构成智能阅读的模型体系，相互配合，作用于机器智能辅助阅读系统。

参考文献

[1] 皮亚杰：《结构主义》，倪连生、王琳译，商务印书馆 1984 年版。

[2] 维特根斯坦：《逻辑哲学论》，郭英译，商务印书馆 1985 年版。

[3] 张必隐：《阅读心理学》，北京师范大学出版社 2004 年版。

[4] 张文彦、张凯：《中文智能阅读的困境与突破》，《语言战略研究》2018 年第 4 期。

[5] 周北海：《模态逻辑导论》，北京大学出版社 1997 年版。

---

① Strickland，D.，C. Snow，P. Griffin，et al. *Preparing Our Teachers*：*Opportunities for Better Reading Instruction*. Washington，DC：Joseph Henry Press. 2002.

[6] 周建设、吕学强等：《语言智能研究渐成热点》，《新华文摘》2017 年第 9 期。

[7] Coleman Chris，Jennifer Lindstrom，Jason Nelson，et al. 2010. *Passageless comprehension on the Nelson-Denny Reading Test：Well above chance for university students*. Journal of Learning Disabilities 43（3），244-249.

[8] Haidee Kruger and Jan-Louis Kruger，2017，*The Handbook of Translation and Cognition*，United Kingdom，Wiley-Blackwell，Wiley.

[9] Jackson MD，Meclelland JL. *Orthography and Word Recognition in Reading*. London：Academic press Inc.1982.

[10] Perfetti CA. *Automatic phonetic activation in silent word reading：evidence form backward masking*. Journal of Memory and Language. 1991：27（1）：59-78.

[11] Perfetti Charles. 2007. *Reading ability：Lexical quality to comprehension*. Scientific Studies of Reading 11（4），357-383.

[12] Seymour PHK. *Sources of individual differences in reading acquisition*. Journal of Educational Psychology. 1993：76（4）：1309-1324.

[13] Smith F. *Understanding reading*. New York：Holt，Rinehart & Winston. 1971.

[14] Strickland，D.，C. Snow，P. Griffin，et al. 2002. *Preparing Our Teachers：Opportunities for Better Reading Instruction*. Washington，DC：Joseph Henry Press.

（周建设、张文彦、张凯、马鲁妮：
《语言文字应用》2019 年第 3 期）

从机器翻译历程看自然语言
处理研究的发展策略

一、引言——从机器翻译谈起

2016 年 9 月 27 日，"谷歌大脑小组"的科学家 Quoc V. Le 和 Mike Schuster 在"谷歌研究博客"上发表了一条博文："一个产品规模的用于机器翻译的神经网络"，称继十年前谷歌推出基于短语的机器翻译系统 Google Translate 之后，谷歌在机器翻译领域再次取得重大突破，全新推出了神经机器翻译系统 GNMT。[①]

谷歌公司同时还在 arXiv 上发表了一篇论文，从技术角度详细报告了 GNMT 的工作机制[②]。以维基百科和新闻语料为测试数据的实验结果显示，较经典的基于短语的统计机器翻译模型 GNMT 将若干关键语言对之间的翻译错误率显著降低了 55% 到 85%。图 1 显示，从法语到英语、英语到西班牙语的机器翻译质量已非常接近人工翻译质量（也可以

---

① Le，Quoc V.et al. Neural Network for Ma-chine Translation，at Production Scale. 27，2016. https：//research.googleblog.com/2016/09/a-neural-net-work-for-machine.htm.

② Wu Yonghui，Mike Schuster et al.：Google's Neural Machine Translation System：Bridging the Gap between Human and Machine Translation. arXiv：1609.08144v2 [cs.CL] 8 Oct 2016.

看到，从汉语到英语以及从英语到汉语的机器翻译质量是最远离人工翻译质量的）。与前不久谷歌 AlphaGo 战胜人类九段围棋选手相仿，谷歌的这个工作又一次在世界上引起了轰动和热议。

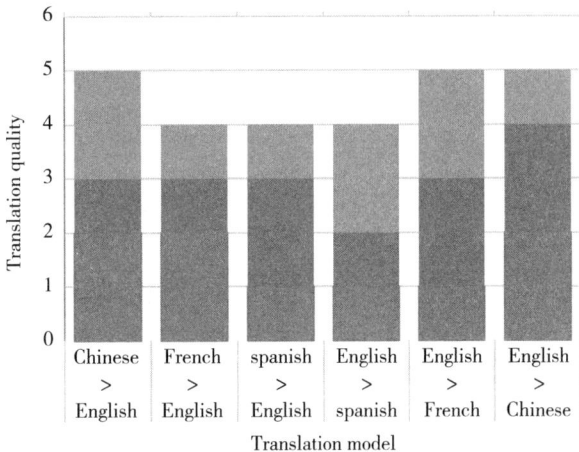

图 1　基于短语的翻译模型、神经翻译模型、人工翻译翻译质量比较
（6 分为完美翻译）①

　　笔者有针对性地输入一些颇为复杂的实际句子给 GNMT，以考察其翻译性能。总的印象是 GNMT 表现优良，谷歌所言不虚。作为工作于自然语言处理领域的学者，一方面为机器翻译取得的如此进步而深感兴奋，另一方面又有些失落感：在与国际大公司的核心技术角逐中，国内研发单位又一次处于下风。宏观来看，机器翻译的下一个关键步，我们该怎么走？进一步地，机器翻译是自然语言处理领域一个最为经典问题，自然语言处理的下一个关键步又该怎么走呢？

　　本文试图通过扼要回顾机器翻译的发展过程来部分地回答上述两个问题。需要说明的是：我们并不关心机器翻译发展历史的细部，而只是就机器翻译各发展阶段中最重要的特点（主要关注在方法论及核心技术层面上）以及与本话题密切相关的某些"吉光片羽"，展开"散步

---

① 注释：图引自 Le & Schuster（2016）.

式"的讨论。这里对机器翻译发展阶段的划分，大体上采用了 Hutchins (1995)[①] 的说法，但也有所调整。

二、机器翻译的发展历程：大波浪式前进

（一）大潮初起（1947—1956）

说到机器翻译近 70 年的发展史，就不能不提"机器翻译之父"——Warren Weaver。

Warren Weaver 是美国著名的科学家、数学家及科学管理者。他与"信息论之父"香农于 1949 年合作出版了在通信领域具有里程碑意义的著作 *The Mathematical Theory of Communication*，足见他在科学界的尊崇地位。1947 年 3 月 4 日，他在写给"控制论之父"Norbert Wiener 的一封信中，就认真探讨了机器翻译的可能性（虽然他感觉由于语言中"语义困难"的存在，机器翻译的质量不太可能达到"雅"的境界，但对科技文献达到"信"的程度却是可能的）。1949 年 7 月 15 日，他在题为《翻译》[②] 的备忘录中正式提出了机器翻译的思想，并在如下四个方面给出了他的真知灼见（以下简称为"WW 建议"）：

（1）意义与上下文

他充分认识到上下文在解决词汇歧义中的重要作用，由此引出了语言的统计语义性质问题（如句子的上下文窗口大小问题）。这与后来的马尔可夫语言模型有对应关系。

---

① Hutchins，W. John.：Machine Translation：A Brief History. In E. F. K. Koerner and R. E Asher (eds.)，*Concise History of the Language Sciences*：*From the Sumerians to the Cognitivists*. Oxford：Pergamon Press. 1995.

② Weaver，Warren.：Translation. In William N. Locke and Andrew Donald Booth (eds.)，*Machine Translation of Languages*：*Fourteen Essays*. Cambridge：MIT Press. 1955.

（2）语言与逻辑

他认为书面文本是逻辑性质的表达，所以它至少是形式上可解的，尽管语言中确实存在某些非逻辑元素，如关于风格的直觉感受、情感内容等很难被计算机处理。其潜台词是应该对句子进行结构化的句法语义分析，因为这是逻辑推演的基础。

（3）从密码学的角度

他认为可以把"一本用中文写的书看作是一本用英文写的书被编码成中文"，而把翻译过程看作"解码"过程。这差不多就是后来广泛实用的统计机器翻译模型。他还强调对语言统计语义性质的研究应成为机器翻译初创阶段必须下力气完成的首要任务，隐含着应从数学和计算角度深入研究语言的统计模型的意思。

（4）针对多语言之间的翻译问题

他指出应研究人类通信的共同基础——普通语言（又被称为语言的逻辑结构）问题，以期事半功倍之效。这与后来有学者提出的机器翻译"中间语言"思路一脉相承[①]。

Warren Weaver 的备忘录起到了机器翻译思想启蒙的作用，并直接引发了机器翻译研究的蓬勃兴起。最早开展机器翻译研究的有美国的麻省理工学院、乔治城大学和 IBM 等，苏联的列宁格勒大学、英国的剑桥大学等也迅速跟进。研究动力不外两个：① 机器翻译由于其所蕴含着的深刻的科学问题，已成为当时计算机科学研究前沿的排头兵之一；② 体现了各自国家的需求（美国和苏联的研究主要集中在英俄两种语言对之间的翻译上）。

这些早期研究在方法论和核心技术路线上都没有顾及"WW 建议"之（1）和（3）所倡导的基于语言统计语义性质的机器翻译模型研究，而是大体上沿着"WW 建议"之（2）的取向，研究基于人工编制规则

---

① "WW 建议"之（1）和（3）是相关的，（2）和（4）也是相关的。

的词法、句法分析的翻译方法（当然，也包括较为初级的基于双语词典的直接翻译方法研究），并初步构造了规模很小的实验系统（1954 年，美国进行了俄英机器翻译试验，1955 年到 1956 年，苏联完成了英俄和法俄机器翻译试验）。这一点其实并不奇怪：第一，人们对语言和语言学的认识会使机器翻译设计者"自然而然"地首先遵循基于规则的词法、句法分析的道路进行探索（虽然理论语言学研究与这一时期的机器翻译研究似乎并没有太多关联，只是在后来越来越多地介入进来）；第二，那时候机器能力有限，也缺乏机器可读的大规模语料库，所以几乎没有滋生统计机器翻译模型的土壤（虽然有研究者开始利用统计方法从一定规模的语料库中提取双语词汇和语法信息，但那只是局部的统计方法）。

（二）从第一次波峰跌入波谷（1957—1966）

这个时期的研究是前一个时期工作的延续，并且有新的拓展。哈佛大学、加州伯克利分校、德州大学等纷纷投身于这一研究潮流中。美国和欧洲之外也不断有研究团队加入。中国的反应就相当迅速：早在 1958 年 8 月，中国科学院计算技术研究所就成立了机器翻译研究组，并与语言研究所密切合作，开展俄汉机器翻译研究[①]。1959 年，中国在自制的通用电子计算机上成功进行了俄汉机器翻译试验[②]。

这个时期美国的研究多集中在句法分析（包括依存分析）的基础上，理论语言学日益发挥作用，机器翻译模型也渐趋丰满，如乔治城大学的自动翻译系统 GAT 就配置了三个层次的分析：词法层（包括成语识别）、组合层（包括名词和形容词之间的一致性、动词的管约、形容词的修饰等）和句法层（包括主语和谓语、从句关系等），欧洲和苏联

---

① 刘涌泉：《我国机器翻译工作的进展》，《科学通报》1959 年第 17 期。
② 刘涌泉：《机器翻译和文字改革（上）》，《文字改革》1963 年第 2 期。

出于自身多语言环境的需要，偏重于"WW 建议"之（4）涉及的基于"中间语言"（interlingua）的机器翻译研究。这些研究无疑大大丰富了人们对机器翻译模型的认识。

对机器翻译的高度期待和乐观主义情绪弥漫于 20 世纪整个 50 年代。随着若干机器翻译系统被陆续研制出来并投入使用，人们得以直接观察和评论机器翻译系统的输出结果。但观察得到的总体印象是：机器翻译的质量与期望相差甚远。随着研究工作的逐步展开，学者们越来越体会到语言的复杂性，越来越感受到横亘在机器翻译征途上十分困难的"语义屏障"问题。1960 年，以色列著名的哲学家、数学家和语言学家 Yehoshua Bar-Hillel 发表了一篇长文，产生了长久的影响（他很早就在麻省理工学院从事机器翻译研究，并于 1952 年组织了第一次机器翻译国际会议）。他认为由于语义歧义的存在，通用的高质量全自动机器翻译理论上是不可能的[①]。他通过一个他所谓的再简单不过的例子来说明其观点：

The pen was in the box.

"pen"至少有两个意思："钢笔"和"围栏"。在如下语境中，人可以轻而易举地确定其中的"pen"的意思应该为"围栏"：

Little John was looking for his toy box. Finally he found it. The box was in the pen.（盒子在围栏里）*John was very happy.*（句 1）

对比：

---

① Bar-Hillel，Yehoshua：*The Present Status of Automatic Translation of Languages.* Advances in Computers 1，91-163. 1960.

The pen was in the box.（钢笔在盒子里）

他断言，任何机器翻译系统对此都会束手无策。原因在于，机器要处理好这个情形，至少需要补充两个手段：第一，上下文需要从"WW 建议"（1）中的句子扩展到篇章，因此而增加的语言分析无穷的复杂性是机器无法处理的；第二，需要关于大千世界的系统性的形式化知识，而这在当时完全是空白，也是难以想象的。

那时还出现了一个后来广为流传的"故事"。1962 年，John A. Kouwenhoven 在美国的 *Harper's Magazine* 上发表了一篇题目为《翻译的困扰》的文章，讲到当时有人将《马太福音》中的英语成语经过机器翻译成俄文，再将其译回英语：

The spirit is willing but the flesh is weak.（句 2）
（直译：精神是愿意的，肉体却是虚弱的。意译：心有余而力不足）

经过机器翻译成俄文，再把它翻译回英语，得到了令人啼笑皆非的结果：

The Vodka is good but the meat is rotten.
（伏特加酒是好的，但肉却腐烂了）

错误的产生来自该成语中存在的词汇歧义现象，如"flesh"有"肉体，情欲，（动物或人的）肉，果肉"的意思，"rotten"有"腐烂的，恶臭的，堕落的，（岩石等）风化的，虚弱的，无用的"等意思。双语词典查找策略很容易会被迷惑。

　　冯志伟（2008）①质疑并否定了这个"故事"的真实性，但它也确实从一个侧面反映了那个时期人们对机器翻译任务艰巨性的某种认识。

　　接下来发生的一件事便是上述理性认识合乎逻辑的发展结果。1964年，美国科学院和美国国家研究理事会成立了"语言自动处理咨询委员会"（Automatic Language Processing Advisory Committee，简称ALPAC），对机器翻译的进展状况，尤其是对过去十余年美国国防部、国家科学基金会和中央情报局重金资助的相关项目的执行效果，进行了系统的调研和评估。1966年11月，ALPAC发布了题为《语言与机器：翻译和语言学视角下的计算机》的报告，即著名的ALPAC报告。报告正文不长，只有30来页，但提供了长达90页的20个附件，应该说态度是非常严谨的。报告（也被称为"黑皮书报告"）给出了两个基本结论：第一，对全自动机器翻译持基本否定的态度，认为在可预期的将来，不可能达到与人工翻译相比更为快速、高质量、经济的目标，转而建议应该支持更为现实的机器辅助翻译；第二，机器翻译遇到了难以克服的"语义屏障"问题，应该加强对计算语言学（Computational Linguistics）的支持。ALPAC报告的影响是深远的，以致美国政府对机器翻译的支持几乎都停止了，而且一停就是十年，世界范围内机器翻译热潮也突然消失了，从第一个波峰深深地跌入了波谷。

　　机器翻译遇到如此大的挫折，其实是无可避免的：第一，那时的人们过于迷信计算机强大的计算能力和存储能力，严重低估了人类语言的复杂性，从"不知深浅"到碰壁而"知深浅"是绕不过去的认识过程；第二，在方法论和核心技术的大方向上出现了是否具可行性的问题，"WW建议"之（2）和（4）是人类分析之所长，但恰恰是机器分析之所短。机器翻译研究后来几乎完全"改弦更张"到"WW建议"之（1）和（3）的方向上，应该说是碰壁后深刻反思的必然产物。

---

① 冯志伟：《一个关于机器翻译的史料错误》，《香港语文建设通讯》2008年第89期。

（三）波澜不惊水长流（1967—1989）

这一时期机器翻译研究的中心从美国转移到了加拿大和欧洲。持续不衰的动力来自两者对机器翻译的强烈需求：加拿大的双文化政策迫切需要英法翻译，欧盟官方的所有科学、技术和管理文件都应翻译成所属国家的任何一种语言，迫切需要多语言翻译。由于没有新的重大学术思想出现，所采用的方法论和核心技术基本上还是在"WW 建议"之（2）和（4）的框架下进行，即基于规则的方法以及基于"中间语言"的方法，当然在这个方向上的研究深度仍在不断增加。研究积淀开始在商业上产生回报，如 1986 年成立的 SYSTRAN 公司，其机器翻译系统 1979 年被成功应用于美国空军，实际用于俄英翻译，1976 年被应用于欧盟，实际用于英法翻译，后来还被安装在北约和国际原子能机构等。再如，加拿大蒙特利尔大学研发的 METEO 英—法机器翻译系统，1977 年被成功用于翻译天气预报文档。值得一提的是，20 世纪 80 年代机器翻译在日本掀起了一次"小高潮"。在 1982 年日本提出"五代机"计划的大背景下，不少日本大企业纷纷投资开展机器翻译的研发。

期间也有个别新的方法被提出，如 Nagao（1984）[①] 基于实例的机器翻译方法（翻译模型所需要的实例需要从语料库中获得）。

（四）两个连环冲击形成的第二次波峰（1990 年至今）

1990 年在芬兰赫尔辛基召开的第 13 届国际计算语言学大会提出了处理大规模真实文本的战略任务，开启了语言计算的一个新的历史阶段——基于大规模语料库的统计自然语言处理。在此潮流的带动下，机器翻译领域先后推出了两种新的方法论和核心技术，从而涌现了两个冲

[①] Nagao，Makoto：*Framework of a Mechanical Translation between Japanese and English by Analogy Principle*. Artificial and Human Intelligence. Amsterdam：Elsevier Science Publishers. 1984.

击波，连环形成了机器翻译历程中的第二次波峰。这次波峰的影响是革命性的，导致机器翻译的性能实现了质的飞跃，并且开辟了基于互联网的开放式服务的新天地。

1. 第一个冲击波——统计机器翻译模型

其标志性方法是著名的 IBM 模型 1—5，与以前的相比，具有颠覆性（Brown et al. 1993）①。基本思想是基于香农信息论中针对编解码的"噪声信道模型"，几乎完全依赖大规模双语语料库，通过词对齐、短语对齐等手段，来自动构造统计机器翻译模型，而不再需要规则集（因而与语言学研究越离越远）。这种方法具有广泛的一般性，与具体语种无关，机器翻译系统的设计者可以完全不懂相关的语言，大规模双语语料库成了关键，成了一切。正如著名的机器翻译学者（也是后来 Google Translate 的设计者）Och 模仿阿基米德的口吻所声称的那样，"只要给我充分的并行语言数据，那么，对于任何两种语言，我就可以在几小时之内给你构造出一个机器翻译系统"。较之基于规则的系统，机器翻译的性能得以显著提升，很快催生了谷歌、百度等公司的互联网机器翻译系统（并且很容易就实现了数十个语言对之间的翻译）。

这里淋漓尽致地展示了大数据乃至大数据思维的力量：人类的翻译知识和经验其实已经最大限度地"隐式"地反映在极大规模的双语语料库中了。统计机器翻译模型不需要人的任何帮助和介入，就可以有效挖掘和利用这些知识。

2. 第二个冲击波——神经机器翻译模型

统计机器翻译模型基本上是回归到"WW 建议"之（1）和（3）的方向上，但就计算模型本身而言，是比较经典的。2014 年前后，第二个冲击波——基于深度神经网络的机器翻译方法（神经机器翻译模

---

① Brown，Peter E.，et al.：*The Mathematics of Statistical Machine Translation：Parameter Estimation.* Computational Linguistics 19（2），263-311，1993.

型）接踵而至（Bahdanau et al. 2014）[①]、（Sutskever et al.2014）[②]。这一次轮到与统计机器翻译方法相比较了，前面那句话依然有效：具有颠覆性。机器翻译的性能再次得以显著提升，其标志是：谷歌、百度已将其互联网开放服务更新换代为神经机器翻译系统。这就有了前面说的谷歌的轰动效应。

尽管神经机器翻译模型的内涵与统计机器翻译模型已经全然不同，其机理初看上去甚至难以理喻，但从外部特性来看，它们的基本点是完全一致的：第一，神经机器翻译模型具有更加广泛的一般性（与语言学研究几乎彻底分道扬镳）；第二，更加体现了大数据和大数据思维的力量。此外，神经机器翻译模型比统计机器翻译模型更需要极其强大的计算能力的支持。

三、思考：机器翻译乃至自然语言处理的发展策略

纵观机器翻译近 70 年的历程，有一种十分强烈的感受：方法论和核心技术（及其模型）层面上的创新是机器翻译取得重大进步的根本原因（如统计或神经机器翻译模型），而创新的"物质基础"是一类特殊的大数据——双语语料库。

在为机器翻译经过一波三折而终于取得骄人成绩而感到欣慰的同时，也无可避免地产生了另外一种十分强烈的感受：在独领风骚的互联网大公司的压迫下，高校的相关研究沦落到了很难有所作为的尴尬境地。这是由于：

---

① Bahdanau，Dzmitry et al.：*Neural Machine Translation by Jointly Learning to Align and Translate*. arXiv：1409.0473v6 [cs.CL] 24 Apr 2015.

② Sutskever，Ilya et al.：*Sequence to Sequence Learning with Neural Networks*. Advances in Neural Information Processing Systems 4，3104-3112. 2014.

第一，神经机器翻译模型是一种通用的计算装置。它基本上是带Attention机制的循环神经网络，最适合处理所谓"序列到序列"的问题，如机器翻译中源语言的句子和对应的目标语言的句子就构成了一个序列对。目前看来，这个模型的性能是极为强大的，盖过了其他所有模型。我们以往在计算语言学和语言学研究上积累起来的经验，变得完全不起作用（至少是暂时），相关优势丧失殆尽。

第二，双语语料库的规模决定了神经机器翻译模型的性能。高校由于工程能力的限制，其双语语料库的获得能力显然会远小于互联网大公司。

第三，设计并训练出一个神经机器翻译模型需要强大无比的计算能力，需要反复摸索。高校的计算能力通常会比互联网大公司低1—2个数量级，导致高校的相关试验手段严重缺失，无法进行高烈度的试验。

上述各点决定了高校对神经机器翻译模型在技术上的理解一般来说不会超过互联网大公司。加之互联网大公司能高薪延揽到全世界的一流人才，并且全天候投身于研发工作，这一点上显著优越于高校。换言之，高校在"模型、大数据、计算能力"这三个关键要素上都处于明显的劣势。那么，对国内研究单位来说，机器翻译接下来的出路在哪里呢？

首先，要下大力气尽快解决基础条件问题：（1）要建设一个国家级的大规模深度学习计算平台，解决计算能力问题；（2）要建设一个国家级的高质量的双语语料库（虽然在规模上不太可能比过互联网大公司，但我们可以更多地关注于搜集高质量的双语语料库，解决训练用高质量大数据问题）。

其次，要在有特色的方法创新上下功夫，解决模型问题。这里面又有三层意思：

（1）对通用神经机器翻译模型进行创新或改造。我们不妨掉过头看一下谷歌的 GNMT 对前文提及的历史上著名例句的翻译结果。首先输入句 2：

对句 2 输出的汉语译文：精神是愿意的，但肉体是软弱的。

从汉语译文再翻译成英语：*The spirit is willing*，*but the flesh is weak.*

对句 2 输出的俄语译文：*Дух бодр*，*но плоть слаба.*

从俄语译文再翻译成英语：*The spirit indeed is willing*，*but the flesh is weak.*

对句 2 输出的苗语译文：*Tus ntsuj plig yog kam*，*tab sis lub cev nqaij daim tawv yog tsis muaj zog.*

从苗语译文再翻译成英语：*The spirit is willing*，*but the flesh is weak.*

我们无从判断其相应的俄语和苗语译文是否正确。但从一个翻译来回得到与原句几乎完全一致的结果来看，GNMT 的表现确实可圈可点。

接着我们输入句 1，GNMT 输出的译文为：

约翰正在寻找他的玩具盒。最后他发现了。箱子在钢笔。约翰很高兴。

"pen"还是翻译错了。可见，GNMT 尚没有考虑篇章分析和对世界知识的处理。在这个方面，我们应该还有机会。当然，这要取决于我们的模型创新能力到底有多强。

（2）对通用神经机器翻译模型进行完善。譬如，尽管 GNMT 对未登陆词专门进行了处理，但测试下来，感到仍有较大改进空间。

输入：严肃是个好同志。

输出的英语译文：*Serious is a good comrade.*

再如，译文一致性也是一个问题。输入：

他在翻译泰戈尔的《飞鸟集》。

他在吟诵泰戈尔的《飞鸟集》。

他在翻译《飞鸟集》。

GNMT 输出的英语译文分别为：

He translated Tagore's Flying Birds collection.

He chanted Tagore's Flying Birds.

He is in the translation of "birds".

这实际上碰到了神经网络模型的软肋，是不容易解决的。

（3）对特定条件下的神经机器翻译模型进行全新设计。如"一带一路"所涉及的语言几乎都属于所谓的"资源贫乏语言"。通常只能搜集到小规模的双语语料库，并且多为黏着语，都面临着词法分析问题，而我们往往不懂这些语言。经典的神经机器翻译模型肯定是不适用的。是否可能在只有一个常用双语词典、小规模双语语料库、较大规模单语语料库以及基于无监督词法分析（甚至不做词法分析）的条件下，设计一个有效的神经机器翻译模型，绝对是对我们模型创新能力的一大考验。

现在我们把视野从机器翻译扩大到自然语言处理。自然语言处理肇始于机器翻译，机器翻译是自然语言处理的核心组成之一，历史上自然语言处理的发展历程与机器翻译几乎是一致的（冯志伟2011）[1]，两者相辅相成。如 1990 年也是自然语言处理"断代"的分水岭，之前是基于规则的所谓"理性主义"方法论，之后便变成了基于统计的所谓"经验主义"方法论。自然语言处理目前的研究热点同样也是基于深度神经网络的方法。所以本节针对机器翻译的一些讨论，在原则上对自然语言处理也是管用的。当然，具体策略要根据自然语言处理的具体任务有所变化。例如：训练基于深度神经网络的句法分析模型，需要大规模的句法标注语料库（此时就没有机器翻译那么幸运了，在那里从生语料库中可以天然地得到序列对，而这里必须经过人工标注才能得到）。所以人工标注策略可能有必要进行调整。标记集的设计不一定很复杂，应足够

---

① 冯志伟：《计算语言学的历史回顾与现状分析》，《外国语》2011 年第 1 期。

简洁，以方便人工在最短时间内标注出相当规模的句法语料库。

以上构成了未来几年我们在机器翻译和自然语言处理领域应当采取的基本策略。

参考文献

[1] Le，Quoc V.et al：*Neural Network for Machine Translation at Production Scale*. 27，2016. https：//research.googleblog.com/2016/09/a-neural-net-work-for-machine.htm.

[2] 冯志伟：《一个关于机器翻译的史料错误》，《香港语文建设通讯》2008 年第 89 期。

[3] Nagao，Makoto：*Framework of a Mechanical Translation between Japanese and English by Analogy Principle. Artificial and Human Intelligence*. Amsterdam：Elsevier Science Publishers. 1984.

[4] Brown，Peter E.，et al.：*The Mathematics of Statistical Machine Translation：Parameter Estimation*. Computational Linguistics 19（2），263-311，1993.

[5] Bahdanau，Dzmitry et al.：*Neural Machine Translation by Jointly Learning to Align and Translate*. arXiv：1409.0473v6 [cs.CL] 24 Apr 2015.

[6] Sutskever，Ilya et al.：*Sequence to Sequence Learning with Neural Networks*. Advances in Neural Information Processing Systems 4，3104-3112. 2014.

[7] 刘涌泉：《我国机器翻译工作的进展》，《科学通报》1959 年第 17 期。

[8] 刘涌泉：《机器翻译和文字改革（上）》，《文字改革》1963 年第 2 期。

[9] Bar-Hillel，Yehoshua：*The Present Status of Automatic Translation of Languages*. Advances in Computers 1，91-163. 1960.

[10] Weaver，Warren.：Translation. In William N. Locke and Andrew Donald Booth（eds.），Machine Translation of Languages：Fourteen Essays. Cambridge：MIT Press. 1955.

[11] Wu Yonghui，Mike Schuster et al.：*Google's Neural Machine Translation*

System：*Bridging the Gap between Human and Machine Translation*. arXiv：1609.08144v2 [cs.CL] 8 Oct 2016.

[12] Hutchins，W.John.：*Machine Translation*：*A Brief History*. In E. F. K. Koerner and R. E Asher（eds.），*Concise History of the Language Sciences*：*From the Sumerians to the Cognitivists*. Oxford：Pergamon Press. 1995.

（孙茂松、周建设：《语言战略研究》2016 年第 6 期，

《中国社会科学文摘》2017 年第 4 期转载）

语言智能在未来教育中扮演什么角色

人工智能对教育的影响，不是接受与不接受的问题，而是如何顺势而为的问题。中国人工智能学会理事长李德毅院士强调，教育是重要的民生，也是将来人才培养最大的红利。智能教育是人口红利的最大红利。开展智能教育相关领域的语言智能研究，对于我国教育事业的全面发展有着重大意义。

语言智能（Language Intelligence）是语言信息的智能化，是运用计算机信息技术模仿人类的智能，分析和处理人类语言的过程，是人工智能的重要组成部分及人机交互认知的重要基础和手段。语言智能有力促进了语言教学、语言学习的智能化，拓展了语言学研究的新领域，在未来教育发展中将发挥越来越重要的作用。

一、智能教育的时代特征

语言智能的迅速崛起为教育变革带来了前所未有的挑战，同时也带来了新的发展机遇。2018 年，教育部印发了《教育信息化 2.0 行动计划》。该计划的核心要义是创新引领，开启智能时代新征程。伴随着首届智能教育大会的隆重召开，教育智能化序幕已经拉开，中国开始迈入智能教育新时代。

教育信息化分为技术化、智能化和智慧化三个阶段。技术化是让显示达到极致，以 AR 技术为标志；智能化是让算法达到极致，以情感计算为标志；智慧化是让理解达到极致，以人机交互为标志。我国教育信息化道路，自 1978 年广播电视大学探索开始，经过 40 年的建设，基本完成了技术化，目前已进入教育信息化的中级阶段——智能教育阶段。

智能教育 AIEF（人工智能与教育的深度融合）是利用人工智能技术，依据教育大数据，精准计算学生的知识基础、学科倾向、思维类型、情感偏好、能力潜质 AI，结合习得规律和教育规律 E，合理配置教育教学内容 Fusion，科学实施因材施教，促进学生个性化全面发展和核心素养全面提升。

智能教育是对传统教育模式的重大变革。近期目标是减负担、激活力、强能力，就是减轻教师简单重复性劳动，提高学生的学习兴趣、学业水平，增强学生的核心素养和生存能力。远期目标是科学实施因材施教，真正实现个性化人才培养，开辟依据教育大数据 TruthID 选拔学生升学的新途径。

二、语言智能助力教育改革

作为语言学与人工智能的交叉学科，自提出以来，语言智能始终注重理论和应用双线发展战略，一方面从内部提出了各种理论和模式，另一方面从不同视角开展了跨学科研究，体现出自然科学和社会科学的双重特点。

（一）切合人工智能时代能力新需求。人工智能时代，如 AlphaGo 之类的机器都具有了记忆和思考能力。技术的发展直接影响人才培养的目标，对学生的能力培养目标也发生了转化。人工智能时代更重视培养学生自主学习、提出问题、创新思维的能力。

传统教育活动中，教师的教学思维直接影响了学生的思维培养倾向。语言智能系列教学产品从源头影响教师教学思维，通过建设大规模学习资源数据库、在线学习教育平台，全面分析个体学习情况，精准推送学习内容等方式最大限度地保证了学生自主学习、独立思考能力的培养，从教师、学生双向入手，引导能力培养倾向。

（二）指导创新教学辅助技术研发。创新教学辅助技术是语言智能研究的重点目标之一，在终身学习、个性化学习逐渐占据主流的时代要求下，人们需要更便捷、更优质的学习资源和多样化、针对性的教学辅助服务。智能批改、智能阅读等语言智能相关产品率先从语文学习入手，做到为学生提供独立学习环境、多元知识获取途径、在线学习辅导服务、开放式学习交互服务等内容，实现从知识来源到知识获取、知识掌握及运用等全过程的教学辅助服务。近 5 年来，语言智能高速发展，取得了令人瞩目的成就。语言智能研究热点主要包括机器翻译、语音识别和语音合成、语音评测、智能批改、智能写作等领域，智能阅读等新兴领域也逐渐发展成为研究热点。

（三）以语文教学助力教学变革。在人工智能技术的干预下，教育正在经历从传统到智能的颠覆性转变，逐渐体现出传统课堂向智能课堂转化、经验质量向科学质量转化、硬件搭台向软件唱戏转化、消费知识向创造知识转化、传授知识向指导学习转化、归一导学向个体适配转化、定性评价向数据测算转化的新局面。

语言智能研究从最难改革的语文教学入手，颠覆课堂教学模式，彻底转变教师角色，打通教学资源共享通道，以智能技术辅助提供个性化教学方案，并采用人机互动的模式实现"完成作业—自动批改"的多次循环，不仅使得教师从繁重的作业批改工作中得到解脱，能够集中精力关注学生的综合能力培养，也在最大限度上保证了学生的学习积极性和自觉性，变被动学习为主动学习。

三、语言智能促进教育发展

语言智能研究要以服务国家教育均衡发展为目标，突出教育应用取向，立足于实践，符合提升国家治理能力的重大现实需求。

（一）服务国家教育均衡发展。我国教育事业发展的重要目标之一是教育均衡发展，促进教育公平。城镇化快速推进导致城乡二元分化现象突出，进而产生出教育资源分配不均衡等一系列社会问题，直接影响教育均衡化发展目标的实现。发达地区和落后地区、中心城区和远郊区县的学校之间，在师资、生源、软件硬件等设备、教学效果等方面都呈现出明显的不均衡状态。

《国家教育事业发展"十三五"规划》中提到，以改革创新驱动教育发展。智能教育旨在以信息化为手段，进而扩大优质教育资源的覆盖范围，加强智能技术在学习过程中的实际应用，提高落后地区学生接触优质教育的概率，实现教育的精准扶贫。语言智能从语言学习相关技术研发入手，从资源均衡、智能辅助教学等方面致力提升落后地区教育水平，服务我国教育发展整体目标。

（二）重视语言教育应用取向。当前的语言智能研究正面临实现发展跨越的良好时机。语言智能特别关注脑认知技术、自然语言理解等领域的研究，主要有以机器理解为主的自然语言理解相关理论研究、以认知模式为基础的新型语义学研究等。语言智能研究始终以教育应用为导向，用最实用的技术实现最实际的学习效果。

李德毅表示，学习不是灌输，而是理解，应侧重交互过程。在"智能科学与技术"的迅猛发展中，语言智能及其研究由知识工程走向认知工程，以学习为中心，聚焦于脑认知的研究和利用，主要包括读——

语言认知，看—图像认知，想—记忆认知、计算认知、交互认知等方面，重视研发成果在语言教育过程中的实际应用。

在语言智能教学辅助技术的协助下，教育信息化 2.0 提出的"三个转变"目标——从教育专用资源向教育大资源转变，从提升师生信息技术应用能力向提升信息素养转变，从融合应用发展向创新发展转变——会更好实现。

2030 年，建成世界人工智能高地是国家战略，教育智能化是其重要部分。实施智能教育务必高度重视顶层设计和应用试验，遵循政府主导政策方向、专家引领前沿技术、企业助推产品落地、学校催生教育成效的组织模式，以感知、传输、存储条件为基础，以智能课堂为核心，以智能教室、智能数据、智能服务和智能管理为支撑，建设五位一体的智能教育生态系统。

强国之基在人才，人才之道在教育，教育之纲在方案，方案之要在内涵，内涵之本在知识，知识之授在方式，方式之强在智能。语言智能研究可以发挥自身的优势和特长，从方式和内涵两个层面对教育发力。语言智能研究应更加主动关注教育活动等语言生活，主动对接国家教育均衡化发展战略，起到引领教育发展、带动教育变革的先锋作用。

（《光明日报》2019 年 3 月 2 日）